Lange

Basiswissen Ziviles Witschaftsrecht

Basiswissen Ziviles Wirtschaftsrecht

Ein Lehrbuch für Wirtschaftswissenschaftler

von

Dr. Knut Werner Lange

Professor an der Universität Bayreuth

5., überarbeitete Auflage

Verlag Franz Vahlen München

VERLAG
VAHLEN
MÜNCHEN
www.vahlen.de

ISBN 978-3-8006-3742-3

Satz: DTP-Vorlagen des Autors
Druck und Bindung: Druckhaus „Thomas Müntzer“ GmbH
Neustädter Str. 1–4, 99947 Bad Langensalza
Gedruckt auf säurefreiem, alterungsbeständigem Papier
(hergestellt aus chlorfrei gebleichtem Zellstoff)

Vorwort zur 5. Auflage

Mit der fünften Auflage sind zahlreiche Neuerungen eingearbeitet worden, die aufgrund wichtiger Gesetzesreformen notwendig wurden. Zu ihnen zählen namentlich das Gesetz zur Modernisierung des GmbH-Rechts und Bekämpfung von Missbräuchen, das Gesetz zur Begrenzung der mit Finanzinvestitionen verbundenen Risiken und das Gesetz zur Sicherung von Werkunternehmeransprüchen und zur verbesserten Durchsetzung von Forderungen. Eingearbeitet wurden ferner die Änderungen, die auf das Gesetz zur Umsetzung der Verbraucherkreditrichtlinie, des zivilrechtlichen Teils der Zahlungsdiensterichtlinie sowie zur Neuordnung der Vorschriften über das Widerrufs- und Rückgaberecht zurückgehen. Auch das Gesetz zur Bekämpfung unerlaubter Telefonwerbung und zur Verbesserung des Verbraucherschutzes bei besonderen Vertriebsformen sowie das Gesetz zur Umsetzung der Aktionärsrechterichtlinie konnten berücksichtigt werden.
Damit verbunden waren zahlreichen Überarbeitungen vor allem der Abschnitte zum allgemeinen und besonderen Schuldrecht, zum Sachen- und zum Gesellschaftsrecht. Darüber hinaus hat das gesamte Verbraucherschutzrecht eine weitgehende Umgestaltung erfahren.
Gleichzeitig wurden weite Passagen des Allgemeinen Teils gestrafft und neu strukturiert, um die Nutzbarkeit weiter zu verbessern.

Mein herzlicher Dank gilt Herrn wiss. Mit. Tobias Widmann und Frau Sabine Dunfee für die sorgsame redaktionelle Betreuung der Neuauflage und für wichtige Verbesserungsvorschläge, die ich gerne aufgegriffen habe.

Bayreuth, den 30. September 2009 — Knut Werner Lange

Vorwort zur 1. Auflage

Die Grundzüge des Privatrechts, einschließlich des Handels- und Gesellschaftsrechts, sind fester Bestandteil der Lehrpläne wirtschaftswissenschaftlicher, sozialwissenschaftlicher, verwaltungswissenschaftlicher und technischer Studiengänge an Universitäten, Fachhochschulen und Berufsakademien. Das hierzu notwendige Wissen vermittelt das vorliegende Werk in didaktisch ansprechender Art und Weise, gibt Hinweise auf typische Klausurprobleme und enthält zahlreiche Beispiele. Abgerundet werden die einzelnen Abschnitte, indem der jeweilige Inhalt zur schnellen Repetition zusammengefasst und wichtige Problemfelder und Zusammenhänge in Übersichten visualisiert werden. An geeigneten Stellen werden darüber hinaus Verweise auf wichtige Entscheidungen gegeben, deren Lektüre zu empfehlen ist. Dabei wurde bewusst auf dogmatische Feinheiten, Detailwissen und das langatmige Referieren wissenschaftlicher Streitstände zugunsten einer strukturierten Wissensvermittlung verzichtet.

Neben der Darstellung der notwendigen Kenntnisse veranschaulicht das Lehrbuch, welcher Methodik sich Juristen bedienen und wie diese in der Klausur anzuwenden ist. Zugleich wird die Verflechtung von Zivil-, Handels- und Gesellschaftsrecht verdeutlicht.

Die Stoffauswahl orientiert sich an den einschlägigen Prüfungs- und Studienordnungen. Schwerpunkte wurden daneben vor allem im Delikts-, Produkthaftungs- und Arbeitsrecht gesetzt. Auf die Herausforderungen, die das Internet und hier vor allem der sog. E-Commerce für das Privatrecht darstellen, wird ebenfalls eingegangen. Die großen Veränderungen des BGB durch die Schuldrechtsreform zum 01.01.2002 sind vollständig berücksichtigt worden.

Mein herzlicher Dank gilt Herrn RRef. Oliver Jung für die redaktionelle Betreuung des Buches. Zu danken habe ich ferner Herrn Ass. iur./Dipl.-Betriebswirt (BA) Jan-Stephan Ritter für seine stets engagierten und kritischen Beiträge. Frau Monika de Boer danke ich schließlich ebenso wie Frau RRef. Netta-Karina Schulz für die geleistete Hilfe und Unterstützung.

Witten, den 10. Februar 2002 | Knut Werner Lange

Inhaltsverzeichnis

Abbildungsverzeichnis

Abkürzungsverzeichnis

a.A.	anderer Ansicht
a.a.O.	am angegebenen Ort
Abs.	Absatz
a.E.	am Ende
AG	Amtsgericht/Aktiengesellschaft
AGB	Allgemeine Geschäftsbedingungen
AGG	Allgemeines Gleichbehandlungsgesetz
AktG	Aktiengesetz
Alt.	Alternative
ArbG	Arbeitsgericht
ArbZG	Arbeitszeitgesetz
arg. ex	argumentum ex
Art.	Artikel
BAG	Bundesarbeitsgericht
BAK	Blutalkoholkonzentration
BauGB	Baugesetzbuch
BB	Der Betriebs-Berater
betr.	betreffend
BetrVG	Betriebsverfassungsgesetz
BFH	Bundesfinanzhof
BGB	Bürgerliches Gesetzbuch
BGBl.	Bundesgesetzblatt
BGH	Bundesgerichtshof
BGHZ	Amtliche Sammlung der Entscheidungen des BGH in Zivilsachen (Band, Seite)
BSG	Bundessozialgericht
bspw.	beispielsweise
BVerfG	Bundesverfassungsgericht
BVerwG	Bundesverwaltungsgericht
bzw.	beziehungsweise
c.i.c.	culpa in contrahendo
DB	Der Betrieb
d.h.	das heißt
div.	diverse
EAG	Europäische Atomgemein schaft
eG	eingetragene Genossenschaft
EG	Europäische Gemeinschaft/ Vertrag zur Gründung der Europäischen Gemeinschaft
EGBGB	Einführungsgesetz zum BGB
ErbStG	Erbschaftssteuer- und Schenkungssteuergesetz
EStG	Einkommensteuergesetz
etc.	et cetera
EU	Europäische Union
EuGH	Gerichtshof der Europäischen Gemeinschaften
EUV	Vertrag über die europäische Union
e.V.	eingetragener Verein
evtl.	eventuell
EWR	Europäischer Wirtschaftsraum
f.	folgende (Seite/Randnummer)
ff.	fortfolgende (Seiten/Randnummern)
FG	Finanzgericht
GbR	Gesellschaft bürgerlichen Rechts
gem.	gemäß

GenG Genossenschaftsgesetz

GG Grundgesetz für die Bundesrepublik Deutschland

ggf. gegebenenfalls

GmbH Gesellschaft mit beschränkter Haftung

GmbHG Gesetz betreffend die Gesellschaften mit beschränkter Haftung

grds. grundsätzlich

GWB Gesetz gegen Wettbewerbsbeschränkungen

HaftPflG Haftpflichtgesetz

Halbs. Halbsatz

HGB Handelsgesetzbuch

h.M. herrschende Meinung

HOAI Honorarordnung für Architekten und Ingenieure

i.d.R. in der Regel

i.E. im Ergebnis

i.H.v. in Höhe von

i.S.d. im Sinne der/des

i.S.v. im Sinne von

i.V.m. in Verbindung mit

JArbSchG Gesetz zum Schutze der arbeitenden Jugend

Kap. Kapitel

KG Kammergericht/
Kommanditgesellschaft

KGaA Kommanditgesellschaft auf Aktien

LAG Landesarbeitsgericht

LG Landgericht

lit. litera

LSG Landessozialgericht

LuftverkehrsG Luftverkehrsgesetz

m.w.N. mit weiteren Nachweisen

NJW Neue Juristische Wochenschrift

NJW-RR Neue Juristische Wochenschrift-Rechtsprechungsreport

Nr. Nummer

o.ä. oder ähnliches

OHG offene Handelsgesellschaft

OLG Oberlandesgericht

OVG Oberverwaltungsgericht

PartG Partnerschaftsgesellschaft

PartGG Partnerschaftsgesellschaftsgesetz

ProdHaftG Produkthaftungsgesetz

RG Reichsgericht

RGZ Amtliche Sammlung der Entscheidungen des RG in Zivilsachen

Rn. Randnummer(n)

RVG Gesetz über die Vergütung der Rechtsanwältinnen und Rechtsanwälte

S. Seite(n)

s. siehe

s.a. siehe auch

SchErs Schadensersatz

Slg. Amtliche Sammlung

s.o. siehe oben

sog. sogenannte(r)

SG Sozialgericht

StGB Strafgesetzbuch

StPO Strafprozessordnung

str. streitig

st. Rspr. ständige Rechtsprechung

StVG Straßenverkehrsgesetz

StVO Straßenverkehrsordnung

s.u. siehe unten

TVG Tarifvertragsgesetz

u. und

u.a. und andere/unter anderem

UG Unternehmergesellschaft

UmwG Umwandlungsgesetz

usw. und so weiter

u.U. unter Umständen

UWG Gesetz gegen den unlauteren Wettbewerb

Var. Variante

VG Verwaltungsgericht

VGH Verwaltungsgerichtshof

vgl. vergleiche

VOB/B Vergabe- und Vertragsordnung für Bauleistungen/Teil B

VVaG Versicherungsverein auf Gegenseitigkeit

VwVfG Verwaltungsverfahrensgesetz

WE Willenserklärung

WEG Gesetz über das Wohnungseigentum und das Dauerwohnrecht

z.B. zum Beispiel

ZPO Zivilprozessordnung

z.T. zum Teil

Kapitel A. Einführung

§ 1 Was ist Recht?

Der Begriff des **Rechts** lässt sich nicht mit einem einzigen Satz umfassend beschreiben. Ius ist der lateinische Begriff für „das Recht". Iura bedeutet somit „die Rechte". Der bedeutende römische Jurist *Ulpianus* hat vor rund 1700 Jahren gesagt: „ius est ars boni et aequi" (Das Recht/die Rechtswissenschaft ist die Kunst des Guten und des Gerechten). *Kant* zufolge ist Recht der Inbegriff der Bedingungen, unter denen die Willkür des einen mit der Willkür der anderen nach einem allgemeinen Gesetz der Freiheit zusammen vereinigt werden kann. In seiner objektiven Bedeutung umfasst der Begriff des Rechts die Gesamtheit der Rechtsnormen, d.h. der Rechtsregeln (Gebote und Verbote zur äußeren Ordnung des Zusammenlebens der Menschen) in einem bestimmten, von einer souveränen Hoheitsgewalt ableitbaren Normensystem (Recht als Rechtsordnung). Das positive Recht existiert in Form von Gesetzen, die ein Gesetzgeber erlassen hat.

Die unter den Begriff des „Rechts" fallenden Verhaltensregeln sind heute durch folgende Eigenschaften charakterisiert:

- Rechtsnormen sind auf der Grundlage der in der jeweiligen Gesellschaft wirksamen Staatsverfassung zustande gekommen.
- Rechtsnormen sehen die Anwendung von physischem Zwang vor. Sie werden regelmäßig angewendet und auch durchgesetzt.
- Befolgt jemand die Rechtsnorm nicht, muss er mit den dafür angedrohten Konsequenzen rechnen.

Damit von „Recht" gesprochen werden kann, müssen sämtliche nachfolgenden Kriterien vorliegen:

- eine Ordnung als Gefüge normativer Gebote, Gewährungen und Ausnahmen zu beiden;
- der Bezug zur Idee der Gerechtigkeit;
- faktische Effizienz (der Rechtssatz muss als solcher von der Mehrheit gewusst, anerkannt und befolgt werden);
- Erzwingbarkeit.

Keinen Rechtscharakter haben etwa Selbstverpflichtungen der Industrie zur Beachtung gewisser ökologischer Mindeststandards.

Neben den Rechtsnormen stehen **Moral- und Gewissensnormen**. Moralnormen sind nichtstaatliche soziale Verhaltensregeln; Gewissensnormen sind Normen und Maßstäbe, die der Einzelne für sich persönlich als verbindlich betrachtet. Das Recht regelt im Gegensatz zur Moral (Sittlichkeit), welche an die Gesinnung appelliert, das äußere Verhalten des Menschen. Moralisches Verhalten ist – ebenso wie die Beachtung der Sitte (= die in der Gemeinschaft geltenden Anstandsregeln und Gebräuche) – nur erzwingbar, soweit es auch vom Recht/von bestimmten Rechtsvorschriften gefordert wird. Dennoch sind Recht und Sitte oder Moral miteinander verwoben. So soll das Recht auch eine sittliche Vorstellung von Gerechtigkeit durchsetzen. Die Rechtsordnung nimmt daher an verschiedenen Stellen Bezug auf sittliche und moralische Verhaltensstandards. Verträge sind bspw. nach § 138 BGB nichtig, wenn sie „gegen die guten Sitten" verstoßen. Sie sind zudem gemäß § 157 BGB so auszulegen, wie Treu und Glauben „mit Rücksicht auf die Verkehrssitte" es erfordern. Der Schuldner hat darüber hinaus die Leistung so zu bewirken, wie „die Verkehrssitte" es erfordert, § 242 BGB.

Im demokratischen Rechtsstaat ergibt sich die **Legitimität des Rechts** aus der Zuständigkeit des parlamentarischen Gesetzgebers zum Erlass der Gesetze im Rahmen der Verfassung. Da die Legitimität des Rechts nicht mit der bloßen Macht zur Durchsetzung von Recht begründet werden kann (z.B. aufgrund der militärischen Stärke eines Despoten), wird die Legitimität des Rechts auf verschiedene Aspekte gestützt, so auf Anerkennung, auf einen Vertrag, auf die absolute Geltung des Rechts oder auf dessen Nützlichkeit. Andererseits liegt die Legitimationsbasis des Staates darin, dass er die Freiheit seiner Bürger achtet und fördert.

§ 2 Bürgerliches Recht

I. Privatrecht und öffentliches Recht

Das Rechtssystem in Deutschland setzt sich aus einer Vielzahl zum Teil höchst unterschiedlicher, gelegentlich einander überschneidender Rechtsgebiete zusammen. Traditionellerweise werden sie in zwei große Bereiche unterteilt: das öffentliche und das private Recht. Diese Einteilung geht noch auf das römische Recht zurück, das zwischen ius publicum und ius privatum unterschied. Mit dem Begriff des **Privatrechts (Bürgerliches Recht, Zivilrecht)** ist das für jedermann geltende Recht gemeint, mit dem Rechtsbeziehungen zwischen privaten Rechtssubjekten geregelt werden. Eine solche Privatperson kann auch der Staat sein, wenn er nicht hoheitlich handelt (Kauf von Büromaterial oder Dienstwagen). Das wesentliche und typische Gestaltungsmittel privatrechtlicher Beziehungen ist der Vertrag. Die Vertragspartner sind als Inhaber der Privatautonomie gleichrangig an der Rechtsbeziehung beteiligt. Sie entscheiden, ob sie eine Sache kaufen oder verkaufen wollen, zu welchem Preis etc. Dieses Gleichordnungsverhältnis bestimmt das regelmäßige Erscheinungsbild privatrechtlicher Rechtsverhältnisse.

Die wichtigsten Teilbereiche des Privatrechts sind das Bürgerliche Recht (BGB), das Handels- und Gesellschaftsrecht (HGB, AktG, GmbHG, GenG, PartGG) und das Arbeitsrecht (BGB, TVG, BetrVG, div. Einzelgesetze).

Das **öffentliche Recht** regelt das Recht der staatlichen Organisationen, die Beziehungen einzelner Personen zum Staat und zu anderen Trägern öffentlicher Gewalt (z.B. zur Bundesagentur für Arbeit) und die Beziehungen zwischen den verschiedenen Trägern öffentlicher Gewalt (Bund, Länder, Gemeinden). Das öffentliche Recht zeichnet sich hierbei durch ein Unter- bzw. Überordnungsverhältnis (Subordinationsverhältnis) aus. Die wichtigsten Teilbereiche des öffentlichen Rechts sind das Staats- und Verfassungsrecht (GG, Länderverfassungen), das Verwaltungsrecht (vgl. etwa VwVfG, BauGB), das Steuerrecht (wie etwa EStG, ErbStG) und das Strafrecht (vor allem das StGB).

Die Unterscheidung zwischen privatem und öffentlichem Recht ist von großer Bedeutung. So sind je nach Zuordnung andere Gesetze auf einen Sachverhalt anzuwenden. Ferner sind für deren Entscheidung andere Gerichte mit unterschiedlichen Klagevoraussetzungen und Prozessrechten zuständig. Privatrechtliche Streitigkeiten werden vor den ordentlichen Gerichten ausgetragen. **Ordentliche Gerichte** sind AG, LG, OLG/KG und der BGH. Ist das Arbeitsrecht betroffen, sind die Arbeitsgerichte zuständig (ArbG, LAG, BAG).

Im öffentlichen Recht regelt der Staat durch eine Behörde die Angelegenheiten mit dem Bürger, meist einseitig durch Verwaltungsakt. Der Bürger kann sich hiergegen wehren, indem er die Verwaltungsgerichte anruft (VG, OVG/VGH, BVerwG). Auf ihren begrenzten Sachgebieten sind die Finanzgerichte (FG, BFH) und die Sozialgerichte (SG, LSG, BSG) als besondere **Verwaltungsgerichte** zuständig. Verfassungsrechtliche Fragen sind schließlich vor den **Verfassungsgerichten** bzw. -gerichtshöfen der Länder bzw. des Bundes (BVerfG) auszutragen. Das Strafrecht gehört zwar systematisch zum öffentlichen Recht, ist aber weitgehend eigenständig ausgestaltet. **Strafgerichte** sind AG, LG, OLG/KG und der BGH.

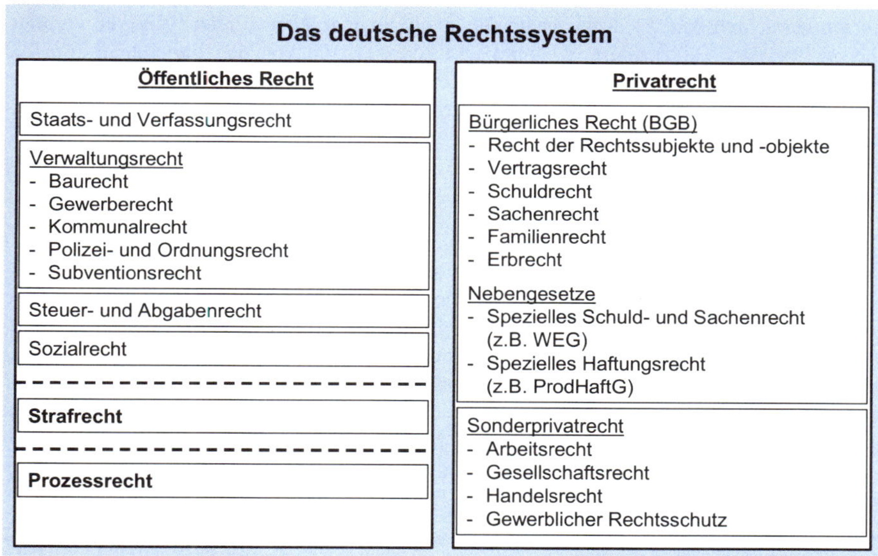

Schaubild 1

II. Privatrecht und Wirtschaftsordnung

Rechtsregeln werden unter bestimmendem Einfluss von gesellschaftlichen und wirtschaftlichen Interessenvertretern geschaffen (Lobbyismus). Sie haben daher häufig den Charakter von Interessensentscheidungen im Sinne des Ergebnisses politischer Machtverteilung (vgl. als anschauliches Beispiel die diversen Anläufe zu einer Unternehmenssteuerreform). In diese Auseinandersetzung ist auch das Verfassungsrecht eingebunden. Die für die Wirtschaftsverfassung unseres Staatswesens entscheidenden Normen des **Grundgesetzes** kann man nicht einfach ändern. So hat der sich wirtschaftspolitisch betätigende Gesetzgeber bei wirtschaftslenkenden Maßnahmen insbesondere die Grundrechte zu beachten. In diesem

Zusammenhang sind vor allem zu erwähnen: die Gewährleistung der Berufsfreiheit, Art. 12 GG; die Eigentumsgarantie, Art. 14 GG, die Koalitionsfreiheit, Art. 9 Abs. 3 GG und die freie Entfaltung der Persönlichkeit, Art. 2 Abs. 1 GG. Staatliche Bestrebungen, die über jene Normen hinweggehen, sind verfassungswidrig.

Die Wirtschaftsordnung in Form der (sozialen) Marktwirtschaft setzt voraus, dass die Menschen frei und im Wettbewerb miteinander wirtschaftlich handeln können.

Sie findet ihren rechtlichen Ausdruck in der **Privatautonomie** (Vertragsfreiheit) und in der Freiheit der Disposition über das eigene Vermögen (Art. 14, 15 GG). Dies hat zur Folge, dass das Gesetzesrecht zum einen nachgiebig und zum anderen zwingend sein kann. Es ist nachgiebig (ius dispositivum), wenn eine Vereinbarung zwischen den Parteien vorhanden ist, die als Ausfluss der Vertragsfreiheit zu interpretieren ist. Das Recht ist zwingend (ius cogens), wenn höherrangige Ziele verfolgt werden müssen, die nicht in die Disposition der Parteien gestellt werden können.

Beispiel: § 475 Abs. 1 BGB regelt für den Verbrauchsgüterkauf, dass der Verbraucher in einer Vereinbarung mit dem Verkäufer *vor* Mitteilung eines Mangels nicht auf bestimmte Rechte verzichten darf. Daraus können Sie zwei Dinge ableiten: Erstens sind die verbraucherschützenden Vorschriften zwingend und können nicht von den Parteien im Vorfeld abbedungen werden. Zweitens können sich die Parteien *nach* Mitteilung des Mangels über die Vorgaben des Gesetzes einverständlich hinwegsetzen. Das Recht ist ab diesem Zeitpunkt nachgiebig ausgestaltet.

III. Europarecht

Die Europäisierung des Rechts macht auch vor dem Zivilrecht nicht halt. Deutschland ist Mitglied der **Europäischen Union**. Diese ist streng von den **Europäischen Gemeinschaften** (EG, EAG) zu trennen. Die Europäische Union stellt das begriffliche Dach für die Gemeinschaften, die GASP (Gemeinsame Außen- und Sicherheitspolitik) und die Zusammenarbeit auf den Gebieten Inneres und Justiz dar. Die EU verkörpert somit den gemeinsamen Rahmen der Zusammenarbeit der Mitgliedstaaten, ohne zugleich Völkerrechtssubjekt zu sein. Die EG hingegen ist gemäß Art. 281 EG eigene Rechtspersönlichkeit; zudem ist sie gemäß Art. 282 EG den juristischen Personen gleichgestellt. Sie ist eine supranationale Institution, an die die Mitgliedstaaten Souveränitätsrechte abgetreten haben.

Das europäische Wirtschaftsrecht ist überwiegend im EG niedergelegt. Aus Sicht des EuGH setzt sich das Gemeinschaftsrecht uneingeschränkt gegen entgegenstehendes nationales Recht durch (EuGH, Urt. v. 15.7.1964 – Rs. 6/64, „Costa/ENEL", Slg. 1964, 1251, 1296 ff.). Diese einheitliche Geltung des Gemeinschaftsrechts lässt es nicht zu, dass einzelne Mitgliedstaaten außerhalb besonderer vertraglicher Ermächtigungen durch ihr nationales Recht europarechtliche Vorgaben aushebeln. In der Theorie wird das europäische Gemeinschaftsrecht als supranationales Recht bezeichnet, das von den Mitgliedstaaten und den Organen der EG einheitlich für ihr ganzes Territorium entwickelt wurde. Es regelt Rechtsbeziehungen zwischen der EG und ihren Organen (institutionelles Recht), der EG und den einzelnen Mitgliedstaaten, den Mitgliedstaaten untereinander, der EG und den Staatsbürgern der Mitgliedstaaten, den Mitgliedern und ihren eigenen oder anderen EG-Staatsbürgern, den EG-Staatsbürgern untereinander und der EG und Drittstaaten.

Vor allem die sog. **Markt-** oder **Grundfreiheiten** des Binnenmarktes prägen heute das Leben in der Gemeinschaft. Hierbei handelt es sich um den freien Verkehr von Waren, Personen (Freizügigkeit der Arbeitnehmer und unternehmerische Niederlassungsfreiheit), Dienstleistungen und Kapital, Art. 14 Abs. 2 EG. Wichtig ist zudem die Sicherung des freien Zahlungsverkehrs. Zu den Zielen des Europarechts zählt dabei die Angleichung der Rechtsvorschriften der Mitgliedstaaten, soweit dies für das Funktionieren bzw. die Aufrechterhaltung des Binnenmarkts erforderlich ist, Art. 3 Abs. 1 lit. h EG.

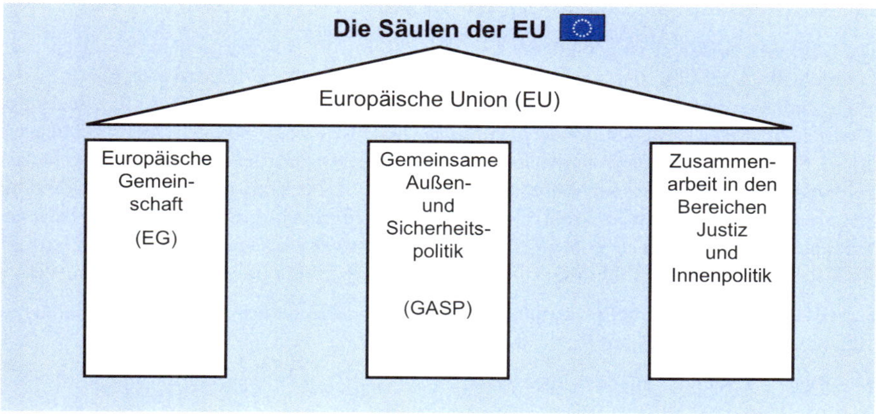

Schaubild 2

Das **Europarecht** beeinflusst das nationale Recht der Mitgliedstaaten in nahezu allen Bereichen mittelbar oder unmittelbar. Das primäre Gemeinschaftsrecht besteht aus den Gemeinschaftsverträgen. In diesen Verträgen verpflichten sich die Mitgliedstaaten selbst. Sie geben darüber hinaus Handlungsanweisungen an die Organe, die durch die Verträge geschaffen wurden, aber auch an Staatsbürger der Mitgliedstaaten oder sogar unbeteiligte Dritte. Das sekundäre Gemeinschaftsrecht regelt spezifische Einzelprobleme. Es handelt sich vor allem um Verordnungen, Richtlinien, Entscheidungen, Empfehlungen und Stellungnahmen, Art. 249 EG.

- **Verordnung**: Zuständig für den Erlass von Verordnungen sind der Rat und die Kommission. Die Verordnungen haben allgemeine Geltung. Sie entsprechen damit auf nationaler Ebene praktisch dem Gesetz bzw. der Rechtsverordnung.
- **Richtlinie**: Zuständig für den Erlass von Richtlinien sind der Rat und die Kommission. Eine Richtlinie wendet sich im Gegensatz zur Verordnung nur an die Mitgliedstaaten, und zwar in der Weise, dass diesen aufgegeben wird, die Richtlinie binnen einer bestimmten Frist in ihr jeweils nationales Recht umzusetzen. Eine Richtlinie ist nur hinsichtlich der festgesetzten Ziele verbindlich.
- **Entscheidung**: Sie gehört nicht zu den Rechtsquellen, wird aber in Art. 249 EG genannt. Zuständig für den Erlass von Entscheidungen sind Rat und Kommission. Entscheidungen sind Rechtshandlungen der Kommission als Verwaltungsbehörde gegenüber Privaten.

Im Bereich des Zivilrechtes existieren mittlerweile zahlreiche Richtlinien, die zur Folge haben, dass Sie in vielen Fällen nationales Recht anwenden, das europarechtlich determiniert ist. Vor allem das Verbraucherschutzrecht, Teile des Arbeitsrechts, das Produkthaftungsrecht, der E-Commerce und bestimmte Aspekte des Schuldrechts sind mittlerweile europarechtlich geprägt. Aber auch das Handels- und das Gesellschaftsrecht unterliegen europarechtlichen Einflüssen. Beruht eine Vorschrift auf einer Richtlinie, muss sie ggf. dem EuGH vorgelegt werden, der allein befugt ist, zu überprüfen, ob der Gesetzgeber bei der

Umsetzung der Richtlinie seiner Verpflichtung aus Art. 249 Abs. 3 EG vollständig nachgekommen ist.

IV. Das BGB und die Bedeutung des Allgemeinen Teils des BGB

Das Bürgerliche Recht ist grundlegend im BGB geregelt. Das Bürgerliche Recht gilt verbindlich für natürliche Personen und sog. juristische Personen des Privatrechts (z.B. den eingetragenen Verein, § 21 BGB; die GmbH, § 13 GmbHG; die AG, § 1 AktG). Aufgrund der Spezialgesetze bestehen Sonderregeln. Das BGB wurde am 18.08.1896 verkündet, trat am 01.01.1900 in Kraft und wurde seitdem immer wieder den Bedürfnissen des Rechtsverkehrs und den sich ändernden Anschauungen angepasst. Im BGB finden sich vor allem die allgemeinen Regelungen und die Grundlagen des Zivilrechts. Darüber hinaus bestehen speziellere privatrechtliche Rechtsgebiete, die teilweise erst später entstanden sind. So gilt für Kaufleute das HGB. Im StVG ist u.a. die spezielle Haftung des Kraftfahrers geregelt.

Das BGB ist in **fünf Bücher** aufgeteilt, wobei sich eine nähere Einteilung nochmals an allgemeinen und besonderen Regelungen orientiert.

- Der Allgemeine Teil, §§ 1 bis 240 BGB.
- Das Schuldrecht, §§ 241 bis 853 BGB.
- Das Sachenrecht, §§ 854 bis 1296 BGB.
- Das Familienrecht, §§ 1297 bis 1921 BGB.
- Das Erbrecht, §§ 1922 bis 2385 BGB.

Im Allgemeinen Teil hat der Gesetzgeber allgemeine Rechtsbegriffe und Regeln dargestellt, die der einheitlichen Gestaltung des gesamten Bürgerlichen Rechts dienen. Der Allgemeine Teil des BGB hat daher für das gesamte Privatrecht grundlegende Bedeutung. In ihm sind Kerninstitute des Privatrechts auf hohem Abstraktionsniveau vorab geregelt. Allgemeine Aussagen werden so gleichsam „vor die Klammer gezogen“. Dieser Aufbau zieht eine rationale Gesetzgebungstechnik einer in sich geschlossenen Behandlung sozialer Lebenssachverhalte vor. Deshalb können Sie das BGB auch nicht dadurch verstehen, indem Sie es einfach von Anfang an durchlesen. Andererseits passen die allgemeinen Vorschriften nicht ohne weiteres auf alle Situationen. Deshalb haben die spezielleren Normen, die einen Sachverhalt abweichend von den allgemeinen Regeln lösen, im oder außerhalb des BGB Vorrang („lex specialis derrogat legi generali“).

§ 3 Privatautonomie und ihre Grenzen

I. Die Bedeutung der Privatautonomie

Unter **Privatautonomie oder Vertragsfreiheit** versteht man die Möglichkeit, privatrechtliche Verträge abzuschließen. Jedermann kann sich so aus freiem Entschluss rechtlich verpflichten und seine Rechtsverhältnisse nach seinem Willen selbst gestalten. Die Privatautonomie ist Teil des allgemeinen Prinzips der Selbstbestimmung des Menschen. In ihrem Kern genießt sie verfassungsrechtlichen Schutz. Niemandem soll ohne sein Zutun ein Schuldverhältnis aufgezwungen werden. Das BGB hat auf eine ausdrückliche Regelung der Privatautonomie verzichtet; es setzt sie vielmehr voraus. Im Rahmen der Privatautonomie kommt der Vertragsautonomie (§ 311 Abs. 1 BGB) entscheidende Bedeutung zu. Schuldverhältnisse, die einseitig begründet werden, wie etwa die Auslobung (§ 657 BGB) oder das Preisausschreiben (§ 661 BGB), sind die Ausnahme. Die Vertragsautonomie lässt sich in die Abschlussfreiheit, die Inhaltsfreiheit und die Formfreiheit unterteilen. Man kann zudem auch in der Rechtswahlfreiheit eine selbstständige Ausprägung der Vertragsautonomie sehen.

- Abschlussfreiheit: Jeder kann frei entscheiden, ob und mit wem er einen Vertrag abschließen will.
- Inhalts- oder Gestaltungsfreiheit: Die Parteien dürfen vereinbaren, was sie wollen. Zur Inhaltsfreiheit gehört auch die Freiheit zur Änderung oder Aufhebung von Verträgen und zur Ersetzung eines Vertrags durch einen anderen (Novation).
- Formfreiheit: Der Abschluss von Verträgen ist gesetzlich nicht an eine besondere Form gebunden. Die Parteien können vertraglich vereinbaren, dass für die Wirksamkeit des geplanten oder zukünftigen Vertrags zwischen ihnen bestimmte Formerfordernisse gelten sollen (gewillkürte Schriftform, § 127 BGB).

II. Die Grenzen der Privatautonomie

Die Privatautonomie kann und darf nicht grenzenlos sein. Sie muss vielmehr auf allen Ebenen – Abschlussfreiheit, Inhaltsfreiheit, Formfreiheit – beschränkt werden. Solche Einschränkungen sind zum Schutz öffentlicher Interessen, im Interesse Dritter oder im eigenen Interesse (einer) der Vertragsparteien erforderlich. Beruht die Beschränkung der Inhalts-, Form- oder Abschlussfreiheit auf dem Schutz der eigenen Interessen (einer) der Vertragsparteien, liegt dem in der Regel der Gedanke der vertraglichen und sozialen **Gerechtigkeit** zugrunde. Die bei einem frei ausgehandelten Vertrag im Idealfall gegebene Richtigkeits- bzw. Gerechtigkeitsgewähr ist gefährdet, wenn einer der Vertragspartner wirtschaftlich und/oder intellektuell überlegen ist. Hierin liegt ein zentraler Rechtfertigungsgrund für den Verbraucherschutz (s. S. 32 f., 68 ff., 113 ff., 121 f., 156 f.)

Einschränkungen der Abschlussfreiheit bestehen hauptsächlich in Bereichen, in denen monopolartige Machtstrukturen bestehen und bspw. ein Anbieter von lebenswichtigen Gütern einer Vielzahl von Nachfragern gegenübersteht. Marktbeherrschende Unternehmen unterliegen einem Abschlusszwang, wenn sie gleichartige Unternehmen ohne sachlich gerechtfertigten Grund unterschiedlich behandeln, vgl. §§ 19, 20 GWB.

Wichtiger als Vorschriften über einen Kontrahierungszwang sind Regeln, die in die Freiheit zur inhaltlichen Gestaltung von Verträgen eingreifen. Insbesondere die §§ 305 ff. BGB enthalten eine Reihe von Vorschriften, mit denen die Gestaltungsfreiheit bei Verwendung von Allgemeinen Geschäftsbedingungen eingeschränkt wird (s. S. 68 ff.). Aber selbst bei Individualverträgen begrenzt das BGB die Inhaltsfreiheit, indem es zwingende Schuldrechtsnormen aufstellt, vgl. etwa §§ 276 Abs. 3, 312 g, 475, 506, 555 BGB.

Auch Formvorschriften (z.B. §§ 311 b, 766 BGB) können darauf abzielen, eine Partei zu schützen (s. S. 35). Schließlich kann der Inhalt einer Vereinbarung gegen ein gesetzliches Verbot, § 134 BGB, oder gegen die guten Sitten, § 138 BGB, verstoßen (s. S. 46 f.).

Das **Allgemeine Gleichbehandlungsgesetz (AGG)** greift in die Privatautonomie von Bürgern und Unternehmen ein, um bestimmte gesellschaftspolitisch unerwünschte Benachteiligungen zu verhindern oder zu beseitigen. In seinem Anwendungsbereich (§ 2 AGG) verbietet das AGG, Personen aus Gründen der Rasse, des Geschlechts, der Religion oder Weltanschauung, wegen einer Behinderung, wegen des Lebensalters oder aufgrund ihrer sexuellen Identität zu benachteiligen, § 1 AGG. Das Benachteiligungsverbot bezieht sich dabei sowohl auf die Abschlussfreiheit als auch auf den Inhalt des Rechtsgeschäfts.

Beispiele:

- Versagung des Zutritts zu einem Freibad wegen der Hautfarbe.
- Ablehnung einer Bewerberin wegen Schwangerschaft (vgl. § 3 Abs. 1 Satz 2 AGG).
- Lohnabschlag wegen des fortgeschrittenen Alters eines Mitarbeiters.

§ 4 Einführung in das juristische Denken und Arbeiten

I. Bedeutung und Methodik

1. Anspruchs- oder logische Methode

Um eine juristische Klausur erfolgreich zu bestehen, kommt es darauf an, die sog. „Falltechnik" zu erlernen, mit der auch in juristischen Berufen gearbeitet wird. Die professionelle Rechtsanwendung basiert auf Traditionen, die mehr als zweitausend Jahre alt sind. Über diesen Zeitraum hinweg hat sich eine spezifische juristische Denk- und Arbeitsweise entwickelt, die von Ihnen wenigstens in Ansätzen beherrscht werden muss. Zwei Fähigkeiten stehen dabei im Vordergrund, da sie das juristische Denken prägen: Zum einen den Sachverhalt so zu filtern, dass nur noch die rechtsrelevanten Umstände und Probleme übrig bleiben. Zum anderen die Fähigkeit, den Sachverhalt unter Rechtsnormen zu „**subsumieren**".

Wer ohne Vorkenntnisse mit der Lösung eines Zivilrechtsfalles konfrontiert wird, läuft zumeist gleich auf die „Lösung" zu, die anhand mehr oder weniger allgemeiner Gerechtigkeitserwägungen begründet wird. Richtig ist hingegen das Arbeiten mit einer Anspruchsgrundlage (sog. Anspruchs- oder logische Methode). Jede Klausurlösung beginnt mit einem Obersatz, der nach dem Schema: „**Wer will was von wem und woraus?**" gebildet wird:

Beispiele:

- A verlangt von B Herausgabe seiner Uhr nach §§ 985, 986 BGB.
- C verlangt von D Eigentum und Besitz am Buch aus § 433 Abs. 1 Satz 1 BGB.
- E verlangt von F Schadensersatz i.H.v. 10.000,- € aus § 823 Abs. 1 BGB.

Diese Obersätze korrespondieren unmittelbar mit der gestellten Aufgabe. Allgemeine Rechtsausführungen haben ebenso zu unterbleiben wie eine Nacherzählung des Sachverhalts. Das Auffinden einer Anspruchsgrundlage bereitet erfahrungsgemäß Schwierigkeiten. Hierbei müssen Sie methodisch vorgehen. So fragen Sie zuerst, ob ein Vertrag vorliegt, der den im Sachverhalt geschilderten Umständen entspricht und die gewünschte Rechtsfolge bietet. Ferner sollten Sie von der Folge ausgehen und überlegen, welche Anspruchsgrundlagen ganz allgemein die gewünschte Rechtsfolge bieten (also etwa Schadensersatz, Schmerzensgeld, Herausgabe etc.).

Bei dieser Methode geht man unmittelbar von der gestellten Fallfrage aus und bildet eine hypothetische Antwort. Danach sucht man eine Norm, die diese Antwort rechtfertigen würde („A hat einen Anspruch auf Herausgabe seiner Uhr, wenn die Voraussetzungen der §§ 985, 986 BGB gegeben wären."). Wenn dieser Punkt geklärt ist, müssen die einzelnen tatbestandlichen Merkmale der Norm herausgearbeitet und mit dem im Sachverhalt geschilderten Geschehen verglichen werden. Unter Umständen müssen Sie in diesem Zusammenhang ein Merkmal „erklären" (definieren).

2. Subsumtion

Die Norm ist der Ausgangspunkt juristischen Denkens. Deren Sinn und Zweck sowie Anwendungsbereich muss der Jurist Schritt für Schritt erarbeiten und sie auf den ihm zur Beurteilung vorliegenden Fall anwenden. Daraus resultiert die primäre Frage nach der Rechtsgrundlage („**Anspruchsgrundlage**"). Die Norm ist aber nur die eine Seite, auf die sich die juristische Beurteilung richtet. Das andere sind die tatsächlichen Umstände des jeweiligen Einzelfalles, eben die Lebensverhältnisse, denen das Recht eine Ordnung gibt. Dabei ist eine Beziehung zwischen einem abstrakten Tatbestandsmerkmal des Rechtssatzes einerseits und der konkreten Tatsache (Sachverhaltsumstand) andererseits herzustellen. Diesen Vorgang nennt man Subsumtion. Es kommt darauf an, ob die jeweiligen Sachverhaltsumstände alle Tatbestandsmerkmale der einschlägigen Norm erfüllen.

Die Subsumtion passt vor allem zu Rechtsnormen, die aufgebaut sind in Tatbestand und Rechtsfolge.

Beispiel: Bei einer Schlägerei im Fußballstadion verletzt P den M durch einen Faustschlag ins Gesicht; die Brille des M wird zerbrochen. M will Schadensersatz für die zerstörte Brille von P. Zu Recht? Als Anspruchsgrundlage käme § 823 Abs. 1 BGB in Betracht, der lautet: „Wer vorsätzlich oder fahrlässig das Leben, den Körper, die Gesundheit, die Freiheit, das Eigentum oder ein sonstiges Recht eines anderen widerrechtlich verletzt, ist dem anderen zum Ersatze des daraus entstandenen Schadens verpflichtet". Es kommt nun darauf an, die Tatbestandsmerkmale der Anspruchsgrundlage zu erkennen. Angesichts des Sachverhalts bleibt nur übrig: „Wer vorsätzlich oder fahrlässig das Eigentum eines anderen widerrechtlich verletzt hat". Diese Voraussetzungen müssen anhand der Sachverhaltsinformationen durchgeprüft werden. Wurde das Eigentum eines anderen verletzt? Ja, die Brille des M (Eigentum) wurde zerstört. Durch wen? Durch einen Faustschlag des P. Geschah das widerrechtlich? Ja, da keine Rechtfertigungsgründe für seine Tat (Schlägerei im Stadion) erkennbar sind. Handelte er vorsätzlich oder fahrlässig? Ja, mindestens fahrlässig, da er damit hätte rechnen müssen, dass bei einem Faustschlag ins Gesicht die Brille getroffen und zerstört werden könnte. Damit ist der Tatbestand der Norm erfüllt. Man prüft nun die Rechtsfolgen der Vorschrift (hier Schadensersatz).

Anders formuliert haben die in einer Norm umschriebenen Tatbestandsmerkmale eine unterscheidende Funktion: diejenigen Sachverhalte, die sich nicht unter den Tatbestand subsumieren lassen, scheiden aus. Die Fähigkeit zur Differenzierung ist daher ein Kernbestandteil juristischen Denkens.

II. Ratschläge für die Klausurbearbeitung

Die wichtigsten Regeln zum erfolgreichen Lösen der Klausuraufgabe lauten:

Erfassen Sie den Sachverhalt richtig. Hierzu können Sie sich Kontrollfragen stellen. Diese lauten etwa: Habe ich alle Informationen des Sachverhalts verwerten können? Enthält der Sachverhalt viele Angaben, die für Ihre Lösung überflüssig sind, sind Sie wahrscheinlich auf dem Holzweg. Nur wenige Aufgabensteller werden Informationen angeben, die Sie nicht benötigen. Eine weitere Kontrollfrage lautet: Enthält mir der Sachverhalt für meine Lösung zentrale Angaben vor? Falls ja, ist ebenfalls Vorsicht geboten, da der Sachverhalt zumeist sämtliche erforderlichen Informationen angibt. Selbstverständlichkeiten hingegen dürfen Sie unterstellen (etwa die Volljährigkeit der Akteure). Dritte Kontrollfrage: Habe ich den Sachverhalt verstanden? Sind Sie also in der Lage, einem anderen in eigenen Worten zu sagen, um was es geht? Verstehen Sie das Verhalten der Akteure, den wirtschaftlichen Hintergrund etc.?

Erfassen Sie die konkrete Aufgabe. Immer wieder kommt es vor, dass Ansprüche geprüft werden, nach denen nicht gefragt wurde. Will der Akteur Schadensersatz oder Herausgabe? Die Frage „Wie ist die Rechtslage?“ verlangt nun einmal eine andere Prüfung als die Frage: „Kann A von B die Zahlung von 4.000,- € verlangen?“.

Fertigen Sie eine Skizze an, in der die Personen, ihre Verhältnisse zueinander und die wichtigsten Handlungen durch Pfeile und dazugehörige Normen gekennzeichnet sind.

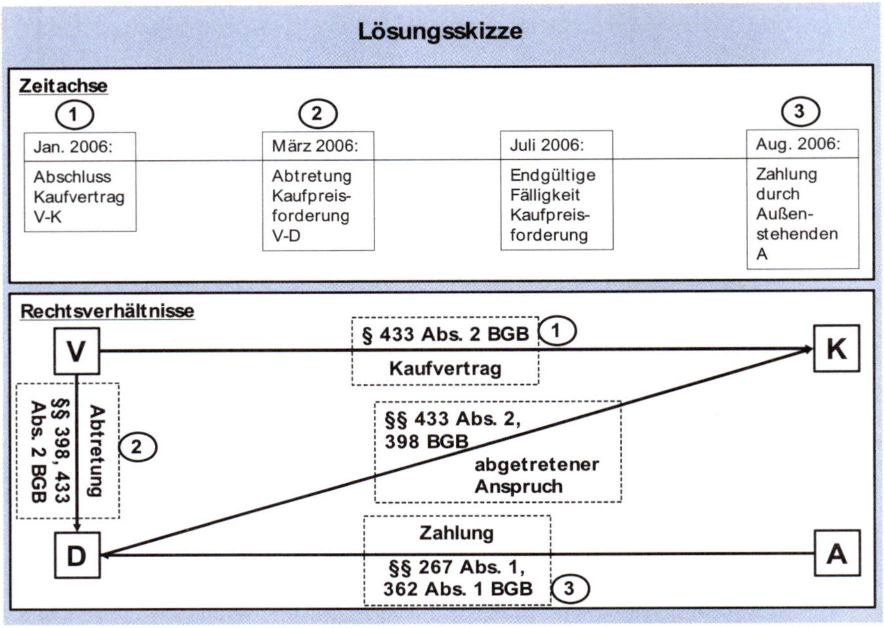

Schaubild 3

Bei der Angabe von Tages- und Zeitangaben sollten Sie aufpassen. Dies könnte ein Hinweis auf Verjährungs- oder Verfristungsprobleme sein. Tragen Sie ggf. die wichtigsten Ereignisse auf einer Zeitachse ein.

Versuchen Sie anschließend, die **Prüfung gedanklich zu strukturieren**. Ggf. müssen Sie die rechtlichen Beziehungen zwischen mehreren Personen klären; hierzu zählt auch die genaue Prüfungsreihenfolge. Machen Sie sich eine Vorstellung davon, wo die Schwerpunkte der Klausur liegen könnten, und versuchen Sie, diese Schwerpunktbildung in Ihrer Bearbeitung wiederzugeben. Fertigen Sie daraufhin eine Lösungsskizze an.

Schließlich geht es an die **Niederschrift der Klausur**. Je sauberer Sie die vorherigen Schritte abgearbeitet haben, desto leichter fällt die Ausformulierung. Denken Sie an einen Korrekturrand und an eine saubere, lesbare Handschrift. Ein unleserliches Geschmiere ruft beim Korrektor keine Begeisterung hervor und geht im Zweifel zu Ihren Lasten. Gliedern Sie Ihre Prüfung, bilden Sie Obersätze und führen Sie die gewonnenen Ergebnisse aus.

Kapitel B. Allgemeiner Teil des BGB

§ 5 Das subjektive Recht, Rechtssubjekte und Rechtsobjekte

I. Der Begriff des subjektiven Rechts

1. Objektives und subjektives Recht

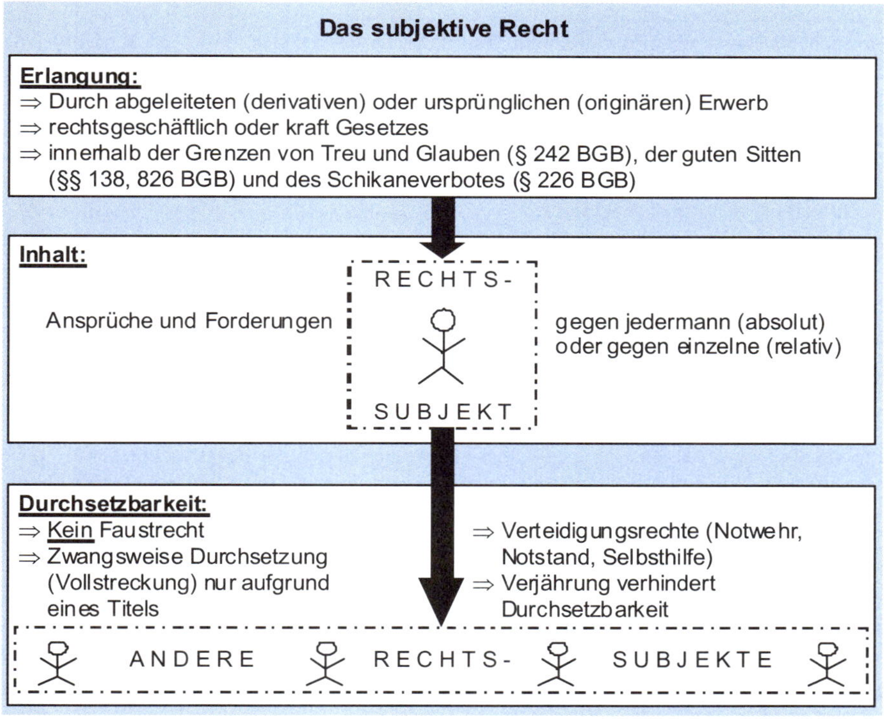

Schaubild 4

Der Staat gewährt zum Schutz individueller Interessen gerichtlich durchsetzbare Ansprüche gegenüber Privatpersonen oder gegenüber sich selbst. Ein **subjektives Recht** ist die einem Rechtssubjekt (zum Begriff s. S. 15 f.) von der Rechtsordnung verliehene Rechtsmacht. Die subjektiven Rechte des Einzelnen können als die Gesamtheit der ihm aufgrund des objektiven Rechts zustehenden Rechte verstanden werden. Das einzelne subjektive Recht gibt dem

Rechtsträger eine Rechtsstellung im umfassenden Sinn, aus dem sich wiederum Einzelbefugnisse ergeben.

Beispiel: § 433 BGB ist die Zentralnorm für den Kaufvertrag – und zwar abstrakt für „jeden" Kaufvertrag. Die Norm ist Teil des objektiven Rechts, sie regelt allgemein und für alle Fälle das Recht des Kaufs. Ein bestimmter („der") Käufer oder Verkäufer kann Ansprüche aus der Norm, also subjektive Rechte herleiten (§ 433 Abs. 1 Satz 1 BGB für den Anspruch des Käufers gegen den Verkäufer auf Übereignung der Kaufsache, § 433 Abs. 2 BGB für den Anspruch des Verkäufers gegen den Käufer auf Zahlung des Kaufpreises). Das subjektive Recht ist danach lediglich eine andere Erscheinungsform des objektiven Rechts, nämlich das objektive Recht im Zustand der Verteidigung bzw. des Angriffs. Ob eine objektive Norm dem Einzelnen subjektive Rechte verleiht, ist aus ihrem Zweck herzuleiten, falls sich dies nicht ausdrücklich aus dem Wortlaut ergibt.

2. Anspruch und Forderung

Mit dem subjektiven Recht eines Einzelnen, etwas verlangen zu können, korrespondiert immer eine entsprechende Verpflichtung eines anderen, etwas tun oder dulden zu müssen. Normen, die bestimmen, dass jemand von einem anderen etwas verlangen kann, d.h. die einem Einzelnen ein subjektives Recht verleihen, nennt man **Anspruchsgrundlagen**. Der **Anspruch**, wie ihn das BGB in § 194 Abs. 1 BGB definiert (Wo das Gesetz selbst sagt, was es unter einem Begriff versteht, spricht man von einer Legaldefinition.), ist aber nicht gleichbedeutend mit dem subjektiven Recht. Der einzelne Anspruch (oder die Forderung, dazu sogleich) sind nur ein Ausschnitt, eine Einzelbefugnis aus der durch das subjektive Recht verliehenen Rechtsmacht.

Unter einer (schuldrechtlichen) **Forderung**, § 241 Abs. 1 BGB, ist ein Anspruch zu verstehen, der sich aus den Normen des Schuldrechts ergibt, z.B. der Anspruch des Mieters auf Überlassung der Mietsache aus § 535 Abs. 1 Satz 1 BGB oder der Anspruch des Werkunternehmers auf Zahlung des Werklohns aus § 631 Abs. 1 BGB. Jede Forderung besteht aus (schuldrechtlichen) Ansprüchen, aber nicht jeder Anspruch ist auch eine Forderung.

3. Absolute und relative Rechte

Private Rechtspositionen, die gegenüber jedem beliebigen Dritten geschützt sind (z.B. Namensrecht, Eigentum und andere dingliche Rechte) nennt man **absolute Rechte** (Herrschaftsrechte). **Relative Rechte** (Forderungsrechte) betreffen Interessen, die nur gegenüber einer ganz bestimmten Person geschützt sind (z.B. Anspruch auf Übereignung bzw. Zahlung des Kaufpreises aus einem Kaufvertrag gegen einen ganz bestimmten Verkäufer bzw. Käufer). Absolute subjektive Rechte werden auch als dingliche Rechte bezeichnet, relative subjektive Rechte auch als schuldrechtliche oder obligatorische Ansprüche.

II. Erwerb, Übergang und Grenzen des subjektiven Rechts

1. Erwerb des subjektiven Rechts

Subjektive Rechte sind an ein bestimmtes Rechtssubjekt gebunden. Sie werden auf verschiedene Weise erworben, entweder durch **abgeleiteten** (derivativen) oder durch **ursprünglichen** (originären) **Erwerb**. Beim derivativen Erwerb überträgt ein berechtigter Rechtsvorgänger ein subjektives Recht durch rechtsgeschäftliche Verfügung auf den Rechtsnachfolger. Der Erwerber erhält seine Berechtigung als Rechtsnachfolger aufgrund eines rechtsgeschäftlichen Übertragungsaktes.

Beispiel: Beim Erbschaftsanfall vom Erblasser auf den Erben geht der gesamte Nachlass in einem Akt mit dem Tod des Erblassers auf den oder die Erben über (§ 1922 Abs. 1 BGB – sog. Gesamtrechtsnachfolge/Universalsukzession).

Entsteht das subjektive Recht in der Person des Erwerbers neu, ohne dass ein Rechtsübergang von einem Rechtsvorgänger vorliegt, spricht man von originärem Erwerb. Dieser beruht auf einem vom Gesetz angeordneten Zuordnungstatbestand.

Beispiele: Erwerb durch Fund, § 973 Abs. 1 BGB, Aneignung, § 958 BGB, oder Ersitzung, § 937 BGB.

2. Übergang und Grenzen des subjektiven Rechts

Übertragen werden subjektive Rechte durch Rechtsgeschäft oder kraft Gesetzes. Je nachdem, um welches subjektive Recht es sich handelt, sind die Erfordernisse des wirksamen Übertragungsakts unterschiedlich geregelt. Genügt bspw. zur Übertragung einer Forderung, dass sich alter und neuer Gläubiger einigen (§ 398 BGB), ist für die Übertragung des Eigentums an einer beweglichen Sache erforderlich, dass der Veräußerer sich mit dem Erwerber über den Eigentumsübergang einigt und ihm die Sache übergibt (§ 929 BGB). Durch Rechtsgeschäft übertragen werden können jeweils nur einzelne subjektive Rechte (**Singularsukzession**). Der Veräußerer kann nicht mehr Rechte übertragen, als er zum Zeitpunkt der Übertragung besitzt oder übertragen will. Der Erwerber erhält genau und nur das übertragen, was er bekommen möchte. Der Eintritt eines Erwerbers in die gesamte vermögensrechtliche Stellung des Rechtsvorgängers ist nur beim gesetzlichen Erwerb möglich (**Universalsukzession**, Gesamtrechtsnachfolge).

Die Privatautonomie erlaubt es innerhalb ihrer Schranken jedem Rechtsinhaber, seine ihm zustehenden Rechtspositionen zugunsten eines anderen zu beschränken. Ein einem Rechtsinhaber zustehendes subjektives Recht darf auch frei ausgeübt werden. Grenzen der Ausübung ergeben sich indes aus der rechtsethischen und sozialen Funktion eines subjektiven Rechts. Die Ausübung eines subjektiven Rechts ist unzulässig, wenn sie gegen das Schikaneverbot (§ 226 BGB), gegen den Grundsatz von Treu und Glauben (§ 242 BGB) oder gegen die guten Sitten (§§ 138, 826 BGB) verstößt (vgl. BGHZ 12, 157). In solchen Fällen spricht man von Rechtsmissbrauch.

III. Durchsetzbarkeit des subjektiven Rechts

1. Grundsatz und Ausnahmen

Verworfen hat der historische Gesetzgeber das Faustrecht, d.h. die eigenmächtige Rechtsverfolgung durch den Rechtsinhaber. Der Staat allein hat das Rechtsverfolgungs- und Vollstreckungsmonopol. Wer sein Recht durchsetzen will, muss die dafür zuständigen staatlichen Gerichte anrufen und einen Vollstreckungstitel (Urteil, Vergleich etc.) im Klageweg erstreiten. Aufgrund dieser Urkunde und dem darin verbrieften Rechtsbefehl (z.B. „Der Beklagte wird verurteilt, an den Kläger 10.000,- € nebst 4 % Zinsen hieraus seit 01.04.2008 zu bezahlen.“) wird ein weiterer staatlicher Hoheitsträger ermächtigt, das subjektive Recht des Gläubigers gegen einen Schuldner durchzusetzen, der Gerichtsvollzieher.

Dennoch räumt die Rechtsordnung unter bestimmten Voraussetzungen ein, dass die eigenmächtige **Verteidigung gegen Angriffe** auf das subjektive Recht auch durch den Rechtsinhaber selbst gestattet sein muss. So ist unter den Voraussetzungen der Notwehr (§ 227 BGB) oder des Notstandes (§ 228 BGB) die Verletzung fremden Rechts zulässig. § 227 BGB greift ein, wenn der Angriff von einem Menschen ausgeht, während § 228 BGB (Verteidigungsnotstand) die von Sachen ausgehenden Gefahren betrifft. Nach § 904 BGB

(Angriffsnotstand) sind unter engen Voraussetzungen sogar Eingriffe in eine fremde Sache zulässig, selbst wenn von dieser Sache keine Gefahr ausgeht. Schließlich erlauben die Vorschriften zur Selbsthilfe (§§ 229 ff. BGB) ausnahmsweise die eigenmächtige, gewaltsame Durchsetzung eines Anspruchs.

2. Verjährungs- und Ausschlussfristen

a) Grundsätzliches

Entstandene, fällige und durchsetzbare Ansprüche sollen irgendwann erledigt sein. So wie die noch ausstehende Fälligkeit einer Forderung (vgl. § 271 BGB) bedeutet, dass der Anspruch noch nicht geltend gemacht werden kann, meint Verjährung, dass der verjährte Anspruch nicht mehr durchsetzbar ist. Die Begrenzung der Durchsetzbarkeit von Ansprüchen soll zum einen dazu dienen, dass Rechtsgeschäfte möglichst schnell abgewickelt werden, um so etwa das Auftreten von Beweisschwierigkeiten nach langer Untätigkeit zu vermeiden. Zum anderen fordert der Gesetzgeber, dass irgendwann Rechtsfriede einkehren soll. Die rechnerisch bestimmbare Begrenzung der Durchsetzbarkeit eines Anspruchs fördert daher die Rechtssicherheit. Tritt **Verjährung** ein, ist der Schuldner berechtigt, die Leistung zu verweigern, § 214 Abs. 1 BGB, muss es aber nicht. Der Anspruch ist durch den Eintritt der Verjährung nicht erloschen, der Schuldner kann also noch leisten. Will er sich jedoch auf die Verjährung berufen, muss er sie durch „Einrede" geltend machen, § 214 Abs. 1 BGB („über Einreden muss man reden"). Wer umgekehrt auf eine verjährte Forderung zahlt, kann das Gezahlte nicht zurückverlangen, § 813 Abs. 1 Satz 2 BGB.

Nur Ansprüche unterliegen der Verjährung, § 194 BGB. Von der Verjährung sind sog. **Ausschlussfristen** zu unterscheiden. Sie sind „Einwendungen" bei Gestaltungsrechten (Kündigung, Anfechtung, Rücktritt etc.), die in einem Prozess vom Gericht von Amts wegen (d.h. ohne notwendige Geltendmachung durch den Schuldner) berücksichtigt werden. Wird ein Anspruch nicht innerhalb der gesetzlich festgelegten Ausschlussfrist geltend gemacht, ist er verfallen.

b) Die Verjährungsfristen im Einzelnen

Beim Umgang mit den Verjährungsregeln der §§ 194 bis 218 BGB gilt es die Dauer der Frist streng vom Beginn der Verjährung zu trennen. Die regelmäßige **Verjährungsfrist** beträgt drei Jahre, § 195 BGB. Ausnahmen bestehen für Herausgabeansprüche aus Eigentum und anderen dinglichen Rechten, familien- und erbrechtliche Ansprüche, rechtskräftig festgestellte Ansprüche, Ansprüche aus vollstreckbaren Vergleichen oder vollstreckbaren Urkunden und Ansprüche, die durch die im Insolvenzverfahren erfolgte Feststellung vollstreckbar geworden sind, § 197 Abs. 1 BGB. Für Ansprüche auf Rechte an einem Grundstück ist eine zehnjährige Frist vorgesehen, § 196 BGB.

Die **Verjährung beginnt**, wenn der Anspruch fällig ist und der Gläubiger von allen einen Anspruch begründenden Umständen und der Person des Schuldners Kenntnis erlangt hat oder ohne grobe Fahrlässigkeit hätte erlangen müssen, § 199 Abs. 1 BGB. Der Fristbeginn ist bei dieser Vorschrift also nur subjektiv bestimmbar und kann in jedem Einzelfall anders sein. Im Interesse der Rechtssicherheit gibt es daher auch die sog. Höchstfristen. Ohne Rücksicht auf das Kenntnis- oder Erkennbarkeitskriterium sollen die Ansprüche in einer absoluten Verjährungsfrist von zehn Jahren ab Fälligkeit verjähren, § 199 Abs. 3 BGB. Ausgenommen von dieser Zehnjahresfrist sind Schadensersatzansprüche, die auf die Verletzung besonders hochrangiger Rechtsgüter wie Freiheit, Körper, Leben oder Gesundheit gestützt werden. Für sie gilt die absolute Verjährungsfrist von dreißig Jahren, § 199 Abs. 2 BGB.

Beispiel: V verleiht an E für 14 Tage eine Wasserwaage. Am 19.09.2006 übergibt V das Werkszeug an E. Wann beginnt die Frist zur Rückgabe und wann endet diese Frist? Die Frist beginnt nach § 187 Abs. 1 BGB am 20.09.2006 um 0:00 Uhr und würde an sich gemäß § 188 Abs. 1 BGB mit Ablauf des 03.10.2006 enden. Da dies aber ein gesetzlicher Feiertag ist, endet die Frist am 04.10.2006 um 24:00 Uhr, § 193 BGB.

Sondervorschriften enthalten die kauf- und werkvertraglichen Mängelansprüche, § 438 Abs. 1 bzw. § 634 a Abs. 1 BGB. Bei ihnen beginnt die Verjährung nicht erst mit Kenntnis bzw. grob fahrlässiger Unkenntnis, sondern schon mit der Lieferung der Sache oder mit Abnahme des Werks, § 438 Abs. 2 bzw. § 634 a Abs. 2 BGB. Im Falle der Arglist bleibt es bei der regelmäßigen Verjährungsfrist, §§ 438 Abs. 3 bzw. 634 a Abs. 3 BGB.

c) Hemmung und Neubeginn der Verjährung

Es kann im Einzelfall vorkommen, dass während der Verjährungsfrist Umstände auftreten, die es erforderlich machen, vom gewöhnlichen Ablauf abzuweichen und eine Neubewertung vorzunehmen. Hierbei wird zwischen der Hemmung und dem Neubeginn der Verjährung unterschieden. Beim **Neubeginn** wird die Verjährung unterbrochen und nach Wegfall des unterbrechenden Ereignisses neu gestartet, § 212 BGB. Bei der **Hemmung** wird die Verjährung zwar auch gestoppt. Nach dem Wegfall des hemmenden Ereignisses wird die bereits begonnene Verjährung aber nur fortgesetzt, vgl. § 209 BGB. Sind also im Fall der regelmäßigen Verjährung bis zur Hemmung schon 30 Monate verstrichen gewesen, beträgt die verbleibende Verjährungsfrist nach Wegfall der Hemmung nur noch sechs Monate (bei einer Unterbrechung wären es wiederum drei Jahre).

Als Gründe für den Neubeginn der Verjährung nennt das Gesetz lediglich die Vollstreckungshandlung und das Anerkenntnis, § 212 Abs. 1 BGB. Die gerichtlichen Maßnahmen, die Klageerhebung oder die Zustellung eines Mahnbescheides hemmen die Verjährung nur, § 204 Abs. 1 BGB. Verhandlungen über einen Anspruch hemmen seine Verjährung allgemein, § 203 BGB. Weitere wichtige Hemmungsgründe sind in § 204 Abs. 1 BGB genannt.

IV. Rechtssubjekte

Rechtsfähigkeit ist die Fähigkeit, Träger von Rechten und Pflichten zu sein. Das BGB kennt als **Rechtssubjekte**, also als Träger von subjektiven Rechten, natürliche (Menschen) und juristische Personen. Die entsprechenden Regeln enthalten die §§ 1 bis 14 BGB für natürliche und die §§ 21 bis 89 BGB für juristische Personen. Wichtig ist die Definition des **Verbrauchers** in § 13 BGB. Danach ist Verbraucher jede natürliche Person, die ein Rechtsgeschäft zu einem Zweck abschließt, der weder ihrer gewerblichen noch ihrer selbstständigen beruflichen Tätigkeit zugerechnet werden kann. Entscheidend ist der objektive Verwendungszweck, nicht der Status des Käufers.

Beispiele:

- Unternehmerin U kauft für ihre Tochter ein Klavier. Hier handelt sie außerhalb des Unternehmens und ist daher Verbraucher.

- Der niedergelassene Arzt A kauft eine teure Luxuslimousine, die er sowohl für Praxiszwecke als auch für private Reisen nutzt. Bei diesem Kauf handelt er nicht als Verbraucher im Sinne von § 13 BGB.

Juristische Personen sind Geschöpfe der Rechtsordnung, vom Gesetzgeber erschaffen, um sie durch die Verleihung von Rechtsfähigkeit zu Zuordnungspunkten der Rechtsordnung zu machen. Bestimmte Wirkungseinheiten von Personen und/oder Vermögensgegenständen dürfen unabhängig von der Existenz ihrer Mitglieder ein juristisches Eigenleben führen. Sie können sich bei der Teilnahme am Rechtsverkehr durch ihre Organe vertreten lassen, und ihre Haftung ist für Verbindlichkeiten auf ihr Vermögen beschränkt. Die Bildung der juristischen Person bedarf regelmäßig staatlicher Mitwirkung (Eintragung in das Vereins- oder Handelsregister); zulässig sind nur bestimmte Arten juristischer Personen (numerus clausus). Anders als den natürlichen Personen kommt juristischen Personen Rechtsfähigkeit also nicht „von Natur aus“, sondern kraft eines staatlichen Verleihungsaktes zu. Juristische Personen gibt es im Privatrecht und im öffentlichen Recht.

Juristische Personen des Privatrechts sind die Aktiengesellschaft (AG), die Gesellschaft mit beschränkter Haftung (GmbH), die Stiftung, die eingetragene Genossenschaft (eG), die Kommanditgesellschaft auf Aktien (KGaA), der Versicherungsverein auf Gegenseitigkeit (VvaG) und der eingetragene Verein (eV). Daneben existieren Personenzusammenschlüsse (Gesellschaften), denen eine eigene unabhängige Rechtsfähigkeit fehlt, die aber den juristischen Personen angenähert sind. Sie werden als teilrechtsfähig bezeichnet. Hierzu zählen die offene Handelsgesellschaft (OHG), die Kommanditgesellschaft (KG), die Gesellschaft bürgerlichen Rechts (GbR; hierzu BGH NJW 2001, 1056), die Partnerschaftsgesellschaft (PartG) und die Europäische Wirtschaftliche Interessenvereinigung (EWIV).

Das **Unternehmen** ist juristisch als wirtschaftliche Zweckeinheit anzusehen, die aus beweglichen und unbeweglichen Sachen und Rechten besteht. Nach § 14 BGB ist ein Unternehmer eine natürliche oder juristische Person oder eine rechtsfähige Personengesellschaft, die bei Abschluss eines Rechtsgeschäftes in Ausübung ihrer gewerblichen oder selbstständigen beruflichen Tätigkeit handelt. Diese Definition hat vor allem den Zweck, dem Begriff des Verbrauchers denjenigen des Unternehmers gegenüberzustellen. Indem der Unternehmensbegriff des BGB nicht auf das Handelsgewerbe beschränkt ist und auch selbstständige Freiberufler bzw. die Freiberuflergesellschaft einbezieht, geht er weit über den Kaufmannsbegriff des HGB hinaus.

Ferner ist das sog. „Recht am eingerichteten und ausgeübten Gewerbebetrieb“ durch § 823 Abs. 1 BGB geschützt (zum Deliktsrecht später ausführlich S. 179 ff.). Im Wettbewerbs-, Aktien- und Arbeitsrecht sind Unternehmen als selbstständige Rechtsobjekte anerkannt und werden bestimmten Verhaltensregeln unterworfen. Normbezogene Unterschiede führen jedoch dazu, dass sich eine einheitliche Terminologie für das Unternehmen nicht herausgebildet hat. Der Rückgriff auf steuerrechtliche Kriterien (Gewerbe) vermag dem nicht abzuhelfen. So ist es etwa für die Gewerbesteuerpflicht unbeachtlich, ob jemand mit einem Bauchladen oder einer Ölraffinerie gewerblich tätig ist. Andererseits stellt auch eine große Rechtsanwaltssozietät mit 50 Rechtsanwälten ein Unternehmen dar, obwohl Rechtsanwälte als Freiberufler kein Gewerbe betreiben und deshalb nicht der Gewerbesteuer unterliegen.

V. Rechtsobjekte

1. Begriff

Den Gegenbegriff zum Rechtssubjekt als Träger von Rechten und Pflichten (natürliche und juristische Personen) bildet der Begriff des **Rechtsobjekts**. Rechtsobjekt ist alles, was vom Menschen beherrschbar ist und ihm von der Rechtsordnung so zugeordnet werden kann, dass sein Wille für das zugeordnete Objekt rechtlich entscheidend ist. Rechtsobjekte sind bewegliche und unbewegliche Sachen (Grundstücke, vgl. §§ 90 ff. BGB) und Rechte – nicht aber andere Menschen.

Sachen i.S.v. § 90 BGB sind körperliche Gegenstände, die vom Menschen beherrschbar sind. Für Tiere gilt § 90 a BGB. Neben der Unterscheidung in bewegliche (Mobilien) und unbewegliche Sachen (Immobilien) werden weitere Unterscheidungen nach vertretbaren und unvertretbaren Sachen (§ 91 BGB) und nach verbrauchbaren und unverbrauchbaren Sachen vorgenommen. Die Unterscheidung ist u.a. bedeutsam für die Frage, was bei Zerstörung der Sache als Schadensersatz zu leisten ist. Ersatz im Sinne der Naturalrestitution (§ 249 Abs. 1 BGB, s. S. 103 f.) wird i.d.R. nur bei vertretbaren Sachen möglich sein, während bei unvertretbaren Sachen Ersatz in Geld zu leisten ist. Vertretbare Sachen können im Rechtsverkehr nach Maß, Zahl oder Gewicht bestimmt werden, § 91 BGB; für sie ist die Austauschbarkeit charakteristisch (Neuwagen, Gemüse). Nicht vertretbare Sachen hingegen sind durch ihre individuelle Beschaffenheit gekennzeichnet (Maßanzug, Antiquität). Der bestimmungsgemäße Gebrauch verbrauchbarer Sachen ist – wie der Name schon sagt – deren Verbrauch (Lebensmittel, Benzin). Nicht verbrauchbare Sachen unterliegen der normalen Abnutzung (Möbel, Kleidung).

2. Objektsverbindungen und Vermögen

Grds. geht das Gesetz von Einzelsachen aus. Die Regelungen der §§ 93 ff. BGB sind darauf ausgerichtet, dass eine einheitliche Sache und ihre Teile möglichst dasselbe rechtliche Schicksal treffen soll. Sachlich miteinander verbundene Einheiten sollen nicht dauerhaft getrennt werden. Die **Bestandteile** einer Sache werden in wesentliche (§§ 93, 94 BGB), unwesentliche und Scheinbestandteile (§ 95 BGB) unterschieden. Von den Bestandteilen ist das **Zubehör** einer Sache (§ 97 BGB) zu trennen, das nur eine enge räumliche Verbindung zur Sache aufweist und dem im Übrigen eine dienende Funktion zur Hauptsache zukommt. Die §§ 99 bis 103 BGB regeln die Nutzung von Sachen oder Rechten, also die Erträge von Rechtsobjekten. **Nutzungen** sind danach Früchte, § 99 BGB, und Gebrauchsvorteile, § 100 BGB.

Das Vermögen wird vom BGB nicht definiert, obwohl es im Zivilrecht und im Zwangsvollstreckungsrecht (als Haftungsobjekt für die Gläubiger) eine bedeutende Rolle spielt. Das Vermögen eines Rechtssubjekts besteht aus der Summe der geldwerten (absoluten und relativen) Rechte, die einer bestimmten Person zustehen. Dem römisch-rechtlichen Ansatz, das Vermögen als verselbstständigten Träger von Rechten und Pflichten anzusehen, ist das BGB nicht gefolgt. Deshalb kann das Vermögen nicht als Einheit übertragen werden, vielmehr müssen alle zum Vermögen gehörenden Gegenstände einzeln übertragen werden. Es ist bei Verletzungen auch nicht durch § 823 Abs. 1 BGB als „sonstiges Recht" geschützt; wohl aber durch § 823 Abs. 2 BGB i.V.m. §§ 263, 266 StGB (BGHZ 41, 127) (s. S. 181).

§ 6 Rechts- und Geschäftsfähigkeit

I. Die Rechtsfähigkeit

1. Die Rechtsfähigkeit natürlicher Personen

Träger von Rechten und Pflichten können nur Rechtssubjekte sein. Rechtsobjekte können veräußert werden, man kann an ihnen Eigentum und Besitz erwerben. Als Rechtssubjekte kennen wir natürliche und juristische Personen. Grds. stehen juristische Personen und natürliche Personen als Rechtssubjekte gleichberechtigt nebeneinander. Unterschiede bestehen jedoch in Bezug auf die Rechts- und Geschäftsfähigkeit. **Rechtsfähigkeit** ist die Fähigkeit, Träger von Rechten und Pflichten zu sein. Die Rechtsfähigkeit natürlicher Personen (Menschen) beginnt mit der Vollendung der Geburt (§ 1 BGB). Vor diesem Zeitpunkt ist die Leibesfrucht nicht rechtsfähig. Der Gesetzgeber hat im Erbrecht zu einer Fiktion gegriffen, um einen Ungeborenen (nasciturus) zum Erben machen zu können. In

§ 1923 Abs. 2 BGB ist bestimmt, dass als Erbe „gilt", wer zur Zeit des Erbfalls noch nicht lebte, aber bereits gezeugt war. Noch weiter geht das Gesetz, wenn es in § 2101 Abs. 1 BGB bestimmt, dass eine zur Zeit des Erbfalls (Tod des Erblassers) noch nicht gezeugte Person als Nacherbe anzusehen ist, wenn sie zum Erben eingesetzt wurde.

2. Die Rechtsfähigkeit juristischer Personen

Die juristische Person erhält ihre Rechtsfähigkeit dadurch, dass sie von der Rechtsordnung als Rechtssubjekt anerkannt wird. Im Unterschied zu natürlichen Personen werden juristische Personen nicht geboren, sondern durch staatlichen Hoheitsakt ins Leben gerufen (Eintragung, Anerkennung oder Verleihung). Der Umfang der Rechtsfähigkeit juristischer Personen ist jedoch beschränkt. Anders als natürliche Personen können juristische Personen nicht Träger von Familienrechten sein (die Universität Witten/Herdecke GmbH kann ihre Studierenden nicht adoptieren), ihr Vermögen vererben oder selbst Vertretungsorgan in anderen juristischen Personen sein (Geschäftsführer einer GmbH, § 6 Abs. 2 Satz 1 GmbHG; Vorstand einer AG, § 76 Abs. 3 Satz 1 AktG). Dies ist die Auswirkung des Art. 19 Abs. 3 GG, wonach die Grundrechte für inländische juristische Personen nur gelten, „soweit sie ihrem Wesen nach auf diese anwendbar sind". Im Geschäftsverkehr und Vertragsrecht bestehen jedoch keine Unterschiede zur natürlichen Person.

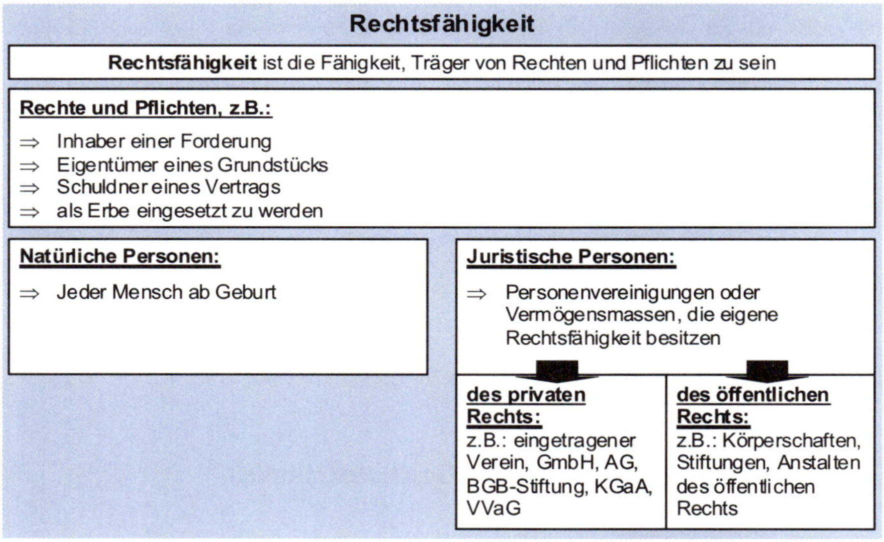

Schaubild 5

II. Die Geschäftsfähigkeit

1. Geschäftsfähigkeit

Von der Fähigkeit, durch eigene Handlungen Rechtswirkungen auszulösen (Handlungsfähigkeit), ist im BGB nicht die Rede. Die **Geschäftsfähigkeit**, §§ 104 bis 113 BGB, ist die Fähigkeit, im Rechtsverkehr selbstständig Willenserklärungen abgeben zu können. Sie setzt die Handlungsfähigkeit allerdings voraus, denn Geschäftsfähigkeit ist die rechtliche Handlungsfähigkeit einer natürlichen Person innerhalb der Privatautonomie. Deliktsfähigkeit ist die Fähigkeit, durch eigenes Tun oder Unterlassen Pflichten zu begründen. Sie ist vom Gesetzgeber in Abstufungen geregelt, §§ 827 f. BGB (zum Deliktsrecht s. S. 179 ff.).

Geschäftsfähigkeit

Geschäftsfähigkeit ist die Fähigkeit, im Rechtsverkehr rechtswirksam Erklärungen abgeben zu können

Juristische Personen:

⇒ Mit Rechtsfähigkeit auch Geschäftsfähigkeit gegeben

Natürliche Personen:

Volle Geschäftsfähigkeit:
Grundsätzlich ist jedermann unbeschränkt geschäftsfähig

Beschränkte Geschäftsfähigkeit (Abschluss rechtlich vorteilhafter Rechtsgeschäfte möglich, § 107 BGB, sonst Zustimmung des gesetzlichen Vertreters nötig):

1. Jugendliche ab 7. bis Vollendung des 18. Lebensjahres
2. Bei Betreuung wegen psychischer oder sonstiger Krankheit auf besondere Anordnung des Vormundschaftsgerichts

Geschäftsunfähigkeit (Abschluss von Rechtsgeschäften nur durch gesetzlichen Vertreter möglich):

1. Kinder bis Vollendung des 7. Lebensjahres
2. Bei dauerhafter Störung der Geistestätigkeit, wenn dadurch freie Willensbildung ausgeschlossen ist

Schaubild 6

Bei juristischen Personen ist mit der Rechtsfähigkeit auch gleichzeitig die Geschäftsfähigkeit gegeben (vgl. z.B. § 13 Abs. 1 GmbHG). Im Unterschied zu natürlichen Personen verfügen sie über keinen eigenen Willen und sind nicht selbst handlungsfähig. Damit sich juristische Personen dennoch im Rechtsverkehr bewegen und ihre Rechtsfähigkeit mit Leben erfüllen können, müssen sie sich durch besondere **Organe** (Vorstand, Geschäftsführer) vertreten lassen, die aus natürlichen Personen bestehen. So, wie die Organe im menschlichen Körper wichtige Funktionen erfüllen, um den Menschen am Leben zu erhalten, dienen die Organe der künstlichen juristischen Person dazu, dieser die Teilnahme am Rechtsleben zu ermöglichen. Die Willensbildung ihrer Organe wird der juristischen Person zugerechnet. Probleme der Geschäftsfähigkeit treffen juristische Personen nur mittelbar, etwa dann, wenn ein Vertretungsorgan einer juristischen Person in seiner Geschäftsfähigkeit beschränkt wird. Die Frage, ob die juristische Person in solchen Fällen wirksam vertreten wird, ergibt sich aus dem Vertretungsrecht, §§ 164 ff. BGB. Nimmt ein Vertretungsorgan in Ausführung der ihm zustehenden Verrichtung eine Handlung vor, die zum Schadensersatzanspruch eines Dritten führt, haftet die juristische Person für den eingetretenen Schaden, als hätte sie selbst gehandelt, § 31 BGB.

Das Gesetz sieht von seiner Konzeption her nur solche natürlichen Personen als geschäftsfähig an, die aufgrund ihrer allgemeinen Persönlichkeitsstruktur oder aufgrund ihrer gegenwärtigen Geistesverfassung in der Lage sind, die Tragweite ihres Handelns zu überblicken. Grds. wird eine erwachsene Person als geschäftsfähig angesehen (arg. ex § 106 BGB i.V.m. § 2 BGB). **Geschäftsunfähig** sind demzufolge:

- Kinder bis zur Vollendung des 7. Lebensjahres, § 104 Nr. 1 BGB;
- Erwachsene bei dauernder Störung der Geistestätigkeit, wenn dadurch die freie Willensbildung ausgeschlossen ist, § 104 Nr. 2 BGB. Diese Vorschrift greift nur ein, wenn ein Zustand dauerhafter krankhafter Störung vorliegt. Ist der Zustand vorübergehender Natur, ist § 105 Abs. 2 BGB anzuwenden.

Willenserklärungen Geschäftsunfähiger sind nichtig, § 105 Abs. 1 BGB. Der gute Glaube an die Geschäftsfähigkeit wird nicht geschützt. Wenn Sie an Ihre frühe Kindheit zurückdenken, und Ihnen eine damalige Sandkastenbekanntschaft in den Sinn kommt, der Sie damals in kindlichem Überschwang die Ehe versprochen haben, können Sie heute dem Gesetzgeber dankbar sein: Gäbe es § 105 Abs. 1 BGB nicht, wären Sie nämlich bereits seit vielen Jahren mit dieser Person verlobt. Eine Ausnahme hiervon macht § 105 a BGB, nach dem sog. **Geschäfte des täglichen Lebens** vollständig wirksam sind, sobald sie mit geringwertigen Mitteln bewirkt – also vollständig erfüllt! – wurden. Zu den Geschäften des täglichen Lebens zählen der Kauf von Nahrungs- und Genussmitteln, die nach Menge und Wert das übliche Maß nicht überschreiten oder die Inanspruchnahme einfacher Dienstleistungen, wie etwa beim Friseur. Es muss sich allerdings bei § 105 a BGB um einen volljährigen Geschäftsunfähigen handeln.

Nichtig ist aber auch eine Willenserklärung eines an sich Geschäftsfähigen, die im Zustand der Bewusstlosigkeit oder vorübergehender Störung der Geistestätigkeit abgegeben wird. Wer volltrunken ist (ein Indiz hierfür ist ein BAK-Wert von 2,8-3 Promille, vgl. OLG Bamberg NJW-RR 1986, 252) oder unter dem Einfluss einer Droge, eines Fiebers oder unter Hypnose steht, vermag die Tragweite seines Handelns nicht zu überblicken und muss vom Gesetz in dieser Lage sozusagen „vor sich selbst" geschützt werden. Ausnahmsweise kann auch bei einem Geschäftsunfähigen i.S.v. § 104 Nr. 2 BGB eine Willenserklärung wirksam sein, wenn sie in einem sog. „lichten Augenblick" (lucidum intervallum) abgegeben wird.

Wird aus einer vorübergehenden Bewusstseinstrübung eine dauerhafte (der LSD-Konsument kommt von seinem Trip nicht mehr „herunter"), so greift § 105 Abs. 1 BGB ein. Der Unterschied zwischen § 104 Nr. 2 BGB und § 105 Abs. 2 BGB besteht auf Tatbestandseite darin, dass im ersten Fall die Geschäftsunfähigkeit eine dauernde ist, im zweiten Fall nur eine vorübergehende.

Geschäftsunfähige bedürfen zur Abgabe von Willenserklärungen eines Vertreters (s. etwa §§ 1629, 1626 BGB, gesetzliche Vertretung der Eltern für ihre Kinder).

2. Beschränkte Geschäftsfähigkeit

Die **beschränkte Geschäftsfähigkeit** (§§ 106 bis 113 BGB) steht zwischen voller Geschäftsfähigkeit und Geschäftsunfähigkeit. Beschränkte Geschäftsfähigkeit liegt vor:

- bei Jugendlichen ab dem 7. bis zur Vollendung des 18. Lebensjahres (Minderjährige);
- bei Betreuung (§§ 1896 ff. BGB) wegen psychischer oder sonstiger Krankheit auf besondere Anordnung des Vormundschaftsgerichts (§ 1903 Abs. 1 Satz 2, Abs. 3 BGB).

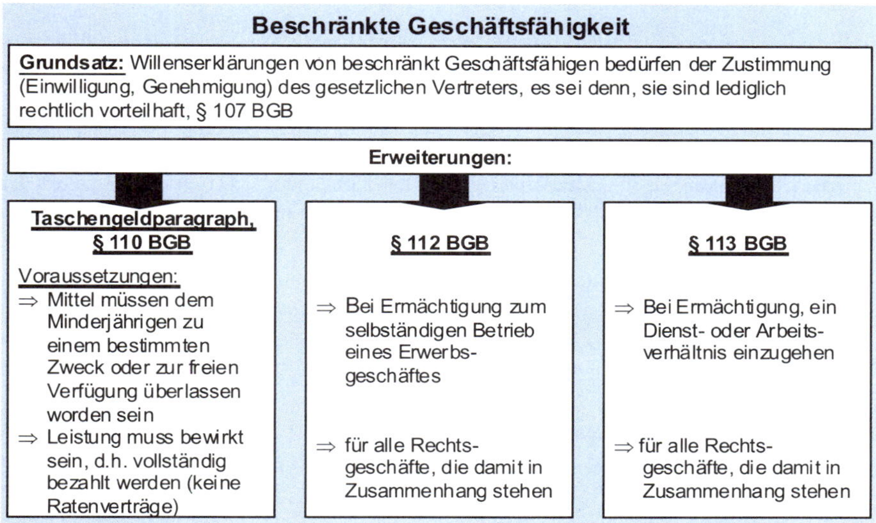

Schaubild 7

Während das Gesetz bei voller Geschäftsfähigkeit und Geschäftsunfähigkeit eindeutige Rechtsfolgen vorsieht, sehen die §§ 107 ff. BGB differenzierte Regeln für die beschränkte Geschäftsfähigkeit vor. Das Gesetz wägt hierbei das Schutzbedürfnis des beschränkt Geschäftsfähigen mit den Bedürfnissen des Rechtsverkehrs ab.

Merken Sie sich bitte folgende **Struktur**:

- Willenserklärungen eines beschränkt Geschäftsfähigen bedürfen der Einwilligung (= vorherige Zustimmung, § 183 Satz 1 BGB) seines gesetzlichen Vertreters, es sei denn, durch die Willenserklärung erlangt er lediglich einen rechtlichen Vorteil (= es werden keine Pflichten begründet und es erfolgt kein Rechtsverlust). Lediglich rechtlich vorteilhafte Geschäfte sind gemäß § 107 BGB wirksam. Die Vorschrift ist analog anwendbar auf sog. „rechtlich neutrale" Geschäfte, wie die Abgabe einer Willenserklärung als Vertreter eines anderen (§ 165 BGB) und die Veräußerung einer fremden Sache an einen gutgläubigen Dritten (§§ 929, 930 BGB).
- Schließt der beschränkt Geschäftsfähige einen Vertrag ohne die erforderliche Einwilligung seines gesetzlichen Vertreters und ist das Geschäft auch nicht nach § 107 BGB wirksam, hängt die Wirksamkeit von der Genehmigung (= nachträgliche Zustimmung, § 184 Abs. 1 BGB) des gesetzlichen Vertreters ab. Bis zur Erteilung der Genehmigung ist das Geschäft „schwebend unwirksam". Bei Verweigerung der Genehmigung kommt es endgültig nicht zustande. Wird die Genehmigung hingegen erteilt, wird das Geschäft als von Anfang an wirksam angesehen (§ 184 Abs. 1 BGB).

Der Grundsatz lautet also, dass Willenserklärungen von beschränkt Geschäftsfähigen der **Zustimmung** (Einwilligung, Genehmigung) bedürfen, es sei denn, sie sind lediglich rechtlich vorteilhaft. Erweiterungen dieses Grundsatzes bilden § 110 BGB (sog. „Taschengeldparagraph"), § 112 BGB (Ermächtigung zum selbstständigen Betrieb eines Erwerbsgeschäftes und für alle Rechtsgeschäfte, die damit in Zusammenhang stehen) und § 113 BGB

(Ermächtigung, ein Dienst- oder Arbeitsverhältnis einzugehen und für alle Rechtsgeschäfte, die damit in Verbindung stehen).

Für den praktisch bedeutsamen § 110 BGB müssen folgende Voraussetzungen erfüllt sein: Erstens müssen die Mittel dem beschränkt Geschäftsfähigen zu einem bestimmten Zweck oder zur freien Verfügung überlassen worden sein; zweitens muss die Leistung von ihm „bewirkt", d.h. vollständig bezahlt worden sein (keine Ratenverträge). Lesen Sie in das Gesetz nach „bewirkt" innerlich ein „hat" hinein und die ratio legis wird sich Ihnen erschließen. Schenkungen des Minderjährigen fallen nicht unter § 110 BGB, da selbst der gesetzliche Vertreter nach § 1641 BGB keine Schenkungen zu Lasten des Minderjährigen vornehmen darf.

Die vorherige Zustimmung kann auch im Wege eines sog. Generalkonsenses erteilt werden. Dies ist dann der Fall, wenn eine nach allgemeinen Merkmalen definierte Mehrzahl von Geschäften erfasst wird (etwa alle Geschäfte im Rahmen einer Klassenfahrt). Den schon genannten § 110 BGB kann man als Fall eines gesetzlich vorgesehenen Generalkonsenses durch die Überlassung von Mitteln ansehen.

Schwierigkeiten bereitet gelegentlich die Frage, wann eine Erklärung als **lediglich rechtlich vorteilhaft** gemäß § 107 BGB anzusehen ist. Prägen Sie sich zunächst ein, dass mit dem Begriff nicht der wirtschaftliche Vorteil gemeint ist. Der preiswerte Kauf eines Handys mag wirtschaftlich vorteilhaft sein. Rechtlich gesehen ist er das nicht, da der Käufer sich vertraglich verpflichtet, den Kaufpreis zu bezahlen und das Handy abzunehmen (§ 433 Abs. 2 BGB). Wird durch die Willenserklärung aber eine Pflicht geschaffen, ist dies rechtlich betrachtet nicht mehr nur vorteilhaft. Pflichten im Sinne dieser Definition meint sowohl Haupt- als auch Nebenpflichten. Dies hat zur Folge, dass auch die unentgeltliche Leihe nicht als lediglich rechtlich vorteilhaft eingestuft werden kann. Denn der (beschränkt geschäftsfähige) Entleiher ist nach § 604 BGB zur Rückgabe der entliehenen Sache verpflichtet.

Merken Sie sich bitte ferner, dass die Formulierung „nicht lediglich einen rechtlichen Vorteil erlangt" als Ausnahmevorschrift eng auszulegen ist. Das Geschäft ist daher schon dann nicht mehr zustimmungsfrei, wenn es mit irgendeinem rechtlichen Nachteil verbunden ist. Keinesfalls dürfen Sie eine Saldierung der Vor- mit den Nachteilen eines Geschäfts vornehmen. Zu den wenigen Geschäften, durch die der beschränkt Geschäftsfähige lediglich einen rechtlichen Vorteil erlangt, gehören etwa die Annahme einer Schenkung oder die Aneignung einer herrenlosen Sache (§ 958 Abs. 1 BGB). Erwirbt der Minderjährige rechtsgeschäftlich das Eigentum an einer Sache, so sind außerdem solche Nachteile unerheblich, die sich aufgrund öffentlich-rechtlicher Pflichten aus dem Eigentum ergeben und die im Verhältnis zum Wert des erworbenen Gegenstandes unbeachtlich sind. Unschädlich ist beispielsweise die Verpflichtung des Minderjährigen zur Zahlung von Grundsteuer, die mit dem Erwerb des Eigentums an einem Grundstück verbunden ist (BGHZ 161, 170).

Insgesamt beansprucht der Minderjährigenschutz im BGB also eine herausgehobene Stellung. Er ist in den §§ 104 bis 113 BGB geregelt und setzt sich in Sondervorschriften, wie etwa §§ 165, 179 Abs. 2 Satz 2 BGB, fort.

Kurzrepetitorium

Rechtsfähigkeit

- Fähigkeit, Träger von Rechten und Pflichten zu sein.
- § 1 BGB: Bei natürlichen Personen Beginn mit Vollendung der Geburt.
- Bei Juristischen Personen Beginn mit Eintragung.

Geschäftsfähigkeit

- Fähigkeit, Willenserklärungen selbstständig wirksam abzugeben.
- Regelung in §§ 104 ff. BGB.
- Geschäftsfähigkeit setzt Handlungsfähigkeit voraus.
- Juristische Personen können nur durch ihre Organe (natürliche Personen) handeln.
- § 31 BGB: Zurechnung von schadensersatzverpflichtendem Verhalten des Organs.
- Grds. ist jede erwachsene Person geschäftsfähig.
- Geschäftsunfähig: Kinder bis zur Vollendung des 7. Lebensjahres (§ 104 Nr. 1 BGB), Erwachsene bei Störung der Geistestätigkeit (§ 105 Abs. 1 BGB).
- Kein Schutz des guten Glaubens an die Geschäftsfähigkeit.

Beschränkte Geschäftsfähigkeit

- Wirksame Abgabe einer Willenserklärung nur mit Zustimmung des gesetzlichen Vertreters.
- Zustimmung: Einwilligung oder Genehmigung.
- Ausnahme: Willenserklärung bringt dem beschränkt Geschäftsfähigen lediglich einen rechtlichen Vorteil oder ist rechtlich neutral.

§ 7 Die Willenserklärung

I. Der Tatbestand der Willenserklärung

Die „Willenserklärung“ und das „Rechtsgeschäft“ sind die zentralen Instrumente der Privatautonomie. Bei ihnen handelt es sich um abstrakte Begriffe, die dazu dienen sollen, einen Teil der Vorschriften für Verträge so allgemein formulieren zu können, dass er auch auf andere privatautonome Rechtshandlungen anwendbar ist. Auf diese Weise kann man auf mehrseitige (z.B. Beschlüsse einer Personengesellschaft oder eines Vereins) und zweiseitige Rechtshandlungen (z.B. Kaufvertrag oder Eheschließung) dieselben Rechtsregeln anwenden. Dies gelingt, indem die Willenseinigung zwischen Rechtssubjekten bestimmten einheitlichen rechtlichen Anforderungen unterworfen wird. So unterschiedliche tatsächliche Sachverhalte wie etwa die Weisung, die eine Konzernmutter einem Tochterunternehmen erteilt, und die Erklärung eines Kunden, der sich am Kiosk eine Zeitschrift kaufen möchte, lassen sich deshalb wegen des Abstraktionsgrades des Gesetzes nach denselben rechtlichen Maßstäben beurteilen.

Eine **Willenserklärung** (§§ 116 bis 144 BGB) ist eine Erklärung, die auf eine bestimmte Rechtsfolge abzielt und die deshalb von der Rechtsordnung beachtet wird, weil sie gewollt ist. Eine Willenserklärung kann daher als die Äußerung eines auf die Herbeiführung eines bestimmten Rechtserfolgs gerichteten Willens verstanden werden.

Wie die Trennung in Willen und Erklärung deutlich macht, besteht die Willenserklärung aus einem subjektiven Teil, dem Willen (subjektives Element oder **subjektiver Tatbestand**, das Gewollte), und einem objektiven Teil, der Erklärung (objektives Element oder **objektiver Tatbestand**, das Erklärte). Hinter dieser Trennung steckt der Gedanke, dass derjenige, der durch privatautonomes Handeln eine bestimmte Rechtsfolge herbeiführen will, dies nach außen gegenüber dem Partner, an den die Erklärung gerichtet ist, kenntlich machen muss. Allein einen bestimmten Rechtserfolg zu wollen, genügt nicht zu seiner rechtlich wirksamen Herbeiführung. Wie sollten Sie wissen, was ein anderer Mensch will, wenn er Ihnen seine Gedanken nicht kundtut?

1. Objektiver Tatbestand der Willenserklärung

Der objektive Tatbestand der Willenserklärung betrachtet die Perspektive des Empfängers der Erklärung (Empfängerhorizont); er wird daher auch äußerer Tatbestand genannt. Erforderlich ist ein Verhalten des Erklärenden, das nach außen als Willenserklärung erscheint. Der Empfänger muss erkennen können, dass eine Erklärung mit Rechtsbindungswillen erfolgt ist, d.h., aus der Erklärung muss hervorgehen, ob überhaupt ein Geschäft getätigt werden soll und welches Geschäft mit welchen Rechtsfolgen der Erklärende tätigen will (vgl. BGH NJW 1990, 3206; NJW 2000, 3344). Der **Rechtsbindungswille** beschreibt den inneren Willen des Beteiligten, durch seine Handlung eine rechtliche Folge herbeizuführen. Er wird jedoch nicht subjektiv ermittelt, sondern danach, wie sich das Verhalten objektiv darstellt. Entscheidend ist daher, ob der Erklärungsempfänger nach der Verkehrsauffassung und den Umständen des Einzelfalles die Erklärung als rechtlich verbindlich ansehen durfte. Der Rechtsbindungswille wird anhand von Indizien ermittelt, wie etwa die wirtschaftliche und rechtliche Bedeutung des Vorgangs für den Empfänger, der Wert der Sache, die Gefahr, in welche die Partei durch fehlerhafte Leistung geraten kann, etc.

Der Wille des Erklärenden kann hierbei ausdrücklich geäußert („Ich möchte bitte genau diesen Hering da haben.“) oder in schlüssiger Form (sog. **konkludentes Handeln**) vorgetragen werden (Der schon erwähnte Leser der Zeitschrift nimmt sich einfach ein Exemplar und legt dem Kioskbetreiber 2,- € auf den Stapel. Damit erklärt er, dass er bereit ist, eine bestimmte Zeitschrift zum Preis von 2,- € zu kaufen. Wer in ein Verkehrsmittel einsteigt, erklärt damit, dass er befördert werden, also einen Beförderungsvertrag abschließen will). Konkludentes Verhalten wird nach der Verkehrsanschauung vom Standpunkt eines neutralen, objektiven Beobachters ausgelegt (aus der Perspektive eines Menschen, den die Rspr. als „verständigen Durchschnittsempfänger“ bezeichnet).

Prüfen Sie bitte kurz selbst, ob bei folgenden Erklärungen ein nach außen sichtbarer Rechtsbindungswille des Erklärenden vorliegt:

- Jemand ruft in besonderer Notlage um Hilfe.
- Ein Mitreisender erklärt sich bereit, kurz auf die Sachen eines Mitreisenden aufzupassen.
- Ein Kaufmann stellt in seinem Schaufenster Waren aus.
- Jemand schweigt.

Bestandteile einer Willenserklärung

Objektiver Tatbestand:
Die nach außen gerichtete Erklärung: Tatsächliche Erklärung, aus Sicht eines objektiven Empfängers zu beurteilen

Subjektiver Tatbestand:

Handlungswille (notwendiges Element)
⇒ Wille, etwas konkretes zu tun. Fehlt bei Ohnmacht, Schlafenden, Reflexen etc.
⇒ **bei Fehlen:** WE nichtig analog § 105 BGB

Erklärungsbewusstsein (nicht notwendig, str.)
⇒ Wille, eine rechtserhebliche Erklärung abzugeben
⇒ **bei Fehlen:** WE wirksam, aber anfechtbar analog § 119 BGB (ggf. SchErs, §122 BGB)

Geschäftswille (nicht notwendig)
⇒ Wille, einen ganz bestimmten rechtlichen Erfolg herbeizuführen
⇒ **bei Fehlen:** WE ist wirksam, aber anfechtbar gem. § 119 BGB (ggf. SchErs, §122 BGB)

Schaubild 8

Lösungen:

Hilferuf: Nein. Zwar liegt eine von einem Handlungswillen getragene Willensentäußerung vor, der Notleidende will aber keinen rechtlichen Erfolg herbeiführen (einen „Rettungsvertrag“ o.ä. abschließen), sondern einen tatsächlichen Erfolg, nämlich Hilfeleistung durch einen anderen.

„Gefälligkeiten des täglichen Lebens“: I.d.R. nein, denn der Gefällige will für den Erfolg der übernommenen Tätigkeit nicht haften. Der freundliche Mitreisende will nicht die Gefahr auf sich nehmen, für Gepäckstücke Schadensersatz leisten zu müssen, die während der Abwesenheit des Eigentümers abhanden kommen. Ihm fehlt der entsprechende Rechtsbindungswille. Entgeltlichkeit kann jedoch ein Indiz dafür sein, dass es sich nicht um eine „Gefälligkeit des täglichen Lebens“, sondern um eine auf Verbindlichkeit zielende rechtgeschäftliche Erklärung handelt. Schwierigkeiten bestehen bei der Beurteilung sog. „Gefälligkeiten mit rechtsgeschäftlichem Einschlag“, die Grenzfälle zwischen Rechtsgeschäften und rechtlich unverbindlichen Gefälligkeiten darstellen. Hierbei geht es um die normative Beurteilung unentgeltlicher Tätigkeiten, die wenigstens für einen der Beteiligten Vermögenswert haben oder das Vermögen oder andere Rechtsgüter eines Beteiligten (Gesundheit) in Gefahr bringen können.

Von der Frage, wann der Erklärungsempfänger die Erklärung als von einem Rechtsbindungswillen getragen ansehen durfte, hängt es bspw. ab, ob die Mutter für die Gesundheitsschäden des fremden Kindes haftet, auf das sie aufpassen soll, wenn es sich losreißt; ob der Winker haftet, wenn der darauf vertrauende Ausparker deshalb einen Unfall verursacht; ob der Lotto-Tipper seinen Mitspielern den „Sechser“ (Gewinn) erstatten muss, der gewonnen worden wäre, wenn er den Tippschein abgegeben hätte; ob ein stillschweigender Haftungsausschluss für den mitgenommenen Anhalter besteht, wenn dieser bei einem Unfall schwer verletzt wurde.

Man muss hierzu (vgl. BGH NJW 2007, 1362, 1363 zum stillschweigenden Abschluss eines Auskunftsvertrags zwischen Anlagevermittler und Anlageinteressenten) fragen, ob der Erklärende die Erklärung willentlich so geäußert hat, dass sie der Empfänger redlicherweise zur Grundlage wesentlicher Entschlüsse oder Maßnahmen machen konnte. Letztlich muss in solchen Fällen immer eine umfassende Interessenabwägung stattfinden, innerhalb der es auch eine entscheidende Rolle spielt, ob der Erklärende erkannt hat, dass die Erklärung für den Empfänger von erheblicher Bedeutung ist und er sie zur Grundlage wesentlicher Entschlüsse und Maßnahmen machen will.

Ausstellen von Waren: Nein. Kein äußerlich sichtbarer Bindungswille besteht bei Erklärungen, die als Werbung dienen und als Aufforderung des Adressaten zur Abgabe eines Angebots zu deuten sind (sog. **invitatio ad offerendum**). Diese reklamehaften Anpreisungen dienen erst der Vorbereitung eines Vertragsschlusses. Wer eine bestimmte Ware ausstellt, hat kein Interesse daran, dass er schon durch das Ausstellen mit jedem, der die Ware sieht, einen Vertrag schließt. Auch ist denkbar, dass der Geschäftsinhaber mit einem bestimmten Kunden keinen Vertrag schließen will (frühere Beleidigung, begangene Ladendiebstähle etc.). All dies würde zu unkalkulierbaren Risiken führen. Ein Angebot liegt daher mangels Rechtsbindungswillen nicht vor. Auch Verkaufs- oder Dienstleistungsangebote auf einer Webseite im Internet sind regelmäßig keine bindenden Angebote, sodass es sich hierbei ebenfalls um eine **invitatio ad offerendum** handelt. Etwas anderes gilt jedoch für den Fall, dass Leistungen direkt online erworben werden können. Wenn die Ware (Software etc.) aufgrund einer fehlenden Bindung an ein physisches Trägermedium jederzeit und unbegrenzt vielen Personen zur Verfügung gestellt werden kann, ist es nicht mehr tragfähig, den Rechtsbindungswillen zu verneinen.

Schweigen: I.d.R. nein. Schweigen hat als solches keinen Erklärungswert, sodass es weder als Zustimmung, noch als Ablehnung gedeutet werden kann. Nichts anderes gilt, wenn der Erklärende einseitig (anders jedoch bei Vereinbarung) erklärt, das Schweigen des Empfängers als Annahme zu werten („Wenn Sie das Ihnen zugesandte Buch nicht innerhalb von 14 Tagen zurückschicken, gehen wir davon aus, dass Sie es behalten wollen und werden Ihnen 29,90 € in Rechnung stellen.“ Zur Zusendung unbestellter Waren s. § 241 a BGB.). Von diesem Grundsatz bestehen jedoch seltene Ausnahmen. So gilt in den §§ 108 Abs. 2 Satz 2, 177 Abs. 2 Satz 2, 415 Abs. 2 Satz 2 BGB das Schweigen als Ablehnung. Schweigen kann dann als Zustimmung angesehen werden, wenn nach Treu und Glauben (§ 242 BGB) unter Berücksichtigung der Verkehrssitte vom Vertragspartner eine ausdrückliche ablehnende Stellungnahme erwartet werden kann. Weitere gesetzlich normierte Ausnahmefälle sind etwa die §§ 416 Abs. 1 Satz 2, 516 Abs. 2 Satz 2 BGB. In der handelsrechtlichen Spezialvorschrift des § 362 Abs. 1 Halbs. 2 HGB kommt dem Schweigen ausdrücklich die Bedeutung als Annahme zu, wenn ein Kaufmann auf Anträge schweigt, die ihm von Personen zugehen, mit denen er in Geschäftsverbindung steht.

Es entspricht kaufmännischer Verkehrssitte, dass das Schweigen auf ein sog. „**kaufmännisches Bestätigungsschreiben**" als Zustimmung gilt. Das kaufmännische Bestätigungsschreiben gehört zu den bedeutendsten Handelsbräuchen, vgl. § 346 HGB. Dieses Schreiben soll das Ergebnis bereits abgeschlossener Vertragsverhandlungen wiedergeben, enthält aber häufig Abweichungen oder Ergänzungen. Erhebt der Empfänger eines solchen Schreibens, der selbst Kaufmann i.S.d. §§ 1 ff. HGB (s. S. 225 ff.) ist und somit mit Veränderungen rechnen muss, nicht unverzüglich Widerspruch gegen den Inhalt des Schreibens, gilt sein Schweigen als Zustimmung. Er muss die Änderungen und Ergänzungen akzeptieren. Ob er das Schreiben tatsächlich gelesen hat, spielt keine Rolle, da man von einem sorgfältigen Kaufmann erwartet, dass er dies tut. Wer an ihn gerichtete Erklärungen nicht zur Kenntnis nimmt, obwohl er damit rechnen muss, dass darin wichtige Neuerungen erscheinen, kann sich gegenüber dem betreffenden Verkehrskreis nicht auf Unkenntnis berufen. Die Voraussetzungen des kaufmännischen Bestätigungsschreibens lauten im Überblick:

- Der Empfänger des Schreibens ist ein Kaufmann oder nimmt zumindest wie ein solcher am Rechtsverkehr teil.
- Der Absender muss kein Kaufmann sein (str.).
- Das Schreiben ist unmittelbar nach vorausgegangenen Verhandlungen abgeschickt und dem Empfänger zugegangen.
- Der Inhalt des Schreibens ist genehmigungsfähig.
- Der Absender ist redlich.
- Der Empfänger schweigt.

Bitte beachten Sie: Ob ein kaufmännisches Bestätigungsschreiben oder eine Auftragsbestätigung vorliegt, hängt von der subjektiven Sicht des Absenders ab. Geht er davon aus, dass noch kein Vertrag abgeschlossen wurde und möchte er den Vertragsschluss erst herbeiführen, liegt kein kaufmännisches Bestätigungsschreiben vor.

2. Subjektiver Tatbestand der Willenserklärung

Der subjektive oder innere Tatbestand der Willenserklärung setzt sich aus drei Bestandteilen zusammen:

- Dem **Handlungswillen**. Das als Erklärung deutbare Verhalten muss willensgesteuert sein. Daran fehlt es bei Verlautbarungen eines Schlafwandlers, im Traum, im Zustand der Bewusstlosigkeit (epileptischer Anfall, Volltrunkenheit o.ä.), bei Reflexbewegungen, bei Hypnose oder bei vis absoluta (unmittelbare körperliche Gewalt unter Ausschluss jedweden Entscheidungsspielraums); hingegen nicht bei vis compulsiva (durch Täuschung oder Drohung beeinflusste Willensbildung). Die Erklärung muss auf einen Handlungswillen schließen lassen, d.h., dem Empfänger der Erklärung muss das Verhalten als willensgesteuerte Handlung erscheinen. Der Handlungswille ist ein unabdingbares Element der Willenserklärung. Fehlt er, liegt eine willensgesteuerte Erklärung nicht vor.
- Dem **Erklärungsbewusstsein** (Erklärungswille, Rechtsbindungswille). Darunter ist der Wille zu verstehen, durch eigenes Verhalten eine rechtlich verbindliche Erklärung

abzugeben. Das Verhalten des Erklärenden muss auf einen Willen schließen lassen, ein bestimmtes Rechtsgeschäft zu tätigen.

- Dem **Geschäftswillen**. Dies ist der Wille, gerade das konkrete Geschäft abzuschließen, das nach außen als Inhalt der Willenserklärung erscheinen soll.

Für den subjektiven Tatbestand der Willenserklärung genügt es nach h.M., wenn Handlungswille und **potenzielles Erklärungsbewusstsein** vorliegen. Aus Gründen des Vertrauensschutzes soll dem Erklärenden sein Verhalten als Willenserklärung auch dann zugerechnet werden, wenn er kein aktuelles Erklärungsbewusstsein hatte. Voraussetzung ist aber, dass der Erklärende bei pflichtgemäßer Sorgfalt hätte erkennen können, dass sein Verhalten als Willenserklärung zu deuten ist. Das tatsächliche Erklärungsbewusstsein ist nach h.M. (BGHZ 91, 324, 330; 109, 171, 177) also entbehrlich. Möchte der Erklärende an dieser Willenserklärung nicht festgehalten werden, kann er diese u.U. in analoger Anwendung des § 119 Abs. 1 BGB anfechten.

Ein Geschäftswille braucht nicht nach außen in Erscheinung zu treten. Vielmehr genügt es, wenn dem Erklärenden die Erklärung inhaltlich so zugerechnet werden kann, wie sie nach außen verstanden werden darf. Würde man einen Geschäftswillen zwingend voraussetzen, wäre der Anfechtungsgrund des § 119 Abs. 1 BGB überflüssig. Fehlt der Geschäftswille, liegt zwar eine Willenserklärung vor, diese kann aber nach §§ 119 ff. BGB angefochten werden.

Beispiel: A besucht eine Auktion. Während der Auktionator gerade Gebote entgegennimmt, entdeckt A einen lange nicht gesehenen Bekannten im Publikum und erhebt in freudiger Ergriffenheit seine Hand zum Gruß. Der Auktionator wertet dies als höheres Gebot und erteilt A den Zuschlag, nachdem kein höheres Gebot mehr eingeht.

Ein tatsächliches Erklärungsbewusstsein fehlt dem A, weil er nicht erkannt hat, dass er etwas rechtlich Erhebliches erklärt. So wollte er gar keinen Gegenstand ersteigern. Allerdings ist der Geschäftswille im Gegensatz zum Handlungswille kein notwendiges Element der Willenserklärung. Fehlt ihm auch noch das Erklärungsbewusstsein, sind die Rechtsfolgen umstritten. Die h.M. hält die Willenserklärung des A für wirksam, gibt ihm aber analog § 119 Abs. 1 BGB ein Anfechtungsrecht. Analog § 122 BGB kann der Erklärende A dann aber dem auf die Erklärung Vertrauenden Auktionator zum Ersatz des Vertrauensschadens verpflichtet sein.

Das Gesetz hat bestimmte Fälle von Willensmängeln in den §§ 116 bis 124 BGB geregelt (geheimer Vorbehalt, Scheingeschäft, nicht ernstliche Erklärung). Diese Fälle und das damit systematisch verbundene Anfechtungsrecht werden an späterer Stelle behandelt (s. S. 42 ff.).

II. Das Wirksamwerden der Willenserklärung

1. Abgabe

Damit die Willenserklärung ihre beabsichtigte Rechtsfolge bewirken kann, bedarf es der Kundmachung gegenüber dem Empfänger. Man spricht in diesem Zusammenhang von der **Abgabe der Willenserklärung**. Die Abgabe erfolgt, wenn der Erklärende seinen Willen erkennbar geäußert, also von sich aus alles unternommen hat, damit die Willenserklärung erkennbar nach außen dringen kann. Keine Abgabe liegt bei sog. abhanden gekommenen Willenserklärungen vor (vgl. BGHZ 65, 13). Eine solche ist gegeben, wenn die Willenserklärung zwar in den Rechtsverkehr gelangt, dies jedoch ohne Willen des Erklärenden geschehen ist. Bei unwirksamer Abgabe liegt keine wirksame Willenserklärung vor.

Beispiel: A hat einen Brief geschrieben, will ihn aber noch einmal überdenken und lässt ihn daher abends auf seinem Schreibtisch liegen. Dort findet seine Sekretärin den Brief und wirft ihn auf dem Weg nach Hause in einen Briefkasten. Hier hat A keine Willenserklärung abgegeben, sondern es liegt eine abhanden gekommene Willenserklärung vor. Handelt es sich bei dem Schreiben um eine Vertragsannahme, kann der Erklärungsempfänger aber Ersatz seines negativen Interesses nach den §§ 280 Abs. 1, 311 Abs. 1, 241 Abs. 2 BGB verlangen. Voraussetzung ist jedoch, dass den A (§ 276 BGB) oder seine Sekretärin (§ 278 BGB) ein Verschulden trifft.

Von einer **nicht empfangsbedürftigen Willenserklärung** spricht man, wenn diese allein schon durch ihre Abgabe wirksam ist, ohne dass es noch der Kenntnisnahme durch einen anderen bedarf (Testament, § 2247 BGB; Auslobung, § 657 BGB). Die meisten Willenserklärungen müssen dem Erklärungsempfänger auch zugehen (zum Zugang s. gleich unten), um wirksam zu werden (empfangsbedürftige Willenserklärung).

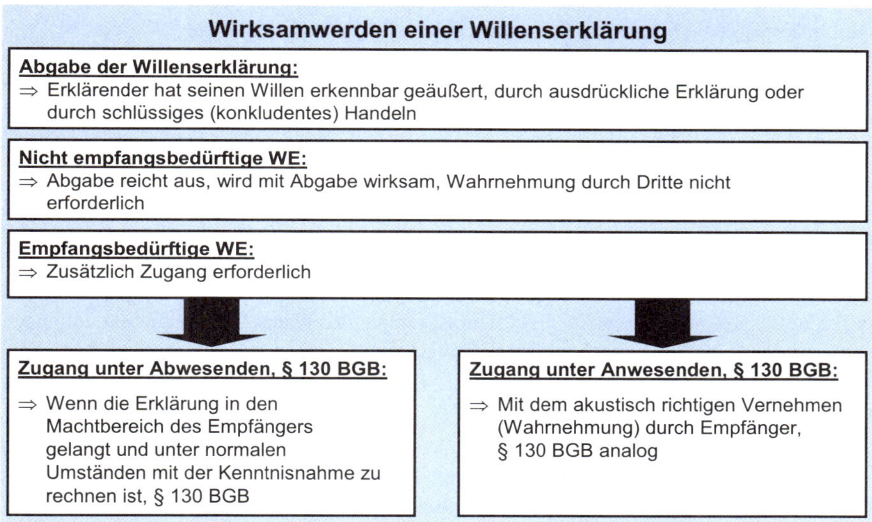

Schaubild 9

Erklärungsbote ist, wer vom Erklärenden als Werkzeug für die Übermittlung einer Willenserklärung an den Empfänger benutzt wird. Er ist dem Rechtskreis des Erklärenden zuzurechnen. Die Willenserklärung geht dem Empfänger erst dann zu, wenn der Mittler sie derart in den Machtbereich des Empfängers schafft, dass dieser nach dem gewöhnlichen Lauf der Dinge von ihr Kenntnis nehmen kann. Das Risiko, dass der Erklärungsbote die Erklärung nicht oder nicht rechtzeitig erbringt, liegt im Gegensatz zum Empfangsboten hier beim Erklärenden, und nicht beim Empfänger.

2. Zugang

a) Empfangsbedürftige Willenserklärungen

Von einer **empfangsbedürftigen Willenserklärung** spricht man, wenn die Willenserklärung an eine andere Person (den Erklärungsempfänger) gerichtet sein muss, damit sie wirksam ist. Empfangsbedürftige Willenserklärungen sind „einem anderen gegenüber abzugeben", § 130 Abs. 1 BGB (z.B. Annahme, Anfechtungserklärung, Kündigung). Damit die Willenserklärung Wirksamkeit erlangt, muss sie dem Empfänger **zugehen**. Der Zugang einer Annahme (das ist die Willenserklärung, mit der ein Angebot angenommen wird) ist nur dann nicht erforderlich, wenn „eine solche Erklärung nach der Verkehrssitte nicht zu erwarten ist oder der Antragende darauf verzichtet hat" (§ 151 Satz 1 BGB).

Zu unterscheiden sind empfangsbedürftige Willenserklärungen unter Anwesenden und empfangsbedürftige Willenserklärungen unter **Abwesenden**. Das Gesetz hat in § 130 Abs. 1 BGB nur den Zugang der Willenserklärung unter Abwesenden geregelt. Danach muss die Erklärung derart in den Machtbereich des Empfängers gelangt sein, dass dieser nach dem gewöhnlichen Lauf der Dinge und Verhältnisse die Möglichkeit der Kenntnisnahme hat (vgl. BGH NJW-RR 1989, 757). Auf die tatsächliche Kenntnisnahme kommt es nicht an. Das Gesetz versucht dadurch, für eine gerechte Aufteilung des Übermittlungsrisikos nach Einflussbereichen zu sorgen. Beachten Sie: Auch fernmündliche Willenserklärungen werden an sich zwischen Abwesenden abgegeben. Allerdings ist die Willenserklärung „mittels Fernsprechers" den Erklärungen unter Anwesenden gleichgestellt worden, vgl. § 147 Abs. 1 Satz 2 BGB. Eine Willenserklärung per Telefon ist daher eine Willenserklärung unter Anwesenden. Sie kann, wenn sie ein Angebot enthält, nur sofort angenommen werden.

Eine schriftliche Willenserklärung (Brief) gilt als zugegangen, sobald sie dem Empfänger tatsächlich ausgehändigt wurde. Beim Einwurf in den Briefkasten ist für den Zeitpunkt des Zugangs entscheidend, wann dessen Entnahme nach der Verkehrsanschauung zu erwarten ist (z.B. BGH NJW 2008, 843: Leerung am Sylvestertag nicht zu erwarten). Die Verkehrsauffassung geht davon aus, dass sich die Botschaft mit dem Einwurf in den Briefschlitz im Machtbereich des Empfängers befindet (**Empfangstheorie**). Beim Telefax setzt der Zugang einen wirksamen Ausdruck beim Empfänger voraus. Der Zugang ist vollendet, sobald mit der Kenntnis zu rechnen ist. (Privathaushalt: am gleichen Tag; im geschäftlichen Verkehr: während der Geschäftsstunden mit Eingang, sonst mit Beginn der Geschäftsstunden; OLG Rostock NJW-RR 1998, 526).

Auch das im Rechtsverkehr (also nicht nur im privaten Bereich) verwandte E-Mail-Postfach ist wie der Briefkasten eine Empfangsvorrichtung, die zum Machtbereich des Empfängers zählt. Für den gewöhnlichen Zeitpunkt der Kenntnisnahme wird man wiederum unterscheiden können zwischen dem geschäftlichen Verkehr und dem Privathaushalt. Von einem Unternehmer ist eine Prüfung des Postfachs mehrmals am Tag zu erwarten, dem Verbraucher kann man zumindest die tägliche Einsichtnahme abverlangen.

Für den Zugang unter **Anwesenden** hat das Gesetz keine Regelung vorgesehen. Auf verkörperte Willenserklärungen unter Anwesenden kann man § 130 BGB analog anwenden. Bei nicht verkörperten Willenserklärungen genügt im Interesse des Verkehrsschutzes, dass der Erklärende damit rechnen konnte und durfte, vom Empfänger der Erklärung akustisch richtig und vollständig vernommen worden zu sein (**sog. abgeschwächte Vernehmungstheorie**).

Die gegenüber einem Geschäftsunfähigen abgegebene Erklärung kann nicht wirksam zugehen. Eine an ihn gerichtete schriftliche Erklärung wird erst in dem Augenblick wirksam, in dem das Schriftstück dem gesetzlichen Vertreter zugeht, § 131 Satz 1 BGB.

b) Zugang unter Einschaltung dritter Personen

Bedient man sich zur Übermittlung von empfangsbedürftigen Willenserklärungen dritter Personen, kommt es für die Frage, wann eine Willenserklärung zugegangen ist, auf die Funktion des Mittlers an: Empfangsbote oder Empfangsvertreter.

Empfangsbote ist, wer vom Erklärungsempfänger ausdrücklich oder stillschweigend dazu bestellt wurde oder nach der Verkehrsanschauung als dazu bestellt anzusehen ist, für den Erklärungsempfänger Willenserklärungen entgegenzunehmen (bei Privatpersonen die in der Wohnung lebenden Familienangehörigen, Partner im Rahmen nichtehelicher Lebensgemeinschaften, im unternehmerischen Bereich die kaufmännischen Angestellten). Dem Erklärungsempfänger geht eine Erklärung, die an den Empfangsboten abgegeben wurde, erst in dem Zeitpunkt zu, in dem nach dem regelmäßigen Lauf der Dinge die Weiterleitung an den Erklärungsempfänger zu erwarten ist (vgl. BGH NJW 1994, 2613, 2614). Es muss daher ab dem Zeitpunkt der Aushändigung der Erklärung eine Zeitspanne für die Übermittlungstätigkeit des Boten hinzugerechnet werden. Unbeachtlich für den Zugang ist, ob der Bote die Erklärung überhaupt, verspätet oder unvollständig überbringt. Es kommt lediglich auf die Zeitspanne an, die der Bote „normalerweise" für seine Übermittlungstätigkeit benötigt. Als „Faustformel" können Sie sich merken: Der Empfangsbote ist ein menschlicher Briefkasten.

Beachten Sie den Unterschied zwischen Erklärungs- und Empfangsboten: Beim Empfangsboten ist der Zugang in dem Moment anzunehmen, in dem mit der Möglichkeit der Weiterleitung an den Empfänger zu rechnen ist. Wird ein Erklärungsbote eingeschaltet, geht die Willenserklärung hingegen erst bei tatsächlicher Weiterleitung an den Empfänger zu.

Vom Boten ist schließlich der sog. **Empfangsvertreter** abzugrenzen, der als **Stellvertreter** i.S.v. § 164 Abs. 3 BGB einzuordnen ist. Beim Empfangsvertreter geht die Erklärung dem Empfänger schon im Zeitpunkt der Aushändigung an den Vertreter zu, der vom Erklärungsempfänger hierzu ermächtigt sein muss (passive Stellvertretung). Die Unterscheidung ist also wichtig und in der Klausur nach dem äußeren Auftreten zu treffen.

c) Zugangsvereitelung

Verhindert der Empfänger den Zugang einer an ihn gerichteten Willenserklärung, spricht man von Zugangsvereitelung. Wird die Willenserklärung später doch noch zugestellt (die neue Anschrift wird ausfindig gemacht) und wurde die Willenserklärung unverzüglich erneut abgeschickt, geht die Erklärung erst mit dem zweiten Versuch zu. Hat der Empfänger den Zugang fahrlässig vereitelt, muss er sich nach § 242 BGB so behandeln lassen, als wäre die Willenserklärung bereits mit dem ersten Schreiben zugegangen. Der Erklärende muss also nach dem gescheiterten Zugangsversuch unverzüglich den Zugang nachholen, damit § 242 BGB zu einer Fiktion der Rechtzeitigkeit führen kann. Im Falle der vorsätzlichen Zugangsvereitelung hat der Erklärende ein Wahlrecht, ob er die Willenserklärung als wirksam behandeln möchte. Es ist in diesem Fall kein erneutes Versenden nötig.

Beispiel: Bei einem Wohnungswechsel des Arbeitnehmers, der mit einer Kündigung rechnen muss, genügt ein Nachsendeauftrag nicht. Dem Arbeitgeber muss die neue Anschrift mitgeteilt werden (vgl. BAG NZA 2006, 204).

3. Widerruf der Erklärung und Verbraucherschutz

a) Widerruf einer noch nicht zugegangenen Willenserklärung

Solange die Willenserklärung noch nicht zugegangen ist, sich also **noch im Einflussbereich des Erklärenden** befindet, kann sie widerrufen werden, § 130 Abs. 1 Satz 2 BGB. Für den Widerruf einer Willenserklärung kommt es nur auf den Zeitpunkt des Zugangs und nicht auf denjenigen der Kenntnisnahme an. Daher bleibt der verspätet zugegangene Widerruf auch wirkungslos, wenn der Empfänger von ihm gleichzeitig oder sogar vor der Erklärung Kenntnis erhält (str.).

b) Widerruf einer bereits bindenden Willenserklärung

Über den Widerruf einer noch nicht zugegangenen Willenserklärung hinaus ist der Erklärende an seine Erklärung gebunden. Das Rechtsinstitut des **Widerrufs**“ wird jedoch in einigen Konstellationen zum Schutz des Erklärenden ausdrücklich zugelassen. Anders als beim Widerruf einer noch nicht zugegangenen Willenserklärung wird ihm die Möglichkeit eingeräumt, sich durch Widerruf von bereits bindenden Erklärungen zu lösen. Der Widerruf als Möglichkeit, bestimmte Rechtsfolgen nicht eintreten zu lassen oder sich von Verträgen zu lösen, ist vom BGB in folgenden Fällen vorgesehen (ohne Anspruch auf Vollständigkeit): Nach § 168 Satz 2 BGB kann eine wirksam erteilte Vollmacht widerrufen werden, nach §§ 530 ff. BGB ein Schenkungsvertrag, nach § 658 BGB die Auslobung, nach § 671 Abs. 1 BGB ein Auftrag und nach §§ 2253 ff. BGB ein Testament.

c) Widerruf und Verbraucherschutz

Besondere Bedeutung kommt dem Widerruf als Instrument des Verbraucherschutzes zu. Das zentrale Widerrufsrecht bei **Verbraucherverträgen** ist in § 355 BGB geregelt. Bitte beachten Sie: Die Vorschrift setzt voraus, dass einem Verbraucher ein Widerrufsrecht durch eine andere gesetzliche Regelung eingeräumt worden ist. Sie müssen daher zunächst diese Norm finden, um zu § 355 BGB zu gelangen (vgl. etwa § 312 Abs. 1 Satz 1 oder § 312 d Abs. 1 Satz 1 BGB).

Bei wirksam ausgeübtem Widerruf ist der Verbraucher an seine Erklärung nicht mehr gebunden; der bereits geschlossene Vertrag wandelt sich in ein Rückgewährschuldverhältnis um. Die damit verbundenen Rückgaberechte regeln die §§ 356 ff. BGB, wobei § 357 BGB hinsichtlich der Rechtsfolgen auf die §§ 346 ff. BGB verweist.

Kurzrepetitorium

Willenserklärung:

- Äußerung eines auf Herbeiführung eines bestimmten rechtlichen Erfolges gerichteten Willens.
- Weist sowohl ein subjektives als auch ein objektives Element auf.
- Objektiver Tatbestand: auf Empfängerhorizont abzustellen; aus dem Verhalten des Erklärenden muss sich nach außen entweder ausdrücklich oder konkludent der Wille zu einem Rechtsgeschäft ergeben.
- Schweigen entfaltet keine Rechtswirkung (Ausnahmen: § 242 BGB; § 362 HGB; Schweigen auf ein kaufmännisches Bestätigungsschreiben).
- Bloßes Ausstellen von Ware ist keine Willenserklärung (invitatio ad offerendum).
- Subjektiver Tatbestand: Handlungswille zwingend; Geschäftswille braucht nicht vorhanden sein; nach h.M. Erklärungsbewusstsein entbehrlich, wenn potenzielles Erklärungsbewusstsein anzunehmen.
- Potenzielles Erklärungsbewusstsein liegt vor, wenn Erklärender bei Anwendung der im Verkehr erforderlichen Sorgfalt hätte erkennen können, dass seine Erklärung als Willenserklärung aufgefasst wird.
- Wirksamkeit einer Willenserklärung setzt Abgabe der Erklärung voraus.
- Wenn es sich um eine empfangsbedürftige Willenserklärung handelt, ist darüber hinaus Zugang der Erklärung beim Erklärungsempfänger notwendig.
- § 130 Abs. 1 Satz 2 BGB: keine wirksame Willenserklärung, wenn vor dem Zugang der Erklärung bzw. gleichzeitig mit diesem dem Empfänger ein Widerruf des Erklärenden zugeht (zu unterscheiden vom Widerruf im Sinne des § 355 BGB).

§ 8 Schuldverhältnis, Rechtsgeschäft und Vertrag

I. Das Rechtsgeschäft als Instrument der Vertragsfreiheit

1. Arten von Rechtsgeschäften

Ein **Rechtsgeschäft** (§§ 104 bis 185 BGB) kann bestehen

- aus einer einzigen (sog. einseitige Rechtsgeschäfte wie etwa Kündigung, § 626 BGB; Auslobung, § 657 BGB, oder Testament, §§ 2064 ff. BGB) oder
- mehreren Willenserklärungen (sog. mehrseitige Rechtsgeschäfte, wie bspw. Kaufvertrag, § 433 BGB; Werkvertrag, § 631 BGB; Mietvertrag, § 535 BGB).

Wichtige Erscheinungsformen von **Verträgen** sind:

- Einseitig verpflichtende Verträge. Hier verpflichtet sich nur ein Vertragspartner zu einer Leistung (Schenkung, § 516 BGB).
- Unvollkommen zweiseitig verpflichtende Verträge. Hier kann eine Gegenleistung entweder später (Rückgabe der Leihsache, § 604 BGB) oder gar nicht entstehen (Anspruch des Beauftragten nach § 670 BGB).
- Synallagmatische Verträge. Bei ihnen stehen Leistung- und Gegenleistung in einem untrennbaren Verhältnis zueinander. Die eine Pflicht besteht nur um der Gegenpflicht willen. Beim Kauf wird die Lieferung der Ware bspw. nur deshalb zugesagt, weil ein Preis als Gegenleistung versprochen wird.

Schaubild 10

2. Formerfordernisse

Grds. sind Rechtsgeschäfte formfrei abschließbar. Gelegentlich fordert das Gesetz aber für das Wirksamwerden von schuldrechtlichen Rechtsgeschäften eine bestimmte **Form**. Formerfordernisse verfolgen verschiedene Zwecke:

- Warnfunktion. Durch die besondere Form wird den Vertragspartnern vor Augen geführt, dass sie ein besonders bedeutsames Geschäft abschließen.
- Beratungsfunktion. Durch die zwingende Einschaltung eines Notars wird sichergestellt, dass die Parteien über die rechtliche Bedeutung ihres Geschäftes beraten werden.
- Klarstellungs- und Beweisfunktion. Die besondere Form gewährleistet eine geschlossene Darstellung und eine Fixierung des Inhalts des Rechtsgeschäfts.

Nicht jedes gesetzliche Formerfordernis dient allen Formzwecken gleichermaßen. Je nach Bedeutung des Geschäfts und der Risikoverteilung der Vertragspartner sieht das Gesetz eine unterschiedlich strenge Form vor. Man unterscheidet hierbei:

- **Gesetzliche Schriftform.** Danach ist eine eigenhändige Unterschrift erforderlich. Beim Vertrag müssen beide Parteien auf derselben Urkunde unterzeichnen, vgl. § 126 Abs. 1 u. 2 BGB. Beim Testament muss sogar der Text selbst handschriftlich abgefasst werden, § 2247 BGB (Weitere Beispiele: Bürgschaft, § 766 BGB; Schuldversprechen, § 780 BGB).
- **Elektronische Form.** Die gesetzlich vorgeschriebene Schriftform kann durch die elektronische Form ersetzt werden, § 126 Abs. 3 BGB. Dabei dient der Authentifizierung statt der Unterschrift eine **elektronische Signatur**. Bei einem Vertrag müssen beide Seiten jeweils ein gleich lautendes Dokument in der beschriebenen Weise elektronisch signieren, § 126 a Abs. 1 u. 2 BGB.
- **Textform.** Die Textform nach § 126 b BGB ist in gewissem Umfang mit der Schriftform vergleichbar und erfüllt vor allem Informations- und Dokumentationsfunktionen. Sie erfordert keine Verkörperung, keine eigenständige Unterschrift und keine qualifizierte elektronische Signatur (Beispiele: Widerrufsbelehrung, § 355 Abs. 2 BGB; Erklärung über Mieterhöhung, § 558 Abs. 1 BGB).
- **Notarielle Beurkundung.** Hier muss das gesamte Rechtsgeschäft vom Notar beurkundet werden, § 128 BGB. Der wichtigste Anwendungsfall ist der Grundstückskauf, § 311 b Abs. 1 BGB (Weitere Beispiele: Schenkungsversprechen, § 518 BGB; Erbschaftskauf, § 2371 BGB).
- **Öffentliche Beglaubigung.** Nach § 129 BGB muss die Erklärung schriftlich abgefasst und die Unterschrift vor einem Notar vollzogen werden (Beispiele: Anmeldung zum Vereinsregister, § 77 BGB; Erklärungen gegenüber dem Grundbuchamt, § 29 GBO).

Wird die vorgeschriebene Form nicht beachtet, ist das Rechtsgeschäft regelmäßig von Anfang an (ex tunc) nichtig, § 125 Satz 1 BGB. Allerdings ist nicht selten eine Heilung des Formmangels möglich, vgl. §§ 311 b Abs. 1 Satz 2, 518 Abs. 2 oder § 766 Satz 3 BGB. Wo die Nichtigkeit als Rechtsfolge nicht passt, werden andere Rechtsfolgen normiert.

Beispiel: Ein Wohnraummietvertrag, der für eine längere Zeit als ein Jahr nicht in schriftlicher Form geschlossen wurde, ist nicht nichtig, sondern gilt für unbestimmte Zeit, § 550 BGB.

3. Realakte und geschäftsähnliche Handlungen

Rechtsgeschäfte sind abzugrenzen von sog. **Realakten** (Beispiel: Übergabe bei der Übereignung nach § 929 Satz 1 BGB). Dies sind auf einen tatsächlichen Erfolg gerichtete Tathandlungen, an die das Gesetz bestimmte Rechtsfolgen knüpft. **Geschäftsähnliche Handlungen** sind ebenfalls keine Willenserklärungen. Sie sind auf einen tatsächlichen Erfolg gerichtete Erklärungen, an die das Gesetz bestimmte Rechtsfolgen knüpft, ohne dass diese vom Erklärenden gewollt sein müssen. Allerdings werden die für Willenserklärungen geltende Vorschriften in vielen Fällen entsprechend auf geschäftsähnliche Handlungen angewandt (BGH NJW 2001, 289).

Beispiele: Geschäftsähnliche Handlungen sind Mahnung (§ 286 Abs. 1 BGB), Fristsetzung (§ 323 Abs. 1 BGB), Aufforderungen (§§ 108 Abs. 2, 177 Abs. 2 BGB), Weigerungen (§§ 179 Abs. 1, 295 Abs. 1 BGB), Mitteilungen und Anzeigen (§§ 149, 171, 409 Abs. 1, 415 Abs. 1 Satz 2, 416 Abs. 1 Satz 1 BGB).

II. Verpflichtungs- und Verfügungsgeschäfte

1. Das Verpflichtungsgeschäft

Durch das (schuldrechtliche) **Verpflichtungsgeschäft** werden regelmäßig schuldrechtliche Leistungspflichten begründet. Durch einen Kaufvertrag (§ 433 BGB) wird der Verkäufer verpflichtet, dem Käufer den Kaufgegenstand zu übergeben und zu übereignen. Der Käufer ist aufgrund dieses Vertrags verpflichtet, den vereinbarten Kaufpreis zu bezahlen und den Kaufgegenstand abzunehmen. Durch den schuldrechtlichen Vertrag entsteht ein Schuldverhältnis, das abgewickelt (d.h. erfüllt, § 362 BGB) werden muss. Es genügt für den Vollzug des Kaufvertrags nicht, diesen nur abzuschließen, denn an der wirtschaftlichen Zuordnung der auszutauschenden Güter ändert sich durch den Vertragsschluss noch nichts: Der Kaufgegenstand (Kaufsache) steht weiterhin im Eigentum des Verkäufers, das Geld gehört nach wie vor dem Käufer. Der Vertrag legt lediglich fest, wer zu welchen Handlungen verpflichtet ist.

2. Das Verfügungsgeschäft

Damit sich die wirtschaftliche Zuordnung der Austauschgüter ändert, bedarf es nach deutschem Zivilrecht, das dem sog. Trennungsprinzip folgt, noch eines sog. Verfügungsgeschäfts. **Verfügungsgeschäfte** sind solche Rechtsgeschäfte, durch die ein Recht unmittelbar übertragen, aufgehoben, belastet oder inhaltlich verändert wird. So sind die wichtigsten Verfügungsgeschäfte die Übereignung von beweglichen Sachen (§§ 929 ff. BGB), die Übereignung von Grundstücken (§§ 873, 925 BGB) und die Abtretung von Forderungen (§ 398 BGB).

Um beim Beispiel des Kaufvertrags zu bleiben: Damit der Verkäufer seine Verpflichtung aus dem Kaufvertrag erfüllen kann, muss er ein dingliches Verfügungsgeschäft, die Übereignung der Kaufsache, durchführen. Erst durch die Übereignung geht das Eigentum an der Kaufsache auf den Käufer über und die Verpflichtung des Verkäufers aus dem Kaufvertrag wird erfüllt. Solange der Verkäufer die Sache nicht an den Käufer übereignet hat, besteht seine Verpflichtung aus dem Kaufvertrag fort und der Käufer kann ihn auf Erfüllung (hier: Übereignung und Übergabe der Kaufsache) verklagen.

Gemäß § 929 Satz 1 BGB ist zur Übertragung des Eigentums an einer beweglichen Sache erforderlich, dass der Eigentümer die Sache dem Erwerber übergibt und beide darüber einig sind, dass das Eigentum übergehen soll (Einigung und Übergabe). Soll ein Kauf abgewickelt werden, sind drei Rechtsgeschäfte erforderlich:

- Der Kaufvertrag als Verpflichtungsgeschäft.
- Die Einigung über den Eigentumsübergang an der Kaufsache (§ 929 Satz 1 BGB) als Verfügungsgeschäft.
- Die Einigung über den Eigentumsübergang am Kaufpreis (Geld) (§ 929 Satz 1 BGB) als Verfügungsgeschäft.

3. Das Trennungs- und das Abstraktionsprinzip

Das deutsche Zivilrecht betrachtet Verpflichtungsgeschäft und Verfügungsgeschäft als zwei selbstständige, rechtlich voneinander unabhängige Rechtsgeschäfte. Dieser Grundsatz wird als Abstraktionsprinzip bezeichnet. Er soll dazu dienen, dass Mängel des Verpflichtungsgeschäfts (in diesem Zusammenhang auch als Grundgeschäft oder *causa* bezeichnet) nicht auf das Verfügungsgeschäft durchschlagen. Dadurch soll für den Rechtsverkehr eine eindeutige sachenrechtliche Zuordnung der Güter ermöglicht werden. In tatsächlicher Hinsicht fallen Verpflichtungs- und Verfügungsgeschäft häufig zusammen, rechtlich dagegen werden sie abstrakt voneinander betrachtet. Damit bei Mängeln im Verpflichtungsgeschäft keine dauerhaften Vermögensverschiebungen auftreten, für die kein Rechtsgrund besteht, hat das Gesetz jedoch in den §§ 812 ff. BGB das sog. Bereicherungsrecht (s. S. 172 ff.) als Korrekturinstrument vorgesehen. Damit können solche Vermögensverschiebungen rückabgewickelt werden.

Während mit dem **Trennungsprinzip** die systematische Trennung zwischen dem Verpflichtungsgeschäft (Kauf) und der dinglichen Rechtsänderung gemeint ist, geht es beim (sehr ähnlichen) **Abstraktionsprinzip** darum, dass die Verfügung zweckfrei und von dem kausalen Rechtsgeschäft unabhängig ist.

III. Der Vertrag

1. Der Vertragsschluss

Der Vertrag stellt die wichtigste Handlungsform dar, mit der im Privatrecht agiert wird. Er ist ein mehrseitiges Rechtsgeschäft, das zu seiner Wirksamkeit übereinstimmender (kongruenter) Willenserklärungen von mindestens zwei Personen bedarf. Nur ein wirksamer Vertrag lässt den Leistungsanspruch entstehen, der auf die Verwirklichung des Vertrags gerichtet ist. Ein Vertrag kommt durch den **Antrag** (Angebot, Offerte) und die **Annahme** des Antrags durch den Vertragspartner zustande. Angebot und Annahme sind empfangsbedürftige Willenserklärungen, auf welche die §§ 116 bis 144 BGB Anwendung finden. Damit es zum Vertragsschluss kommt, müssen die beiden Willenserklärungen deckungsgleich sein. Im BGB ist der Vertrag in den §§ 145 ff. BGB nur lückenhaft geregelt worden. Dass ein Vertrag durch Angebot und Annahme zustande kommt, ergibt sich jedoch mittelbar aus § 151 Satz 1 BGB.

Der Antrag muss inhaltlich so bestimmt sein, dass er die wichtigsten Vertragsbestandteile (**essentialia negotii**) enthält und vom Vertragspartner durch einfache Zustimmung („Ja“) angenommen werden kann. Die Annahme kann dabei ausdrücklich als solche erklärt werden („Ich nehme ihr Angebot an.“) oder dadurch, dass der Vertragspartner eine Erklärung gleichen Inhalts abgibt („Ich kaufe Ihren Wagen für 10.000,- €.“). Angebot und Annahme können auch durch schlüssiges Handeln erklärt werden. Entscheidend für die Qualifikation, ob eine Erklärung ein Angebot oder eine Annahme enthält, ist der objektive Empfängerhorizont.

2. Annahmefrist

Angebote können nur solange angenommen werden, wie sie wirksam sind. Die Wirksamkeit eines Angebotes entfällt zum einen durch ausdrückliche Ablehnung („Ich nehme ihr Angebot nicht an."), zum anderen, wenn es nicht rechtzeitig angenommen wird (§ 146 BGB). Setzt der Anbieter eine **Annahmefrist** (§ 148 BGB), kann die Annahme nur innerhalb dieser Frist erfolgen. Es liegt dann ein befristetes Angebot vor. Ist das Angebot ohne Annahmefrist abgegeben worden, gelten die Regeln des § 147 BGB über die gesetzlichen Annahmefristen. Das Gesetz unterscheidet dabei zwischen dem Angebot an einen Anwesenden (Annahme nur „sofort", d.h. ohne jegliches Zögern möglich, § 147 Abs. 1 BGB) und dem Angebot an einen Abwesenden (§ 147 Abs. 2 BGB). Bei letzterem muss eine Zeitspanne für die Übermittlung von Angebot und Annahme und eine angemessene Bedenkzeit einkalkuliert werden, wenn auf den Zeitraum abgestellt wird, der normalerweise für den Eingang der Annahme erforderlich ist. Ein Angebot, das verspätet angenommen wird, gilt gemäß § 150 Abs. 1 BGB als neues Angebot. Nach § 150 Abs. 2 BGB gilt eine abweichende Annahmeerklärung als Ablehnung des ursprünglichen Antrags verbunden mit einem neuen Angebot.

3. Auslegung

Eine vertragliche Bindung der Parteien setzt voraus, dass ihre Willenserklärungen übereinstimmen. Um zu ermitteln, ob sich der Willen der Parteien deckt, muss zunächst festgestellt werden, welchen Inhalt eine Partei ihrer Erklärung geben will. Dieser innere Wille ist nach § 133 BGB bei der Auslegung der Willenserklärung zu erforschen.

Ist etwa ein Vertragsgegenstand nur falsch bezeichnet worden, meinen aber beide Vertragsparteien dasselbe, gilt die lateinische Regel „*falsa demonstratio non nocet*" (Falschbezeichnung schadet nicht). Klassischer Schulfall hierfür ist ein Fall des RG (RGZ 99, 147), nach dem der Käufer vom Verkäufer Walfischfleisch kaufen wollte und es bei diesem unter der norwegischen Bezeichnung „Haakjöringsköd" (= Haifischfleisch) bestellte. Beide Parteien verstanden aber irrtümlich das unter dieser Bezeichnung vom Käufer gewünschte Walfischfleisch.

Hat der Empfänger eine Erklärung tatsächlich anders verstanden als sie der Erklärende gemeint hat, ist der objektive Empfängerhorizont maßgeblich. Hierbei wird nach § 157 BGB auf die Verständnismöglichkeiten des Empfängers aufgrund der Sprach- und Ausdrucksgewohnheiten des jeweiligen Lebens-, Gesellschafts-, Berufs- und Geschäftskreises (Verkehrssitte) und auf den Grundsatz von Treu und Glauben abgestellt. Man unterstellt dem Empfänger, er wäre ein sorgfältiger Vertreter seines Verkehrskreises. Zu berücksichtigen sind hierbei alle Umstände des Vertragsschlusses, die dem Empfänger zum Zeitpunkt des Vertragsschlusses bekannt waren oder zumindest bekannt sein konnten: Ort, Herkunft, Firmensitz, regionaler und sozialer Sprachgebrauch, Art und Vorgeschichte der sozialen Beziehung zum Vertragspartner etc.

Beispiel: Ein Süddeutscher bestellt in einer Düsseldorfer Kneipe „ein Bier" und geht davon aus, er bekomme, wie daheim, „eine Halbe Bier" (= 0,5 l) eingeschenkt. Der Kellner geht demgegenüber von regionalen Ausschankgewohnheiten aus und zapft dem Gast ohne weiteres ein Bier in ein Glas mit 0,2 l Inhalt.

4. Dissens

Weichen Angebot und Annahme inhaltlich voneinander ab, spricht man von **Dissens** (Gegenbegriff: **Konsens**). Das Gesetz hält in den §§ 154 u. 155 BGB Auslegungsregeln für den Fall bereit, dass die Parteien sich der Tatsache bewusst sind, dass noch keine vollständige

Einigung erzielt wurde (§ 154 BGB, sog. offener Dissens) und für den Fall, dass ein unbewusster Einigungsmangel vorliegt (§ 155 BGB, sog. versteckter Dissens). Ist Auslegung möglich, liegt oftmals kein Dissens vor. Daher gilt: Auslegung vor Dissens.

IV. Bedingung und Befristung

1. Bedingung

a) Arten der Bedingung und Bedingungsfeindlichkeit

Eine **Bedingung** ist die einer Willenserklärung hinzugefügte Bestimmung, nach der die Wirkung eines Rechtsgeschäfts von einem zukünftigen, ungewissen Ereignis abhängen soll. Dabei ist zwischen aufschiebenden (§ 158 Abs. 1 BGB) und auflösenden Bedingungen (§ 158 Abs. 2 BGB) zu unterscheiden. Bei den aufschiebenden Bedingungen tritt die Rechtswirkung erst mit dem zukünftigen Ereignis ein, bis dahin ist sie aufgeschoben. Bei der auflösenden Bedingung tritt die Rechtswirkung dagegen sofort ein, entfällt aber mit Bedingungseintritt wieder. Es tritt dann wieder der ursprüngliche Rechtszustand ein.

Beispiel: Bei einem in einem Kaufvertrag vorgesehenen Eigentumsvorbehalt wird das Verpflichtungsgeschäft zwar unbedingt abgeschlossen, die nach § 929 Satz 1 BGB erforderliche dingliche Einigung (Verfügungsgeschäft) jedoch aufschiebend bedingt durch die vollständige Bezahlung des Kaufpreises. Das bedeutet, der Käufer erlangt das Eigentum an der Kaufsache erst dann, wenn er die Bedingung (= vollständige Zahlung des Kaufpreises) herbeigeführt hat.

Eine auflösende Bedingung liegt etwa vor, wenn ein Arbeitsverhältnis (Dienstvertrag nach § 611 BGB) für den Zeitraum abgeschlossen wird, bis eine bestimmte Arbeitnehmerin aus ihrem Mutterschaftsurlaub an ihren Arbeitsplatz zurückkehrt. Der neue Arbeitnehmer hat ab Vertragsschluss alle Rechte und Pflichten aus dem Arbeitsverhältnis, dieses endet jedoch, wenn die Beurlaubte ihre Tätigkeit wieder aufnimmt.

Bedingungsfeindliche Rechtsgeschäfte sind solche Rechtsgeschäfte, bei denen das Gesetz den Erklärungsempfänger vor der Unsicherheit schützen will, ob die Rechtsfolgen tatsächlich eintreten. So ist die Ausübung von Gestaltungsrechten wie Rücktritt, Kündigung oder Anfechtung bedingungsfeindlich, d.h., es ist nicht möglich, diese Erklärungen mit einer Bedingung zu versehen. Auch sog. Statusgeschäfte wie die Eheschließung oder die Adoption sind bedingungsfeindlich. Bestimmte Fälle hat das Gesetz ausdrücklich geregelt, wie die Bedingungsfeindlichkeit der Auflassung in § 925 Abs. 2 BGB.

b) Rechtsfolgen

Jede Bedingung führt einen Schwebezustand herbei. Solange die Bedingung nicht eingetreten ist, kann der Rechtsinhaber über das Recht frei verfügen. Der bedingte Erwerber wird aber in der Schwebezeit durch § 161 BGB geschützt. Danach sind Verfügungen während der Schwebezeit gegenüber dem Berechtigten unwirksam, soweit sie bei Bedingungseintritt seinen Rechtserwerb verhindern. Pflichten der Vertragsparteien während der Schwebezeit sind in §§ 160 u. 162 BGB geregelt.

2. Befristung

Bedingung und **Befristung** sind insoweit vergleichbar, als die Wirkung eines Rechtsgeschäfts von einem in der Zukunft liegenden Ereignis abhängig gemacht wird. Daher wird für die Befristung auch auf die Vorschriften der Bedingung verwiesen, § 163 BGB. Im Unterschied zur Bedingung, bei der das Ereignis ungewiss ist, liegt bei der Befristung ein gewisses Ereignis vor. Es steht der maßgebliche Zeitraum für den Eintritt des Ereignisses beim Vertragsschluss schon fest. Beginnt die Rechtswirksamkeit eines Rechtsgeschäfts mit dem Eintritt eines Termins (= Zeitpunkt), spricht man von Anfangstermin; endet die Rechtswirksamkeit mit dem Eintritt eines Termins, spricht man von Endtermin.

Beispiel: Ein Unternehmer schließt zur Regelung der vorweggenommenen Erbfolge mit seinem Sohn eine notarielle Vereinbarung (§§ 516, 518, 311 b Abs. 1 BGB) des Inhalts, dass sein Unternehmen (folgt genaue Bezeichnung mit Firma, Gegenstand und Sitz, Gesellschaftsanteil, Flurstück-Nr. der Grundstücke) zum 30. Geburtstag des Sohnes am 15.03.2004 auf diesen schenkweise übertragen wird.

Kurzrepetitorium

Rechtsgeschäfte:

- Bestehen aus mindestens einer Willenserklärung.
- Sind formfrei abschließbar, wenn nicht das Gesetz ausdrücklich eine bestimmte Form vorsieht.
- Formerfordernisse haben Warn-, Beratungs- und Beweisfunktion.
- Überblick über die verschiedenen Arten von Formerfordernissen in §§ 126 ff. BGB.

Trennungsprinzip:

- Rechtliche Trennung von Verpflichtungs- und Verfügungsgeschäft.
- Verpflichtungsgeschäft lässt eine schuldrechtliche Leistungspflicht entstehen.
- Verfügungsgeschäft wirkt auf das in Frage stehende Recht ein, indem es dieses unmittelbar überträgt, ändert, belastet oder aufhebt.

Abstraktionsprinzip:

- Verpflichtungs- und Verfügungsgeschäft sind in ihrem rechtlichen Bestand unabhängig voneinander.
- Mängel des einen Rechtsgeschäftes (z.B. Verpflichtungsgeschäft) schlagen nicht auf das andere Geschäft (z.B. Verfügungsgeschäft) durch.

Vertragsschluss:

- Der Abschluss eines Vertrages setzt zwei kongruente Willenserklärungen in Form von Angebot und Annahme voraus.
- Angebot und Annahme sind empfangsbedürftige Willenserklärungen, deren Inhalt durch Auslegung zu ermitteln ist.
- Auslegung ist die Erforschung des inneren Willens des Erklärenden, wie er sich einem objektiven Empfänger unter Berücksichtigung der Verkehrssitte und aller Umstände des Vertragsschlusses darstellt.
- Das Angebot muss alle wesentlichen Vertragsbestandteile enthalten, sodass die Annahme mit einem schlichten „Ja“ erklärt werden kann.

§ 9 Die Grenzen der Willensbildung und -betätigung

I. Willensmängel

1. Begriff

Unter einem **Willensmangel** kann man allgemein die Diskrepanz zwischen Willen und Erklärung verstehen. Damit sich der Erklärende nicht rechtlich an einer Erklärung festhalten lassen muss, die er gar nicht abgeben wollte, räumt ihm das Gesetz die Möglichkeit ein, seine Willenserklärung durch Anfechtung wegen Irrtums (§§ 119 ff. BGB) rückwirkend zu vernichten (§ 142 Abs. 1 BGB). Da jedoch auch der Rechtsverkehr geschützt werden muss, der auf eine Willenserklärung vertrauen können soll, trägt der Anfechtende das Risiko, dass ein anderer auf die Erklärung vertraut hat und deswegen einen Schaden erleidet, wenn die Erklärung beseitigt wird (§ 122 BGB, Ersatz des sog. Vertrauensschadens).

Die §§ 116 bis 118 BGB betreffen Fälle, bei denen der Erklärende **bewusst eine fehlerhafte Erklärung** abgibt. Ein geheimer Vorbehalt, den nur der Erklärende („insgeheim") hat, ist auf die Wirksamkeit der Willenserklärung ohne Einfluss, § 116 Satz 1 BGB. Kennt der Empfänger diesen Vorbehalt, ist er nicht schutzwürdig; die Willenserklärung ist nichtig, § 116 Satz 2 BGB. Der Vorbehalt muss sich gerade auf die erklärte Rechtsfolge beziehen. Hinzukommen muss der Wille des Erklärenden, dass der Erklärungsempfänger den geheimen Vorbehalt nicht kennt.

Ein Scheingeschäft ist ebenso nichtig wie das Scherzgeschäft, §§ 117 Abs. 1, 118 BGB. Dabei müssen Sie beachten, dass „Strohmanngeschäfte" zumeist ähnlich wie Treuhandgeschäfte ausgestaltet sind und keine Scheingeschäfte darstellen. Der rechtliche Erfolg ist nämlich ernsthaft gewollt.

Beispiel: V verkauft K sein Grundstück für 300.000,- €. Um Steuern zu sparen, lassen sie in dem notariellen Kaufvertrag (§ 311 b Abs. 1 Satz 1 BGB) nur einen Kaufpreis von 200.000,- € beurkunden. Kann V von K 300.000,- € verlangen? Das beurkundete Geschäft (Kaufpreis 200.000,- €) war nichtig, § 117 Abs. 1 BGB. Nach § 117 Abs. 2 BGB könnte aber das verdeckte und gewollte Geschäft (Kaufpreis 300.000,- €) gelten. Hierfür fehlt es jedoch an der Form des § 311 b Abs. 1 Satz 1 BGB. Das beurkundete Geschäft war nicht gewollt; das Gewollte nicht beurkundet. V kann von K nicht 300.000,- € verlangen.

Schwierigkeiten bereitet gelegentlich die Abgrenzung zwischen § 116 Satz 1 u. § 118 BGB. Bei § 116 Satz 1 BGB erlaubt sich der Erklärende einen „bösen Scherz". Der geheime Vorbehalt soll nach dem Willen des Erklärenden dem Erklärungsempfänger unbekannt bleiben. Rechnet er dagegen damit, dass der Empfänger den Vorbehalt kennt, handelt es sich um einen „guten Scherz", auf den § 118 BGB anzuwenden ist. Wissen beide Beteiligte von der fehlenden Ernstlichkeit, wollen aber einvernehmlich den äußeren Schein eines Rechtsgeschäfts hervorrufen, ist die Willenserklärung nach § 117 Abs. 1 BGB nichtig.

2. Anfechtungsvoraussetzungen

a) Überblick

Bevor eine Willenserklärung durch **Anfechtung** vernichtet wird, ist zu prüfen, ob nicht die **Auslegung** zur Ablehnung einer vertraglichen Bindung führt. Für die Anfechtung besteht nur dort ein Bedürfnis, wo innerer Wille und objektiv Erklärtes auseinanderfallen. Es gilt daher der Grundsatz: Die Auslegung geht der Anfechtung vor.

Anfechtung einer Willenserklärung

Grundsatz: „Auslegung vor Anfechtung“

Voraussetzungen:
I. Anfechtungserklärung, § 143 BGB
II. Anfechtungsgrund, §§ 119 ff. BGB:
⇒ Inhaltsirrtum, § 119 Abs. 1 Var. 1 BGB
⇒ Erklärungsirrtum, § 119 Abs. 1 Var. 2 BGB
⇒ Eigenschaftsirrtum, § 119 Abs. 2 BGB
⇒ Irrtum wegen Täuschung oder Drohung, § 123 Abs. 1 BGB
⇒ Falsche Übermittlung der Willenserklärung, § 120 BGB
III. Anfechtungsfrist, §§ 121, 124 BGB
IV. Keine Bestätigung des Rechtsgeschäftes, § 144 Abs. 1 BGB

Rechtsfolgen:
I. § 142 Abs. 1 BGB: Rückwirkende (*ex tunc*) Nichtigkeit der Erklärung
⇒ Rückabwicklung nach Bereicherungsrecht, §§ 812 ff. BGB
II. § 122 BGB: Schadensersatzpflicht des Anfechtenden (nicht bei § 123 BGB)

Schaubild 11

Die Irrtumsregeln der §§ 119 ff. BGB betreffen Fälle, in denen der Fehler erst nach der Abgabe der Erklärung für den Erklärenden erkennbar bzw. korrigierbar wird.

Bei der Prüfung eines Falls müssen Sie folgende Punkte auseinanderhalten:

- **Anfechtungserklärung** (§ 143 BGB). Die Anfechtung muss gegenüber dem Anfechtungsgegner erklärt werden. Die Erklärung ist formfrei möglich und muss nicht das Wort „Anfechtung“ enthalten. Aus der Erklärung muss jedoch zu entnehmen sein, dass der Erklärende das Geschäft wegen eines Willensmangels nicht gelten lassen will („Ich nehme von dem Geschäft Abstand.“; „Ich trete vom Vertrag zurück.“; „Ich hebe den Vertrag auf.“).
- **Anfechtungsgrund**. Die Anfechtung einer Willenserklärung ist nur möglich, wenn einer der in §§ 119 ff. BGB abschließend geregelten Anfechtungsgründe vorliegt.
- **Anfechtungsfrist** (§§ 121, 124 BGB). Die Anfechtung hat unverzüglich, d.h. ohne schuldhaftes Zögern nach der Kenntniserlangung vom Anfechtungsgrund zu erfolgen. Die Anfechtung nach § 123 BGB muss binnen Jahresfrist ab Entdeckung der Täuschung bzw. dem Ende der Zwangslage erklärt werden.

Ausgeschlossen ist die Anfechtung, wenn der Anfechtungsberechtigte das anfechtbare Rechtsgeschäft bestätigt hat (§ 144 Abs. 1 BGB).

b) Die Anfechtungsgründe

aa) Inhaltsirrtum, § 119 Abs. 1 Var. 1 BGB

Irrtum ist die unbewusste Abweichung von Wille und Erklärung. Beim **Inhaltsirrtum** ist der Erklärende „bei der Abgabe seiner Willenserklärung über deren Inhalt im Irrtum“. Der Erklärende irrt sich über die Bedeutung seiner Erklärung, er unterliegt einem Irrtum in Bezug auf das Erklärungszeichen. Er verwendet zwar das richtige Erklärungszeichen, dieses bedeutet aber etwas anderes als der Erklärende damit verbindet. Er weiß zwar, *was* er sagt, weiß aber nicht, was er *damit* sagt. Es liegt entweder ein sog. Verlautbarungsirrtum vor, bei dem irrtümlich eine falsche Bezeichnung verwendet wird (Titel, Typenbezeichnung, Maße etc.), oder ein sog. Individualisierungsfehler, bei dem der Vertragspartner oder eine Sache verwechselt wird.

Beispiel: Jemand bestellt im Restaurant eine Flasche Barolo in dem Glauben, er habe damit einen Bardolino bestellt.

bb) Erklärungsirrtum, § 119 Abs. 1 Var. 2 BGB

Der Erklärende will beim **Erklärungsirrtum** eine „Erklärung dieses Inhalts überhaupt nicht abgeben". Der Erklärende irrt infolge von Verwechseln, Versprechen, Verschreiben, Vergreifen etc. Er erklärt nicht das, was er erklären will, sondern etwas anderes, indem er das falsche Erklärungszeichen benutzt.

Beispiel: Jemand schreibt in ein Angebot einen Preis von 360,- statt 630,- €.

Einen Sonderfall stellt der in § 120 BGB geregelte **Übermittlungsirrtum** dar. Hierbei irrt ein Übermittlungsmedium (Bote, Dolmetscher, Post), das der Sphäre des Erklärenden zuzurechnen ist (deshalb ist § 120 BGB nicht auf Empfangsboten anzuwenden, welche der Sphäre des Erklärungsempfängers zuzurechnen sind).

cc) Eigenschaftsirrtum, § 119 Abs. 2 BGB

Der **Eigenschaftsirrtum** ist ein Irrtum über solche Eigenschaften der Person oder der Sache, die im Verkehr als wesentlich angesehen werden. Als verkehrswesentliche Eigenschaften werden allgemein auf natürlichen Beschaffenheiten beruhende Merkmale und tatsächliche oder rechtliche Beziehungen zur Umwelt angesehen, soweit sie nach der Verkehrsanschauung für die Wertschätzung oder die Verwendbarkeit der Vertragsleistung von Bedeutung sind. Bei einer Sache können verkehrswesentliche Eigenschaften z.B. Größe, Baujahr oder Unfallfreiheit sein. Denkbare verkehrswesentliche Eigenschaften einer Person sind z.B. Beruf, Alter, Sachkunde, Kreditwürdigkeit, Zuverlässigkeit (Vorstrafen) etc. Der Irrtum über den Wert einer Sache berechtigt nicht zur Anfechtung wegen Eigenschaftsirrtums nach § 119 Abs. 2 BGB. Um anfechten zu können, muss sich der Irrtum auf sog. wertbildende Faktoren beziehen (z.B. Echtheit eines Bildes). Mit Ausnahme des § 119 Abs. 2 BGB ist der sog. Motivirrtum grds. unbeachtlich.

Beispiel: Der in der einschlägigen Szene bekannte Transvestit T will an einer Parade zum Gedenken an den sog. „Christopher-Street-Day" teilnehmen, die in der Stadt K stattfinden soll. Zu diesem Anlass lässt er sich ein besonders bizarres Paillettenkostüm schneidern. Nachdem der Oberbürgermeister der Stadt K die Genehmigung zur Durchführung des Umzuges nicht erteilt, und auch das Verwaltungsgericht K die dagegen angestrengte Klage abweist, sagt der veranstaltende Verein die Veranstaltung ab. T bringt das teure Kostüm zu seinem Schneider zurück und will den Vertrag wegen Irrtums anfechten.

Das Motiv für die Abgabe einer Willenserklärung ist für den Erklärungsempfänger irrelevant (etwas anderes mag gelten, wenn das Motiv selbst zum Inhalt der Erklärung gemacht wurde). Auf enttäuschte Erwartungen – hier des T – kann der Rechtsverkehr keine Rücksicht nehmen. Würde man die Anfechtung zulassen, wäre die Rechtssicherheit beeinträchtigt. T kann also nicht anfechten.

Rechts- und Rechtsfolgenirrtümer sind nur beachtlich und nach § 119 Abs. 1 BGB anfechtbar, wenn die Rechtsfolgen unmittelbar Gegenstand der Erklärung sind, sie also mit der

Erklärung ausgesprochen worden sind. Rechtsfolgen, die das Gesetz unabhängig vom Willen des Erklärenden eintreten lässt, können nach h.M. nicht angefochten werden.

Beispiel: Irrt der schweigende Kaufmann über die rechtliche Bedeutung seines Schweigens auf ein kaufmännisches Bestätigungsschreiben, liegt ein unbeachtlicher Rechtsfolgenirrtum vor.

dd) Irrtum wegen Täuschung und Drohung, § 123 Abs. 1 BGB

§ 123 Abs. 1 BGB bringt den Gedanken zum Ausdruck, dass niemand an einer Erklärung festgehalten werden soll, die er unfreiwillig durch **arglistige Täuschung oder widerrechtliche Drohung** abgegeben hat („Wer zur Abgabe ... bestimmt worden ist."). Täuschung ist jedes Verhalten (Tun oder Unterlassen) des Erklärungsempfängers, das beim Erklärenden einen Irrtum hervorruft, aufrechterhält oder bestärkt. Arglistig handelt, wer als Täuschender gewusst hat, dass der Erklärende die Willenserklärung ohne die Täuschung nicht abgegeben hätte.

Drohung ist „das Inaussichtstellen eines empfindlichen Übels" (BGHZ 2, 287, 295 f.), auf dessen Eintritt der Drohende Einfluss zu haben vorgibt. Im Unterschied zur Gewalt (unmittelbarer Zwang) liegt beim Erklärenden mittelbarer Zwang vor. Dritter i.S.d. § 123 Abs. 2 BGB ist nur der unbeteiligte Dritte, d.h., wer „im Lager" des Erklärungsempfängers als dessen Vertreter oder Vertrauensperson steht, ist nicht Dritter i.S.d. Vorschrift. Stets müssen Täuschung und Drohung aber für die Abgabe der Willenserklärung kausal sein. Für die Anfechtung gilt die längere Frist des § 124 BGB.

3. Rechtsfolgen der Anfechtung

Die Anfechtung bewirkt nach § 142 Abs. 1 BGB die rückwirkende Nichtigkeit der Erklärung (sog. ex tunc-Nichtigkeit), d.h., die Erklärung wird als von Anfang an nicht existent betrachtet (Gegenbegriff: ex nunc-Nichtigkeit, bei der die Erklärung, wie etwa bei der Kündigung, bis zum Zeitpunkt der Kündigung als wirksam und lediglich für die Zukunft als nichtig angesehen wird). Die Leistungsverpflichtungen entfallen. Bereits erbrachte Leistungen (z.B. Kaufpreis wurde schon bezahlt) sind über die Vorschriften der ungerechtfertigten Bereicherung (§§ 812 ff. BGB) rückabzuwickeln (s. S. 172 ff.). Wird aufgrund der §§ 119 oder 120 BGB (nicht bei § 123 BGB) angefochten, besteht nach § 122 BGB eine Schadensersatzpflicht des Anfechtenden gegenüber dem Erklärungsempfänger. Er hat diesem den Schaden zu ersetzen, den der Empfänger dadurch erleidet, dass ihm aufgrund des Vertrauens auf die Wirksamkeit der Erklärung Kosten entstanden sind. Das Vertrauensinteresse (Vertrauensschaden) ist gemäß § 122 Abs. 1 BGB der Höhe nach auf das sog. Erfüllungsinteresse begrenzt. Das Mitverschulden des Geschädigten führt nach § 122 Abs. 2 BGB in Abweichung vom Grundsatz des § 254 BGB zum völligen Ausschluss des Schadensersatzanspruches. § 122 BGB ist eine Anspruchsgrundlage.

II. Unzulässige Rechtsgeschäfte

1. Parteiwille und staatliche Begrenzung

Die Privatautonomie ermöglicht den Vertragspartnern, ihre Angelegenheiten vertraglich im Prinzip völlig frei auszugestalten (s. S. 6). Diese Freiheit kann indes nicht schrankenlos gewährleistet sein. Zum einen existieren im Allgemeininteresse Schranken, die nicht durch vertragliche Vereinbarung überwunden werden sollen. Zum anderen sollen auch schwächere Vertragspartner geschützt werden, damit deren Defizite nicht dazu ausgenutzt werden, sie an Verträge zu binden, vgl. etwa § 475 BGB für den Verbrauchsgüterkauf. **Unzulässige**

Rechtsgeschäfte sind nichtig (vgl. § 134, § 135 Abs. 1, § 138 Abs. 1 BGB). Ausnahmsweise kann nur Teilnichtigkeit gegeben sein (§ 139 BGB). Entspricht ein nichtiges Rechtsgeschäft den Erfordernissen eines anderen Rechtsgeschäfts, das wirksam wäre, so gilt dieses, wenn anzunehmen ist, dass die Parteien dessen Geltung bei Kenntnis der Nichtigkeit des ursprünglichen Geschäfts gewollt hätten. Hier spricht man von **Umdeutung** (§ 140 BGB). Ein nichtiges Rechtsgeschäft kann von den Parteien bestätigt werden (§ 141 BGB). Durch die Bestätigung wird das Rechtsgeschäft ex nunc wirksam. Sie muss aber alle Wirksamkeitsvoraussetzungen des bestätigten Geschäfts aufweisen.

2. Gesetzliches Verbot (§ 134 BGB)

Nach § 134 BGB ist ein Rechtsgeschäft nichtig, wenn es gegen ein gesetzliches Verbot verstößt, „wenn sich nicht aus dem Gesetz ein anderes ergibt". **Verbotsgesetze** sind Vorschriften, die eine bestimmte Regelung wegen ihres Inhalts oder wegen der Umstände des Vertragsschlusses verbieten. Ob ein Gesetz ein Verbotsgesetz darstellt, ist durch Auslegung zu ermitteln. Aus dem Wortlaut einer Vorschrift können Wendungen wie „soll nicht" für den Charakter einer bloßen Ordnungsvorschrift sprechen, während Formulierungen wie „kann nicht" oder „darf nicht" i.d.R. für eine Verbotsnorm sprechen. Als „Faustregel" kann man sich fragen, ob das Verbot lediglich das Zustandekommen des Vertrags oder aber den Inhalt oder wirtschaftlichen Erfolg des Geschäfts verbietet (im ersten Fall Ordnungsvorschrift, im zweiten Fall Verbotsgesetz) oder alternativ prüfen, ob sich das Verbot gegen beide Vertragspartner richtet (wenn ja, i.d.R. Verbotsgesetz).

Beispiel: Für ein Verbotsgesetz: Hehler kauft gestohlene Ware (Verstoß gegen § 259 StGB). Gegenbeispiel für eine Ordnungsvorschrift: Verkauf nach Ladenschluss.

3. Veräußerungsverbote (§§ 135 bis 137 BGB)

Der Begriff des „**Veräußerungsverbots**" in §§ 135, 136 BGB ist im Sinne eines „Verfügungsverbots" zu verstehen. Es ist hierbei nicht ein Fall des sog. „absoluten Verfügungsverbots" gemeint, das dem Schutz der Allgemeinheit dient und ein Verbotsgesetz nach § 134 BGB darstellt, sondern der Fall der sog. „relativen Verfügungsbeschränkung". Dies bedeutet, dass die verbotswidrige Verfügung nur gegenüber dem Verbotsgeschützten unwirksam ist. Gesetzliche Verfügungsverbote mit lediglich relativer Wirkung sind selten (z.B. § 473 BGB). Praktisch bedeutsam sind gerichtliche und behördliche Verfügungsverbote (§ 136 BGB). Dies sind zum Beispiel einstweilige Verfügungen, Beschlagnahmen nach dem Zwangsversteigerungsgesetz oder der Strafprozessordnung etc. Wer geschützt ist, ergibt sich aus den spezialgesetzlichen Vorschriften, auf denen das Verbot beruht.

Rechtsfolge der relativen Unwirksamkeit ist, dass eine Sache zwar an einen Dritten veräußert werden kann, im Verhältnis zum Geschützten jedoch weiterhin der Veräußerer als Eigentümer der Sache gilt. Gemäß § 135 Abs. 2 BGB kann der Dritte das relative Veräußerungsverbot nach den Vorschriften über den Erwerb vom Nichtberechtigten (§§ 932 ff., §§ 892 ff. etc. BGB; s. S. 207 u. S. 209) überwinden. Der Dritte muss dabei in Bezug auf das Veräußerungsverbot gutgläubig sein.

4. Sittenwidrige Rechtsgeschäfte (§ 138 BGB)

Die Generalklausel des § 138 Abs. 1 BGB korrigiert die privatautonome Rechtsgestaltung dort, wo sie in Widerspruch zu den Grundprinzipien der Rechts- und Sittenordnung tritt. Maßgeblicher Beurteilungszeitpunkt sind die „**guten Sitten**" bei Vornahme des Rechtsgeschäfts, nicht dagegen jene, die im Zeitpunkt des Eintritts der Rechtswirkungen herrschen. Die Sittenwidrigkeit eines Rechtsgeschäfts kann sich aus seinem Inhalt oder seinem Gesamtcharakter (nach zusammenfassender Würdigung von Inhalt, Beweggrund und Zweck) ergeben. § 138 Abs. 2 BGB regelt unter engen Voraussetzungen den Wuchertatbestand als Sonderfall eines sittenwidrigen Rechtsgeschäfts.

Nach ständiger Rechtsprechung ist ein Rechtsgeschäft sittenwidrig, „wenn es gegen das Anstandsgefühl aller billig und gerecht Denkenden verstößt“ (BGHZ 10, 232; 69, 297). Hierunter ist keine „Sittlichkeit“ im gesinnungsethischen Sinne zu verstehen. Vielmehr ist auf die in der Gemeinschaft oder in der beteiligten Gruppe anerkannten moralischen Anschauungen abzustellen, wobei ein durchschnittlicher Maßstab anzulegen ist (übertrieben strenge Anschauungen sind ebenso unbeachtlich wie besonders laxe Maßstäbe). Bewusstsein bezüglich der Sittenwidrigkeit oder eine Schädigungsabsicht ist nicht erforderlich (BGH NJW 1993, 1588). Es genügt, wenn der Handelnde die Tatsachen kennt, aus denen sich die Sittenwidrigkeit ergibt, oder sich der Kenntnis einer erheblichen Tatsache bewusst oder grob fahrlässig verschließt.

Kurzrepetitorium

Willensmängel:

- Bei der Bestimmung der Rechtsfolgen von Willensmängeln gilt der Grundsatz „Auslegung vor Anfechtung". Danach ist zunächst durch Auslegung (§§ 133, 157 BGB) zu ermitteln, ob innerer Wille und objektiv Erklärtes auseinanderfallen.

Anfechtung einer Willenserklärung:

- Die Anfechtung einer Willenserklärung bedarf einer Anfechtungserklärung gegenüber dem Anfechtungsgegner, § 143 Abs. 1 BGB.
- Der richtige Adressat bestimmt sich nach der Maßgabe des § 143 Abs. 2 u. 3 BGB.
- Die möglichen Anfechtungsgründe sind in den §§ 119 ff. BGB abschließend geregelt.
- Ein Inhaltsirrtum (§ 119 Abs. 1 Var. 1 BGB) liegt vor, wenn der Erklärende zwar weiß, was er sagt, aber nicht weiß, was er damit sagt.
- Der in § 120 BGB geregelte Übermittlungsirrtum ist ein Sonderfall des Inhaltsirrtums.
- Ein Erklärungsirrtum (§ 119 Abs. 1 Var. 2 BGB) liegt vor, wenn der Erklärende ein falsches Erklärungszeichen benutzt, sich der Erklärende also verschreibt, verspricht etc.
- Motivirrtümer berechtigen grds. nicht zu einer Anfechtung.
- Der Eigenschaftsirrtum (§ 119 Abs. 2 BGB) stellt einen Sonderfall eines beachtlichen Motivirrtums dar.
- Bestimmung zur Abgabe der Willenserklärung durch Täuschung oder Drohung (§ 123 BGB) berechtigen in jedem Fall zur Anfechtung.
- Die Anfechtung einer Willenserklärung ist nur innerhalb der Frist des § 121 BGB bzw. § 124 BGB möglich.

Rechtsfolgen der Anfechtung:

- Gemäß § 142 Abs. 1 BGB bewirkt die Anfechtung, dass die Willenserklärung als von Anfang an nicht existent anzusehen ist.
- Unter den Voraussetzungen des § 122 BGB kann der Anfechtende zum Schadensersatz verpflichtet sein.

Unzulässige Rechtsgeschäfte:

- Der Vertragsfreiheit werden zum Schutz der Allgemeinheit Grenzen gesetzt.
- Gegen ein gesetzliches Verbot (§ 134 BGB), ein Veräußerungsverbot (§ 135 BGB) oder die guten Sitten (§ 138 BGB) verstoßende Rechtsgeschäfte sind nichtig.

§ 10 Die Stellvertretung

I. Begriff und Funktion der Stellvertretung

Nicht immer ist es gewünscht oder gar möglich, dass jemand alle seine Rechtsangelegenheiten selbst gestaltet, indem er entsprechende Willenserklärungen selbst abgibt bzw. Willenserklärungen seiner Vertragspartner persönlich in Empfang nimmt. Die Rechtsordnung stellt deshalb in den §§ 164 ff. BGB das Rechtsinstitut der **Stellvertretung** zur Verfügung. Bei der Stellvertretung gibt ein Vertreter eine Willenserklärung ab bzw. empfängt diese, wobei deren Rechtsfolgen nicht ihn persönlich, sondern den Vertretenen treffen (§ 164 Abs. 1 BGB). Die Rechtsordnung erkennt die Vertretung an, weil der Vertreter mit Vertretungsmacht handelt, die ihm willentlich vom Vertretenen oder durch Rechtsvorschriften übertragen worden ist.

Es werden drei Arten der Vertretungsmacht unterschieden. Beruht die Vertretungsmacht auf Rechtsvorschriften, spricht man von gesetzlicher Vertretung.

Beispiel: §§ 1626, 1629 BGB für die Eltern eines minderjährigen Kindes.

Das Handeln für eine Gesellschaft nennt man organschaftliche Vertretung.

Beispiele: § 35 Abs. 1 GmbHG (Geschäftsführer einer GmbH); § 78 Abs. 1 AktG (Vorstand einer Aktiengesellschaft); § 26 Abs. 2 BGB (Vorstand eines eingetragenen Vereins).

Stellvertretung

Voraussetzungen:
I. Kein höchstpersönliches Geschäft
II. Eigene Willenserklärung des Vertreters
III. Handeln in fremdem Namen
IV. Im Rahmen der eingeräumten Vertretungsmacht
-oder-
Kraft Rechtsscheins:
⇒ Duldungsvollmacht
⇒ Anscheinsvollmacht

Rechtsfolgen:
I. Unmittelbare Wirkung für und gegen den Vertretenen
II. Bei Willensmängeln Maßgeblichkeit des Vertreters (nicht des Vertretenen), § 166 Abs. 1 BGB - Ausnahme: § 166 Abs. 2 BGB

Bei fehlender Vertretungsmacht des Vertreters: Rechtsfolgen der §§ 177 ff. BGB

Grenzen:
I. Insichgeschäfte, § 181 BGB
II. Missbrauch der Vertretungsmacht (Kollusion, § 138 Abs. 1 BGB)

Schaubild 12

Beruht die Vertretungsmacht schließlich auf der willentlichen Übertragung der Vertretungsbefugnis durch den Vertretenen, spricht man von rechtsgeschäftlicher Vertretung. Der rechtsgeschäftliche Akt, mit der dem Vertreter die Vertretungsmacht eingeräumt wird Bevollmächtigung genannt, § 167 BGB.

Rechtsgeschäftlich erteilte Vertretungsmacht nennt das Gesetz Vollmacht (§ 166 Abs. 2 BGB). Die Bevollmächtigung ist formfrei, § 167 Abs. 3 BGB. Ausnahmen ergeben sich aus dem Gesetz (vgl. etwa § 492 Abs. 4 BGB oder § 2 Abs. 2 GmbHG).

II. Voraussetzungen der Stellvertretung

1. Kein höchstpersönliches Geschäft

Zunächst ist festzustellen, ob die Stellvertretung überhaupt zulässig ist, denn bei bestimmten Willenserklärungen (sog. höchstpersönlichen Rechtsgeschäften) verbietet das Gesetz die Stellvertretung. Vertretung ist zudem bei Realakten nicht möglich.

Beispiele: § 1311 Satz 1 BGB (Eheschließende können ihre Erklärungen vor dem Standesbeamten nur persönlich abgeben); § 2064 BGB (Die Errichtung eines Testaments ist nur durch den Erblasser persönlich möglich).

Falls eine Stellvertretung zulässig ist, fordert das Gesetz in § 164 Abs. 1 BGB:

- Eigene Willenserklärung des Vertreters.
- Handeln in fremdem Namen.
- Handeln innerhalb der ihm zustehenden Vertretungsmacht (gesetzliche oder gewillkürte).

2. Eigene Willenserklärung

Der Vertreter muss eine eigene Willenserklärung abgeben. Wer lediglich eine fremde Willenserklärung übermittelt oder sonst in irgendeiner Weise beim Abschluss von Verträgen mitwirkt, ist entweder Bote oder Verhandlungsgehilfe im weitesten Sinne (z.B. Makler, §§ 652 ff. BGB, 93 ff. HGB; Handelsvertreter, §§ 84 ff. HGB; Dolmetscher; Berater etc.).

3. Handeln in fremdem Namen

Der Vertreter muss die Willenserklärung erkennbar in fremdem Namen („im Namen des Vertretenen") abgeben (sog. **Offenkundigkeitsprinzip**). § 164 Abs. 2 BGB bringt dieses dem Verkehrsschutz dienende Prinzip zum Ausdruck, indem die Vorschrift anordnet, dass der Mangel des Willens, in fremdem Namen zu handeln, nicht zur Anfechtung (nach § 119 Abs. 1 BGB) berechtigt. Eröffnet der Vertreter gegenüber dem Verhandlungspartner nicht hinreichend klar, dass er für einen anderen handelt, liegt ein sog. Eigengeschäft des Vertreters vor. Denn der Rechtsverkehr darf davon ausgehen, dass der Vertragspartner sich selbst verpflichten will, wenn er Willenserklärungen abgibt. Wer von diesem Prinzip abweichen will, muss dies offenkundig machen, ansonsten treffen die Rechtsfolgen ihn. Das Offenkundigkeitsprinzip gilt umgekehrt auch für Erklärungen, die an den Vertreter gerichtet werden. Hier muss erkennbar sein, dass die Rechtsfolgen der Erklärung den Vertretenen treffen sollen (§ 164 Abs. 3 BGB).

Die Absicht, in fremdem Namen zu handeln, braucht nicht zwingend ausdrücklich geäußert zu werden. Es genügt, dass der Wille des Erklärenden sich eindeutig aus den gesamten Umständen entnehmen lässt.

Beispiel: Der Vorsitzende des „Tierschutzvereins Witten e.V." bestellt beim Fachversand auf dem Briefpapier des Vereins 15 Regenschirme mit entsprechendem Aufdruck zum Preis von je 15,- €.

Von einem sog. Strohmann-Geschäft (mittelbare Stellvertretung) spricht man, wenn jemand in eigenem Namen, aber in fremdem Interesse und auf fremde Rechnung tätig wird. Dies ist kein Fall der Stellvertretung nach § 164 Abs. 1 BGB.

Sog. „Handeln unter fremdem Namen" liegt vor, wenn sich jemand gegenüber dem Rechtsverkehr so geriert, als wäre er ein anderer. Schließt jemand unter dem Namen einer tatsächlich existierenden Person ein Geschäft ab, stellt sich die Frage, mit wem der Vertrag zustande kommt, mit dem Erklärenden oder dem echten Namensträger.

Beispiel: Unternehmer U (60 Jahre, verheiratet) will auf Geschäftsreise gehen. Hierzu will er seine neue Sekretärin S (24 Jahre, ledig) mitnehmen. Er reserviert telefonisch ein Doppelzimmer in einem Hotel. Auf die Frage der Rezeption, auf welchen Namen das Zimmer reserviert werden soll, antwortet der Unternehmer, „Eheleute Meier".

Hier liegt eine bloße Namenstäuschung vor, weil es dem Vertragspartner (Hotelier) auf die tatsächlich handelnde Person als Vertragspartner ankommt, die das reservierte Zimmer beanspruchen wird. Der Unternehmer und seine Begleitung werden Vertragspartner des Hoteliers, gleich ob sie sich Eheleute Meier nennen. Ist der Name eines Vertragspartners für den anderen Vertragspartner jedoch erheblich, weil er gerade mit dieser Person abschließen will, gelten nach h.M. die Bestimmungen des Vertretungsrechts entsprechend (analog).

Ausnahmen vom Offenkundigkeitsprinzip (aber nicht davon, dass hierbei Vertretungsmacht bestehen muss!) werden nach Rspr. und Lehre für zwei Fallgruppen zugelassen. Beim sog. „Geschäft für den, den es angeht" ist es dem Geschäftsgegner gleichgültig, wer sein Vertragspartner wird (Bargeschäfte des täglichen Lebens). Sog. „unternehmensbezogene Geschäfte" mit dem Inhaber eines Gewerbebetriebs stellen die zweite Ausnahme dar. Hier kommt ein Geschäft auch dann mit dem Inhaber des Geschäfts zustande, wenn der im Gewerbebetrieb Tätige seine Vertreterstellung nicht erkennen lässt, aber beide Akteure davon ausgehen, dass das Geschäft mit dem Inhaber abgeschlossen werden soll.

4. Handeln im Rahmen der Vertretungsmacht

Die wirksame Vertretung setzt das Bestehen einer entsprechenden Befugnis voraus, einen anderen wirksam zu vertreten (**Vertretungsmacht**). Diese besteht von Gesetzes wegen oder als rechtsgeschäftlich erteilte Vertretungsmacht. Nur ausnahmsweise ist der Inhalt der Vollmacht zwingend gesetzlich festgelegt, so etwa bei der Prokura, §§ 48 ff. HGB. Die Vollmacht wird durch empfangsbedürftige, formlose (Ausnahme: § 29 GBO) Willenserklärung gegenüber dem Vertreter (**Innenvollmacht**) oder gegenüber dem Vertragspartner bzw. durch öffentliche Bekanntmachung (**Außenvollmacht**) erteilt (§ 167 Abs. 1 und § 171 Abs. 1 BGB).

Wann die Vollmacht erlischt, bestimmt sich nach deren individuellem Inhalt, der durch Auslegung zu ermitteln ist. Nur wenn diese zu keinem eindeutigen Resultat führt, bestimmt § 168 BGB, dass sich das Erlöschen der Vollmacht nach dem zugrunde liegenden Rechtsgeschäft (z.B. Dienstvertrag, Auftrag, Geschäftsbesorgungsvertrag) richtet. Wurde eine Außenvollmacht erteilt, ist der Geschäftspartner bzw. der Rechtsverkehr durch § 170 BGB geschützt, weil die Vollmacht gegenüber ihnen solange als fortbestehend gilt, bis ihnen das Erlöschen vom Vollmachtgeber angezeigt wird. Trotz des Wortlauts der Auslegungsregel des § 168 BGB gilt aus Gründen des Verkehrsschutzes das sog. vertretungsrechtliche Abstraktionsprinzip, d.h., das „rechtliche Können" ist unabhängig vom „rechtlichen Dürfen". Damit soll zum Ausdruck kommen, dass die Vollmacht in ihrem Bestand unabhängig von dem ihr zugrunde liegenden schuldrechtlichen Geschäft ist.

Daneben kann die Vollmacht durch einen Widerruf erlöschen, § 168 Satz 2 BGB. Der Widerruf ist eine einseitige, empfangsbedürftige Willenserklärung, die gegenüber dem Vertreter, dem Geschäftspartner oder durch öffentliche Bekanntmachung erklärt werden kann. Eine Außenvollmacht ist gegenüber dem Geschäftspartner durch öffentliche Bekanntmachung zu widerrufen, § 171 Abs. 2 BGB.

5. Stellvertretung kraft Rechtsscheins

Ausnahmsweise muss sich der Vertretene das Handeln eines Vertreters auch ohne Vertretungsmacht zurechnen lassen. Dies ist der Fall, wenn er für den Rechtsverkehr zurechenbar den Rechtsschein gesetzt hat, er kenne und dulde das Auftreten des Vertreters und der andere Teil redlicherweise darauf vertrauen darf. Die §§ 164 ff. BGB sind dann analog anwendbar.

Bei einer sog. **Duldungsvollmacht** gibt jemand eine Willenserklärung als „Vertreter" in fremdem Namen ab, ohne jedoch Vertretungsmacht zu haben. Um dem Vertretenen das Verhalten des Handelnden zurechnen zu können, muss er vom Auftreten des vollmachtlosen Vertreters wissen und es dulden.

Die sog. **Anscheinsvollmacht** unterscheidet sich von der Duldungsvollmacht dadurch, dass der Vertretene nichts vom Auftreten des Vertreters weiß, dies aber bei Anwendung pflichtgemäßer Sorgfalt hätte wissen können (Fahrlässigkeitsvorwurf). Während die Duldungsvollmacht schon bei erstmaliger Duldung entsteht, ist für die Anscheinsvollmacht eine gewisse Häufigkeit erforderlich. Da es sich nach h.M. bei der Anscheinsvollmacht um einen Rechtsscheinstatbestand handelt, ist keine Anfechtung möglich.

III. Wirkungen der Stellvertretung

Liegt eine wirksame Stellvertretung vor, wirkt das Rechtsgeschäft, das der Vertreter für den Vertretenen vornimmt, unmittelbar für und gegen den Vertretenen. Der Vertretene wird so behandelt, als habe er selbst die Willenserklärung abgegeben bzw. empfangen. Handelnder ist aber der Vertreter. Nur er geht mit dem Rechtsverkehr „auf Tuchfühlung" und weiß von bestimmten Umständen. Willensmängel werden deshalb nach § 166 Abs. 1 BGB auf die Person des Vertreters und nicht – wie bei der Botenschaft – auf den Vertretenen bzw. den Geschäftsherrn bezogen. Die Rechtsprechung wendet diese Bestimmung analog auf alle Fallgestaltungen an, bei denen es auf die Bewusstseinslage derjenigen Person ankommt, deren Entschließung für den Vertragsabschluss maßgeblich ist, auch wenn kein „echter" Fall der Stellvertretung vorliegt. So muss sich z.B. eine Partei das in Akten oder Computern gespeicherte Wissen analog § 166 Abs. 1 BGB zurechnen lassen (sog. Wissenszurechnung bei sog. **Wissensvertretern**), wenn Anlass bestand, die Informationen abzurufen (BGHZ 123, 224; 135, 202).

Kannte der Vertretene andererseits bestimmte Umstände, die der Vertreter nicht kannte, und hat der Vertreter in Ausführung einer Weisung des Vertretenen gehandelt, kann sich dieser nach § 166 Abs. 2 BGB nicht auf die Unkenntnis des Vertreters berufen. Die Vorschrift dient als Korrektiv zu § 166 Abs. 1 BGB, der ansonsten dadurch missbraucht werden könnte, dass ein bösgläubiger Geschäftsherr dem Rechtsverkehr einen ahnungslosen Vertreter vorschiebt.

IV. Grenzen der Stellvertretung

1. Insichgeschäfte

Schon eingegangen wurde darauf, dass bei „höchstpersönlichen Rechtsgeschäften“ die Abgabe von Willenserklärungen durch Vertreter ausgeschlossen ist (s. S. 50). § 181 BGB bestimmt ferner, dass der Vertreter nicht gleichzeitig ein Geschäft mit sich selbst und zugleich im Namen des Vertretenen abschließen kann (sog. **Insichgeschäft**). Die Bestimmung will Interessenkonflikte vermeiden und ist nicht als Verbotsgesetz i.S.v. § 134 BGB, sondern als Beschränkung des rechtlichen Könnens aufzufassen. Sie gilt für den Fall des Selbstkontrahierens (Geschäft des Vertreters mit sich selbst) ebenso wie für die Doppel- oder Mehrfachvertretung (Geschäft des Vertreters mit einem von ihm vertretenen Dritten).

Ausnahmsweise ist Selbstkontrahieren zulässig, wenn es entweder gestattet ist oder in der Erfüllung einer Verbindlichkeit besteht (z.B. Erfüllung der Unterhaltspflicht eines Elternteils gegenüber einem Kind). Eine weitere von der Rspr. zugelassene Ausnahme besteht für Geschäfte, die dem Vertretenen lediglich einen rechtlichen Vorteil (i.S.v. § 107 BGB) bringen.

Beispiel: Schenkt ein Elternteil seinem minderjährigen Kind ein Grundstück, müssen der Schenkungsvertrag (§ 518 BGB) und die Auflassung (§ 925 BGB) gültig sein. Weil das Kind nicht selbst wirksame Willenserklärungen abgeben kann, ist der Elternteil Schenker und Vertreter zugleich. Die Schenkung eines Grundstücks ist weder gestattet, noch dient sie zur Erfüllung einer Verbindlichkeit. Die gesetzliche Vertretungsmacht des Elternteils wäre daher eingeschränkt (§ 181 BGB). Weil dieses Ergebnis indes dazu führte, dass der Vertretene hier benachteiligt und nicht geschützt wird, was der ratio legis der Vorschrift widerspricht, schränkt die h.M. den Anwendungsbereich des § 181 BGB für solche Fälle ein.

2. Missbrauch der Vertretungsmacht

Grds. ist nach dem vertretungsrechtlichen Abstraktionsprinzip die Vollmacht vom zugrunde liegenden Grundgeschäft unabhängig. Das bedeutet, dass sich der Rechtsverkehr keine Gedanken über dessen Wirksamkeit machen muss. Der Vertreter kann den Vertretenen dadurch im Außenverhältnis wirksam verpflichten („rechtliches Können“), während er dabei die Grenzen des „rechtlichen Dürfens“ (Innenverhältnis) überschreitet. Damit kann der Vertretene gegen seinen Willen wirksam verpflichtet werden. Von diesem Grundsatz werden unter der Fallgruppe des **Missbrauchs der Vertretungsmacht** zwei Ausnahmen zugelassen:

- Kollusion: Ein Geschäft ist nach § 138 Abs. 1 BGB nichtig, wenn der Vertreter und ein Dritter zur Schädigung des Vertretenen einvernehmlich zusammenwirken.
- Evidenzfälle: Der Vertretene soll nach der Rspr. auch dann nicht an das vom Vertreter geschlossene Geschäft gebunden sein, wenn erstens der Vertreter die ihm im Innenverhältnis gesetzten Schranken im Außenverhältnis bewusst zum Nachteil des Vertretenen überschreitet und zweitens der Dritte dies erkennt oder erkennen musste (§ 122 Abs. 2 BGB). Nach der Rspr. verhindert der Grundsatz von Treu und Glauben (§ 242 BGB), dass der Dritte sich in dieser Situation auf die Wirksamkeit des Geschäfts berufen kann (BGHZ 113, 315, 320; BGHZ 127, 239).

V. Vertretung ohne Vertretungsmacht

1. Erscheinungsformen

Verträge werden häufig geschlossen, ohne dass der für einen anderen rechtsgeschäftlich Handelnde Vertretungsmacht besitzt. Ferner kann es vorkommen, dass der Vertreter bei seinem Handeln die Grenzen der bestehenden Vertretungsmacht überschreitet. Die rechtlichen Folgen eines solchen Handelns regeln die §§ 177 bis 180 BGB.

Beispiel: Anwalt R ist von seinem Mandanten beauftragt worden, für diesen als Käufer vor dem Notar einen Kaufvertrag abzuschließen. Im Vorfeld der Beurkundung bemerkt R, dass er die ihm vom Mandanten erteilte Vollmacht in seinem Wagen vergessen hat, der in einem Parkhaus steht. Der Notar könnte hier entweder einen aufschiebend bedingten Kaufvertrag beurkunden und den R als Erklärungsboten behandeln („Der Vertrag wird unter der Bedingung geschlossen, dass der Käufer den Vertrag innerhalb einer Frist von 14 Tagen durch schriftliche Erklärung gegenüber dem Verkäufer genehmigt.“) oder in den Urkundeneingang protokollieren, dass Rechtsanwalt R „für den Käufer handelnd als Vertreter ohne Vertretungsmacht“ auftritt.

Beachten Sie bitte eine wichtige Unterscheidung. Die §§ 177 ff. BGB gelten direkt nur für den Vertreter, dem im Außenverhältnis Vertretungsmacht fehlt. Sie werden analog angewandt, wenn zwar im Außenverhältnis Vertretungsmacht bestand, diese aber missbraucht, also überschritten wurde.

2. Schwebende Unwirksamkeit

Verträge, die ein **Vertreter ohne Vertretungsmacht** (*falsus procurator*) abschließt, sind gemäß § 177 Abs. 1 BGB schwebend unwirksam. Einseitige Rechtsgeschäfte des Vertreters ohne Vertretungsmacht sind grds. unzulässig, § 180 Satz 1 BGB (Ausnahmen in Satz 2 u. 3 der Vorschrift), denn bei einseitigen Rechtsgeschäften sind für den Empfänger aus Gründen der Rechtssicherheit klare Verhältnisse erforderlich.

Im Falle der schwebenden Unwirksamkeit kann der Vertretene das Geschäft nachträglich mit Rückwirkung auf den Zeitpunkt des Vertragsschlusses genehmigen (§ 184 BGB) und so das Geschäft an sich ziehen. In dem obigen Beispiel kann der Mandant (Käufer) den Vertrag genehmigen und tritt dadurch ex tunc in die Käuferstellung ein.

3. Haftung

Wird die Genehmigung vom Vertretenen verweigert, wird der Vertrag endgültig unwirksam. Der Geschäftspartner kann den Vertretenen zur Genehmigung auffordern, § 177 Abs. 2 BGB, und diesen damit in Zugzwang bringen. Erteilt er die Genehmigung nicht innerhalb von zwei Wochen, gilt sie als verweigert. Bei Verweigerung der Genehmigung hat der gutgläubige Geschäftspartner gegen den Vertreter ohne Vertretungsmacht wahlweise einen Erfüllungsanspruch oder einen Schadensersatzanspruch, der auf das positive Interesse (Erfüllungsinteresse) gerichtet ist, § 179 Abs. 1 u. 3 BGB.

Verweigert im Beispielsfall der Mandant die Genehmigung, kann der Verkäufer vom Rechtsanwalt Erfüllung des Kaufvertrags verlangen oder Schadensersatz fordern (etwa den Gewinn, den er aus dem Geschäft gezogen hätte).

Kurzrepetitorium

Sinn und Zweck der Stellvertretung:

- Das Rechtsinstitut der Stellvertretung (§§ 164 ff. BGB) führt dazu, dass die Wirkungen eines Rechtsgeschäfts den Vertretenen und nicht den Vertreter treffen.
- Bei höchstpersönlichen Rechtsgeschäften ist eine Stellvertretung ausgeschlossen.

Voraussetzungen:

- Handeln in fremdem Namen (Abgrenzung von sog. Strohmanngeschäften).
- Abgabe einer eigenen Willenserklärung (Abgrenzung zur Botenschaft).
- Handeln im Rahmen der Vertretungsmacht.

Besonderheiten:

- Bei „Handeln unter fremdem Namen" ist nur dann Stellvertretungsrecht anwendbar, wenn es sich um eine Identitätstäuschung handelt. Bei bloßer Namenstäuschung hingegen Verpflichtung des tatsächlich Handelnden.
- Bei „Geschäften für den, den es angeht" (Bargeschäfte des täglichen Lebens) sowie bei „unternehmensbezogenen Geschäften" keine Beachtung des Offenkundigkeitsprinzips.
- Vertretungsmacht kann in Form von gesetzlicher oder rechtsgeschäftlicher Vertretungsmacht (Vollmacht, § 166 Abs. 2 Satz 1 BGB) vorliegen.
- Handelt Vertreter ohne ausdrücklich erteilte Vertretungsmacht evtl. Haftung des Vertretenen unter Rechtsscheinsgesichtspunkten (Duldungs- oder Anscheinsvollmacht); darüber hinaus Haftung des Vertreters gem. §§ 177 ff. BGB.
- Unterscheidung von „rechtlichem Können" und „rechtlichem Dürfen".
- Bei Willensmängeln abzustellen auf die Person des Vertreters, § 166 BGB.

Kapitel C. Schuldrecht, Allgemeiner Teil

§ 11 Einführung in das Recht der Schuldverhältnisse

I. Einführung

Das Schuldrecht findet sich im 2. Buch des BGB in den §§ 241 bis 853. Üblicherweise unterteilt man es systematisch in einen **Allgemeinen** und einen **Besonderen Teil**. Der Allgemeine Teil des Schuldrechts (§§ 241 bis 432 BGB) enthält die Vorschriften, die für alle Schuldverhältnisse Gültigkeit haben, soweit nicht für ein bestimmtes Schuldverhältnis im Besonderen Teil Sonderregeln bestehen. Der Schwerpunkt des Allgemeinen Teils liegt in der Regelung von auftretenden Störungen im Schuldverhältnis, den sog. Leistungsstörungen. Auch im Allgemeinen Teil des Schuldrechts ist der Gesetzgeber dem Aufbauprinzip vom Allgemeinen zum Besonderen gefolgt.

Die Regeln des Allgemeinen Teils des Schuldrechts können wie folgt systematisiert werden:

- §§ 241 bis 304 BGB enthalten Regeln für alle (vertragliche und gesetzliche) Schuldverhältnisse;
- §§ 311 bis 360 BGB enthalten nur Regeln für vertragliche Schuldverhältnisse;
- §§ 320 bis 326 BGB enthalten nur Regeln für gegenseitige Verträge.

Der Besondere Teil des Schuldrechts behandelt in den §§ 433 bis 853 BGB eine Reihe in der Praxis besonders wichtiger Schuldverhältnisse. Hierzu zählen insbesondere Erwerbsverträge (Kauf, Tausch und Schenkung), Tätigkeitsverträge (Dienst- oder Werkvertrag, Auftrag etc.) und Gebrauchsüberlassungsverträge (Miete, Pacht bzw. Leihe). Es folgen u.a. Regelungen zur Geschäftsführung ohne Auftrag, zur Gesellschaft, Bürgschaft und zur ungerechtfertigten Bereicherung. Einen eigenen Titel hat auch die unerlaubte Handlung erhalten. Der Gesetzgeber hat aber bei weitem nicht alle Vertragstypen geregelt, die in der Praxis vorkommen (z.B. sind das Leasing und das Factoring nicht ausdrücklich normiert).

II. Begriff des Schuldverhältnisses

Der Begriff des **Schuldverhältnisses** taucht gleich in § 241 BGB auf. Üblicherweise wird zwischen einem engen Begriff, wie ihn § 241 BGB versteht, und einem weiten Begriff differenziert. Die Grundregel des § 241 BGB verwendet den Begriff des Schuldverhältnisses im engeren Sinn und bringt seine wesentlichen Strukturmerkmale zum Ausdruck. Schuldverhältnis im engeren Sinne ist die Verpflichtung des Schuldners, seine Verbindlichkeit etc. zu erfüllen. Umgekehrt hat der Gläubiger einen Anspruch (legaldefiniert in § 194 Abs. 1 BGB), ein Recht oder eine Berechtigung gegenüber dem Schuldner. Diese schuldrechtlichen Ansprüche werden „Forderungen" genannt. Die Forderung ist stets auf die Vornahme einer menschlichen Handlung (tun, dulden, unterlassen) gerichtet. Der Gläubiger kann sein Recht gegenüber dem Schuldner einklagen und mit dem erlangten Urteil die Zwangsvollstreckung gegen ihn betreiben.

Ein Schuldverhältnis ist ein Rechtsverhältnis zwischen mindestens zwei Personen, dem Gläubiger und dem Schuldner. Das Schuldverhältnis und die daraus folgenden Pflichten sind relativ, d.h., sie wirken nur zwischen den Parteien des Schuldverhältnisses (inter partes). Dritte sind grds. weder berechtigt noch verpflichtet. Unter dem Schuldverhältnis im weiteren Sinn wird ein ganzes Bündel gegenseitiger Rechte und Pflichten verstanden, die durch das Schuldverhältnis begründet werden, vgl. § 241 Abs. 2 BGB. Diese einzelnen **Rechte und Pflichten** lassen sich wie folgt unterteilen:

- Leistungspflichten (dienen dem Äquivalenzinteresse beim Güteraustausch). Hierzu zählen Hauptleistungspflichten und Nebenleistungspflichten (etwa Lieferung der Sache, Zahlung des Mietzinses).
- Schutzpflichten (dienen dem Integritätsinteresse), vgl. § 241 Abs. 2 BGB. Hierzu zählen etwa Verpackung des Kaufgegenstands vor dem Transport, Information und Aufklärung der Gegenseite.

Von einem **Einzelschuldverhältnis** spricht man, wenn sich das Schuldverhältnis in einem einmaligen Leistungsaustausch erschöpft (Kauf eines Buches; Erstellung eines Bauplans). Demgegenüber ist das **Dauerschuldverhältnis** durch wiederkehrende Einzelpflichten gekennzeichnet (Miete einer Wohnung; Arbeitsvertrag). Ein Dauerschuldverhältnis unterscheidet sich von dem auf eine einmalige Leistung gerichteten Schuldverhältnis dadurch, dass aus ihm während seiner Laufzeit ständig neue Leistungs-, Nebenleistungs- und Schutzpflichten entstehen. Es ist daher durch seine zeitliche Dimension und das Merkmal ständiger Pflichten gekennzeichnet. Hiervon ist der Sukzessivlieferungsvertrag zu unterscheiden (hierzu etwa BGH NJW 1981, 679, 680). Bei ihm wird eine von vornherein fest bestimmte Menge geschuldet, die in Teilmengen zu liefern ist. Eine solche Vertragsgestaltung bietet sich immer dann an, wenn Art und Umfang der geschuldeten Menge sowie die Zeitpunkte der verschiedenen Sendungen und Preise bereits bei Vertragsschluss vorauszubestimmen sind.

III. Entstehen von Schuldverhältnissen

1. Schuldverhältnis kraft Rechtsgeschäft

Schuldverhältnisse lassen sich in einseitige, zweiseitige oder gegenseitige Schuldverhältnisse einteilen, je nachdem ob sie nur für eine Partei oder beide Parteien Leistungspflichten begründen. **Einseitig verpflichtende Verträge** begründen ausschließlich für eine Vertragspartei Leistungspflichten. Es entsteht nur ein schuldrechtlicher Anspruch mit der Folge, dass es lediglich einen Schuldner und einen Gläubiger gibt (z.B. Schenkung; Bürgschaft).

Zweiseitige Verträge verpflichten nur eine Vertragspartei zur Erfüllung der den Vertragstyp bestimmenden Leistung. Unter Umständen hat aber auch der andere Teil eine Leistung zu erfüllen. Da dann zwei schuldrechtliche Ansprüche bestehen, ist jede Partei sowohl Schuldner als auch Gläubiger. Die beiderseitigen Leistungsverpflichtungen stehen unverbunden nebeneinander und nicht in einem spezifischen Abhängigkeitsverhältnis.

Allgemeine Voraussetzung für die Anwendung der §§ 320 bis 326 BGB ist das Vorliegen eines **gegenseitigen Vertrages**. Auch bei den gegenseitigen Verträgen kommt es zu einer wechselseitigen Gläubiger- und Schuldnerstellung. Jedoch besteht zwischen den beiden Hauptleistungspflichten eine besondere Verbindung, da jeder Vertragspartner seine Leistung nur deswegen verspricht, weil der andere Teil sich zu einer Gegenleistung verpflichtet (do ut des). Bei den gegenseitigen Verträgen befinden sich die beiden Hauptleistungspflichten in einem spezifischen Abhängigkeitsverhältnis, das Synallagma genannt wird. Die beiden Hauptleistungspflichten werden in ihrem rechtlichen Schicksal miteinander verknüpft, sodass die eine Pflicht nur dann bestehen bleibt, wenn auch die andere besteht (**Synallagma**).

Ob die Leistungspflichten eines Vertrags im Gegenseitigkeitsverhältnis stehen, ist also in erster Linie eine Frage der Vereinbarung. Die meisten Vertragstypen des besonderen Teils des Schuldrechts sind gegenseitige Verträge. Für die wechselseitige Abhängigkeit ist es gleichgültig, ob das Wirksamwerden beider Pflichten zusätzlich noch von einer Bedingung oder einer einseitigen Gestaltungserklärung abhängt.

2. Gesetzliche Schuldverhältnisse

Gesetzliche Schuldverhältnisse entstehen, wenn die gesetzlichen Voraussetzungen vorliegen, nach denen jemand eine Leistung fordern kann. **Gesetzliche Schuldverhältnisse** sind etwa:

- Culpa in contrahendo, § 311 Abs. 2 BGB;
- Geschäftsführung ohne Auftrag, §§ 677 ff. BGB;
- Einbringung von Sachen bei Gastwirten, §§ 701 ff. BGB;
- Vorlegung von Sachen, §§ 809 ff. BGB;
- ungerechtfertigte Bereicherung, §§ 812 ff. BGB;
- unerlaubte Handlung, §§ 823 ff. BGB;
- das Eigentümer-Besitzer-Verhältnis, §§ 985 ff. BGB.

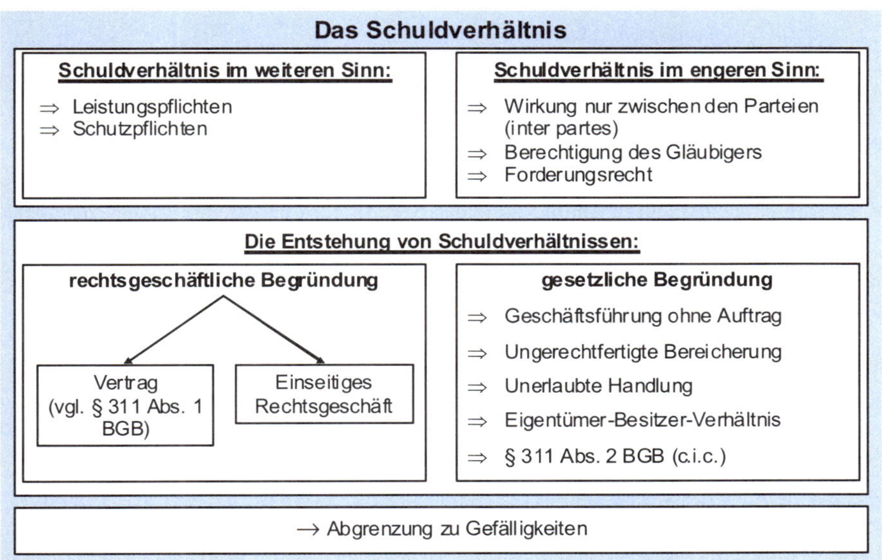

Schaubild 13

IV. Inhalt von Schuldverhältnissen

1. Überblick

Die einzelnen **Pflichten** des Schuldverhältnisses im weiteren Sinne (Pflichtengefüge) entstehen aufgrund vertraglicher Vereinbarungen und gesetzlicher Regeln. In einem Schuldverhältnis bestehen primäre und weitere (sekundäre) Pflichten. Die primären Pflichten werden allein durch das Bestehen des Schuldverhältnisses begründet. Es kann sich um Leistungs- und um Verhaltenspflichten handeln. Sie sind dadurch gekennzeichnet, dass dem Gläubiger ein durchsetzbarer Erfüllungsanspruch zusteht. Eine Ausnahme bilden die Naturalobligationen, bei denen dem Gläubiger ein Erfüllungsanspruch versagt ist. Ein Beispiel hierfür sind Spiel- und Wettverträge, § 762 BGB. Die weiteren (sekundären) Pflichten müssen zwar beachtet werden, auf ihre Einhaltung besteht aber kein Erfüllungsanspruch.

Bei den **Obliegenheiten** schließlich handelt es sich nicht um Vertragspflichten im eigentlichen Sinne. Obliegenheiten sind im eigenen Interesse zu beachten (s. z.B. die Rügeobliegenheit nach § 377 HGB). Die Sekundärleistungspflichten schließlich entstehen, wenn eine aus dem Schuldverhältnis entstandene Pflicht verletzt wird und hieraus ein Schaden entsteht.

Häufig bleiben die vertraglichen Regeln zwischen den Parteien lückenhaft. Die Lücken im Vertrag müssen dann mittels dispositivem Gesetzesrecht (vgl. etwa §§ 269, 270, 271, 276 Abs. 1 Satz 1 BGB) und der ergänzenden Vertragsauslegung nach § 157 BGB geschlossen werden. Wesentliche Bedeutung für die Konkretisierung schuldrechtlicher Vertragspflichten und die inhaltliche Ergänzung des Schuldvertrags kommt dem in § 242 BGB niedergelegten Grundsatz von **Treu und Glauben** zu. Er hat folgende Funktionen:

- Konkretisierungsfunktion (über § 242 BGB können Art und Weise der Leistungserbringung konkretisiert werden),
- Ergänzungsfunktion für Nebenpflichten (hierzu zählen insbesondere Schutzpflichten und Informationspflichten),
- Schrankenfunktion (§ 242 BGB ist eine Schranke gegen unzulässige Rechtsausübung) und
- Korrekturfunktion (anhand des Grundsatzes von Treu und Glauben kann im Einzelfall eine Anpassung des Vertragsinhalts an die gewandelte Wirklichkeit erfolgen).

Eine Reihe dispositiver Regeln findet sich zudem im Allgemeinen Schuldrecht; diese betreffen hauptsächlich Leistungsmodalitäten.

2. Leistungsmodalitäten

Regelmäßig vereinbaren die Parteien den Ort und die Zeit, an dem und zu der die Leistung erbracht werden soll. Fehlt es daran, hält das Gesetz im Allgemeinen Schuldrecht dispositive Regeln bereit.

Zur Bestimmung des **Leistungsorts** enthält das Gesetz in den §§ 269, 270 BGB eine Regelung. Dabei muss zwischen den Begriffen Leistungs- und Erfolgsort unterschieden werden. Leistungsort ist der Ort, an dem die Leistung zu erbringen ist. Erfolgsort ist der Ort, an dem der Leistungserfolg eintritt. Je nachdem, ob Leistungs- und Erfolgsort beim Gläubiger oder beim Schuldner liegen, ergeben sich folgende drei Kombinationsmöglichkeiten: Hol-, Bring- und Schickschuld. Gelegentlich wird noch der Begriff des Erfüllungsorts genannt

(§§ 447 Abs. 1, 644 Abs. 2 BGB). Gemeint ist damit der Ort, an dem das Risiko des Verlustes oder der Beschädigung der Ware auf den Gläubiger übergeht.

Die §§ 269, 270 BGB greifen nur ein, wenn sich nicht aus dem Vertrag und aus den Umständen die jeweiligen Orte ermitteln lassen. Ist bspw. Heizöl verkauft worden, ergibt sich aus den Umständen des Falles, dass es vom Verkäufer anzuliefern ist, auch wenn die Parteien sich hierüber nicht ausdrücklich geeinigt haben; auf die §§ 269, 270 BGB kommt es nicht an.

Bei der Bestimmung der **Leistungszeit** müssen zuerst die Begriffe der Fälligkeit und der Erfüllbarkeit geklärt werden. Der Zeitpunkt der Erfüllbarkeit, also desjenigen Zeitpunkts, zu dem der Schuldner die Leistung frühestens erbringen darf, bestimmt sich regelmäßig durch Parteivereinbarung oder nach den Umständen des Schuldverhältnisses. Ansonsten gelten §§ 271, 272 BGB. Fälligkeit meint den Zeitpunkt, ab dem der Schuldner die Leistung erbringen muss. Auch für die Fälligkeit gilt die dreistufige Prüfungsreihenfolge von Vereinbarung, Umständen und ersatzweise gesetzlicher Regelung. Nach § 271 Abs. 1 BGB tritt die Fälligkeit im Zweifel sofort ein. Die Rechtsfolge der Fälligkeit besteht darin, dass mit deren Eintritt der Schuldner unter den Voraussetzungen des § 286 BGB in Schuldnerverzug kommen kann.

Der Schuldner ist zu Teilleistungen nicht berechtigt, § 266 BGB, es sei denn, es ist etwas anderes vereinbart.

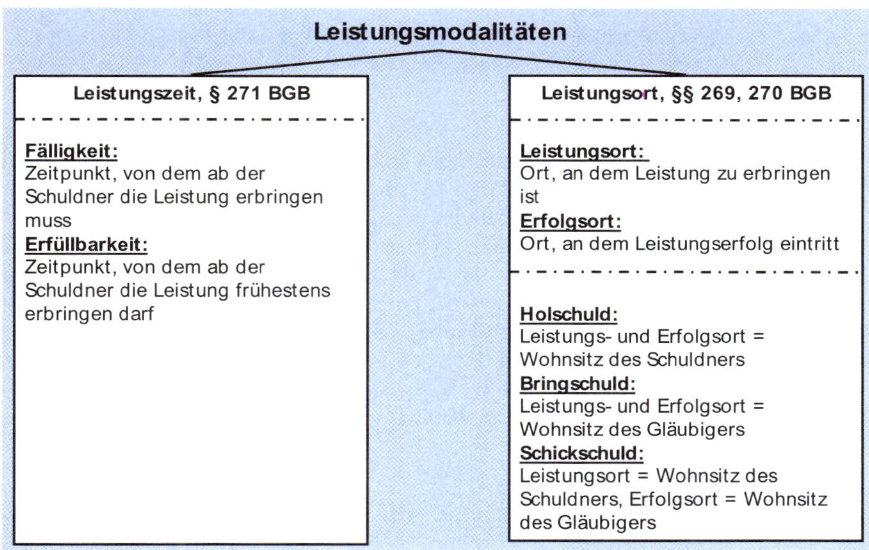

Schaubild 14

3. Stückschuld und Gattungsschuld

Je nach Schuldverhältnis kann es sich um eine Stück- oder aber um eine Gattungsschuld handeln. Haben sich die Parteien auf einen individuellen Gegenstand geeinigt, handelt es sich um eine **Stückschuld** (gebrauchter PKW; Antiquität; Originalgemälde; Immobilie). Eine **Gattungsschuld** liegt vor, wenn die Verpflichtung zur Übergabe einer Sache im Zeitpunkt des schuldrechtlichen Rechtsgeschäfts sich nicht auf einen konkret und individuell bestimmten Gegenstand bezieht (Stückschuld), sondern den Gegenstand nur nach allgemeinen, gattungsmäßigen Merkmalen umreißt (1 kg Bananen; 10 l Dieselkraftstoff; Neuwagen). Nach Abschluss der Vereinbarung kann der Schuldner bestimmen, mit welcher konkreten Sache er seine Verpflichtung erfüllen will (vgl. § 243 Abs. 1 BGB). Der Schuldner einer nur der Gattung nach bestimmten Sache ist auch dann zur Lieferung einer Sache aus der Gattung verpflichtet, wenn er kein Stück davon im Lager hat und die Sache erst beschaffen muss. Bei der Vorratsschuld handelt es sich um eine Gattungsschuld, bei der sich der Schuldner verpflichtet, die Leistung nur aus einer bestimmten Menge gleichartiger Sachen zu erbringen (Wein eines Jahrgangs; Waren aus einer bestimmten Schiffsladung).

Von Bedeutung ist die Unterscheidung von Gattungsschuld und Stück- bzw. Vorratsschuld, weil sich daraus eine strengere Haftung als diejenige von Vorsatz und Fahrlässigkeit insbesondere aus der Übernahme eines **Beschaffungsrisikos** ergeben kann, § 276 Abs. 1 Satz 1 BGB. Dieses Beschaffungsrisiko besteht insbesondere, wenn Waren auf dem Markt erworben werden können und der Vertrag keine Beschränkung im Hinblick auf bestimmte Beschaffungsarten vorsieht (anders etwa bei der Vorratsschuld). Hier übernimmt der Schuldner grds. das Beschaffungsrisiko i.S.v. § 276 Abs. 1 BGB. Er trägt das Risiko, weil der geschuldete Gegenstand nur der Gattung nach bestimmt, also grds. vielfach vorhanden ist und der Schuldner selbst entscheiden muss, wie er sich das für die Erfüllung der Schuld erforderliche Stück beschafft. Es ist grds. seine Sache, eine etwaige Beschränkung dieses Risikos vertraglich hinreichend zum Ausdruck zu bringen. Dieser spezifischen Struktur der Gattungsschuld trägt auch § 243 BGB Rechnung, indem er dem Schuldner bis zur Grenze des Abs. 2 das Leistungsrisiko auferlegt. Der Schuldner hat also nicht nur Vorsatz oder Fahrlässigkeit zu vertreten, sondern er übernimmt auch ein Risiko, bspw. das der Produktion.

Der Schuldner wird daher danach streben, die Gattungsschuld in eine Stückschuld umzuwandeln. Das Gesetz gibt ihm dazu unter den Voraussetzungen des § 243 Abs. 2 BGB die Möglichkeit. Hierzu muss der Schuldner „das zur Leistung Erforderliche" getan haben. Was das konkret ist, richtet sich nach dem jeweiligen Vertrag. Bei der Holschuld muss der Schuldner die Sache dem Gläubiger anbieten und sie ansonsten nur bereithalten (aussondern). Bei der Bringschuld muss er sie dem Gläubiger an dessen Wohnsitz vorbeibringen. Bei der Schickschuld schließlich muss er die Sache einer zuverlässigen Transportperson übergeben. Die Folge dieses „**Konkretisierung**" genannten Vorgangs ist die Umwandlung der Gattungs- in eine Stückschuld und der Übergang der Leistungsgefahr vom Schuldner auf den Gläubiger. Bei Untergang der konkretisierten Sache wird der Schuldner – anders als bei der Gattungsschuld – von seiner primären Leistungspflicht nach § 275 BGB frei.

4. Geldschuld

Unter Geldschuld versteht das Gesetz eine in Geld zu erfüllende Schuld. Erfüllt wird die Geldschuld durch Übereignung von Geldstücken oder -scheinen im Wert des geschuldeten Nennbetrags. Bei einer Zahlung mit Buchgeld (Überweisung, Lastschrift etc.) tritt die Erfüllungswirkung ein, wenn der Betrag dem Konto des Gläubigers gutgeschrieben ist (BGH NJW 1999, 210). Geldschulden sind regelmäßig Schickschulden; der Schuldner hat im Zweifel das Geld dem Gläubiger an dessen Wohnsitz zu übermitteln, § 270 Abs. 1 BGB. Anders als bei der Schickschuld üblich, trägt der Schuldner bei der Geldschuld das Risiko für den Untergang zwischen dem Absenden und der Ankunft des Geldes beim Gläubiger. Geldschulden sind zudem Gattungsschulden (BGHZ 83, 293, 300 f.). Der Schuldner kann sich nicht auf die persönliche Zahlungsunfähigkeit berufen, solange Geld überhaupt existiert („Geld hat man zu haben").

5. Leistungsverweigerung

Der Schuldner kann die geschuldete Leistung u.U. verweigern, wenn ihm ein **Leistungsverweigerungsrecht** zusteht. Hat er aus demselben rechtlichen Verhältnis, auf dem seine Verpflichtung beruht, einen fälligen Gegenanspruch gegen den Gläubiger, kann er seine Leistung solange verweigern, bis die ihm gebührende Leistung bewirkt wird, § 273 Abs. 1 BGB. Dabei muss zwischen Leistung und Gegenleistung Konnexität bestehen, d.h., Anspruch und Gegenanspruch müssen auf demselben rechtlichen Verhältnis beruhen. Konnexität bedeutet „ein innerlich zusammengehöriges einheitliches Lebensverhältnis, das es als wider Treu und Glauben verstoßend erscheinen lässt, wenn der eine Anspruch ohne Rücksicht auf den anderen geltend gemacht und verwirklicht werden könnte" (BGHZ 92, 194, 196). Dies kann etwa der Fall sein, wenn „die sich gegenüberstehenden Ansprüche auf demselben Rechtsverhältnis beruhen" (BGHZ 115, 99, 103). Das kaufmännische Zurückbehaltungsrecht nach § 369 HGB erfordert keine Konnexität zwischen der Geldforderung und dem zurückbehaltenen Gegenstand.

Bei gegenseitigen Verträgen kann der Schuldner ferner seine Leistung bis zur Erfüllung der Gegenleistung verweigern, wenn er nicht vorleistungspflichtig ist, § 320 Abs. 1 Satz 1 BGB. Die **Einrede des nichterfüllten Vertrags** schließlich gibt dem Schuldner die Möglichkeit, den Gläubiger zur Gegenleistung anzuhalten. Sie führt zu einer Verurteilung Zug-um-Zug, § 322 Abs. 1 BGB.

V. Das Vertretenmüssen

1. Verschulden und Haftung

„Der Schuldner hat Vorsatz und Fahrlässigkeit zu vertreten, wenn eine strengere oder mildere Haftung weder bestimmt noch aus dem sonstigen Inhalt des Schuldverhältnisses (...) zu entnehmen ist", § 276 Abs. 1 Satz 1 BGB. Vorsatz und Fahrlässigkeit sind die beiden anerkannten Formen des Verschuldens. Vertretenmüssen bedeutet, dass der Schuldner dem Gläubiger gegenüber verantwortlich ist, er also die Konsequenzen aus seinem Verhalten zu tragen hat. § 276 BGB normiert nur Einzelheiten zum **Verschuldensprinzip** und bildet selbst keine Anspruchsgrundlage (BGHZ 11, 80, 83). Entscheidend ist darüber hinaus die konkrete Vereinbarung hinsichtlich der Übernahme einer Garantie oder der Beschaffung.

Ein Verschulden wird nur zugerechnet, wenn die betreffende Person volljährig und geistig normal entwickelt ist. Sie muss schuldfähig sein, vgl. §§ 276 Abs. 1 Satz 2, 827, 828 BGB. Im Schuldvertragsrecht haftet der Handelnde für eigenes Verschulden nach § 276 BGB. Möglich ist auch die Zurechnung fremden Verschuldens nach § 278 BGB.

Vorsätzlich handelt, wer mit Wissen und Wollen den rechts- oder pflichtwidrigen Erfolg herbeiführt. Ausreichend ist regelmäßig bedingter Vorsatz, bei dem der Handelnde den Erfolg nicht um jeden Preis erreichen will, ihn aber billigend in Kauf nimmt. Die Fahrlässigkeit ist ein Oberbegriff und kann in grobe und leichte Fahrlässigkeit eingeteilt werden. (Leicht) fahrlässig handelt, wer die im Verkehr erforderliche Sorgfalt außer Acht lässt, § 276 Abs. 2 BGB. Grobe Fahrlässigkeit liegt vor, wenn die im Verkehr erforderliche Sorgfalt in besonders schwerem Maße verletzt wurde (vgl. nur BGHZ 10, 14, 16).

Beispiele:

- Grob fahrlässig handelt, wer einen zwölfjährigen Jungen einen PKW fahren lässt.

- Leicht fahrlässig handelt, wer aus Unachtsamkeit ein Glas fallen lässt.

Haftung für Verschulden

Wichtig: §§ 276, 278 BGB sind keine Anspruchsgrundlagen, sondern Zurechnungsnormen
⇒ Vorliegen einer einschlägigen Anspruchsgrundlage ist stets erforderlich

Voraussetzungen:

Haftung für eigenes Verschulden, § 276 BGB	Haftung für fremdes Verschulden, § 278 BGB
⇒ Schuldfähigkeit, §§ 276 Abs. 1 S. 2, 827, 828 BGB ⇒ eigenes Verschulden (Vorsatz oder Fahrlässigkeit)	⇒ Bestehen einer Sonderverbindung zwischen Handelndem und Schuldner ⇒ Handelnder ist Erfüllungsgehilfe des Schuldners ⇒ Tätigwerden in Erfüllung einer Verbindlichkeit

Verschuldensgrade:

Vorsatz	Fahrlässigkeit
⇒ Herbeiführen des rechts- oder pflichtwidrigen Erfolges mit Wissen und Wollen	⇒ Außer Acht lassen der im Verkehr erforderlichen Sorgfalt

Rechtsfolge:

Haftung für eigenes Verschulden, § 276 BGB	Haftung für fremdes Verschulden, § 278 BGB
⇒ Der Schuldner hat für die durch seine Handlung entstandenen Schäden einzustehen	⇒ Der Schuldner wird behandelt, als wenn er selbst gehandelt hätte

Schaubild 15

2. Haftung für fremdes Verschulden, § 278 BGB

a) Bedeutung

Der Schuldner hat ein Verschulden seines gesetzlichen Vertreters (z.B. Eltern, Betreuer) zu vertreten, § 278 Satz 1 BGB. Der Schuldner braucht ferner in aller Regel seine Leistungsverpflichtung nicht selbst zu erfüllen, vgl. § 267 Abs. 1 BGB. Er kann auch zur Erfüllung Hilfspersonen einsetzen. Dies darf jedoch nicht dazu führen, dass sich der Schuldner durch Übertragung der Erfüllungshandlungen an andere von jeglicher Verantwortlichkeit freimachen kann. Daher bestimmt § 278 Satz 1 BGB, dass dem Schuldner das Verschulden seiner Hilfspersonen wie eigenes Verschulden zugerechnet wird. Bei dieser Vorschrift handelt es sich also um eine Zurechnungsnorm und nicht um eine Anspruchsgrundlage. § 278 BGB hat drei Voraussetzungen:

- Es muss ein Schuldverhältnis bestehen;
- der Handelnde muss Erfüllungsgehilfe oder gesetzlicher Vertreter des Schuldners sein und
- das Tätigwerden muss gerade in Erfüllung der Verbindlichkeit erfolgen.

b) Sonderverbindung zwischen Gläubiger und Schuldner

Die Vorschrift des § 278 BGB findet nur dann Anwendung, wenn zum Zeitpunkt des Tätigwerdens des Erfüllungsgehilfen bereits eine Sonderverbindung zwischen Gläubiger und

Schuldner bestand (BGHZ 58, 207, 212). Fehlt es daran, kommt nur eine Haftung nach § 831 BGB für den Verrichtungsgehilfen in Betracht. Beide Vorschriften gehen von unterschiedlichen Konzeptionen aus: Bei § 278 BGB wird das Verschulden des Gehilfen dem Geschäftsherrn zugerechnet, d.h., das Tätigwerden des Gehilfen wird so behandelt, als hätte der Geschäftsherr selbst gehandelt. § 831 BGB hingegen stellt eine Haftung für vermutetes eigenes Verschulden des Geschäftsherrn bei der Auswahl oder der Überwachung des Verrichtungsgehilfen auf.

c) Erfüllungsgehilfeneigenschaft

Erfüllungsgehilfe ist, wer mit dem Willen des Schuldners in dessen Pflichtenkreis als Hilfsperson tätig wird, d.h. wer dem Schuldner bei der Erfüllung seiner schuldvertraglichen Verpflichtungen behilflich ist. Welche Rechtsbeziehung zwischen Schuldner und Erfüllungsgehilfe besteht, ist dabei unerheblich (BGHZ 13, 111, 113; 98, 330, 334). Anders als beim Verrichtungsgehilfen nach § 831 BGB kommt es auf die Weisungsgebundenheit des Gehilfen nicht an (s. S. 186).

Beispiele: Geselle/Lehrling ist Erfüllungsgehilfe des Meisters; Angestellter/Arbeiter ist Erfüllungsgehilfe des Unternehmers; Fluggesellschaft/Hotel ist Erfüllungsgehilfe des Veranstalters einer Pauschalreise; Mieterschutzverein ist Erfüllungsgehilfe des Mieters, dem er zur Zurückbehaltung der Miete rät (BGH NJW 2007, 428).

d) Handlung bei Erfüllung der Verbindlichkeit

Die pflichtwidrige Handlung des Gehilfen muss bei Erfüllung der Verbindlichkeit erfolgen und nicht nur gelegentlich der Erfüllung (BGH NJW 1965, 1709). Nach h.M. muss die Pflichtverletzung mit dem Schuldverhältnis in einem „inneren Zusammenhang" stehen, der anhand örtlicher und sachlicher Kriterien zu bewerten ist (BGHZ 114, 263, 270: Das „Verschulden eines Erfüllungsgehilfen [...] hat der Schuldner nach § 278 BGB nur zu vertreten, wenn die gegen den Gehilfen erhobenen Vorwürfe aus der Sicht eines Außenstehenden ein Verhalten betreffen, welches im inneren sachlichen Zusammenhang mit dem Wirkungskreis steht, der dem Gehilfen zugewiesen worden ist [BGHZ 23, 319, 323; 31, 358, 366].").

e) Rechtsfolge

§ 278 BGB führt nur dazu, dass die Handlung des Erfüllungsgehilfen so behandelt wird, als wenn der Schuldner selbst gehandelt hätte. Zu prüfen ist also immer noch das Verschulden des Erfüllungsgehilfen. Der Verschuldensmaßstab orientiert sich dabei an der Person des Schuldners und nicht etwa an der des Erfüllungsgehilfen. Der Erfüllungsgehilfe haftet selbst nicht aus Vertrag, da er nicht selbst Vertragspartner ist. Ihm gegenüber besteht zumeist nur ein Anspruch aus §§ 823 ff. BGB.

3. Ausnahmen vom Verschuldensprinzip

Vom Verschuldensprinzip des § 276 Abs. 1 Satz 1 BGB gibt es eine Reihe von Ausnahmen, die entweder zu einer Haftungsmilderung oder Haftungsverschärfung führen. So kann der Schuldner insbesondere durch die Übernahme einer Garantie oder eines Beschaffungsrisikos strenger haften.

Eine gesetzliche Regel, die die Haftung auf Vorsatz beschränkt, existiert nicht. Möglich ist eine vertragliche Haftungsbeschränkung, vgl. § 276 Abs. 3 BGB. Diese darf aber nicht durch AGB erfolgen, § 309 Nr. 7 BGB.

Der Schuldner hat leichte Fahrlässigkeit nicht zu vertreten, wenn der Gläubiger mit der Annahme der Leistung in Verzug ist, § 300 Abs. 1 BGB, oder wenn der Schuldner im

Interesse des Gläubigers tätig wird, §§ 521, 599, 680, 968 BGB. Ein vertraglicher Ausschluss der Haftung für leichte Fahrlässigkeit ist auch durch AGB möglich, § 309 Nr. 7 BGB.

Das Gesetz sieht in Ausnahmefällen eine Haftung für Zufall vor: Unmöglichkeit im Schuldnerverzug, § 287 Satz 2 BGB; Haftung des Verkäufers für die Mangelfreiheit der Ware, § 433 Abs. 1 Satz 2 BGB; anfängliches Unvermögen, § 311 a Abs. 1 BGB; Geldschuld; rechtsgeschäftlich übernommene Garantiehaftung. Im deliktsrechtlichen Bereich gilt die Haftung für Zufall in den Fällen der sog. beschränkten Gefährdungshaftung, vgl. § 7 StVG (keine Haftung nur, wenn der Unfall auf höherer Gewalt beruht).

Nach einigen Vorschriften haftet der Schuldner nur für diejenige Sorgfalt, die er in eigenen Angelegenheiten anzuwenden pflegt (diligentia quam in suis), vgl. §§ 690, 708 u. 1359 BGB. In diesen Fällen kommt es auf die persönlichen Fähigkeiten des Schuldners an. Allerdings geht diese Haftung nicht soweit, dass der Schuldner von der Haftung für grobe Fahrlässigkeit befreit ist, § 277 BGB. Diese Haftungsbeschränkung ist zumeist auf die enge Beziehung der Beteiligten zurückzuführen (Gesellschafter bei § 708 BGB; Ehepartner bei § 1359 BGB).

Das Deliktsrecht kennt zudem noch die sog. unbeschränkte Gefährdungshaftung. Sie führt immer zur Haftung – unabhängig vom Vorliegen eines unabwendbaren Ereignisses oder höherer Gewalt, vgl. § 833 Satz 1 BGB.

Kurzrepetitorium

Schuldverhältnis:

- Rechtsverhältnis zwischen mindestens zwei Personen.
- Wirkung nur inter partes (relativ zwischen den Parteien).
- Aus Schuldverhältnis ergeben sich Rechte und Pflichten für die Parteien.
- Lücken im Vertrag sind durch ergänzende Vertragsauslegung und dispositives Gesetzesrecht zu schließen.
- Bei gegenseitigen (synallagmatischen) Verträgen (§§ 320 ff. BGB) leistet jede der Parteien nur, um die Gegenleistung zu erhalten.

Stückschuld und Gattungsschuld:

- Unterscheidung ist für die Frage der Gefahrtragung besonders relevant.
- Gattungsschuld wird durch Konkretisierung gemäß § 243 Abs. 2 BGB zur Stückschuld.
- Eine Geldschuld ist grds. als Gattungsschuld einzustufen, dabei trägt grds. der Schuldner bis zur Ankunft beim Gläubiger das Risiko eines Untergangs.
- Von einer Geldschuld kann der Schuldner nicht durch eintretende Unmöglichkeit freiwerden („Geld hat man zu haben“).

Verschulden:

- § 276 Abs. 1 Satz 1 BGB: Verschuldensprinzip.
- Vertretenmüssen bei Vorsatz und Fahrlässigkeit des Schuldners.
- Vereinzelte Haftungsverschärfungen oder -privilegierungen.
- Haftung für fremdes Verschulden unter den Voraussetzungen des § 278 BGB (Erfüllungsgehilfe).
- Erfüllungsgehilfe ist, wer mit Willen des Schuldners in dessen Pflichtenkreis als Hilfsperson tätig wird.

§ 12 Allgemeine Geschäftsbedingungen

I. Begriff und Bedeutung

Unter **Allgemeinen Geschäftsbedingungen** (AGB) versteht das Gesetz „alle für eine Vielzahl von Verträgen vorformulierten Vertragsbedingungen, die eine Vertragspartei (Verwender) der anderen Vertragspartei bei Abschluss eines Vertrags stellt. Gleichgültig ist, ob die Bestimmungen einen äußerlich gesonderten Bestandteil des Vertrags bilden oder in der Vertragsurkunde selbst aufgenommen werden, welchen Umfang sie haben, in welcher Schriftart sie verfasst sind und welche Form der Vertrag hat", vgl. § 305 Abs. 1 BGB.

AGB (das „Kleingedruckte") spielen heutzutage eine herausragende Rolle und sind deswegen aus dem gegenwärtigen Wirtschaftsleben nicht mehr wegzudenken. Die Gründe hierfür sind vielfältig. So helfen sie Unternehmen, ihren Geschäftsverkehr zu vereinfachen und zu rationalisieren. Gerade das Massengeschäft lässt sich ohne Rückgriff auf AGB nicht bewältigen. Oftmals sind AGB unentbehrlich, da für viele Vertragstypen dispositives Recht entweder gar nicht vorhanden ist, nicht ausreicht oder wegen besonderer Gegebenheiten nicht passt. Mit AGB können Verträge daher zum einen besser auf die spezifischen Bedürfnisse der Branche zugeschnitten werden, und zum anderen dienen sie dazu, Lücken im Gesetz auszufüllen. Die §§ 305 bis 310 BGB tragen den Verhältnissen des heutigen Massenverkehrs Rechnung. Sie sollen den einzelnen Kunden durch die Gewährleistung inhaltlicher Kontrolle der AGB schützen.

Man darf jedoch nicht übersehen, dass von AGB **Gefahren** ausgehen. Oftmals versuchen die Verwender von AGB, mit deren Hilfe einseitig ihre eigenen Interessen zu Lasten der anderen Vertragspartei zu verfolgen. Dabei wird die Privatautonomie auch dazu benutzt, das sachgerechte dispositive Recht zum Nachteil des Gegners abzubedingen. Gerade gegenüber privaten Verbrauchern ist es den Unternehmen häufig möglich, die Geltung ihrer AGB durchzusetzen. Denn entweder nehmen die Verbraucher die AGB überhaupt nicht zur Kenntnis, oder sie verstehen ihre Tragweite nicht. Zudem sind sie häufig schlechthin nicht in der Lage, eine Abänderung oder Streichung der AGB durchzusetzen. Verbände aus einzelnen Wirtschaftszweigen, wie etwa der Banken oder Versicherungen, stellen ihren Unternehmen sorgfältig ausgearbeitete AGB zur Verfügung, sodass die Unternehmen ihren Vertragsparteien häufig auch intellektuell überlegen sind. Um den damit verbundenen Missbrauchsgefahren entgegenzuwirken, enthält das BGB in den §§ 305 bis 310 Vorschriften, die verhindern sollen, dass die Parteien ihre grundsätzliche Freiheit, von den dispositiven Vorschriften des Schuldrechts abzuweichen, missbrauchen.

II. Anwendungsbereich

1. Anwendungsbereich

Das Gesetz findet auf alle Verträge Anwendung. Ausgenommen sind diejenigen, die das Erb-, Familien- und Gesellschaftsrecht betreffen, sowie Tarifverträge, Betriebs- und Dienstvereinbarungen, § 310 Abs. 4 BGB.

Bestimmte Klauselverbote finden keine Anwendung auf Verträge über die Personenbeförderung sowie auf staatliche Lotterie- und Ausspielverträge, vgl. etwa § 309 Nr. 7, 8 BGB bzw. auf Verträge der Elektrizitäts-, Gas- und Fernwärme- und Wasserversorgungsunternehmen etc., vgl. § 310 Abs. 2 BGB.

Für bestimmte Konstellationen enthält § 305 a BGB Sonderregelungen hinsichtlich der Einbeziehung von AGB. Hierzu zählen vor allem behördliche Genehmigungen.

Besonderheiten sind schließlich bei der Verwendung von AGB gegenüber Unternehmern i.S.v. § 14 BGB, der öffentlichen Hand bzw. öffentlich-rechtlichen Sondervermögen zu beachten. Insbesondere finden in diesen Fällen die §§ 305 Abs. 2 u. 3, 308 u. 309 BGB keine Anwendung, § 310 Abs. 1 BGB.

2. Verbraucherverträge

Der **Verbrauchervertrag** ist in § 310 Abs. 3 BGB legaldefiniert. Es handelt sich danach um einen Vertrag zwischen einem Verbraucher und einem Unternehmer, §§ 13, 14 BGB. Abweichend von § 305 Abs. 1 BGB fallen Verbraucherverträge leichter in den Anwendungsbereich der AGB-Kontrolle. Allgemeine Geschäftsbedingungen in Verbraucherverträgen gelten nämlich stets als vom Unternehmer gestellt, es sei denn, sie wurden ausdrücklich vom Verbraucher in den Vertrag eingeführt, § 310 Abs. 3 Nr. 1 BGB. Bei Verbraucherverträgen ist es ferner ausreichend, dass die Vertragsbedingungen nur zur einmaligen Verwendung bestimmt sind, soweit der Verbraucher aufgrund der Vorformulierung auf ihren Inhalt keinen Einfluss nehmen konnte. Entgegen des grds. geltenden generell-objektiven Maßstabs, der bei der Inhaltskontrolle anzuwenden ist, bestimmt § 310 Abs. 3 Nr. 3 BGB weitere Umstände, die bei der Prüfung zu berücksichtigen sind.

III. Einbeziehung von AGB in den Vertrag

1. Vorliegen von AGB

AGB können nur dann wirksamer **Bestandteil eines Vertrags** werden, wenn überhaupt Allgemeine Geschäftsbedingungen vorliegen. Dies ist anhand von § 305 BGB zu prüfen:

- Vorformuliert sind die Vertragsbedingungen, wenn sie schon vor Abschluss des Vertrags komplett existieren und abrufbar sind (ausgedruckt, elektronisch gespeichert, handschriftlich niedergelegt). Sie können einen gesonderten Bestandteil des Vertrags bilden oder in der Vertragsurkunde selbst aufgenommen sein. Der Begriff der Vertragsbedingung setzt voraus, dass es sich um eine Regelung handelt, die entweder den Inhalt oder den Abschluss des Vertrags betrifft.
- Die Vorformulierung muss für eine Vielzahl von Verträgen erfolgen. Diese Prämisse bedeutet nicht, dass die Vertragsbedingungen schon mehrfach verwendet worden sind. Es reicht vielmehr aus, wenn dies erstmalig geschieht, sofern nur der Verwender dabei beabsichtigt, dies mehrfach (mindestens dreimal, BGH NJW 1998, 2286, 2287) zu tun. Eine Ausnahme hiervon statuiert § 310 Abs. 3 Nr. 2 BGB für sog. Verbraucherverträge.
- Die AGB müssen vom Verwender gestellt sein. Dies ist vor allem dann nicht der Fall, wenn beide Seiten unabhängig voneinander die Einbeziehung bestimmter Bedingungen, z.B. VOB/B, fordern oder ein unbeteiligter Dritter solche Bedingungen vorschlägt (z.B. Makler, Notar).
- Nach § 305 Abs. 1 BGB sind individuell ausgehandelte Bedingungen keine AGB, da der Vertragspartner in diesem Fall keines Schutzes bedarf. Ein Aushandeln i.S.d. Norm liegt aber nach der Rechtsprechung nur vor, „wenn der Verwender die in seinen AGB enthaltenen Bestimmungen ernsthaft zur Disposition stellt und dem Verhandlungspartner Gestaltungsfreiheit zur Wahrung eigener Interessen einräumt mit zumindest der realen Möglichkeit, die inhaltliche Ausgestaltung der Vertragsbedingungen

beeinflussen zu können“ (BGH NJW 1992, 1107; NJW 2000, 1110). Nicht ausreichend ist es, der Gegenpartei Wahlmöglichkeiten zwischen mehreren Bedingungen zu gewähren oder sie zu Änderungen oder Streichungen aufzufordern.

2. Einbeziehung in den Vertrag

Damit AGB Vertragsbestandteil werden, müssen folgende Voraussetzungen vorliegen:

- Bei Vertragsschluss muss der Verwender die andere Vertragspartei ausdrücklich oder durch deutlich sichtbaren Aushang am Ort des Vertragsschlusses auf sie hinweisen, § 305 Abs. 2 Nr. 1 BGB. Entscheidend ist hier der Gesetzestext „bei Vertragsschluss“. Nicht ausreichend ist ein Hinweis bei einem früheren Vertragsschluss oder dem Vertragsschluss nachfolgend auf Lieferschein oder Rechnung. Dem Ausdrücklichkeitserfordernis wird Genüge getan, wenn der Hinweis so gestaltet ist, dass ein Durchschnittskunde diesen nicht übersehen kann. Ein Aushang kommt nur dann in Betracht, wenn der ausdrückliche Hinweis unverhältnismäßige Schwierigkeiten bereiten würde. Dies ist vor allem bei technischen Einrichtungen der Fall, z.B. Parkhäuser, Autowaschanlagen. Zulässig ist der Abdruck in Katalogen oder Prospekten, sofern ein entsprechender Hinweis gegeben wird (zum Zustandekommen eines Vertrags unter Einbeziehung von AGB bei Vertragsschluss über Internet s. BGH NJW 2006, 2976).
- Der anderen Vertragspartei muss eine zumutbare Möglichkeit zur Kenntnisnahme eingeräumt werden, § 305 Abs. 2 Nr. 2 BGB. Die Möglichkeit der Kenntnisnahme durch die Gegenseite muss gleichfalls spätestens bei Abschluss des Vertrags vorliegen; dabei muss der Text leserlich und verständlich sein.
- Der Vertragspartner muss mit der Geltung der AGB einverstanden sein, § 305 Abs. 2 Nr. 2 a.E. BGB. Das Einverständnis ist in der Regel darin zu sehen, dass die Gegenseite sich auf den Vertragsschluss mit den ihr bekannten AGB einlässt.
- Sofern die Parteien neben den AGB individuelle Abreden treffen, gehen diese den AGB gemäß § 305 b BGB zwingend vor. Sagt ein Verkäufer bspw. ausdrücklich eine Eigenschaft des verkauften Gegenstands zu, spielt es daher keine Rolle, ob in den AGB die Zusicherung von Eigenschaften abgelehnt wird.
- Die Klausel darf ferner nicht überraschend sein (Beispiele: Ein Supermarkt normiert in seinen AGB, dass jeder Kunde, der bei ihm eine Kaffeemaschine kauft, auch verpflichtet ist, monatlich ein Pfund Kaffee von ihm zu beziehen. Die AGB eines Maklers enthalten Zusagen für Folgegeschäfte), § 305 c BGB. Die Überraschung kann auf den Inhalt der Klausel oder auf ihre Stellung im gesamten Vertrag zurückzuführen sein. Entscheidend für die Frage nach dem Überrumpelungseffekt ist die Erkenntnismöglichkeit des Durchschnittskunden (vgl. etwa BGHZ 100, 82, 85). Die Nichteinbeziehung erfasst aber nur die jeweils überraschende Klausel; die übrigen, nicht überraschenden Klauseln der AGB werden wirksamer Vertragsbestandteil.

3. Neufassung Allgemeiner Geschäftsbedingungen

Bei ständigen Vertragsbeziehungen zwischen zwei Vertragsparteien wirken sich Änderungen der AGB auf die gesamte Geschäftsbeziehung aus. Damit Neufassungen von AGB zum Vertragsinhalt werden, hat der Verwender die Voraussetzungen des § 305 Abs. 2 BGB zu beachten. Er hat dem Kunden die Neufassung der AGB unter drucktechnischer Hervorhebung der Änderungen zu übermitteln. Wenn der Kunde das Vertragsverhältnis dann ohne Widerspruch fortsetzt, erklärt er schlüssig sein Einverständnis (dies gilt nur, wenn die AGB bereits vorher in den Vertrag mit einbezogen worden sind.).

IV. Inhaltskontrolle von AGB

Aufgrund der oben erläuterten Missbrauchsgefahr stellen die §§ 307 bis 309 BGB ein umfangreiches Regelwerk zur **inhaltlichen Kontrolle von AGB** zur Verfügung, die auch mögliche Umgehungen durch den Verwender erfassen. In der Klausur werden AGB nur dann geprüft, wenn es auf die konkrete Klausel tatsächlich ankommt, etwa weil eine bestimmte Klausel die geltend gemachten Mängelansprüche einschränkt. Keinesfalls sollten Sie eine abstrakte AGB-Prüfung vornehmen oder gar alle mitgeteilten Klauseln außerhalb der konkreten Falllösung prüfen.

1. Inhaltskontrolle nach § 309 BGB

§ 309 BGB enthält einen Katalog von Klauselverboten ohne Wertungsmöglichkeit, der als lex specialis dem des § 308 BGB und der Generalklausel des § 307 BGB vorgeht. Vom Katalog des § 309 BGB werden in erster Linie Klauseln erfasst, durch die von den Grundgedanken der Verträge und den Kardinalpflichten der Parteien abgewichen werden soll.

Verstößt eine Klausel in AGB gegen eines der dort aufgeführten Verbote, so ist diese Klausel unwirksam, § 309 BGB, lässt aber die Wirksamkeit der übrigen Klauseln unberührt, § 306 Abs. 1 BGB. An ihre Stelle tritt gemäß § 306 Abs. 2 BGB das dispositive Gesetzesrecht.

2. Inhaltskontrolle nach § 308 BGB

Falls keines der Klauselverbote des § 309 BGB einschlägig ist, sind als nächstes die Klauselverbote mit Wertungsmöglichkeit gemäß § 308 BGB zu prüfen. Im Unterschied zu den Verboten nach § 309 BGB enthält dieser Katalog Wertungsmöglichkeiten und unbestimmte Rechtsbegriffe („zumutbar", „nicht hinreichend bestimmt", etc.). Dies bedeutet, dass ausnahmsweise trotz Vorliegens eines Verbotstatbestands keine Nichtigkeit der Norm vorliegen kann. Diese Wertung ist in der Praxis durch das Gericht vorzunehmen. In der Klausur können Sie bei einem Verstoß gegen § 308 BGB die Nichtigkeit der Klausel unterstellen.

3. Inhaltskontrolle nach § 307 BGB

Sofern AGB weder gegen § 309 BGB noch gegen § 308 BGB verstoßen, ist die betroffene Klausel abschließend an der Generalklausel des § 307 BGB zu messen. Dieses System einer Verbindung von katalogartigen Einzelfallregelungen und einer Generalklausel soll möglichen Lücken und Umgehungen vorbeugen. Hierbei ist zunächst § 307 Abs. 2 BGB zu prüfen und anschließend § 307 Abs. 1 BGB. Diese Prüfungsreihenfolge ergibt sich aus der Gesetzessystematik, da Abs. 2 versucht, die Generalklausel des § 307 Abs. 1 BGB zu konkretisieren, indem er typische rechtliche Kriterien angibt, die regelmäßig die Unwirksamkeit einer Klausel begründen. In der Praxis hat § 307 BGB die größte Bedeutung; mehr als zwei Drittel der veröffentlichten Gerichtsentscheidungen betreffen Probleme dieser Norm bzw. ihrer Vorgängerin. Bei einer Unwirksamkeit nach § 307 BGB ergeben sich die gleichen Rechtsfolgen wie oben bei §§ 309, 308 BGB dargelegt.

§ 307 Abs. 2 BGB vermutet eine unangemessene Benachteiligung, wenn:

- von wesentlichen Grundgedanken der gesetzlichen Regelung abgewichen wird, da das BGB und das HGB das Leitbild für die Gerechtigkeitsvorstellungen des Gesetzgebers darstellen (**Beispiel:** erfolgsunabhängige Provision für einen Makler);
- der Vertragszweck beeinträchtigt wird, indem vertragliche Kernpflichten verändert und damit Rechte des Vertragspartners ausgehöhlt werden (**Beispiel:** Freizeichnungsklauseln für Konstruktionsfehler);

- die Klausel nicht hinreichend klar und verständlich ist (Verstoß gegen das sog. Transparenzgebot, vgl. nur BGHZ 106, 42, 49 m.w.N.).

Nach § 307 Abs. 1 BGB sind Klauseln unwirksam, die den Vertragspartner entgegen den Geboten von Treu und Glauben unangemessen benachteiligen. Hierzu ist eine umfassende Würdigung der Interessen beider Seiten vorzunehmen.

Der Inhaltskontrolle nach § 307 BGB kommt nicht zuletzt bei der Verwendung von AGB gegenüber Unternehmen besondere Bedeutung zu. Da die Anwendung der §§ 308, 309 BGB gegenüber dieser Adressatengruppe ausgeschlossen ist, § 310 Abs. 1 BGB, ist die Inhaltskontrolle allein anhand der Generalklausel vorzunehmen. Hierzu ist im Einzelfall zu prüfen, ob die Wertung der §§ 308, 309 BGB auf den unternehmerischen Rechts- und Geschäftsverkehr übertragbar ist.

Allgemeine Geschäftsbedingungen

Begriff: alle für eine Vielzahl von Verträgen vorformulierten Vertragsbedingungen, die eine Vertragspartei (Verwender) der anderen Vertragspartei bei Abschluss eines Vertrags stellt

Anwendungsbereich:

⇒ alle Verträge mit Ausnahme solcher des Erb-, Familien- oder Gesellschaftsrechts
⇒ Einschränkungen bei Verträgen über die Personenbeförderung, staatlichen Lotterie- und Ausspielverträgen (§ 309 Nr. 7, 8 BGB) bzw. Verträgen der Elektrizitäts-, Gas-, Fernwärme- und Wasserversorgungsunternehmen (§ 310 Abs. 2 BGB)
⇒ Erleichterung für Verträge zwischen einem Unternehmer (vgl. § 14 BGB) und einem Verbraucher (§ 13 BGB), § 310 Abs. 3 BGB

Die Einbeziehung in den Vertrag:

⇒ Vorliegen von AGB, § 305 BGB:
- vorformulierte Vertragsbedingungen
- vom Verwender gestellt
- für eine Vielzahl von Verträgen
- keine individuelle Aushandlung

⇒ ausdrücklicher Hinweis oder deutlich sichtbarer Aushang, § 305 Abs. 2 Nr. 1 BGB
⇒ zumutbare Möglichkeit der Kenntnisnahme für andere Partei, § 305 Abs. 2 Nr. 2 BGB
⇒ Einverständnis des Vertragspartners, § 305 Abs. 2 Nr. 2 a.E. BGB
⇒ keine Individualvereinbarung, § 305 b BGB
⇒ keine überraschende Klausel, § 305 c BGB

Rechtsfolge: Inhaltskontrolle

1. Klauselverbote ohne Wertungsmöglichkeit, § 309 BGB
2. Klauselverbote mit Wertungsmöglichkeit, § 308 BGB
3. Generalklausel, § 307 BGB

Schaubild 16

V. Rechtsfolgen bei Nichteinbeziehung und Unwirksamkeit

Werden AGB nicht zu einem wirksamen Vertragsbestandteil oder stellt sich bei der Inhaltskontrolle ein Verstoß gegen die §§ 307 ff. BGB heraus, bleibt der Vertrag im Übrigen bestehen, § 306 Abs. 1 BGB. Die nicht Vertragsbestandteil gewordenen Teile werden in diesem Fall durch das geltende dispositive Recht ersetzt, § 306 Abs. 2 BGB. Die Unwirksamkeit einzelner Klauseln führt also – entgegen der Regel des § 139 BGB – nicht zur Unwirksamkeit des gesamten Vertrages. Man geht vielmehr sogar davon aus, dass einzelne

Klauseln in einen wirksamen und unwirksamen Teil zerlegt werden können, wenn sie inhaltlich trennbar ist. Eine solche Trennbarkeit wird dann angenommen, wenn der unwirksame Teil der Klausel gestrichen werden kann, ohne dass der wirksame Teil seinen sprachlichen und inhaltlichen Sinn verliert.

Beispiel: Aus der Klausel „*Die Mieter bevollmächtigen sich jedoch gegenseitig zur Entgegennahme oder Abgabe solcher Erklärungen.*“ kann der Teil „*...oder Abgabe...*“ gestrichen werden. Der verbleibende Satz „*Die Mieter bevollmächtigen sich jedoch gegenseitig zur Entgegennahme solcher Erklärungen.*“ ergibt für sich genommen sowohl sprachlich als auch inhaltlich einen Sinn und bleibt wirksam (BGHZ 136, 314).

Kurzrepetitorium

Allgemeine Geschäftsbedingungen:

- Schutz vor Missbrauch einseitiger Vertragsgestaltung, §§ 305 bis 310 BGB.
- AGB-Kontrolle grds. bei allen Verträgen, Ausnahme: § 310 Abs. 4 BGB.
- Beschränkung auf bestimmte Vorschriften gem. § 310 BGB.
- Wenn Anwendungsbereich der §§ 305 ff. BGB eröffnet, zu prüfen ob AGB i.S.d. § 305 Abs. 1 BGB vorliegen, diese gem. § 305 Abs. 2 BGB einbezogen wurden und die Voraussetzungen der §§ 305 b, 305 c BGB gegeben sind.

Rechtsfolgen:

- Prüfung vom Speziellen zum Allgemeinen (§ 309 → § 308 → § 307 BGB).
- Bei Verstoß gegen §§ 307 ff. BGB Unwirksamkeit der betr. Klausel.
- Dadurch entstehende Lücken werden durch gesetzliche Regelungen geschlossen.

§ 13 Der Dritte im Vertrag

I. Vertrag zugunsten Dritter

1. Das Dreiecksverhältnis

Ein Schuldverhältnis ist zumeist eine Zwei-Parteien-Beziehung zwischen Gläubiger und Schuldner. Es begründet Rechte und Pflichten nur für die an ihm unmittelbar beteiligten Personen (Relativität des Schuldverhältnisses). Diese Beschränkung kann jedoch ausnahmsweise durchbrochen werden. Eine solche Ausnahme stellt der Vertrag zugunsten Dritter dar, §§ 328 ff. BGB. Während beim vertraglichen Schuldverhältnis der Schuldner im Regelfall nur an seinen Vertragspartner zu leisten hat, muss er beim **Vertrag zugunsten Dritter** die Leistung an einen Dritten erbringen. Beim (echten) Vertrag zugunsten Dritter erhält ein Dritter durch den schuldrechtlichen Verpflichtungsvertrag zwischen Gläubiger und Schuldner einen eigenen Anspruch auf die Leistung des Schuldners.

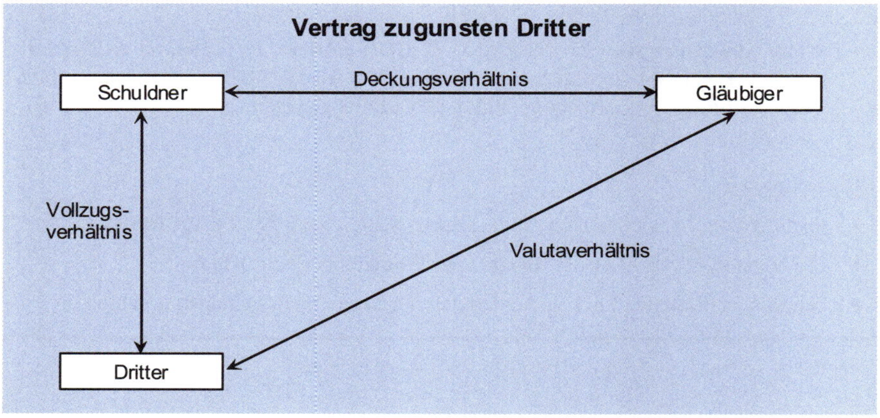

Schaubild 17

Es sind also drei Personen beteiligt: Gläubiger und Schuldner, die den Vertrag nach den allgemeinen Regeln über Rechtsgeschäfte abschließen, und der Dritte, an den die Leistung aus diesem Schuldverhältnis zu erbringen ist und der beim Vertragsschluss nicht mitwirken muss. Den (Kauf-, Werk- etc.) Vertrag zwischen dem Gläubiger (Versprechensempfänger) und dem Schuldner (Versprechender) zugunsten des Dritten bezeichnet man als **Deckungsverhältnis**. Es bestimmt die zu erbringende Leistung, die Person des Dritten und das die Rechtsbeziehung prägende Grundverhältnis.

Die rechtlichen Beziehungen zwischen Gläubiger und Drittem (Berechtigter), derentwegen der Gläubiger mit dem Schuldner das Leistungsrecht des Dritten im Vertrag zugunsten Dritter vereinbart, nennt man **Zuwendungs- oder Valutaverhältnis**. Das Valutaverhältnis bildet in der Beziehung zwischen dem Versprechensempfänger und dem Dritten den Rechtsgrund für die Leistung des Schuldners (BGHZ 91, 288, 290).

Beispiele: Großmutter G schenkt ihrem Enkel E ein Sparguthaben bei der Bank in Höhe von 1.000,- € und händigt ihm das Sparbuch aus. Hier kommt zwischen G und der Bank ein Vertrag zustande, aus dem E als Dritter berechtigt ist. Reiseveranstalter R schließt mit dem Hotel H als Leistungsträger einen Hotelreservierungsvertrag zugunsten des Pauschalreisenden P ab. K schließt bei der Versicherung V eine Lebensversicherung ab und benennt seine Ehefrau F als Begünstigte.

2. Arten des Vertrags zugunsten Dritter

Anhand der Rechtsstellung des Dritten ist zwischen dem echten und dem unechten Vertrag zugunsten Dritter zu differenzieren. Schließlich existiert noch die Erfüllungsübernahme.

Beim echten Vertrag zugunsten Dritter erwirbt der Dritte einen eigenen Anspruch gegen den Schuldner, § 328 Abs. 1 BGB. Dieser Anspruch entsteht unmittelbar in der Person des Dritten. Das Forderungsrecht steht zu keinem Zeitpunkt dem Gläubiger zu, da ein Durchgangserwerb nicht stattfindet (BGHZ 91, 288, 291). Der Dritte erwirbt das Recht also ohne seine Mitwirkung (anders als bei der Abtretung).

Beim unechten Vertrag zugunsten Dritter ist der Schuldner zwar auch ermächtigt, mit befreiender Wirkung an den Dritten zu leisten. Das Recht, die Leistung zu fordern, hat hier aber nur der Gläubiger; dem Dritten steht kein eigenes Forderungsrecht zu. Der Schuldner ist ermächtigt, an den Dritten mit befreiender Wirkung zu leisten, aber nur der Gläubiger ist berechtigt, die Leistung an den Dritten zu verlangen.

Die **Erfüllungsübernahme** ist ein Vertrag zwischen Schuldner und Übernehmer, durch den sich der Übernehmer verpflichtet, eine Verbindlichkeit des Schuldners zu erfüllen. Der Gläubiger erwirbt aus der Vereinbarung keine Rechte. Damit ist die Erfüllungsübernahme ein typisches Beispiel für einen unechten Vertrag zugunsten Dritter. Sie ist nur zulässig, wenn der Schuldner nicht in eigener Person zu leisten hat, vgl. auch § 267 BGB. Das Versprechen, eine Verbindlichkeit eines Vertragspartners zu erfüllen, ist im Zweifel als Erfüllungsübernahme aufzufassen und nicht als Schuldbeitritt oder befreiende Schuldübernahme, § 329 BGB. Ob einem Dritten ein eigenes Forderungsrecht zustehen soll, muss – soweit ausdrückliche Absprachen fehlen – den Umständen des Einzelfalles, insbesondere dem Zweck des Vertrags, entnommen werden, § 328 Abs. 2 BGB.

3. Voraussetzungen

Der Abschluss des Deckungs- und des Valutaverhältnisses erfolgt nach den allgemeinen Regeln. Die Frage der Form richtet sich nach dem jeweiligen Rechtsverhältnis. Der Dritte muss sich nichts gegen seinen Willen aufdrängen lassen. § 328 BGB gibt ihm deshalb die Möglichkeit, das aus dem Vertrag erworbene Recht dem Versprechenden gegenüber durch eine einseitige, empfangsbedürftige Willenserklärung zurückzuweisen. Das Deckungsverhältnis erlischt durch die Zurückweisung nicht. Durch Auslegung ist zu ermitteln, wem die Leistung nach erfolgter Ablehnung zustehen soll. Im Rahmen der Leistungsstörung ist zu beachten, dass der Versprechensempfänger (Gläubiger) sich das Verhalten des Dritten nach § 278 BGB zurechnen lassen muss. Weiter begründet das Vollzugsverhältnis ein vertragsähnliches Vertrauensverhältnis. Die dem Schuldner obliegenden Nebenpflichten bestehen auch gegenüber dem Dritten. Umgekehrt obliegen dem Dritten wegen seiner Rechtsstellung die vertraglichen Nebenpflichten eines Gläubigers (BGHZ 9, 316, 318).

4. Vertrag zugunsten Dritter auf den Todesfall

Der Vertrag zugunsten Dritter auf den Todesfall gemäß § 331 BGB stellt eine Rechtskonstruktion dar, die überwiegend dem Erbrecht zuzuordnen ist. Nach dieser Vorschrift wird die Vermutung begründet, dass der Dritte den Anspruch auf die Leistung erst mit dem Tode des Versprechensempfängers erwerben soll. Gleichzeitig ergibt sich aus § 331 BGB, dass dem Dritten durch Vertrag zugunsten Dritter ohne Einhaltung erbrechtlicher oder sonstiger Formvorschriften mit dem Tode des Versprechensempfängers ein schuldrechtlicher Anspruch zugewendet werden kann. Dies gilt auch dann, wenn im Valutaverhältnis eine Schenkung auf den Todesfall vorliegt. Bis zum Eintritt des Todesfalls gehören die Ansprüche aus dem Deckungsverhältnis zum Vermögen des Versprechensempfängers. Die Rechtsstellung des Dritten ist frei änderbar. Der Dritte hat nur eine Hoffnung bzw. eine Chance auf den künftigen Rechtserwerb. Mit Eintritt des Todesfalls erwirbt der Erbe den Leistungsanspruch gegen den Versprechenden.

II. Vertrag mit Schutzwirkung für Dritte

1. Bedeutung

Es ist allgemein anerkannt, dass Dritte, die selbst keinen vertraglichen Leistungsanspruch haben, in den Schutzbereich eines Vertrags einbezogen werden können. Bei einer Schädigung infolge einer Vertragsverletzung können sie eigene vertragliche Schadensersatzansprüche geltend machen und auch im Übrigen so gestellt werden, als seien sie selbst Vertragspartner. Der Schutzbereich eines Vertrags kann auf Personen erweitert werden, die am Vertragsschluss überhaupt nicht beteiligt sind und die auch keinen eigenen Anspruch auf die vertragsgemäße Hauptleistung haben. Dies hat zur Folge, dass sie bei einer Schädigung infolge einer Verletzung vertraglicher Obhuts- und Sorgfaltspflichten eigene vertragliche Schadensersatzansprüche besitzen und dass sie auch im Übrigen, soweit es um ihren Schutz geht, so gestellt werden, als seien sie selbst Vertragspartner (vgl. hierzu und zum Folgenden nur BGHZ 49, 350, 353).

Der Vertrag mit Schutzwirkung für Dritte ist nicht gesetzliche geregelt. In § 311 Abs. 2 BGB geht es nur um Ansprüche *gegen* den Dritten, nicht des Dritten selbst. Das Rechtsinstitut des **Vertrags mit Schutzwirkung für Dritte** wurde von Rechtsprechung und Literatur in Anlehnung an § 328 BGB entwickelt.

Durch den Vertrag mit Schutzwirkung für Dritte soll der Dritte bei Schadensersatzansprüchen nicht nur nach dem oft unbefriedigenden § 831 BGB (Möglichkeit der Exkulpation) gegen den Schuldner des Vertragsverhältnisses vorgehen können, sondern über die Zurechnungsnorm des § 278 BGB auch einen vertraglichen Schadensersatzanspruch haben, obwohl zwischen dem Dritten und dem Schuldner kein Vertragsverhältnis vorliegt. Das ansonsten einschlägige Deliktsrecht hat neben dem gerade angesprochenen § 831 BGB nämlich noch zwei weitere Schwächen: Bei Vermögensschäden besteht regelmäßig kein deliktischer Schadensersatzanspruch, und die Beweislastumkehr des § 280 Abs. 1 Satz 2 BGB gilt nicht. Anders als beim Vertrag zugunsten Dritter (s. S. 74 f.) hat der begünstigte Dritte beim Vertrag mit Schutzwirkung für Dritte keinen Erfüllungsanspruch auf die vertragsgemäße Leistung des Schuldners. Ihm steht nur ein vertraglicher Schadensersatzanspruch zu.

Ob der Schuldner auch gegenüber einem Dritten bestimmte Schutzpflichten hat, muss sich aus dem Vertrag ergeben. Hierbei ist notfalls auf eine ergänzende Vertragsauslegung zurückzugreifen (BGHZ 56, 269, 273 m.w.N.). Der Vertrag mit Schutzwirkung für Dritte darf nicht dazu führen, dass jeder beliebige Dritte, der bei einer Sorgfaltspflichtverletzung des Schuldners einen Schaden erlitten hat, einen Schadensersatzanspruch aus dem zwischen Gläubiger und Schuldner geschlossenen Vertrag herleiten kann. Damit würde die gesetzliche Unterscheidung zwischen unmittelbar und mittelbar Geschädigtem außer Acht gelassen. Vielmehr kommt die Ausweitung der vertraglichen Sorgfaltspflichten über den Kreis der Vertragsparteien hinaus nur in engen Grenzen in Betracht (BGHZ 51, 96).

2. Voraussetzungen

Der Vertrag mit Schutzwirkung für Dritte kennt vier Voraussetzungen:

- Leistungsnähe. Der Dritte muss mit der Leistung des Schuldners bestimmungsgemäß in Berührung kommen.
- Schutzinteresse des Gläubigers. Der Gläubiger muss ein berechtigtes Interesse an der Einbeziehung des Dritten in den Schutzbereich des Vertrags haben.
- Erkennbarkeit für den Schuldner. Die Einbeziehung des Dritten in den Schutzbereich des Vertrags muss für den Schuldner erkennbar sein.
- Schutzbedürftigkeit des Dritten. Der Dritte ist schutzbedürftig, wenn ihm keine eigenen vertraglichen Ansprüche – gleich gegen wen – zustehen, die einen gleichwertigen Inhalt haben.

Schutzwirkungen zugunsten Dritter können sich aus schuldrechtlichen Verpflichtungsverträgen jeder Art ergeben. Der Drittschutz erstreckt sich nicht nur auf Körper- oder Eigentumsverletzungen, sondern auch auf bloße Vermögensschäden (BGHZ 69, 82). Er besteht nicht nur bei einer Verletzung von Verhaltenspflichten, sondern auch von Leistungspflichten (BGH NJW 1995, 51, 52). Der Dritte muss sich in Leistungsnähe befinden, also den Gefahren der Schlechtleistung ebenso ausgesetzt sein wie der Gläubiger. Der einbezogene Personenkreis muss eng und überschaubar sein. Dritte, die sich nur zufällig in der Nähe befinden, fallen nicht in den Schutzbereich. Der Gläubiger muss ein berechtigtes Interesse am Schutz des Dritten haben. Das Schutzinteresse ergibt sich nach der objektiven Interessenlage bei Bestehen eines Fürsorgeverhältnisses mit personenrechtlichem Einschlag. Danach kann die Einbeziehung eines Dritten im Einzelfall sogar dann erfolgen, wenn dessen Interessen gegenläufig zu denen des Gläubigers sind (BGHZ 127, 378). Der Schuldner haftet ferner nur, wenn das Schutzinteresse des Gläubigers und die Leistungsnähe des Dritten für ihn erkennbar waren. Ansonsten kann der Schuldner sein Haftungsrisiko nicht mehr überschauen. Hierzu reicht es aus, dass die Schutzpflicht auf eine klar abgrenzbare Personengruppe beschränkt ist.

Beispiele:

- Ein Anwaltsvertrag begründet Schutzwirkungen zugunsten eines Dritten, wenn für den Anwalt erkennbar ist, dass aufgrund des erteilten Mandats auch die Interessen eines Dritten betroffen sind und dieser im Falle einer Vertragsverletzung einen Nachteil erleiden kann (BGH NJW 1977, 2073). Übernehmen Personen, die über eine besondere, vom Staat anerkannte Sachkunde verfügen, beruflich eine Gewähr für Auskünfte, Gutachten oder Beratungen, besteht eine besondere Vertrauens- und Berufshaftung für Sachverständigentestate oder vergleichbare Auskünfte. Schließt ein Sachverständiger, Wirtschaftsprüfer oder Steuerberater einen Auskunftsvertrag, haftet er nicht nur seinem Vertragspartner, sondern auch Dritten, denen die Auskunft bestimmungsgemäß zugänglich war und die an die Auskunft erwartungsgemäß eine vermögensrechtliche Entscheidung geknüpft haben (BGH NJW 1998, 1059).

- Der Girovertrag zwischen Schuldner und Schuldnerbank hat beim Lastschriftverfahren nach der Rechtsprechung Schutzwirkung für den Gläubiger. Das Lastschriftverfahren ist ein Massengeschäft, bei dem in hohem Maße Vertrauen in eine sachgerechte Abwicklung unter Minimierung von Risiken der beteiligten Dritten in Anspruch genommen wird. Aus diesem Grund haftet die Schuldnerbank dem Gläubiger (BGHZ 69, 82).

Kurzrepetitorium

Einbeziehung Dritter in Verträge:

- Abgrenzung zwischen echten und unechten Verträgen zugunsten Dritter sowie Verträgen mit Schutzwirkung für Dritte.
- Echter Vertrag zugunsten Dritter: Drittem soll eigener Anspruch (echter Erfüllungsanspruch) zustehen.
- Unechter Vertrag zugunsten Dritter: kein eigenes Forderungsrecht des Dritten (typischer Fall: Erfüllungsübernahme).
- Vertrag mit Schutzwirkung für Dritte: Dritter wird zusätzlich zum Gläubiger in den Schutzbereich des Vertrages mit einbezogen, ohne selbst Vertragspartei zu werden (typisches Beispiel: Wohnungsmietvertrag von Eltern mit Schutzwirkung zugunsten ihrer Kinder).
- Vertrag mit Schutzwirkung für Dritte darf nicht zu einer unzumutbaren Haftungserweiterung für Schuldner führen, daher Annahme eines solchen Vertrages nur in engen Grenzen (Dritter muss mit der Leistung des Schuldners bestimmungsgemäß in Berührung kommen, der Gläubiger muss ein berechtigtes objektives Interesse an der Einbeziehung des Dritten haben, der Dritte muss schutzbedürftig sein und die Einbeziehung muss für den Schuldner erkennbar sein).

§ 14 Abtretung

I. Bedeutung

Die **Abtretung** (Zession) ist ein zwischen dem bisherigen Gläubiger (Zedent) und dem Neugläubiger (Zessionar) geschlossener Vertrag, durch den der Altgläubiger seine Forderung auf den Neugläubiger überträgt. Auf diese Weise tritt der Neugläubiger an die Stelle des Altgläubigers, §§ 398 ff. BGB.

Grds. können Schuldner und Gläubiger eines Vertrags ausgewechselt werden. Zu unterscheiden ist dabei, ob lediglich eine Rechtsnachfolge in einzelne Forderungen oder Schulden gewollt ist oder ob die gesamte Vermögensstellung des einen Teils auf den anderen übergehen soll. Eine Rechtsnachfolge in Forderungen kann durch rechtsgeschäftliche Abtretung erfolgen. Die Auswechslung der Vertragspartner kann auch auf andere Weise, etwa durch Vertragsübernahme, geschehen. Kraft gesetzlich angeordnetem Forderungsübergang kann der Gläubiger ausgewechselt werden (Legalzession oder **cessio legis**).

Mit der Abtretung wird eine Forderung bzw. ein Recht übertragen. Da sie unmittelbar auf eine Rechtsänderung gerichtet ist, handelt es sich bei der Abtretung um ein Verfügungsgeschäft. Mit Abschluss des Vertrags verliert der bisherige Gläubiger die Forderung. Die Abtretung ist – wie die Übereignung – als abstraktes Verfügungsgeschäft in ihrem Bestand unabhängig von dem zugrunde liegenden Kausalgeschäft. Fehlt ein Kausalgeschäft oder ist es nichtig, bleibt davon die Gültigkeit der Abtretung unberührt. Jedoch steht in diesen Fällen dem bisherigen Gläubiger gegen den Neuen ein Bereicherungsanspruch (§§ 812 ff. BGB) auf Rückübertragung zu.

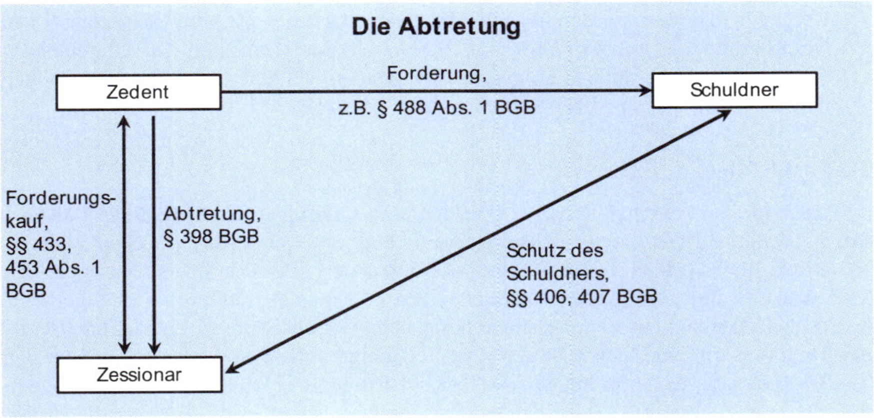

Schaubild 18

Die Regeln über die Forderungsabtretung sind nach § 413 BGB regelmäßig auch auf die Übertragung anderer Rechte (Immaterialgüterrechte, gewerbliche Schutzrechte) entsprechend anzuwenden. Für bestimmte Rechte enthält das Gesetz spezielle Übertragungstatbestände. Dazu gehört etwa die Übertragung eines Gesellschaftsanteils an einer GmbH, § 15 GmbHG, oder die Abtretung einer hypothekarisch gesicherten Forderung, § 1154 BGB.

II. Voraussetzungen für eine Abtretung

Damit eine Abtretung wirksam ist, müssen folgende Voraussetzungen vorliegen:

- Wirksamer Abtretungsvertrag. Die rechtsgeschäftliche Übertragung einer Forderung erfolgt durch einen Abtretungsvertrag nach § 398 Satz 1 BGB. Darin wird zwischen dem alten und dem neuen Gläubiger vereinbart, dass die Forderung auf den neuen Gläubiger übergehen soll. Für das Zustandekommen der Einigung gelten die allgemeinen Regeln. Der Abtretungsvertrag kann formfrei geschlossen werden (Ausnahme: § 1154 BGB).

- Bestehen der Forderung. Der Zedent muss verfügungsberechtigter Forderungsinhaber sein. An der Berechtigung fehlt es, wenn der Zedent dieselbe Forderung zum zweiten Mal abtritt. Mit der ersten wirksamen Abtretung ist der Abtretungsempfänger der neue Gläubiger geworden. Die zweite „Abtretung" geht ins Leere (sog. Prioritätsgrundsatz). Einen Erwerb vom Nichtberechtigten kraft guten Glaubens, der beim Eigentumserwerb an beweglichen Sachen, §§ 932 ff. BGB, und Grundstücken, § 892 BGB, möglich ist, gibt es bei der Forderungsabtretung nicht. Beim Erwerb einer Forderung fehlt ein der Grundbucheintragung oder dem Besitz vergleichbarer Umstand, der einen ausreichenden Anhaltspunkt für die Berechtigung des Zedenten geben und damit einen Rechtsschein setzen würde, auf den der Zessionar vertrauen könnte. Ausnahmen sind nur in den §§ 405 u. 2366 BGB vorgesehen.

- Bestimmtheit der Forderung. Die abzutretende Forderung muss genau bestimmt sein (BGHZ 7, 365, 367; BGH NJW 1995, 1668, 1669). Aus dem Inhalt der getroffenen Vereinbarung müssen sich Schuldner, Inhalt und Höhe der zedierten Forderung ergeben. Jedoch muss diesen Erfordernissen erst in dem Zeitpunkt genügt sein, in dem die Forderung auf den Zessionar übergehen soll. Damit sind auch zukünftige Forderungen abtretbar.

- Übertragbarkeit der Forderung. Die abzutretende Forderung muss übertragbar sein. Die Übertragung ist in den Fällen des § 399 BGB ausgeschlossen. Die Abtretung der Forderung kann vertraglich ausgeschlossen werden, § 399 Var. 2 BGB. Unpfändbare Forderungen können nicht abgetreten werden, § 400 BGB i.V.m. § 850 b ZPO.

III. Rechtsfolgen

Mit Abschluss des Abtretungsvertrags **tritt der neue Gläubiger an die Stelle des bisherigen**, § 398 Satz 2 BGB. Der alte Gläubiger kann über die Forderung nicht mehr verfügen. Der Zedent bleibt jedoch Vertragspartner des Schuldners. Bei der Sicherungszession tritt der Zedent eine ihm zustehende Forderung an den Zessionar ab, um diesem eine Sicherung für eine zwischen ihm und dem Zessionar bestehende Verpflichtung zu verschaffen. Bei der Inkassozession tritt der Zedent an den neuen Gläubiger eine Forderung lediglich zu dem Zweck ab, dass dieser sie für ihn einzieht. Nach § 401 BGB gehen auch die für die abgetretene Forderung bestellten Sicherheiten (Pfandrechte, Hypotheken, Bürgschaften, nicht jedoch Grundschulden) mit über. Die dort genannten Rechte sind akzessorisch. Akzessorietät bedeutet, dass Rechte in einer Weise miteinander verbunden sind, dass das eine führt und das andere folgt. Das begleitende Recht kann ohne das führende Recht nicht bestehen, ist also von ihm abhängig.

Der Zedent ist nach § 402 BGB verpflichtet, dem Zessionar alle zur Geltendmachung der Forderung notwendigen Auskünfte zu erteilen und die erforderlichen Urkunden zu übergeben.

IV. Schuldnerschutz

Da der Schuldner an der Abtretung nicht beteiligt ist, darf seine rechtliche Stellung durch die Zession nicht verschlechtert werden (vgl. BGHZ 19, 153, 156). Er muss vielmehr besonders **geschützt** werden. Ihm bleiben alle Einwendungen und Einreden gegen die Forderung erhalten, und er kann diese Rechte gegenüber dem neuen Gläubiger geltend machen. Ferner kann er durch Vertrag mit seinem Gläubiger die Abtretung der Forderung ausschließen, § 399 Var. 2 BGB. Die Forderungen gehen auf den neuen Gläubiger in dem Zustand über, den sie beim Zedenten gehabt haben. Deshalb bleiben alle Einwendungen und Einreden bestehen, die zur Zeit der Abtretung der Forderung gegen den bisherigen Gläubiger begründet waren, § 404 BGB. Die vor der Abtretung dem Altgläubiger gegenüber wirksam erklärte Aufrechnung kann als Einrede gemäß § 404 BGB geltend gemacht werden. Für eine Aufrechnung, die der Schuldner nach der Abtretung, aber in Unkenntnis hiervon gegenüber dem alten Gläubiger erklärt, gilt § 407 Abs. 1 BGB. § 406 BGB kommt zur Anwendung, wenn der Schuldner nach Kenntnis der Abtretung gegenüber dem neuen Gläubiger aufrechnet. Leistet der Schuldner in Unkenntnis der Abtretung an den alten Gläubiger, so leistet er an den Falschen. Der neue Gläubiger muss diese Leistung aber gegen sich gelten lassen, § 407 Abs. 1 BGB; seine Forderung erlischt. Der bisherige Gläubiger kann dem Schuldner anzeigen, dass die Forderung abgetreten worden ist. Im Interesse des neuen Gläubigers wird durch die Anzeige vermieden, dass der Schuldner wegen § 407 Abs. 1 BGB noch mit befreiender Wirkung an den alten Gläubiger leisten kann. Andererseits kann der Schuldner aufgrund der Abtretungsanzeige darauf vertrauen, dass die Forderung an einen Dritten abgetreten wurde, unabhängig davon, ob sie in Wahrheit möglicherweise weiterhin dem bisherigen Gläubiger zusteht. Der Zedent muss die Leistung des Schuldners an den Zessionar gegen sich gelten lassen, weil er durch die Anzeige den Rechtsschein der wirksamen Abtretung gesetzt hat, § 409 Abs. 1 BGB. § 410 Abs. 1 BGB gibt dem Schuldner schließlich das Recht, die Leistung zu verweigern und eine Kündigung oder Mahnung des neuen Gläubigers zurückzuweisen, wenn dieser ihm nicht eine vom bisherigen Gläubiger ausgestellte Abtretungsurkunde vorlegt und sie Zug-um-Zug gegen die Leistung des Schuldners aushändigt.

Beispiel: Bank B hat gegen Unternehmer U eine Darlehensforderung, die bis 1.7.2009 gestundet wurde. Die Forderung tritt er am 31.3.2009 an den Dritten D ab. Dann kann auch D erst ab dem 1.7.2009 von U Zahlung verlangen, § 404 BGB. Hat U von der Abtretung keine Kenntnis und zahlt am 1.7. an B, so muss D die Erfüllung gegen sich gelten lassen, § 407 Abs. 1 BGB. D kann allerdings von B die Herausgabe des Erlangten verlangen, § 816 Abs. 2 BGB (s. S. 176 f.).

V. Erwerb der Gläubigerstellung kraft Gesetzes

In den §§ 398 ff. BGB ist der *rechtsgeschäftliche* Forderungsübergang geregelt. Diese Vorschriften finden nach § 412 BGB auf einen *gesetzlichen* Gläubigerwechsel (**cessio legis**) entsprechende Anwendung. Die Anordnung einer cessio legis ist im Gesetz an verschiedenen Stellen geregelt. In aller Regel dient sie dazu, Regressansprüche zu verschaffen (vgl. etwa §§ 268 Abs. 3, 426 Abs. 2, 774 Abs. 1, 1143, 1225 BGB).

Kurzrepetitorium

Abtretung:

- Abtretung: zwischen Gläubiger und Neugläubiger geschlossener Vertrag über die Übertragung einer bestehenden, bestimmten und übertragbaren Forderung (Austausch der Gläubiger), §§ 398 ff. BGB. Die Abtretung ist eine Verfügung.
- Vorheriger Gläubiger bleibt jedoch Vertragspartner des Schuldners.
- Schutz des Dritten durch §§ 404 ff. BGB.
- § 412 BGB: entsprechende Anwendung der §§ 398 ff. BGB auf gesetzlich angeordneten Forderungsübergang (Legalzession).

§ 15 Mehrheit von Schuldnern und Gläubigern

I. Schuldnermehrheiten

Handelt es sich nicht nur um einen, sondern um mehrere Schuldner, liegt nach dem BGB entweder eine Teil- (§ 420 Var. 1 BGB) oder eine Gesamtschuld (§§ 421 bis 427, 431 BGB) vor. Von einer Teilschuld spricht man, wenn mehrere eine teilbare Leistung schulden. Der Gläubiger kann in einem solchen Fall von einem Schuldner nur einen Teil der Leistung verlangen. Allerdings ist der Anwendungsbereich der Vorschrift nicht zuletzt wegen der Zweifelsregel des § 427 BGB begrenzt.

Praktisch wichtiger ist die **Gesamtschuld**. Sie liegt vor, wenn mehrere Personen eine Leistung in der Weise schulden, dass jeder die ganze Leistung zu bewirken verpflichtet ist, der Gläubiger sie aber nur einmal fordern darf, § 421 Satz 1 BGB. Schulden mehrere eine unteilbare Leistung, haften sie ebenfalls als Gesamtschuldner, § 431 BGB. Im Außenverhältnis gegenüber dem Gläubiger haftet jeder Schuldner aufs Ganze, obwohl möglicherweise ein anderer Schuldner einen größeren Schaden angerichtet oder sich zur Zahlung einer größeren Summe bereit erklärt hat. Der Gläubiger kann sich aussuchen, wen er in Anspruch nimmt (einen Schuldner in voller Höhe, alle zu gleichen Teilen etc.). Aufgrund dieser Konstellation stellt sich das Problem des Ausgleichs zwischen den Gesamtschuldnern im Innenverhältnis. Soweit nichts anderes bestimmt oder vereinbart ist, legt § 426 Abs. 1 Satz 1 BGB die Haftung im Innenverhältnis nach Kopfteilen fest. Jeder Schuldner soll letztlich den gleichen Anteil tragen. Gesetzliche Ausnahmen finden sich etwa in §§ 840 Abs. 2, 3 u. 841 BGB. Bei Schadensersatzansprüchen hat jeder Gesamtschuldner einen Anteil entsprechend seiner Mitschuld zu tragen, § 254 BGB analog (st. Rspr. BGHZ 17, 214; 59, 97, 103). Fällt ein Schuldner aus, haben die verbleibenden Gesamtschuldner dessen Anteil zu übernehmen, § 426 Abs. 1 Satz 2 BGB. § 426 Abs. 1 BGB begründet ein gesetzliches Schuldverhältnis und stellt eine eigene Anspruchsgrundlage dar. Hat einer der Gesamtschuldner die Leistung an den Gläubiger bewirkt, kann er nicht nur Ausgleich von den übrigen Gesamtschuldnern verlangen. Nach § 426 Abs. 2 BGB geht zudem die Forderung des Gläubigers inklusive aller Sicherungsrechte (§§ 412, 401 BGB) auf ihn über.

Im Gesetz nicht geregelt ist schließlich die **gemeinschaftliche Schuld**. Sie ist dadurch gekennzeichnet, dass die Leistung von den Schuldnern nur durch gemeinschaftliches Zusammenwirken erbracht werden kann (Streichquartett; Artistengruppe; Theaterensemble).

II. Gläubigermehrheiten

Gläubigermehrheiten kommen in drei Konstellationen vor:

- Teilgläubigerschaft, § 420 Var. 2 BGB. Sind mehrere Gläubiger einer teilbaren Forderung nur anteilsmäßig zu gleichen Teilen berechtigt, liegt Teilgläubigerschaft vor (Beispiel: Schadensersatzforderung der Miteigentümer gegen den Beschädiger der in Miteigentum stehenden Sache).
- Gesamtgläubigerschaft, § 428 Satz 1 BGB. Bei der Gesamtgläubigerschaft kann jeder Gläubiger die ganze Leistung an sich selbst verlangen. Der Schuldner kann nach freiem Ermessen an einen der Gläubiger leisten und braucht auch nur einmal zu leisten (Beispiel: Errichtung eines Bankkontos der Ehegatten mit Einzelberechtigung, sog. „Oder-Konto").

- Mitgläubigerschaft, § 432 BGB. Die Mitgläubiger sind (nur) in ihrer Gesamtheit berechtigt mit der Folge, dass jeder Einzelne die Leistung nur an alle verlangen und der Schuldner nur an alle gemeinsam leisten kann, § 432 BGB (Beispiel: Bestellung eines Taxis für zwei Personen).

Kurzrepetitorium

Schuldnermehrheit:

- Unterscheidung zwischen Teil- (§ 420 BGB) und Gesamtschuld (§§ 421 bis 427, 431 BGB).
- Gesamtschuld: mehrere Personen schulden eine Leistung in der Weise, dass jeder die ganze Leistung zu bewirken verpflichtet ist, der Gläubiger sie aber nur einmal fordern darf.
- Ausgleichsanspruch des in Anspruch genommenen Schuldners nach § 426 Abs. 1 BGB.
- Übergang der Gläubigerforderung auf in Anspruch genommenen Schuldner gem. § 426 Abs. 2 BGB.
- Die gemeinschaftliche Schuld liegt vor, wenn die Schuldner nur durch gemeinschaftliches Zusammenwirken die geschuldete Leistung erbringen können.

Gläubigermehrheit:

- Ein Schuldner steht mehreren Gläubigern gegenüber.
- Drei Konstellationen: Teilgläubigerschaft, § 420 Var. 2 BGB; Gesamtgläubigerschaft, § 428 Satz 1 BGB; Mitgläubigerschaft, § 432 BGB.

§ 16 Anpassung und Beendigung von Schuldverhältnissen

I. Erfüllung, Kündigung und Rücktritt

Normalerweise werden Schuldverhältnisse beendet, ohne dass sich die Parteien darüber Gedanken machen. Die Forderungen werden erfüllt, erlöschen durch den Wegfall ihrer Voraussetzungen oder Rechte zur Gestaltung des Forderungsinhalts werden ausgeübt. Befristete Schuldverhältnisse enden mit Ablauf der vereinbarten Frist. Damit das Schuldverhältnis durch **Erfüllung** erlischt, muss die geschuldete Leistung am rechten Ort, zur rechten Zeit und in der rechten Art und Weise erbracht werden, § 362 Abs. 1 BGB. Nimmt der Gläubiger eine andere als die geschuldete Leistung als Erfüllung an, erlischt das Schuldverhältnis ebenfalls, § 364 Abs. 1 BGB (Annahme an Erfüllungs Statt). Bei der Leistung erfüllungshalber tritt Erfüllung erst dann ein, wenn sich der Gläubiger aus dem erfüllungshalber Geleisteten befriedigt hat, § 364 Abs. 2 BGB (z.B. Zahlung mit Kreditkarte oder Scheck).

Merken Sie sich bitte folgende Unterscheidung: Unter Leistung i.S.v. § 362 BGB ist nicht die Leistungs*handlung*, sondern der Leistungs*erfolg* zu verstehen. Auch im Rahmen der Unmöglichkeit nach § 275 BGB ist auf den Leistungserfolg abzustellen. Für den Schuldnerverzug hingegen lässt es § 286 BGB ausreichen, dass der Schuldner mit der Leistungshandlung in Verzug gerät.

Beim Erlöschen des Schuldverhältnisses nach § 362 BGB wird der Vertrag mehr oder weniger normal durchgeführt. Daneben bestehen aber auch andere Formen der Abwicklung von Schuldverhältnissen. So können die Parteien durch Vertrag das Schuldverhältnis einverständlich wieder aufheben (Aufhebungsvertrag).

Vielfach möchte sich nur eine Partei vom Vertrag lösen, während die andere daran festhalten will. Eine einseitige Lösung ist wegen der Bindung an das Schuldverhältnis regelmäßig ausgeschlossen (pacta sunt servanda). Sie kommt nur in Betracht, wenn ein entsprechendes Gestaltungsrecht aus Vertrag oder Gesetz besteht. Das bekannteste Gestaltungsrecht ist die **Kündigung**, die den Vertrag für die Zukunft beendet (ex nunc). Die Wirkung der Kündigung kann sofort (fristlose Kündigung) oder erst nach Ablauf eines bestimmten Zeitraums eintreten (befristete Kündigung). Das Kündigungsrecht kommt vor allem bei Dauerschuldverhältnissen vor (Miet-, Pacht-, Arbeitsvertrag). Es ist zwischen ordentlicher und außerordentlicher Kündigung zu unterscheiden. Die **ordentliche Kündigung** setzt zumeist die Einhaltung einer bestimmten Frist voraus. Ist das Dauerschuldverhältnis auf bestimmte Zeit geschlossen, ist die ordentliche Kündigung ausgeschlossen. Die Möglichkeit der Kündigung von Dauerschuldverhältnissen aus wichtigem Grund (**außerordentliche Kündigung**) ist in § 314 BGB normiert. Danach können Dauerschuldverhältnisse ohne Einhaltung einer Kündigungsfrist gekündigt werden, wenn ein wichtiger Grund vorliegt. Das Recht zur Kündigung aus wichtigem Grund tritt bei in Vollzug gesetzten Dauerschuldverhältnissen an die Stelle des Rücktrittsrechts (BGH NJW 1981, 1264; 1986, 124, 125). Ein wichtiger Grund liegt vor, wenn die Fortsetzung des Vertrags dem kündigenden Teil unzumutbar ist, wobei die beiderseitigen Interessen gegeneinander abzuwiegen sind.

Beispiele:

- körperliche Misshandlung,

- ernstzunehmende Bedrohung oder Beleidigung,.

Die Parteien können sich ferner ein **Rücktrittsrecht** vertraglich vorbehalten, vgl. § 346 Abs. 1 BGB. Allerdings ist bei einer entsprechenden Formulierung in AGB § 308 Nr. 3 BGB zu beachten. Wird der Rücktritt wirksam erklärt, vgl. § 349 BGB, erlöschen sämtliche Erfüllungsansprüche, die empfangenen Leistungen sind zurückzugewähren und die gezogenen Nutzungen herauszugeben. Anders als die Kündigung wirkt der Rücktritt also auch für die Vergangenheit (ex tunc). Statt der Rückgewähr hat der Schuldner Wertersatz zu leisten, wenn die Rückgewähr bzw. die Herausgabe nach der Natur des Erlangten ausgeschlossen ist oder der empfangene Gegenstand verbraucht, veräußert, verarbeitet etc. wurde. Wertersatz kommt zudem in Betracht, wenn der empfangene Gegenstand sich verschlechtert hat oder untergegangen ist, § 346 Abs. 2 BGB. Die Pflicht zum Wertersatz entfällt unter den Voraussetzungen des § 346 Abs. 3 BGB.

Merken Sie sich folgende Definitionen: **Verschlechterung** ist jede nachteilige Veränderung der Substanz oder der Funktionstüchtigkeit des Gegenstandes, der zurückzugewähren ist. **Untergang** ist die vollständige Vernichtung der Sachsubstanz.

Besondere Regeln zur Rückgabe und zum **Widerruf** bei Verbraucherverträgen enthalten die §§ 355 ff. BGB (s. S. 32, 116 ff.). Wichtig sind in diesem Zusammenhang nicht zuletzt die Regelungen des § 358 und des § 359a BGB über verbundene und diesen gleichgestellte Verträge. Hat der Verbraucher seine Willenserklärung wirksam widerrufen, die auf den Abschluss eines Vertrags über die Lieferung einer Ware oder die Erbringung einer Dienstleistung gerichtet war, kann er zugleich den damit verbundenen Verbraucherdarlehensvertrag widerrufen, durch den das Geschäft finanziert werden sollte, § 358 Abs. 1 BGB. Der Begriff wird hinsichtlich des Erwerbs eines Grundstücks oder eines grundstücksgleichen Rechts in Abs. 3 Satz 3 konkretisiert.

II. Störung der Geschäftsgrundlage

1. Einführung

Bei einem Vertragsschluss gehen die Parteien regelmäßig von Vorstellungen über das Vorhandensein oder den künftigen Eintritt bestimmter Umstände aus. Auf diesen beruht der Vertrag, ohne dass ihre Vorstellungen zum Inhalt einer ausdrücklichen Vereinbarung werden. Wird später deutlich, dass die vorgestellten Umstände entgegen den Erwartungen nicht vorhanden waren, nicht eingetreten oder weggefallen sind, will die Partei, zu deren Nachteil sich dies auswirkt, den Vertrag den wirklichen Umständen anpassen oder ihn auflösen. Gerade über diejenigen Verhältnisse, welche die Parteien für sicher und selbstverständlich halten, machen sie sich zumeist keine Vorstellungen. Eine Anfechtung wegen Irrtums scheidet daher aus. Weil die Vertragspartner sich der Bedeutung der jeweiligen Umstände nicht bewusst sind, müssen von der Rechtsordnung geeignete Instrumente zur Verfügung gestellt werden, um eine flexible Lösung für solche Fälle vorzusehen, vgl. § 313 BGB.

Allerdings dürfen diese Regeln das allgemeine **System der Risikoverteilung** beim Abschluss schuldrechtlicher Verträge nicht stören. In diesem Zusammenhang sind mindestens drei Risikoarten zu unterscheiden:

- Verwendungsrisiko. Hierunter versteht man das Risiko, den geschuldeten Leistungsgegenstand so zu verwenden, wie bei Vertragsschluss vorgesehen. Dieses Risiko trägt regelmäßig der Gläubiger des Leistungsanspruchs (Kauft B für ihre Hochzeit bei V ein Hochzeitskleid, kann sie den Kauf nicht unter dem Gesichtspunkt der Störung der Geschäftsgrundlage rückabwickeln, sollte sich die Hochzeit kurzfristig zerschlagen.).

- Äquivalenzrisiko. Das Risiko, ob das Wertverhältnis zwischen Leistung und Gegenleistung angemessen ist, trägt jede Partei für ihre Verpflichtungen selbst.
- Motivirrtum. Jede Partei trägt das Risiko dafür, dass sie sich über die für den Vertragsschluss maßgeblichen Umstände irrt. Motivirrtümer sind daher grds. unbeachtlich.

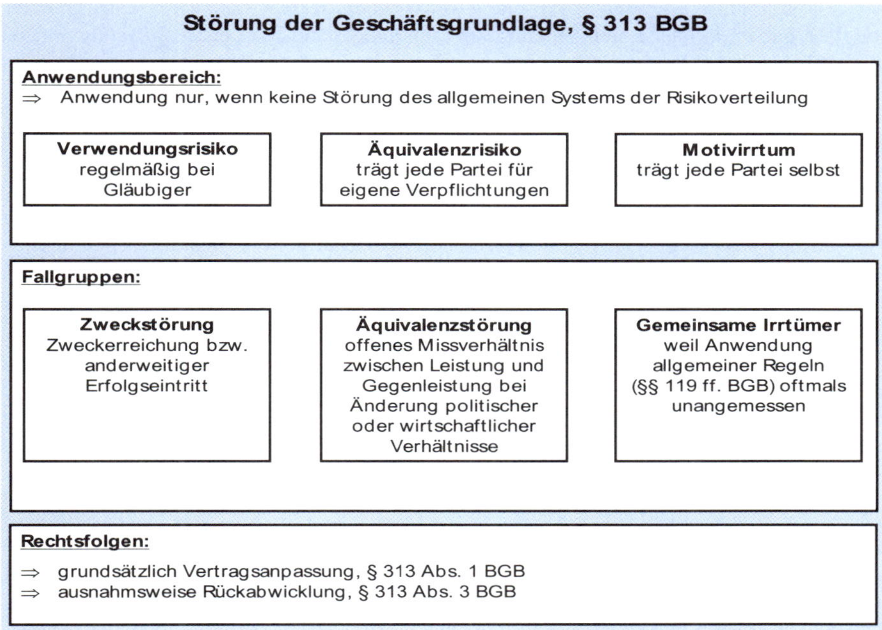

Schaubild 19

2. Voraussetzungen der Störung der Geschäftsgrundlage

Prüfungsschema für das Fehlen bzw. die **Störung der Geschäftsgrundlage** (vgl. § 313 BGB):

- Es muss eine Regelungslücke vorliegen. Daher sind zunächst die bekannten Auslegungsregeln und das einschlägige vertragliche wie gesetzliche Instrumentarium zu prüfen. Ferner bestehen Sonderregeln, wie etwa die §§ 490, 530, 531 BGB, die der Störung der Geschäftsgrundlage vorgehen.
- Tatsächliches oder reales Element: Ein Umstand muss zur Geschäftsgrundlage geworden sein. Diese Geschäftsgrundlage fehlte von Anfang an oder ist später weggefallen.
- Hypothetisches Element: Die sich auf die Störung der Geschäftsgrundlage berufende Partei hätte bei Kenntnis den Vertrag so nicht geschlossen.
- Normatives Element: Die Gegenseite muss sich nach Treu und Glauben auf die geänderte Sachlage einlassen.
- Das Festhalten am Vertrag ist unzumutbar, die Änderung hingegen zumutbar.

§ 313 Abs. 1 BGB erfasst die nachträgliche, Abs. 2 die anfängliche Störung der Geschäftsgrundlage Die wichtigsten Fallgruppen zur Anwendung der Regeln über den Wegfall der Geschäftsgrundlage sind:

- Zweckstörung. Bei dieser Fallgruppe ist zu beachten, dass grds. der Gläubiger das Verwendungsrisiko trägt. Bei der Zweckstörung lassen sich zwei Untergruppen bestimmen: Bei der ersten Untergruppe kann die geschuldete Leistungs*handlung* nicht mehr vorgenommen werden, weil der Leistungs*erfolg* anderweitig eingetreten ist (Zweckerreichung). Bei der zweiten Untergruppe kann die geschuldete Leistungshandlung noch vorgenommen werden, doch kann der vertragsmäßige Erfolg nicht mehr erreicht werden (A vermietet B einen Fensterplatz mit Blick auf den bevorstehenden Rosenmontagsumzug. Kurzfristig fällt der Umzug jedoch aus.).
- Äquivalenzstörung. Es kann ein offenes Missverhältnis zwischen Leistung und Gegenleistung bestehen, wenn sich politische oder wirtschaftliche Verhältnisse ändern. Hier kann es gerechtfertigt sein, den Vertrag an geänderte Umstände anzupassen (V verpachtet an P eine Sportgaststätte neben dem Stadion. Drei Jahre später wird das Stadion geschlossen. Hier kann P Herabsetzung des Pachtzinses nach den Grundsätzen der Störung der Geschäftsgrundlage verlangen.).
- Gemeinsame Irrtümer. Jede Partei trägt grds. das Risiko, dass sie sich über die bei Vertragsschluss maßgeblichen Umstände geirrt hat. Motivirrtümer sind dabei grds. unbeachtlich. Liegt jedoch ein gemeinsamer Irrtum vor, kann § 313 BGB und nicht die §§ 119 ff. BGB Anwendung finden (BGHZ 25, 390, 392).

3. Rechtsfolgen

Grds. ist der Vertrag an die geänderten Umstände anzupassen, § 313 Abs. 1 BGB. Leitbild ist dabei, was die Parteien bei Kenntnis der wahren Rechtslage vereinbart hätten. Die Anhaltspunkte sind aus dem Vertrag selbst zu entnehmen. Danach sind dieselben Erwägungen zu treffen, die auch bei der ergänzenden Vertragsauslegung gelten. Nur wenn die Anpassung nicht möglich ist, wird rückabgewickelt, § 313 Abs. 3 BGB. Dies ist jedenfalls dann der Fall, wenn ein Vertragsschluss bei Kenntnis der wahren Sachlage ganz unterblieben wäre.

Kurzrepetitorium

Beendigung eines Schuldverhältnisses:

- Bei ordnungsgemäßer Leistungserbringung Beendigung eines Schuldverhältnisses regelmäßig durch Erfüllung i.S.d. § 362 Abs. 1 BGB.
- (Ausnahmsweise) Beendigung, wenn Parteien darüber einig sind.
- Einseitige Beendigung nur durch Rücktritt und Kündigung, entweder vertraglich vereinbart oder von Gesetzes wegen.
- Rücktritt: Umwandlung des ursprünglichen Schuldverhältnisses in ein Rückgewährschuldverhältnis, §§ 346 ff. BGB (Wirkung auch für die Vergangenheit).
- Kündigung: Beendigung von in Vollzug gesetzten Dauerschuldverhältnissen (Wirkung nur für die Zukunft).
- § 314 BGB: Kündigung aus wichtigem Grund.

Störung der Geschäftsgrundlage:

- § 313 BGB: Vertragsanpassung oder -auflösung, wenn sich gewisse Umstände, die zum Vertragsschluss geführt haben, sog. Geschäftsgrundlage, verändert haben.
- Besondere Berücksichtigung der Risikoverteilung.
- Wichtigste Fallgruppen: Äquivalenzstörung, die durch ein krasses Missverhältnis zwischen Leistung und Gegenleistung bestimmt wird; Fälle gemeinsamer Irrtümer; Zweckstörung.
- Zweckstörung: Leistungshandlung kann nicht mehr vorgenommen werden, weil der Leistungserfolg anderweitig eingetreten ist, oder Leistungshandlung könnte zwar noch vorgenommen werden, aber der vertragsmäßige Erfolg kann nicht mehr erreicht werden.

§ 17 Leistungsstörungen

I. Einführung

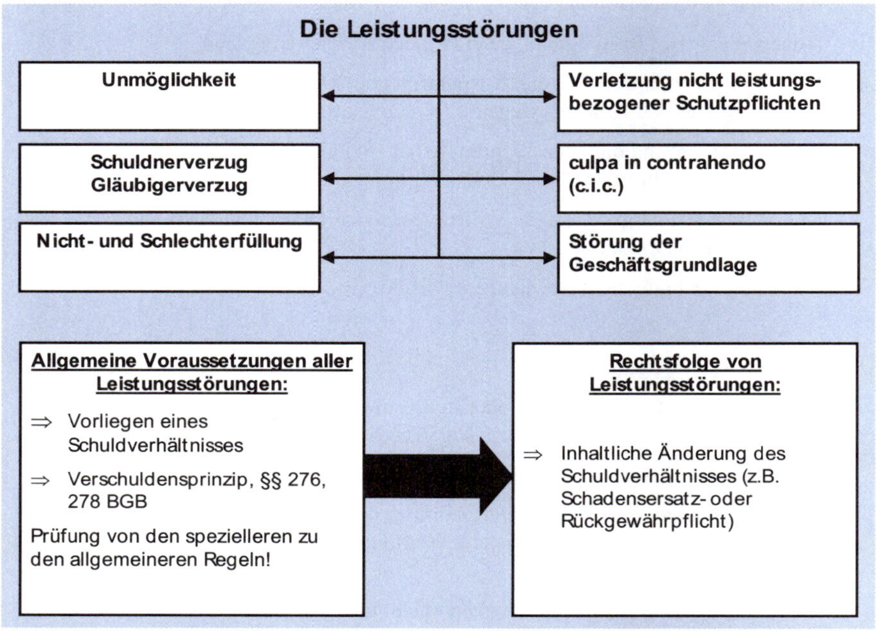

Schaubild 20

Leistungsstörungen sind alle Hindernisse, die einer ordnungsgemäßen Abwicklung des Schuldverhältnisses entgegenstehen. Welche Pflichten ein Schuldverhältnis entstehen lässt und wie man diese Pflichten einteilen kann, wurde bereits oben angesprochen (s. S. 60 ff.). Erfüllt der Schuldner seine Leistungsverpflichtungen aus einem Schuldverhältnis nicht oder verletzt er Verhaltenspflichten, sind zunächst die im Individualvertrag oder in den AGB wirksam vereinbarten Rechtsfolgen zu beachten. Fehlt es an solchen Vereinbarungen, greift das nachfolgend zu besprechende gesetzliche Instrumentarium des Allgemeinen Teils des Schuldrechts ein. Für alle Formen von Schuldverhältnissen enthalten dabei die §§ 275 bis 304 BGB Vorschriften über allgemeine Leistungsstörungen. Weitere (speziellere) Regelungen über Leistungsstörungen finden sich in den §§ 311 ff. BGB für alle Verträge und in den §§ 320 bis 326 BGB für den Sonderfall der gegenseitigen Verträge.

Leistungsstörungen gibt es nur in einem – gesetzlichen oder vertraglichen – Schuldverhältnis. Erst wenn das Bestehen eines Schuldverhältnisses bejaht wird, kann in einem zweiten Schritt die Art der Leistungsstörung ermittelt werden. Die Prüfung hat von den spezielleren zu den allgemeineren Regeln zu erfolgen. Für die meisten Leistungsstörungsregeln ist das Vertretenmüssen des Schuldners eine wichtige Voraussetzung. Es gilt grds. das Verschuldensprinzip, vgl. §§ 276, 278 BGB.

Die Rechtsfolge einer Leistungsstörung ist, allgemein ausgedrückt, eine inhaltliche Änderung des Schuldverhältnisses, d.h., dass Pflichtengefüge des Schuldverhältnisses ändert seinen Bestand. Die ursprüngliche Leistungspflicht kann ganz oder teilweise entfallen, sich in eine Rückgewähr- oder Schadensersatzpflicht wandeln oder durch eine Schadensersatzpflicht ergänzt werden.

II. Unmöglichkeit der Leistung

1. Begriff und Arten der Unmöglichkeit

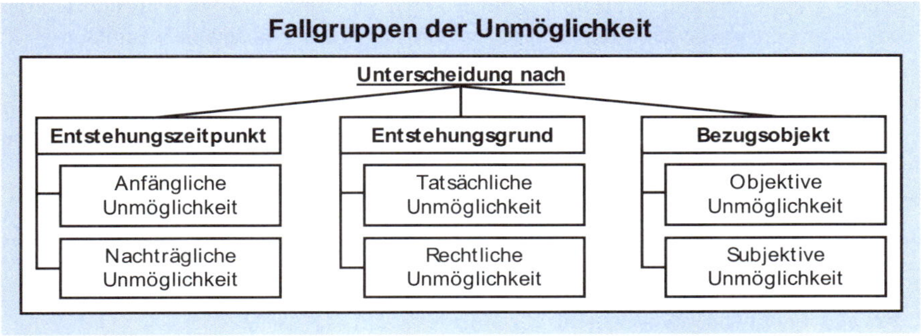

Schaubild 21

Unmöglichkeit bedeutet, dass die geschuldete Leistung nicht erbracht werden kann. Sie kann auf tatsächlichen oder auf rechtlichen Gründen beruhen. Tatsächliche Unmöglichkeit besteht, wenn der Leistungsgegenstand (Sache oder Recht) nicht existiert oder vollständig untergeht. Daneben kann die Unmöglichkeit aber auch auf rechtlichen Gründen beruhen. Dies ist insbesondere dann der Fall, wenn die Leistung von einer behördlichen Genehmigung abhängt oder wenn ihre Erbringung gegen ein gesetzliches Verbot verstößt.

§ 275 Abs. 1 BGB macht deutlich, dass der Anspruch auf Leistung ausgeschlossen ist, soweit das Erbringen der Leistung unmöglich ist. Dabei kommt es nicht darauf an, ob die Unmöglichkeit schon vor dem Eingehen des Schuldverhältnisses (Vertragsschluss) bestanden hat (anfängliche Unmöglichkeit) oder erst danach eingetreten ist (nachträgliche Unmöglichkeit). Es spielt ferner keine Rolle, ob die Leistungserbringung nur dem Schuldner (subjektiv) oder jedermann (objektiv) unmöglich ist. Weshalb es zur Unmöglichkeit kommt, also ob der Schuldner die Unmöglichkeit zu vertreten hat oder nicht, spielt für § 275 BGB keine Rolle.

Beispiele:

- Der bereits verkaufte Gebrauchtwagen wird am Abend vor der Übereignung vom Dieb D gestohlen. Hier tritt für den Verkäufer Unmöglichkeit ein, obwohl der D theoretisch den Wagen herausgeben könnte.

- V verkauft seinen gebrauchten PKW an K, obwohl der Wagen zu diesem Zeitpunkt bereits einen Totalschaden erlitten hat, weil der 15-jährige Sohn des V damit eine Spritztour unternommen hat. Hier ist bereits vor Vertragsschluss für jedermann Unmöglichkeit eingetreten.

In den Fällen der sog. **starken Leistungserschwerung** (auch praktische oder faktische Unmöglichkeit genannt) ist das Herbeiführen des Leistungserfolgs zwar theoretisch möglich, praktisch aber sinnlos. Diese Sachverhalte sind dem Unmöglichkeitsrecht zuzuordnen. § 275 Abs. 2 BGB erfasst solche Konstellationen, in denen die Leistungspflicht ausgeschlossen ist. So kann der Schuldner die Leistung verweigern, soweit diese einen Aufwand erfordert, der unter Beachtung des Inhalts des Schuldverhältnisses und des Gebots von Treu und Glauben in einem groben Missverhältnis zu dem Leistungsinteresse des Gläubigers steht. Hier ist die Behebung des Leistungshindernisses zwar theoretisch denkbar, aber kein vernünftiger Mensch kann sie ernsthaft erwarten. Der Aufwand ist allein am Leistungsinteresse des Gläubigers zu orientieren; persönliche Interessen des Schuldners werden dabei nicht berücksichtigt.

Beispiel: Der geschuldete Ring fällt in einen See. Hier könnte man zwar theoretisch den See leer pumpen, um an den Ring zu kommen, dies ist jedoch niemandem zuzumuten.

Ergänzt wird diese Bestimmung durch Abs. 3. Er enthält ein Leistungsverweigerungsrecht für die Fälle, in denen die Leistung in der Person des Schuldners zu erbringen und dem Schuldner unter Abwägung des Leistungsinteresses des Gläubigers und des Leistungshindernisses auf Seiten des Schuldners nicht zugemutet werden kann. Anders als bei Abs. 2 werden bei Abs. 3 die persönlichen Umstände des Schuldners berücksichtigt.

Beispiel: Der Sohn der Sängerin T ist lebensgefährlich erkrankt. Die T weigert sich daher, am Abend ein Konzert zu geben.

2. Rechtsfolgen der Unmöglichkeit

Als Rechtsfolge sieht § 275 Abs. 2 u. 3 BGB im Gegensatz zu Abs. 1 ein Leistungsverweigerungsrecht des Schuldners und damit eine bloße Einrede vor. Hinsichtlich der weiteren Rechtsfolgen verweist § 275 Abs. 4 BGB (rein deklaratorisch) auf die §§ 280, 283 bis 285 bzw. §§ 311 a, 326 BGB. Unter den Voraussetzungen der §§ 280, 283 BGB kann der Gläubiger in den Fällen des § 275 Abs. 1 bis 3 BGB Schadensersatz statt der Leistung verlangen.

Erlangt der Schuldner infolge eines Umstandes, aufgrund dessen er die Leistung nach § 275 Abs. 1 bis 3 BGB nicht zu erbringen braucht, einen Ersatz (sog. stellvertretendes commodum), muss er diesen nach § 285 Abs. 1 BGB dem Gläubiger herausgeben bzw. abtreten.

Beispiel: Das von V an K verkaufte Segelboot war in der Nacht vor Abschluss des Kaufvertrags in einem Sturm gekentert. Erhält V hierfür die Versicherungssumme, muss er diese u.U. an K nach § 285 Abs. 1 BGB herausgeben.

Der nur für Verträge geltende § 311 a Abs. 1 BGB macht deutlich, dass die Unmöglichkeit nach § 275 Abs. 1 oder das Leistungsverweigerungsrecht nach § 275 Abs. 2 u. 3 BGB die Wirksamkeit des Vertrags nicht tangiert (dazu gleich im Anschluss).

3. Unmöglichkeit und Verträge

Während § 275 BGB für alle gesetzlichen wie vertraglichen Schuldverhältnisse gilt, ist in § 311 a BGB die Bedeutung der Unmöglichkeit für Verträge geregelt. Nach § 311 a Abs. 1 BGB steht es der Gültigkeit eines Vertrags nicht entgegen, dass die Leistung für den Schuldner oder für jedermann schon bei Vertragsschluss unmöglich ist. Nicht ausgeschlossen von der Regelung ist der Fall, dass der Vertrag aus einem anderen Grund als wegen der Unmöglichkeit nichtig oder anfechtbar ist (z.B. wegen Verstoßes gegen § 134 BGB). Im Falle des § 275 Abs. 1 BGB bedeutet dies, dass ein Vertrag ohne primäre Leistungspflicht entsteht. Dieser bildet eine Grundlage für einen etwaigen Surrogationsanspruch nach § 285 BGB und für die Ersatzansprüche nach § 311 a Abs. 2 BGB.

Bei § 311 a Abs. 2 BGB handelt es sich um eine eigenständige Anspruchsgrundlage (str.) und nicht um einen Unterfall des allgemeinen Pflichtverletzungstatbestands des § 280 BGB (s. S. 100 ff.). Danach kann der Gläubiger nach seiner Wahl Schadensersatz statt der Leistung oder Ersatz seiner Aufwendungen in dem in § 284 BGB bestimmten Umfang verlangen. § 311 a Abs. 2 BGB gewährt einen Anspruch auf Ersatz des positiven Interesses.

Der zweite Satz des Abs. 2 macht jedoch deutlich, dass es auf ein Verschulden des Schuldners ankommt. Die Haftung entfällt nämlich, wenn der Schuldner das Leistungshindernis bei Vertragsschluss nicht kannte und diese Unkenntnis auch nicht zu vertreten hat.

Braucht der Schuldner nach § 275 Abs. 1 bis 3 BGB nicht zu leisten, entfällt bei gegenseitigen Verträgen nach § 326 Abs. 1 BGB der Anspruch auf die Gegenleistung. § 275 BGB regelt also das Schicksal der Leistung; § 326 Abs. 1 BGB dasjenige der Gegenleistung.

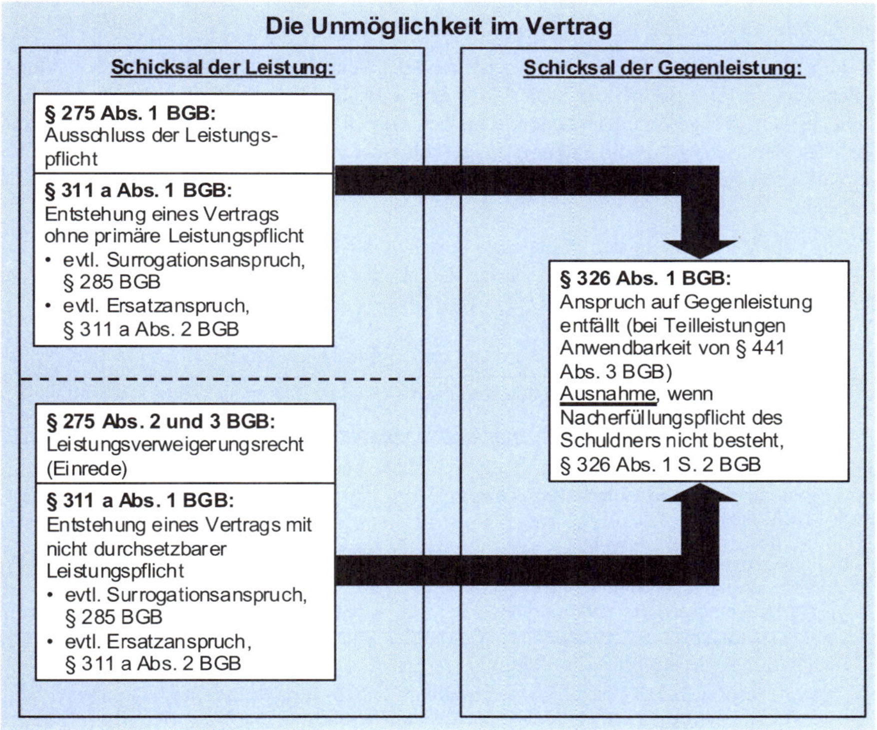

Schaubild 22

III. Der Verzug

1. Schuldnerverzug

a) Begriff

Der **Schuldnerverzug** stellt einen Fall der Leistungsstörung dar und ist in den §§ 286 ff. BGB geregelt. Hierbei leistet der Schuldner nicht, obwohl die Leistung fällig und ihm auch möglich ist. Im Rahmen des Schuldnerverzugs ist hinsichtlich der geschuldeten Leistung zu differenzieren, da für Entgeltforderungen eine besondere Bestimmung existiert, vgl. § 286 Abs. 3 BGB. In jedem Fall muss eine rechtswidrige Verzögerung vom Schuldner zu vertreten sein, um die Verzugsfolge herbeizuführen, § 286 Abs. 4 BGB.

b) Voraussetzungen des Verzugs bei Ansprüchen auf Sachleistungen

aa) Vorliegen eines Erfüllungsanspruchs

Verzug setzt einen Erfüllungsanspruch voraus, wobei sich dieser sowohl aus einem rechtsgeschäftlichen als auch aus einem gesetzlichen Schuldverhältnis ergeben kann. Auf gesetzliche Schuldverhältnisse sind die Verzugsregeln aber nur anwendbar, soweit keine Sonderregeln bestehen.

bb) Nichtleistung

Weitere Voraussetzung für den Verzug ist, dass der Schuldner eine vertragliche Leistungspflicht nicht erfüllt. So erlischt nach § 362 Abs. 1 BGB das Schuldverhältnis in dem Moment, in dem die geschuldete Leistung an den Gläubiger bewirkt wird. Ab diesem Zeitpunkt ist der Verzug für die Zukunft ausgeschlossen. Zur Leistungserbringung gehört regelmäßig das Bewirken des Leistungserfolgs, sodass bis zum Erfolgseintritt Nichtleistung vorliegt.

Verzug scheidet ferner in den Fällen aus, in denen der Grund für den Nichteintritt des Erfüllungserfolgs aus dem Risikobereich des Gläubigers stammt. In diesem Fall kommt zudem Gläubigerverzug in Betracht, §§ 293 ff. BGB (s. S. 97 ff.).

Der Schuldnerverzug, §§ 286 ff. BGB

Begriff: Verzug ist schuldhafte Nichtleistung trotz Fälligkeit, Mahnung und Möglichkeit der Leistung

Voraussetzungen:

I. Vorliegen eines Erfüllungsanspruchs
II. Nichtleistung
III. Möglichkeit der Leistung
IV. Fälliger und durchsetzbarer Anspruch
V. Mahnung (evtl. entbehrlich, vgl. §§ 286 Abs. 2, 242 BGB)
VI. Vertretenmüssen der Verzögerung, § 286 Abs. 4 BGB

Besonderheit bei Entgeltforderungen:

Gem. § 286 Abs. 3 BGB gesetzlicher Verzugseintritt spätestens 30 Tage nach Zugang einer Rechnung oder gleichwertigen Zahlungsaufforderung

Rechtsfolgen:

I. Schadensersatzanspruch des Gläubigers
- Verzögerungsschaden, § 280 Abs. 2 BGB i.V.m. § 286 BGB
- Schadensersatz statt der Leistung, § 280 Abs. 3 BGB i.V.m. § 281 BGB

II. Ansprüche des Gläubigers bei gegenseitigen Verträgen
- § 323 Abs. 1 BGB: Rücktrittsmöglichkeit bei Verzug des Schuldners mit einer Hauptleistungspflicht nach erfolgter Fristsetzung (entbehrlich gem. § 323 Abs. 2 BGB), Ausnahme bei § 323 Abs. 6 BGB: Verschulden des Gläubigers oder Annahmeverzug

Schaubild 23

cc) Möglichkeit der Leistung

Zur Nichtleistung muss hinzukommen, dass die Leistung dem Schuldner noch möglich ist. Unmöglichkeit und Verzug können also nie zugleich vorliegen. Während bei Unmöglichkeit ein dauerndes Leistungshindernis vorliegt, ist dieses beim Verzug nur vorübergehender Natur. Als Abgrenzungskriterium ist danach zu fragen, ob die geschuldete Leistung noch nachholbar und dies dem Schuldner zumutbar ist.

Problematisch ist diese Abgrenzung in den Fällen, in denen die Leistungserbringung an einen bestimmten Zeitpunkt geknüpft war. Grds. tritt allein durch Zeitablauf keine Unmöglichkeit ein. Der Schuldner kommt lediglich unter den Voraussetzungen des § 286 BGB in Verzug. Unmöglichkeit infolge Zeitablaufs ist aber dann gegeben, wenn die Leistung nicht mehr nachholbar ist. Von einem solchen **absoluten Fixgeschäft** spricht man, wenn die Einhaltung der Leistungszeit so wesentlich ist, dass die verspätete Leistung keine Erfüllung mehr darstellt. Der bloße Wegfall des Interesses beim Gläubiger führt hingegen nicht zur Unmöglichkeit, vgl. § 323 Abs. 2 Nr. 3 BGB, der eine Abwägung der beiderseitigen Interessen fordert.

Beispiele: Lieferung des Hochzeitskleides erst nach der Hochzeit. Das Taxi, mit dem A von seiner Wohnung zum Flughafen fahren will, um eine Urlaubsreise anzutreten, trifft erst vor der Wohnung ein, als das Flugzeug schon startet. In beiden Fällen liegt ein absolutes Fixgeschäft vor.

Das **absolute** Fixgeschäft ist vom **relativen** Fixgeschäft zu unterscheiden, bei dem die Leistung auch bei Überschreitung des Termins möglich bleibt, dem Gläubiger aber ein Rücktrittsrecht eingeräumt wird (Mähdrescher wird erst nach der Erntezeit geliefert). Eine Regelung für das relative Fixgeschäft ist in § 323 Abs. 2 Nr. 2 BGB enthalten.

Beim Fixhandelskauf nach § 376 HGB kann der Erfüllungsanspruch nur geltend gemacht werden, wenn der Gläubiger nach Fristablauf sofort die Erfüllung begehrt. Der Gläubiger kann nicht nur im Zweifel, wie bei § 323 BGB, sondern ohne weiteres vom Vertrag zurücktreten oder, falls der Schuldner im Verzug ist, Schadensersatz verlangen.

dd) Fälliger und durchsetzbarer Anspruch

Der Anspruch des Gläubigers muss fällig und durchsetzbar sein. Er ist dann fällig, wenn der Schuldner die Leistung, zu der er verpflichtet ist, erfüllen muss. Die Fälligkeit kann dabei durch ein bestimmtes Datum oder auch durch eine Frist festgelegt werden. Sie ist noch nicht eingetreten, wenn der Schuldner die Leistung lediglich schon erfüllen darf, ohne dazu bereits verpflichtet zu sein. Ergibt sich die Fälligkeit weder aus einer Vereinbarung noch aus den Umständen, so greift die gesetzliche Regelung des § 271 BGB. Mit dem Merkmal der Durchsetzbarkeit soll erreicht werden, dass der Gläubiger keinen Anspruch durchsetzen kann, der einrede- oder einwendungsbehaftet ist.

ee) Mahnung

Die Fälligkeit und die Durchsetzbarkeit des Anspruchs reichen für den Verzug nicht aus, sondern es ist grds. noch eine **Mahnung** erforderlich. Die Mahnung soll dem Schuldner deutlich machen, dass das Versäumnis der Leistung für ihn nachteilige Folgen haben kann. Somit erfüllt die Mahnung eine Warnfunktion. Mahnung ist die eindeutige und bestimmte Aufforderung an den Schuldner, die Leistung zu erbringen. Bei der Mahnung handelt es sich um keine Willenserklärung, da der Verzugseintritt nicht durch den Willen des Gläubigers, sondern durch das Gesetz bestimmt wird. Es liegt vielmehr eine geschäftsähnliche Handlung vor. Keine Mahnung liegt in der Mitteilung, die Forderung sei nunmehr fällig oder in der Formulierung, der Leistung werde gern entgegen gesehen. Auch die einseitige

Bestimmung eines Zahlungsziels auf der Rechnung reicht nicht aus, weil sonst die 30-Tage-Frist und die Belehrungspflicht gegenüber dem Verbraucher aus § 286 Abs. 3 BGB leer liefen (BGHZ 174, 77).

Eine Mahnung kann entbehrlich sein; dies kommt entweder aufgrund der Tatbestände des § 286 Abs. 2 BGB oder aufgrund von Treu und Glauben, § 242 BGB, in Betracht (besondere Dringlichkeit der Leistung bei Notfällen; Schuldner hat die Leistung zuvor ernsthaft und endgültig verweigert). Zu beachten ist ferner § 286 Abs. 1 Satz 2 BGB, wonach die Erhebung der Leistungsklage und die Zustellung eines Mahnbescheides der Mahnung gleichstehen.

ff) Vertretenmüssen der Verzögerung

Der Verzug tritt schließlich nur ein, wenn der Schuldner die Verzögerung seiner Leistungserbringung zu vertreten hat, § 286 Abs. 4 BGB. Das Verschulden wird vom BGB aber nicht als Voraussetzung des Verzugs angesehen, sondern das Nichtvertretenmüssen als Befreiungsgrund. Als Verschuldensmaßstab gelten dabei die allgemeinen Regeln der §§ 276 bis 278 BGB. Die Beweislast für fehlendes Verschulden trifft den Schuldner. Kein Verschulden liegt etwa vor, wenn der persönlich leistungspflichtige Schuldner schwer erkrankt.

c) Voraussetzungen des Verzugs bei Entgeltforderungen

Der entscheidende Unterschied zwischen den Sach- und Entgeltforderungen liegt darin, dass für letztere zusätzlich § 286 Abs. 3 BGB gilt. Bei **Geldforderungen** kann demnach der Gläubiger den Schuldner durch eine Mahnung, die nach dem Eintritt der Fälligkeit erfolgt, in Verzug setzen. Zusätzlich kommt der Schuldner kraft Gesetzes in Verzug, wenn nach Fälligkeit der Forderung und Zugang einer Rechnung oder gleichwertigen Zahlungsaufstellung 30 Tage vergangen sind. Unabhängig vom Verhalten des Gläubigers kommt der Schuldner also nach einer Schutzfrist von 30 Tagen ab Zugang der Rechnung/Zahlungsaufforderung in Verzug. Gegenüber einem Verbraucher gilt diese Erweiterung der Gläubigerrechte aber nur, wenn auf diese Folge in der Rechnung oder Zahlungsaufstellung hingewiesen wurde.

d) Rechtsfolgen des Schuldnerverzugs

aa) Ansprüche des Gläubigers

Liegt Schuldnerverzug vor, kann der Gläubiger folgende Ansprüche geltend machen:

- Verzögerungsschaden, § 280 Abs. 1 u. 2 BGB i.V.m. § 286 BGB;
- Schadensersatz statt der Leistung, § 280 Abs. 3 BGB i.V.m. § 281 BGB.

Der Ersatz des **Verzögerungsschadens** unterscheidet sich vom Inhalt der Ansprüche auf **Schadensersatz statt der Leistung**, da nur der Schaden ersetzt wird, der gerade aufgrund der Verzögerung entsteht. Die Abgrenzung gegenüber dem Schadensersatz statt der Leistung wird regelmäßig nach folgender Formel ermittelt: Kann der geltend gemachte Schaden auch bei einer (verspäteten) Erfüllung entstanden sein, ist von einem Verzögerungsschaden auszugehen. Ist der geltend gemachte Schaden nur bei einer Nichterfüllung denkbar, ist § 280 Abs. 1 u. 3 BGB i.V.m. § 281 BGB zu prüfen.

Beim Schadensersatz statt der Leistung ist der Gläubiger so zu stellen, wie er wirtschaftlich stehen würde, wenn der Schuldner seine Verpflichtung ordnungsgemäß erfüllt hätte. Um Schadensersatz statt der Leistung verlangen zu können, muss der Gläubiger dem Schuldner erfolglos eine angemessene Frist zur Leistung oder Nacherfüllung bestimmt haben.

Gemäß § 288 Abs. 1 BGB ist eine Geldschuld während des Verzugs zu verzinsen. Auch die Geltendmachung eines weitergehenden Schadens bleibt dem Gläubiger gemäß § 288 Abs. 4 BGB unbenommen.

Wichtig ist auch, dass der Schuldner nach § 287 BGB während des Verzuges verschärft haftet, etwa auch für Zufall.

bb) Ansprüche des Gläubigers beim gegenseitigen Vertrag

Wie schon angesprochen, enthalten die §§ 320 ff. BGB Sonderregeln für gegenseitige Verträge, die der besonderen Interessenlage im gegenseitigen Vertrag entgegenkommen. Dem Gläubiger ist es wichtig zu wissen, wie lange er noch auf die Gegenleistung zu warten und dementsprechend seine eigene Leistung bereitzuhalten hat. Der Schuldner ist demgegenüber daran interessiert, seine Leistung auch noch nach Eintritt des Verzugs bereitzuhalten. Wird die fällige Leistung nicht oder nicht rechtzeitig erbracht, kann der Gläubiger vom gegenseitigen Vertrag unter den Voraussetzungen des § 323 BGB zurücktreten:

- Für § 323 Abs. 1 BGB muss ein gegenseitiger Vertrag vorliegen.
- Ferner muss der Schuldner eine fällige Leistung nicht erbracht haben.
- Weitere Voraussetzung ist die erfolglose Fristsetzung. Diese soll dem Schuldner vor Augen führen, dass der Gläubiger nun die Leistung erwartet und sie andernfalls nach Ablauf der Frist ablehnen wird. Diese Nachfrist muss angemessen sein. Die Angemessenheit bestimmt sich dabei nach den jeweiligen Interessen der Vertragsparteien, wie sie sich aus den Umständen des Vertrags ergeben. Eine zu kurz bemessene Nachfrist führt nicht zur Unwirksamkeit der Fristsetzung, sondern lässt eine angemessene Frist beginnen. Die Fristsetzung kann unter den Voraussetzungen des § 323 Abs. 2 BGB entbehrlich sein. Verzug ist also keine Voraussetzung für § 323 BGB.
- Der Rücktritt ist ausgeschlossen, wenn der Gläubiger für den Umstand, der ihn zum Rücktritt berechtigen würde, allein oder überwiegend verantwortlich ist oder wenn er sich zu diesem Zeitpunkt in Annahmeverzug befunden hat, § 323 Abs. 6 BGB.

Ist die gesetzte Nachfrist abgelaufen (oder entbehrlich), ohne dass der Schuldner zumindest die Leistungshandlung erbracht hat, kann der Gläubiger den Rücktritt vom Vertrag erklären. Das Recht, Schadensersatz zu verlangen, bleibt unberührt, § 325 BGB (BGHZ 174, 290).

2. Gläubigerverzug

a) Begriff

Mit **Gläubiger- oder Annahmeverzug** wird das Gegenstück zum Verzug des Schuldners bezeichnet. Er liegt vor, wenn der Gläubiger die ihm ordnungsgemäß angebotene Leistung nicht annimmt. Geregelt ist der Gläubigerverzug in den §§ 293 ff. BGB. Der Schuldner im Schuldnerverzug verletzt eine ihm rechtlich auferlegte Pflicht, wenn er eine mögliche Leistung nicht erbringt. Demgegenüber stellt das Unterlassen der Mitwirkungshandlung beim Gläubigerverzug keine Verletzung einer Rechtspflicht dar, sondern lediglich eine Obliegenheit. Dies bedeutet, dass die Verletzung nicht zu einer Schadensersatzpflicht des Gläubigers führen kann, da der Schuldner keinen Anspruch auf die Leistungserbringung hat. Der Annahmeverzug kann dem Gläubiger aber rechtliche Nachteile bringen, die vor allem in den §§ 300 bis 304 BGB geregelt sind. Darüber hinaus ist kein Vertretenmüssen des Gläubigers erforderlich. Er kommt in Verzug, wenn er die Annahme der Leistung oder eine andere Mitwirkungshandlung verweigert.

Beispiel: Eigentümer E bringt Handwerker H die Pläne des Hauses nicht vorbei, das umgebaut werden soll.

Der Gläubigerverzug, §§ 293 ff. BGB

Begriff: Gläubigerverzug ist die Nichtannahme einer ordnungsgemäß angebotenen Leistung trotz Möglichkeit der Annahme

Voraussetzungen:

I. Erfüllbarkeit der Verpflichtung (vgl. §§ 271 Abs. 2, 299 BGB)
II. Leistungsvermögen des Schuldners (vgl. §§ 294 bis 296 BGB)
III. Anbieten der Leistung (entbehrlich gem. § 296 BGB)
- zur rechten Zeit, § 271 BGB
- am rechten Ort, §§ 269, 270 BGB
- vollständig, § 266 BGB
- bei Gattungskauf in „mittlerer Art und Güte", 243 Abs. 1 BGB

IV. Vertretenmüssen nicht erforderlich

Rechtsfolgen:

I. Haftungsmilderung für den Schuldner, § 300 Abs. 1 BGB
II. Übergang der Leistungsgefahr auf den Gläubiger, § 300 Abs. 2 BGB
III. Möglichkeit zur Hinterlegung für den Schuldner, § 372 S. 1 BGB
IV. Bei Geldschuld Befreiung von Verzinsung, § 301 BGB
V. Beschränkung der Herausgabepflicht auf tatsächlich gezogene Nutzungen, § 302 BGB

Schaubild 24

b) Voraussetzungen

aa) Erfüllbarkeit der Verpflichtung

Zunächst muss die Berechtigung des Schuldners vorliegen, die Leistung zu erbringen; die Verpflichtung muss erfüllbar sein. In diesem Zusammenhang kommt den Vorschriften § 271 Abs. 2 bzw. § 299 BGB besondere Bedeutung zu.

bb) Leistungsvermögen des Schuldners

Um den Gläubiger in Annahmeverzug zu versetzen, muss der Schuldner selbst zur Leistung bereit und imstande sein. Der maßgebliche Zeitpunkt bestimmt sich nach den §§ 294 bis 296 BGB. Dieses Erfordernis ist notwendig, da sich Annahmeverzug und Unmöglichkeit gegenseitig ausschließen. Ist die Leistung dem Schuldner dauerhaft unmöglich, ist der Gläubigerverzug von vornherein ausgeschlossen. Die Regelung des § 297 BGB kann daher nur die vorübergehende Leistungsverhinderung meinen, die von § 275 BGB gerade nicht erfasst wird.

cc) Anbieten der Leistung

Nach der Regelung des § 294 BGB ist die dem Gläubiger geschuldete Leistung diesem grds. **tatsächlich anzubieten**. Der Gläubiger soll nichts weiter zu tun haben, als „nur noch zuzugreifen" (BGHZ 90, 359). Dabei hat sich der Schuldner an den Inhalt seiner Leistungspflicht zu halten. Dies bedeutet, dass die Leistung in folgender Weise angeboten werden muss:

- zur rechten Zeit, § 271 BGB,

- am richtigen Ort, §§ 269, 270 BGB und
- in der richtigen Beschaffenheit, also vollständig, § 266 BGB, und beim Gattungskauf in „mittlerer Art und Güte", § 243 Abs. 1 BGB.

Der Gläubiger gerät nicht in Verzug, wenn er Teilleistungen ablehnt, vgl. § 266 BGB. Bei dem tatsächlichen Angebot handelt es sich um einen Realakt.

Ein wörtliches Angebot soll in den Fällen des § 295 BGB ausnahmsweise genügen. Dazu muss der Gläubiger bereits vor dem Angebot erklärt haben, er werde die Leistung nicht annehmen, § 295 Satz 1 Var. 1 BGB. Ebenso reicht es aus, wenn der Gläubiger eine Handlung, welche zur Erbringung der Leistung notwendig ist, unterlässt, § 295 Satz 1 Var. 2 BGB. Grds. ergibt sich aus § 295 Abs. 1 Var. 1 BGB, dass allein die Verweigerung der Annahme durch den Gläubiger ein wörtliches Angebot seitens des Schuldners noch nicht überflüssig macht. Nach h.M. ist aber auch dies entbehrlich, wenn es völlig ausgeschlossen ist, dass der Gläubiger die Leistung noch annimmt (BGH NJW 2001, 287, 288). In einem solchen Fall liefe es auf eine sinnlose Formalität hinaus, würde man ein wörtliches Angebot verlangen.

Ein Angebot des Schuldners ist unter den Voraussetzungen des § 296 BGB entbehrlich. Diese Vorschrift stellt eine parallele Regelung zu § 286 Abs. 2 BGB beim Schuldnerverzug dar. Dazu ist es erforderlich, dass der Gläubiger eine termingebundene Mitwirkungshandlung zu erbringen hat oder der Mitwirkungshandlung eine Kündigung vorauszugehen hat. Ferner muss die Zeit für die Mitwirkungshandlung vom Zeitpunkt der Kündigung ab kalendarisch berechenbar sein.

dd) Kein Vertretenmüssen

Der Gläubiger kommt in Verzug, wenn er die ordnungsgemäß angebotene Leistung nicht angenommen hat. Ein Vertretenmüssen des Gläubigers ist nicht erforderlich.

c) Rechtsfolgen des Gläubigerverzugs

Die Rechtsfolgen bestimmen sich nach den §§ 300 bis 304 BGB. Wie bereits dargelegt, führt der Gläubigerverzug grds. nicht zu einer Schadensersatzpflicht des Gläubigers. Hierin unterscheidet sich der Gläubigerverzug vom Schuldnerverzug. Diese Unterscheidung beruht darauf, dass der Gläubiger nicht zur Annahme der Leistung verpflichtet ist, sondern lediglich eine Obliegenheit zu erfüllen hat. Der Gläubigerverzug befreit den Schuldner daher auch nicht von seiner Leistungspflicht. Etwas anderes gilt gemäß § 615 BGB für den Dienstvertrag. Die Rechtsfolgen des Gläubigerverzuges sind:

- Haftungsmilderung für den Schuldner nach § 300 Abs. 1 BGB.
- Übergang der Leistungsgefahr auf den Gläubiger nach § 300 Abs. 2 BGB.
- Befindet sich der Gläubiger in Verzug, kann der Schuldner die Sache hinterlegen, § 372 Satz 1 BGB.
- Der Schuldner einer Geldschuld ist während des Gläubigerverzuges von der Verzinsung befreit, § 301 BGB. Gezogene Zinsen sind herauszugeben.
- Nutzungen hat der Schuldner nur herauszugeben, insoweit er sie tatsächlich gezogen hat, § 302 BGB. Diese Regelung schränkt die weitergehenden Vorschriften der §§ 292, 347, 987 Abs. 2 u. 990 BGB ein.

IV. Schadensersatz und Aufwendungsersatz wegen Pflichtverletzung

1. Die Schadensersatzansprüche nach §§ 280 bis 283 BGB

a) Überblick

§ 280 BGB enthält einen generalklauselartigen Grundtatbestand für **Schadensersatzansprüche wegen Pflichtverletzung**. Ergänzend treten für die besondere Rechtsfolge des „**Schadensersatzes statt der Leistung**" die §§ 281 bis 283 BGB wie folgt hinzu:

- Nicht- und Schlechterfüllung, § 281 BGB.
- Verletzung nicht leistungsbezogener Schutzpflichten, § 282 BGB.
- Unmöglichkeit, § 283 BGB.

Voraussetzung für alle Ansprüche ist jedoch, dass diese Pflichtverletzungen nach Entstehung des Schuldverhältnisses auftreten.

Sinn und Zweck der §§ 280 bis 283 BGB ist es, die Interessen zwischen Schuldner und Gläubiger auszugleichen. Der Übergang vom Primäranspruch auf den Schadensersatz in Geld kann für den Gläubiger vorteilhaft sein, da er in der Zwangsvollstreckung leichter durchsetzbar ist und er sich die Primärleistung zugleich anderswo besorgen kann. Andererseits kann der Schuldner durch den Übergang auf den Schadensersatzanspruch besonders belastet sein, insbesondere, wenn er bereits Anstrengungen unternommen hatte, um die Leistung zu erbringen.

b) § 280 BGB

§ 280 BGB stellt die **zentrale Grundlage** für Ansprüche auf Schadensersatz dar, die auf einer Pflichtverletzung des Schuldners beruhen. Nach § 280 Abs. 1 BGB haftet der Schuldner dem Gläubiger für die schuldhafte Verletzung einer Pflicht aus einem Schuldverhältnis auf Schadensersatz. Aus der Formulierung in § 280 Abs. 1 Satz 2 BGB („Dies gilt nicht, wenn ...") ist eine Verschuldensvermutung zu entnehmen. Der Kläger muss nur die objektive Vertrags- bzw. Pflichtverletzung beweisen. Es ist dann am Beklagten, sich der Haftung zu entziehen, indem er das fehlende Verschulden nachweist. Eine Ausnahme von dieser Verschuldenshaftung macht § 276 Abs. 1 Satz 1 BGB für die Übernahme einer Beschaffungsgarantie.

Schadensersatz statt der Leistung kann der Gläubiger zudem nur unter den zusätzlichen Voraussetzungen des § 281, des § 282 oder des § 283 BGB verlangen, § 280 Abs. 3 BGB. Der Begriff „Schadensersatz statt der Leistung" bedeutet Ersatz des positiven Interesses und verdeutlicht, dass der Schadensersatzanspruch an die Stelle der Primärleistung treten soll. Sind Sie sich nicht sicher, ob ein Schadensersatz statt der Leistung vorliegt, stellen Sie die Kontrollfrage: Entfiele der Schaden bei einer gedachten hypothetischen Nacherfüllung, handelt es sich um einen Schadensersatz statt der Leistung.

Beruht der Schaden aber auf einer Verzögerung der Leistung, hat der Schuldner nach §§ 280 Abs. 1 u. 2, 286 BGB zusätzlich zu der geschuldeten Primärleistung den Verzögerungsschaden des Gläubigers zu ersetzen. Hierfür muss er nach § 249 Abs. 1 BGB den vermögensmäßigen Zustand herstellen, der bei rechtzeitiger Leistung bestehen würde, also ggf. auch den entgangenen Gewinn ersetzen (§ 252 BGB).

c) §§ 281 bis 283 BGB

aa) Leistung wird nicht wie geschuldet erbracht

Die §§ 281 bis 283 BGB gewähren einen Anspruch auf Schadensersatz „statt der Leistung". Es geht also darum, dass der Gläubiger statt der vertraglich geschuldeten Leistung deren Äquivalent in Geld erhalten soll. Erbringt der Schuldner die fällige Leistung nicht oder nicht wie geschuldet, kann der Gläubiger nach § 281 Abs. 1 i.V.m. § 280 Abs. 1 BGB Schadensersatz statt der Leistung verlangen, wenn er dem Schuldner erfolglos eine angemessene Frist zur Leistung oder Nacherfüllung bestimmt hat. Eine Ausnahme besteht nur für den Fall, dass die Pflichtverletzung unerheblich ist, § 281 Abs. 1 Satz 3 BGB. Hauptsächlich erfasst § 281 Abs. 1 Satz 1 BGB den Fall, dass der Schuldner die Leistung überhaupt nicht erbringt.

In diesem Zusammenhang ist ferner auf eine Besonderheit im Kauf- und im Werkvertragsrecht hinzuweisen. Nach §§ 440, 636 BGB kann eine Fristsetzung entbehrlich sein. Dies spielt wegen der dem Schadensersatz vorgeschalteten Nacherfüllung eine Rolle (vgl. §§ 439, 635 BGB). Die Rechte nach § 281 Abs. 1 BGB können erst dann geltend gemacht werden, wenn die Nacherfüllung fehlschlägt, §§ 440 Satz 1, 636 BGB.

Durch § 281 BGB erhält der Gläubiger ein Wahlrecht. Er kann zwischen dem Anspruch auf die Primärleistung aus dem ursprünglichen Schuldverhältnis und dem Schadensersatz nach § 281 Abs. 1 BGB wählen. Das Wahlrecht endet nach § 281 Abs. 4 BGB, wenn der Gläubiger den Schadensersatz statt der Leistung verlangt. In diesem Fall muss sich der Schuldner nicht mehr um die Primärleistung kümmern.

§ 283 BGB regelt den Schadensersatzanspruch des Gläubigers statt der Leistung beim Ausschluss der Leistungspflicht nach § 275 Abs. 1 bis 3 BGB. Liegt aber bei einem Vertragsverhältnis das Leistungshindernis bereits bei Vertragsschluss vor, ist § 311 a BGB als speziellere Norm einschlägig und nicht § 283 BGB, der nur für die **nachträgliche Unmöglichkeit** gilt. In § 311 a Abs. 1 BGB wird klargestellt, dass der Ausschluss der Leistungspflicht keine Nichtigkeit des Vertrags zur Folge hat. Allerdings entsteht ein Vertrag ohne wirksame primäre Leistungspflicht. Beachten Sie aber für die Klausur: Bestehen andere Wirksamkeitsmängel, wie etwa §§ 104, 125, 134 oder 138 BGB, ist der Vertrag nichtig.

bb) Verletzung einer sonstigen Pflicht

Der Gläubiger kann Schadensersatz statt der Leistung ferner verlangen, wenn der Schuldner eine Pflicht nach § 241 Abs. 2 BGB verletzt hat und dem Gläubiger die Leistung durch den Schuldner nicht mehr zugemutet werden kann, § 282 i.V.m. § 280 Abs. 1 BGB.

Wann eine Unzumutbarkeit nach § 282 BGB vorliegt, lässt sich pauschal nicht beantworten. Die Praxis prüft, ob die für das Schuldverhältnis nötige Vertrauensgrundlage so sehr erschüttert ist, dass dem Gläubiger ein Festhalten am Vertrag nicht mehr zugemutet werden kann.

Beispiele:

- Der Malermeister M hat die im Haus des H vorzunehmenden Tapezierarbeiten seinem ungeschickten Gesellen G (§ 278 BGB) übertragen. Dieser hat zum wiederholten Male mit der Leiter Einrichtungsgegenstände des H beschädigt.

- Schuldner S beleidigt den Gläubiger G mehrfach und schwer.

Die Rechtsprechung hat verschiedene Fallgruppen entwickelt, um die möglichen Pflichtverletzungen i.S.v. § 241 Abs. 2 BGB besser systematisieren zu können. Überwiegend wird dabei zwischen solchen Pflichtverletzungen unterschieden, die Leistungspflichten betreffen und solchen, die Nebenleistungspflichten zum Inhalt haben. Bei der Verletzung von Leistungspflichten kommt der Schlechtleistung besondere Bedeutung zu. Hierbei sind drei Komplexe auseinander zu halten: Zum einen die Fälle, in denen keine gesetzlichen Mängelansprüche bestehen und § 282 BGB uneingeschränkt angewandt werden kann (dies ist etwa beim Auftrag, dem Dienst-, Makler-, Geschäftsbesorgungs- oder Gesellschaftsvertrag der Fall). Zum anderen die Fälle, in denen gesetzliche Mängelansprüche die Fragen der Schlechtleistung beantworten. Hier ist § 282 BGB auf die Verletzung von Leistungspflichten nur eingeschränkt anwendbar. Und schließlich die Fallgruppen, in denen zwar eine Regelung der Mängelhaftung vorhanden ist, aber aufgrund von Regelungslücken die Haftung nach § 282 BGB eingreifen kann. Eine weitere Fallgruppe der Schlechtleistung bilden diejenigen Fälle, in denen der Schuldner eine andere als die geschuldete Leistung erbringt (sog. aliud) und dadurch ein Schaden beim Gläubiger eintritt.

§ 241 Abs. 2 BGB ist eine Blankettnorm. Unter dem Oberbegriff „**Verletzung von Nebenleistungspflichten**“ werden zahlreiche verschiedene Fallgestaltungen zusammengefasst, die z.T. nicht ausdrücklich aufgeführt werden. Hierzu zählen etwa:

- Aufklärungspflichten. Zunächst bestehen Verpflichtungen der Vertragsparteien, sich gegenseitig umfassend über die mit dem Schuldverhältnis verbundenen Umstände aufzuklären (Aufklärungspflichten). Hierbei handelt es sich um leistungsbezogene Nebenpflichten, da sie mit der Hauptleistung verbunden sind, aber keine Schlechtleistung darstellen. Der Schaden des Gläubigers beruht vielmehr darauf, dass er aufgrund fehlender hinreichender Aufklärung geschädigt wird. Diese Art der Nebenpflichten zeichnet sich dadurch aus, dass sie sich auf das Leistungsinteresse bezieht, nämlich auf das besondere Vertragsinteresse des Gläubigers. Hieraus ergibt sich dann eine leistungsbezogene Nebenpflicht des Schuldners (Bank muss Kunden u. U. über Risiken einer bestimmten Geldanlage aufklären). Bei der Herleitung solcher Nebenpflichten ist stets zu beachten, wie die Risikoverteilung in dem jeweiligen Schuldverhältnis geregelt ist. Danach kann bestimmt werden, ob den Schuldner eine bestimmte Pflicht trifft oder ob ein Risiko betroffen ist, welches dem Gläubiger obliegt.
- Leistungstreuepflichten. Sie haben die Verpflichtung zum Inhalt, den Vertragszweck nicht zu gefährden oder zu beeinträchtigen. Wichtige Fälle in diesem Zusammenhang sind die endgültige und ernsthafte Erfüllungsverweigerung, das grundlose Lossagen vom Vertrag und das Einziehen einer abgetretenen Forderung durch den Zedenten.
- Mitwirkungspflichten. Diese Pflichten verdeutlichen, dass die Parteien durch ihr Zusammenwirken die Voraussetzungen zur Durchführung des Vertrags zu schaffen und Erfüllungshindernisse zu beseitigen haben. Grds. führt das Unterlassen einer Mitwirkungspflicht zum Gläubigerverzug. Da aber beim Verzug in § 304 BGB nur die Mehraufwendungen abgedeckt werden, kann daneben in einigen Fällen auch ein Schadensersatzanspruch gegeben sein.
- Schutz- und Sorgfaltspflichten. Das Schuldverhältnis kann einer Partei die Möglichkeit eröffnen, auf weitere Rechtsgüter des anderen Teils einzuwirken, weswegen gewisse Schutzpflichten vorliegen können. Diese Schutzpflichten beruhen auf dem Grundsatz, dass Rechtsgüter des Vertragspartners bei der Vertragsabwicklung nicht beschädigt werden dürfen. Diese Schutzpflichten entsprechen den Verkehrssicherungspflichten in § 823 BGB (s. S. 191 f.).

cc) Ausschluss der Leistungspflicht

Braucht der Schuldner nach § 275 Abs. 1 bis 3 BGB nicht zu leisten (s. S. 91 ff.), kann der Gläubiger schließlich unter den Voraussetzungen des § 283 i.V.m. § 280 Abs. 1 BGB ebenfalls Schadensersatz statt der Leistung verlangen. In § 283 BGB wird das Vorliegen der Unmöglichkeit – anders als in den Fällen des § 281 Abs. 1 BGB – nicht an eine Fristsetzung geknüpft, weil eine solche Anknüpfung völlig sinnlos wäre.

2. Umfang des Schadensersatzes

a) Schadensbegriff

Voraussetzung für eine Haftung ist stets das Vorliegen eines **Schadens**. Darunter versteht man jede unfreiwillige Vermögenseinbuße, die jemand an seinen Rechtsgütern erleidet. Der Schaden kann in Form eines Personen- oder eines Sachschadens auftreten. Daneben existieren Fälle, in denen der Schaden (nur) in Form eines allgemeinen Vermögensnachteils auftritt, ohne dass es zu einer Körper-, Gesundheits- oder Sachbeschädigung gekommen ist. Vom Vermögens- bzw. Sachschaden ist der immaterielle Schaden zu unterscheiden. Dieser tritt an immateriellen Gütern wie Gesundheit, Freiheit und Ehre ein.

Beachten Sie bitte: Die allgemeinen Vorschriften des Schadensrechts (§§ 249 ff. BGB) gelten für alle Arten von Schadensersatzansprüchen, gleichgültig ob sie auf eine Verletzung vertraglicher oder gesetzlicher Pflichten zurückzuführen sind.

b) Grundsätze des § 249 Abs. 1 BGB

Der Schuldner eines Schadensersatzanspruchs hat gemäß § 249 Abs. 1 BGB den Zustand herzustellen, der bestehen würde, wenn der zum Ersatz verpflichtende Umstand nicht eingetreten wäre. § 249 BGB ist keine eigenständige Anspruchsgrundlage, da die Vorschrift das Bestehen eines Schadensersatzanspruchs voraussetzt. Der Berechnung des Schadensersatzes liegen zwei wesentliche Prinzipien des Schadensrechts zugrunde: die „**Totalreparation**“ und die „**Naturalrestitution**“.

Das Prinzip der „Totalreparation“ besagt, dass der Schädiger den gesamten Schaden zu ersetzen hat; der Verlust ist immer voll auszugleichen. Bezugspunkt für die Höhe der Schadensersatzverpflichtung ist dabei allein die Gütereinbuße beim Geschädigten, nicht jedoch der Verschuldensgrad des Schädigers. Dementsprechend haftet der Schädiger bei leichter Fahrlässigkeit in gleichem Umfang wie bei Vorsatz.

Nach dem Prinzip der „Naturalrestitution“ muss der Schädiger im Regelfall den ursprünglichen Zustand oder, soweit das nicht mehr möglich ist, jedenfalls einen wirtschaftlich gleichwertigen Zustand wieder herstellen.

c) Ersatzleistungen anderer Art

Das Prinzip der Naturalrestitution entspricht aber in vielen Fällen nicht der Interessenlage zwischen Schädiger und Geschädigtem, weil es unzweckmäßig, unzumutbar oder sogar unmöglich ist, den ursprünglichen schadensfreien Zustand wiederherzustellen. Daher hat der Gesetzgeber die Naturalrestitution durch eine Reihe von Regelungen durchbrochen. Ist für eine beschädigte Sache Schadensersatz zu leisten, so erhält der Geschädigte gemäß § 249 Abs. 2 Satz 1 BGB die Befugnis, statt der Herstellung den dazu erforderlichen Geldbetrag zu fordern. Es steht dem Geschädigten dabei frei, ob er das Geld tatsächlich für die Wiederherstellung verwendet. Die Umsatzsteuer kann allerdings nur geltend gemacht werden, wenn und soweit sie tatsächlich angefallen ist, § 249 Abs. 2 Satz 2 BGB.

Der entgangene Gewinn ist gemäß § 252 BGB von dem nach § 249 Abs. 1 BGB zu ersetzenden Schaden mit umfasst (BGHZ 98, 219).

Beispiel: Ist der LKW einer Spedition beschädigt worden, muss der Schädiger nicht nur den Reparaturaufwand, sondern auch den Gewinn ersetzen, den der Unternehmer gemacht hätte, wenn er den LKW während der Dauer der Reparatur zur Ausführung von Transportverträgen hätte verwenden können.

Soweit es durch die Reparatur nicht zu einer wirksamen Schadensbehebung kommt, hat der Geschädigte daneben einen Anspruch auf Geldersatz gemäß § 251 Abs. 1 BGB. Dabei ist ein bloßes **Affektionsinteresse** (Liebhaberwert) bei Sachschäden ebenso wenig zu ersetzen wie der Verlust der Lebensfreude bei irreparablen Gesundheitsschäden. Derartige Nichtvermögensschäden werden nur im Rahmen des § 253 Abs. 2 BGB ersetzt.

Immaterielle Schäden (Nichtvermögensschäden) sind alle Einbußen am körperlichen oder seelischen Wohlbefinden (körperliche und seelische Schmerzen, Kummer, Ängste und die entgangene Lebensfreude aufgrund verletzungsbedingter Einschränkungen). Die Gewährung eines Anspruchs auf eine Geldleistung hat im Bereich der immateriellen Schäden im Wesentlichen zwei Funktionen. Zum einen soll durch die Geldzahlung ein gewisser Ausgleich für die erlittenen Lebensbeeinträchtigungen des Geschädigten erreicht werden. Zum anderen erfüllt das Schmerzensgeld auch die Aufgabe, dem Geschädigten „für das, was der Schädiger ihm angetan hat", Genugtuung zu verschaffen (BGHZ 18, 149). Bei Nichtvermögensschäden sieht § 253 Abs. 2 BGB nur in bestimmten Fällen einen Geldersatz vor. Hierzu zählen die Verletzung des Körpers, der Gesundheit, der Freiheit und der sexuellen Selbstbestimmung (nicht jedoch die Tötung). In diesen Fällen kann für einen immateriellen Schaden Schmerzensgeld verlangt werden. Über § 253 BGB hinaus wird aus verfassungsrechtlichen Gründen für schwere Verletzungen des allgemeinen Persönlichkeitsrechts ebenfalls Schmerzensgeld gewährt (BGHZ 128, 1 ff.). § 253 BGB ist für sich allein keine Anspruchsgrundlage.

Für die Höhe des im Einzelfall zu bemessenden Schmerzensgeldes kommt es im Wesentlichen auf die Intensität der körperlichen Schmerzen und des psychischen Leids an, das dem Geschädigten durch die Verletzungshandlung zugefügt worden ist. Als Haftungsgründe für Schmerzensgeld kommen grds. alle schuldrechtlichen Anspruchsgrundlagen in Betracht, also neben den deliktischen auch vertragliche.

Beispiele:

- C liefert dem D die gekaufte Waschmaschine ins Haus. Unglücklicherweise rutscht ihm dabei das Gerät aus der Hand und fällt dem D auf den Fuß. Da die Verletzung einer Nebenpflicht des Kaufvertrags zu einer Körperverletzung des D geführt hat, kann er Schmerzensgeld von C verlangen.

- Bei einer Wirtshausschlägerei schlägt A den B mit der Faust ins Gesicht. Wegen des daraus resultierenden Nasenbeinbruchs kann B von A Schmerzensgeld nach §§ 823 Abs. 1, 253 Abs. 2 BGB verlangen.

d) Schadensteilung

Hat der Geschädigte selbst an der Entstehung, Vergrößerung oder Höhe des Schadens mitgewirkt, kommt es zu einer Aufteilung und Minderung des Schadensersatzanspruchs gemäß § 254 BGB. Die Schadensteilung gemäß § 254 BGB orientiert sich daran, welche Umstände für die Schadensentstehung ursächlich geworden sind, in welchem Umfang jeder von ihnen den Eintritt des Schadens wahrscheinlich gemacht hat und inwieweit diese Umstände dem Geschädigten oder dem Schädiger zuzurechnen sind.

3. Anspruch auf Aufwendungsersatz

Anstelle des gerade besprochenen Schadensersatzes statt der Leistung kann der Gläubiger Ersatz der Aufwendungen verlangen, die er im Vertrauen auf den Erhalt der Leistung gemacht hat und billigerweise machen durfte, § 284 BGB. Anders als der Schaden ist die **Aufwendung** dadurch gekennzeichnet, dass der Aufwendende freiwillige Vermögensdispositionen trifft. Kein Anspruch auf Aufwendungsersatz besteht für den Fall, dass der Zweck der Aufwendungen auch ohne die Pflichtverletzung des Schuldners nicht erreicht worden wäre. Durch diese Einschränkung soll verhindert werden, dass der Gläubiger Aufwendungen, insbesondere Investitionen, auf den Schuldner abwälzen kann, die ohnehin verfehlt waren.

Schadensersatz und Aufwendungsersatz wegen Pflichtverletzung

Fallgruppen:

Pflichtverletzung, § 280 BGB *GENERAL-KLAUSEL*	Nicht- oder Schlechterfüllung, §§ 281, 280 BGB	Verletzung nicht leistungsbezogener Schutzpflichten, §§ 282, 280 BGB	Unmöglichkeit, §§ 283, 280 BGB

Voraussetzungen:

§ 280 BGB	§§ 281, 280 BGB	§§ 282, 280 BGB	§§ 283, 280 BGB
1. Bestehendes Schuldverhältnis 2. Pflichtverletzung 3. Vermutetes Verschulden	1. Bestehendes Schuldverhältnis 2. Pflichtverletzung 3. Vermutetes Verschulden	1. Bestehendes Schuldverhältnis 2. Pflichtverletzung 3. Vermutetes Verschulden	1. Bestehendes Schuldverhältnis 2. Pflichtverletzung 3. Vermutetes Verschulden
	4. Nichterbringung einer fälligen Leistung *oder* Leistung nicht wie geschuldet 5. Angemessene Fristsetzung zur Leistung oder Nacherfüllung	4. Verletzung einer Pflicht nach § 241 Abs. 2 BGB	4. Wegfall der Leistungspflicht des Schuldners nach § 275 BGB

Rechtsfolgen:

§ 280 BGB	§§ 281, 280 BGB	§§ 282, 280 BGB	§§ 283, 280 BGB
1. Schadensersatz	1. SchErs statt der Leistung *oder* 2. Aufwendungsersatz, § 284 BGB	1. SchErs statt der Leistung *oder* 2. Aufwendungsersatz, § 284 BGB	1. SchErs statt der Leistung *oder* 2. Aufwendungsersatz, § 284 BGB

Schaubild 25

Beispiel: A hat Karten für den Premierenabend gekauft. Um rechtzeitig im Theater zu sein bestellt er bei T ein Taxi. T verschuldet unterwegs einen Unfall, weshalb A nicht rechtzeitig im Theater erscheint. Da die Premiere aber wegen einer Bombendrohung kurzfristig ausfällt, hätte er auch ohne den Unfall das Stück nicht genießen können.

Die zweite Einschränkung liegt darin, dass der Gläubiger nur den Ersatz solcher Aufwendungen verlangen kann, die er im Vertrauen auf den Erhalt der Leistung gemacht hat und billigerweise machen durfte. Der Gläubiger darf also nicht voreilig Aufwendungen machen, wenn er diese genauso gut noch aufschieben könnte oder es gar schon Anzeichen für ein Scheitern des geschlossenen Vertrags gibt.

Beispiel: V verkauft sein Hausgrundstück an K. Unmittelbar nach der notariellen Beurkundung des Kaufvertrags (§ 311 b Abs. 1 BGB) kauft sich V bei H einen italienischen Luxussportwagen, „da er ja nun reich" sei. Kann K später den Kaufpreis nicht aufbringen, kann V auch den Sportwagen nicht bezahlen. Die damit verbundenen Aufwendungen sind jedoch voreilig gewesen, sodass er sie nicht von K nach § 284 BGB ersetzt verlangen kann.

V. Pflichten bei Vertragsverhandlungen

1. Begriff und Funktion

Eine gesetzliche Regelung, nach der grds. nur die Verletzung von Pflichten aus einem bestehenden Vertrag oder die Verwirklichung des Tatbestands einer unerlaubten Handlung bzw. der Gefährdungshaftung eine Verpflichtung zum Schadensersatz begründen würde, reicht nicht aus, um einen umfassenden Schutz zu gewährleisten. Bei einer solchen Konstruktion würde es im vorvertraglichen Stadium an einer Regelung darüber fehlen, welche Folgen eintreten, wenn schuldhaft unrichtige Erklärungen abgegeben werden, eine Offenbarungspflicht missachtet, das Zustandekommen eines Vertrags behindert wird oder Rechtsgüter des Vertragspartners verletzt werden. Das Gesetz hat dieses Problem erkannt und ansatzweise geregelt. Wie schon in § 241 Abs. 2 BGB angedeutet, kann es vorvertragliche Pflichten geben. Für Verträge enthalten § 311 Abs. 2 und 3 BGB hierüber Sonderregeln. Dabei knüpft § 311 Abs. 2 an § 241 Abs. 2 BGB an und legt damit die Reichweite des Schutzes durch die Regeln über die **culpa in contrahendo** (c.i.c.) fest. Der Begriff stammt von *Rudolf v. Ihering*. Als deutsche Übersetzung hat sich die Formulierung „Verschulden bei Vertragsverhandlungen" eingebürgert.

Die c.i.c. geht davon aus, dass bereits mit der Aufnahme von Vertragsverhandlungen oder einem ähnlichen geschäftlichen Kontakt ein vertragsähnliches Vertrauensverhältnis entsteht, das den Parteien die gesteigerten Sorgfaltspflichten einer schuldrechtlichen Sonderverbindung auferlegt. Der Haftungsgrund der c.i.c. ist also enttäuschtes Vertrauen: Eine Partei setzt ihre Rechtsgüter wegen eines geplanten Vertragsabschlusses besonderen Gefahren aus, die der Sphäre der anderen Partei entstammen. Schon im Stadium der Anbahnung des Vertrags ist also das Vermögen in die Schutzwirkung der Einwirkungs- und Vertrauenshaftung einbezogen.

Ohne das Institut der c.i.c. bestünde in der Phase vor Vertragsschluss nur die allgemeine Deliktshaftung. Diese hat jedoch gewichtige Nachteile: Zum einen haftet der Geschäftsherr für Gehilfen nur nach § 831 BGB und hat so die Möglichkeit der Exkulpation. Zum anderen gewährt § 823 Abs. 1 BGB keinen Ersatz für Vermögensschäden als solche. Schließlich erleichtert dem Geschädigten keine Verschuldensvermutung wie bei § 280 Abs. 1 BGB die Geltendmachung deliktischer Ansprüche.

Culpa in contrahendo, c.i.c.

Voraussetzungen:

I. Entstehung eines Schuldverhältnisses gem. § 241 Abs. 2 BGB durch
- Aufnahme von Vertragsverhandlungen, § 311 Abs. 2 Nr. 1 BGB
- Anbahnung eines Vertrags, bei welcher der eine Teil im Hinblick auf eine etwaige rechtsgeschäftliche Beziehung dem anderen Teil die Möglichkeit zur Einwirkung auf seine Rechte, Rechtsgüter und Interessen gewährt oder ihm diese anvertraut, § 311 Abs. 2 Nr. 2 BGB
- ähnliche geschäftliche Kontakte

II. Objektive Pflichtverletzung
- Schutzpflichten
- Informationspflichten
- Pflichten aus unwirksamem Vertrag
- Vertragsabschlusspflichten
- Pflichten aus Prospekthaftung

III. Subsidiarität
IV. Vertretenmüssen
V. Kausaler Schaden

Rechtsfolgen:

I. Grundsatz: Ersatz des Verletzungs- und Vertrauensschadens nach §§ 249 ff. BGB
II. Ausnahme: Ersatz des Erfüllungsinteresses, wenn Vertrag ohne c.i.c. wirksam wäre
III. U.U. Anspruch auf Vertragsaufhebung
IV. Bei Offenbarung von Betriebsgeheimnissen Haftung aus § 280 Abs. 1 i.V.m. § 311 Abs. 2 Nr. 2 BGB

Besonderheit:

Sachwalterhaftung gem. § 311 Abs. 3 BGB

Schaubild 26

2. Voraussetzungen

Die c.i.c. begründet besondere Pflichten im Vorfeld des Vertragsschlusses. Offen bleibt jedoch, ab welchem Zeitpunkt diese Pflichten bestehen. Maßgeblich ist der **Vertrauensgedanke**. Dieses besondere Vertrauen bringt derjenige dem anderen entgegen, der sich in Vertragsverhandlungen begibt. Das Vertrauensverhältnis wird darüber hinaus aber auch schon dann angenommen, wenn jemand mit der Absicht, geschäftliche Kontakte zu knüpfen, „sozialen Kontakt" aufnimmt. Ob es später tatsächlich zu einem Vertragsschluss kommt, ist für die Annahme des vorvertraglichen Vertrauensverhältnisses unerheblich. Mit der Vertragsanbahnung zwischen den Partnern kommt ein Pflichten begründendes vorvertragliches Schuldverhältnis zustande, bei dem die schuldhafte Verletzung von Pflichten einen Schadensersatzanspruch begründet. Die Formulierung des § 311 Abs. 2 BGB macht zudem deutlich, dass nicht irgendein „sozialer Kontakt" für die Haftung ausreicht; vielmehr muss das Anvertrauen „im Hinblick auf eine etwaige rechtsgeschäftliche Beziehung" erfolgt sein.

Beispiel: Das Kaufhaus S-AG wirbt im Schaufenster mit Sonderangeboten. Die K geht daher in das Kaufhaus, um sich eine Bluse zu kaufen. Kurz hinter dem Eingang gleitet sie auf einer Bananenschale aus, die dort seit 20 Minuten lag, und bricht sich ein Bein. Sie verlangt von der S-AG Ersatz der Heilungskosten und Schmerzensgeld. Hier ist ein ausreichender sozialer Kontakt i.S.v. § 311 Abs. 2 Nr. 2 BGB begründet worden.

Gegenbeispiel: Im Kaufhaus-Fall ist die K eine mittellose Rentnerin, die bei S gar nichts kaufen, sondern sich wegen des kalten Winterwetters aufwärmen wollte. Hier liegt kein ausreichender sozialer Kontakt i.S.v. § 311 Abs. 2 BGB vor.

Das Gesetz unterscheidet folgende Konstellationen:

- § 311 Abs. 2 Nr. 1 BGB: Beginn der Vertragsverhandlungen. Dazu reichen einseitige Maßnahmen eines Vertragsteiles aus, die den anderen zum Vertragsschluss veranlassen sollen.
- § 311 Abs. 2 Nr. 2 BGB: Betrifft die Phase vor Beginn der Vertragsverhandlungen. Erfasst werden sollen vor allem die Fälle, in denen ein potenzieller Kunde das Geschäft eines Unternehmers aufsucht (vgl. obiges Beispiel).
- § 311 Abs. 2 Nr. 3 BGB: Auch Kontakte, die nicht auf den Abschluss eines Vertrages gerichtet sind, können eine Haftung wegen c.i.c. begründen. Dies gilt insbesondere für Gefälligkeitsverhältnisse mit rechtsgeschäftlichem Einschlag.

Eine beliebte Klausurkonstellation bildet die Einbeziehung eines Dritten (s. S. 76) in ein vorvertraglichen Schuldverhältnisses.

Beispiel: Im Kaufhaus-Fall betritt die kaufwillige K mit ihrer 5jährigen Tochter T den Laden des S. T verletzt sich, als sie auf der Bananenschale ausrutscht. Hier besteht ein vorvertragliches Schuldverhälnis nur zwischen K und S (T selbst ist geschäftsunfähig, § 104 BGB), in das die T als schutzwürdige Dritte einbezogen wird.

Weitere Voraussetzungen für die Haftung nach §§ 280 ff. i.V.m. 311 Abs. 2 BGB sind:

- Subsidiarität der c.i.c.: Insbesondere gegenüber Mängelhaftung, soweit sich die Pflichtverletzung auf einen Mangel bezieht. Neben §§ 823, 123 BGB anwendbar (str.).
- Objektive Pflichtverletzung: Der Anspruchsgegner muss Pflichten aus dem vorvertraglichen Schuldverhältnis verletzt haben.
- Verschulden.
- Kausaler, durch die Pflichtverletzung entstandener Schaden.

3. Die Pflichtverletzung

Aus dem vorvertraglichen Vertrauensverhältnis ergeben sich bestimmte Verhaltenspflichten, die sich in Fallgruppen ordnen lassen. Maßgeblich für die Entwicklung von Pflichten ist dabei der Grundsatz von Treu und Glauben, § 242 BGB. Ein Überblick soll Ihnen verdeutlichen, welche **Pflichtverletzungen** gemeint sein können:

- Verletzung von Schutzpflichten. Es besteht die allgemeine Pflicht, die Rechtsgüter des anderen (zukünftigen) Geschäftspartners nicht zu verletzen.
- Verletzung von Vertragsabschlusspflichten. Wegen der im Privatrecht geltenden Vertragsfreiheit ist grds. niemand zum Abschluss von Verträgen verpflichtet. Eine solche Verpflichtung kann außer durch gesetzliche Anordnung allein mittels Vorvertrag begründet werden. Die c.i.c. begründet jedoch nach h.M. ausnahmsweise eine Pflicht auf Abschluss eines Vertrags, wenn ein Beteiligter die Vertragsverhandlungen ohne triftigen Grund abgebrochen hat, nachdem er vorher das Vertrauen des anderen geweckt oder unterhalten hatte, der Vertrag werde mit Sicherheit zustande kommen.
- Verletzung von Informationspflichten. In dieser Fallgruppe kommt es regelmäßig zum Abschluss eines Vertrags. Dieser Vertrag ist aber für den Verletzten inhaltlich nachteilig, weil er infolge falscher oder fehlender Informationen den Vertrag bei Kenntnis al-

ler Umstände nicht in der Weise geschlossen hätte. Eine Haftung aus c.i.c. entsteht dann, wenn die fehlende Information auf einer Pflichtverletzung des anderen Teils beruht. Die Pflichtverletzung kann in einer Irreführung (aktives Tun) oder in der Verletzung einer Aufklärungs- und Beratungspflicht (Unterlassen) bestehen.

- Unwirksamkeit des Vertrags. Während es in der Fallgruppe des Abbruchs von Vertragsverhandlungen um den fehlenden späteren Vertragsabschluss geht, ist auch der umgekehrte Fall möglich: Es kommt scheinbar zu einem Vertragsschluss, der jedoch unwirksam ist. Eine der Parteien erkennt die Unwirksamkeit nicht und erleidet dadurch einen Schaden. Nach h.M. haftet aus c.i.c., wer die andere Partei nicht über Umstände informiert, die der Wirksamkeit des Geschäftes entgegenstehen, oder wer sich unklar ausdrückt. Es besteht eine Informationspflicht über rechtliche Hindernisse beim Vertragsschluss und eine Pflicht zur klaren Ausdrucksweise.

4. Rechtsfolgen

Die c.i.c. kennt folgende Rechtsfolgen:

- Bei Verletzung einer Pflicht nach §§ 241 Abs. 2, 311 Abs. 2 BGB ist der Geschädigte so zu stellen, wie er ohne die Pflichtverletzung gestanden hätte, d.h. Ersatz des Verletzungs- und Vertrauensschadens. Ein Schuldverhältnis i.S.v. § 280 Abs. 1 Satz 1 BGB wird also auch durch Aufnahme von Vertragsverhandlungen oder anderen ähnlichen Kontakten begründet.
- Ausnahmsweise Ersatz des Erfüllungsinteresses, wenn der Vertrag ohne c.i.c. wirksam wäre.
- U.U. Anspruch auf Vertragsaufhebung.
- Werden im Rahmen von Vertragsverhandlungen Betriebsgeheimnisse ausgetauscht, die der andere potenzielle Vertragspartner der Konkurrenz offen legt, haftet er aus § 280 Abs. 1 i.V.m. § 311 Abs. 2 Nr. 2 BGB.

5. Haftung Dritter (Sachwalterhaftung)

§ 311 Abs. 3 BGB macht deutlich, dass auch ein Dritter in den Tatbestand der c.i.c. einbezogen werden kann. Häufig führt der eigentliche Vertragspartner die Vertragsverhandlungen nicht selbst, sondern bedient sich dazu Verhandlungsgehilfen. Ausnahmsweise kann dann nicht nur der Vertretene über § 278 BGB auf Schadensersatz bei Verletzung vorvertraglicher Pflichten in Anspruch genommen werden, sondern unter bestimmten Voraussetzungen auch der Vertreter selbst. Für die Bezeichnung des Dritten hat sich der Begriff des „**Sachwalters**" eingebürgert (BGHZ 56, 81). Voraussetzung hierfür ist die besondere Inanspruchnahme persönlichen Vertrauens, etwa weil der Dritte dem Verhandlungsgegenstand besonders nahesteht, weil er wirtschaftlich sehr stark am Vertragsabschluss interessiert ist oder weil er sich auf besondere Sachkunde beruft und damit eine Gewähr für eine ordnungsgemäße Durchführung des Geschäfts bietet.

VI. Sonderregeln für den gegenseitigen Vertrag

1. Befreiung von der Gegenleistung und Rücktritt

Bei den bisher besprochenen Fällen ging es darum, dass eine vertraglich geschuldete Pflicht nicht, nicht rechtzeitig oder unvollständig erfüllt worden ist. Beim gegenseitigen Vertrag bedarf es neben den Regelungen über diese unmögliche, verspätete und mangelhafte Leistung auch Vorschriften, die das Schicksal der Gegenleistung erfassen. Wie wir bereits festgestellt haben, sind ja beim gegenseitigen Vertrag Leistung und Gegenleistung **synallagmatisch** miteinander verbunden (s. S. 34). Für diese Konstellation enthalten die §§ 320 bis 326 BGB Sondervorschriften. Um zur richtigen Norm vorzudringen, muss man also zunächst klären, ob es sich bei der betroffenen Leistung um eine handelt, die im Gegenseitigkeitsverhältnis steht. Dann sind die §§ 320 bis 326 BGB vorrangig anzuwenden. Dies wird besonders deutlich bei der Lektüre des § 326 BGB, der das Schicksal der Gegenleistung bei Ausschluss der Leistungspflicht regelt. Insofern korrespondiert die Norm unmittelbar mit § 275 BGB (s. S. 92 f.). Danach entfällt in Fällen des § 275 Abs. 1 bis 3 BGB der Anspruch auf die Gegenleistung, § 326 Abs. 1 Halbs. 1 BGB. Der Gläubiger kann vom Vertrag zurücktreten, § 326 Abs. 5 BGB.

Tritt die Befreiung von der Leistungspflicht nach § 275 Abs. 1 bis 3 BGB zu einer Zeit ein, in der der Gläubiger im Annahmeverzug ist, erhält § 326 Abs. 2 Satz 1 BGB dem Schuldner den Anspruch auf die Gegenleistung. Verlangt der Gläubiger nach § 285 BGB Herausgabe des für den geschuldeten Gegenstand erlangten Ersatzes oder Abtretung eines Ersatzanspruchs, bleibt er ebenfalls zur Gegenleistung verpflichtet, § 326 Abs. 3 Satz 1 BGB.

2. Rücktritt nach den §§ 323 f. BGB

Während § 326 BGB die Tatbestände den Rücktritt wegen Unmöglichkeit der Leistungspflicht regelt, geht es bei § 323 Abs. 1 BGB um einen **Rücktritt** wegen Nicht- bzw. Schlechtleistung. § 324 BGB regelt den Rücktritt wegen der Verletzung einer Pflicht nach § 241 Abs. 2 BGB. Damit sind die nichtleistungsbezogenen Pflichten, also vor allem die sog. Schutzpflichten hinsichtlich der übrigen Rechtsgüter des Gläubigers, gemeint. Der Rücktritt wegen der Verletzung einer Nebenleistungspflicht hingegen fällt unter § 323 BGB. § 323 ist also von § 326 BGB dadurch abzugrenzen, dass kein Fall der Unmöglichkeit vorliegen darf. § 323 BGB unterscheidet sich zudem von § 324 BGB dadurch, dass § 324 BGB nur sonstige und gerade keine Nebenleistungs- bzw. Leistungspflichten erfassen will. § 323 BGB gewährt dem Gläubiger ein Rücktrittsrecht, wenn folgende Voraussetzungen gegeben sind:

- Vorliegen eines gegenseitigen Vertrags (die Pflicht selbst muss aber nicht in einem Gegenseitigkeitsverhältnis stehen),
- nicht oder nicht vertragsgemäß erbrachte Leistung,
- Fristsetzung durch den Gläubiger, wenn nicht nach Abs. 2 entbehrlich,
- erfolgloses Ablaufen der Frist.

Die Fristsetzung ist nach § 323 Abs. 2 BGB entbehrlich, wenn:

- der Schuldner die Leistung ernsthaft und endgültig verweigert,
- der Schuldner die Leistung zu einem im Vertrag bestimmten Termin oder innerhalb einer bestimmten Frist nicht bewirkt und der Gläubiger im Vertrag den Fortbestand seines Leistungsinteresses an die Rechtzeitigkeit der Leistung gebunden hat oder
- besondere Umstände vorliegen, die unter Abwägung der beiderseitigen Interessen den sofortigen Rücktritt rechtfertigen.

Bereits vor Eintritt der Fälligkeit der Leistung kann der Gläubiger nach § 323 Abs. 4 BGB zurücktreten, wenn offensichtlich ist, dass die Voraussetzungen des Rücktritts eintreten werden. Das Fristsetzungserfordernis dient dem Schutz des elementaren Grundsatzes pacta sunt servanda (Verträge müssen eingehalten werden). Zugleich dient die Fristsetzung dazu, dem Schuldner den Ernst der Lage vor Augen zu führen (Warncharakter). Der Rücktritt ist ausgeschlossen, wenn der Gläubiger für den Umstand, der ihn zum Rücktritt berechtigen würde, allein oder weit überwiegend verantwortlich ist. Gleiches gilt, wenn der Gläubiger sich in Annahmeverzug befand und der den Rücktritt auslösende Umstand vom Schuldner nicht zu vertreten ist, § 323 Abs. 6 BGB. Beachten Sie bitte den Unterschied zum Schadensersatzanspruch nach § 280 Abs. 1 BGB: Schadensersatz setzt voraus, dass der Schuldner die Nichtleistung zu vertreten hat. Der Rücktritt verzichtet auf dieses Erfordernis.

Bitte beachten Sie: § 323 BGB enthält zwei Möglichkeiten des Rücktritts. Verweigert der Schuldner die fällige Leistung ernsthaft und endgültig, kann der Gläubiger nach § 323 Abs. 1 u. 2 Nr. 1 BGB zurücktreten. Ist die Leistung noch nicht fällig, ergibt sich das Rücktrittsrecht bei einer Leistungsverweigerung des Schuldners aus §§ 323 Abs. 4 u. 2 Nr. 1 BGB.

Kurzrepetitorium

Leistungsstörungen:

- Hindernisse, die einer ordnungsgemäßen Abwicklung eines Schuldverhältnisses im Wege stehen.

Unmöglichkeit:

- Geschuldete Leistung kann nicht erbracht werden; Schuldner wird gem. § 275 BGB von seiner Leistungspflicht frei.
- Für Verträge weitergehende Rechtsfolgen der Unmöglichkeit in §§ 311 a, 326 BGB.

Schuldnerverzug:

- Vorübergehendes Leistungshindernis beim Schuldner.
- Verzug des Schuldners grds. erst bei Mahnung durch den Gläubiger, § 286 Abs. 1 BGB (Ausnahmen in § 286 Abs. 2 und 3 BGB).
- Bei Entgeltforderungen tritt Verzug kraft Gesetzes ein.
- Anspruch des Gläubigers auf Ersatz des Verzögerungsschadens, § 280 Abs. 2 BGB i.V.m. § 286 BGB, sowie bei Vorliegen weiterer Voraussetzungen Anspruch auf Schadensersatz statt der Leistung, § 280 Abs. 3 BGB i.V.m. § 281 BGB.
- Bei im Gegenseitigkeitsverhältnis stehender Leistung Rücktrittsrecht des Gläubigers, § 323 BGB (wenn Schuldner eine fällige Leistung nicht erbringt, eine angemessene Frist vom Gläubiger gesetzt wird und diese fruchtlos verstreicht).

Gläubigerverzug:

- Verletzung einer Obliegenheit des Gläubigers.
- Keine Schadensersatzpflicht, jedoch rechtliche Nachteile, §§ 300 ff. BGB.
- Haftungsmilderung für den Schuldner, § 300 Abs. 1 BGB.
- Übergang der Leistungsgefahr auf Gläubiger, § 300 Abs. 2 BGB.

Schadensersatz statt der Leistung:

- § 280 BGB i.V.m. der je nach Art der Pflichtverletzung einschlägigen Normen der § 281, § 282 oder § 283 BGB.
- § 282 BGB: Fallgruppen der Rechtsprechung, um Pflichtverletzungen i.S.d. § 241 Abs. 2 BGB näher zu bestimmen.
- Unterscheidung zwischen Leistungspflichten und Nebenleistungspflichten.
- Bei Schlechtleistung Anwendbarkeit des § 282 BGB zu prüfen, wenn nicht gesetzliche Mängelansprüche eine abschließende Regelung treffen.
- Grundsatz der Naturalrestitution, § 249 Abs. 1 BGB.
- Minderung bzw. Entfall bei Mitverschulden, § 254 BGB.
- Ersatz immaterieller Schäden unter den Voraussetzungen des § 253 BGB.

c.i.c.:

- § 311 Abs. 2 BGB: bei Vertrauensverhältnissen in vorvertraglichem Stadium Entstehung eines vorvertraglichen Schuldverhältnisses, das gewisse Pflichten i.S.v. § 241 Abs. 2 BGB begründet.
- Anwendbarkeit nur, wenn Regelungslücke besteht und ein Schaden durch eine zu vertretende Pflichtverletzung (z.B. Schutzpflichten oder Informationspflichten) eingetreten ist.

Gegenseitige Verträge:

- §§ 320 ff. BGB: spezielle Regelungen für gegenseitige Verträge; Vorrang vor den allgemeinen Regelungen der §§ 275 ff. BGB und denen für Verträge nach §§ 311 ff. BGB.
- §§ 323, 324 BGB: Rücktrittsrecht für Gläubiger.
- § 326 BGB: Schicksal der Gegenleistung beim Vorliegen von Unmöglichkeit.

§ 18 Besondere Vertriebsformen

I. Haustürgeschäfte

§ 312 BGB enthält Regelungen über einen Vertrag, der zwischen einem Unternehmer (§ 14 BGB) und einem Verbraucher (§ 13 BGB) in einer sog. „**Haustürsituation**" zustande kommt. § 312 BGB ist die gesetzgeberische Antwort auf die Gefahren des sog. Direktmarketings. Bei dieser aggressiven Vertriebsmethode geht die Initiative zum Geschäftsabschluss „überfallartig" vom Anbieter aus. Vertragsverhandlungen und -abschluss finden nicht in dessen Geschäftsräumen statt. Aufgrund der Umgebung und der Situation kann es zu einer Einschränkung der rechtsgeschäftlichen Entscheidungsfreiheit des Verbrauchers kommen. Aus Gründen des Verbraucherschutzes räumt ihm das Gesetz daher ein Widerrufs- bzw. Rückgaberecht ein, § 312 Abs. 1 Satz 1 a.E. i.V.m. § 355 BGB bzw. § 312 Abs. 1 Satz 2 i.V.m. § 356 BGB, über das er zu belehren ist, § 312 Abs. 2, 360 BGB.

Haustürgeschäfte, § 312 BGB

Anwendungsbereich:
Vertrag zwischen Unternehmer (§ 14 BGB) und Verbraucher (§ 13 BGB)

Positive Voraussetzungen (alternativ):	**Negative Voraussetzungen** (kumulativ), § 312 Abs. 3 BGB:
⇒ mündliche Verhandlungen am Arbeitsplatz oder in der Privatwohnung, § 312 Abs. 1 Nr. 1 BGB ⇒ anlässlich einer vom Unternehmer oder einem Dritten zumindest auch im Interesse des Unternehmers durchgeführten Freizeitveranstaltung, § 312 Abs. 1 Nr. 2 BGB ⇒ im Anschluss an ein überraschendes Ansprechen in Verkehrsmitteln oder im Bereich öffentlich zugänglicher Verkehrsflächen, § 312 Abs. 1 Nr. 3 BGB	⇒ kein Versicherungsvertrag ⇒ mündliche Verhandlungen (§ 312 Abs. 1 Nr. 1 BGB) nicht auf Bestellung des Verbrauchers ⇒ bei Entgelt bis € 40 Leistung nicht sofort erbracht und bezahlt ⇒ keine Beurkundung durch Notar

Rechtsfolge:
⇒ Belehrungspflicht, § 312 Abs. 2 i.V.m. § 360 BGB
⇒ Widerrufs- bzw. Rückgaberecht, § 312 Abs. 1 S. 1 a.E. i.V.m. § 355 BGB bzw. § 312 Abs. 1 S. 2 i.V.m. § 356 BGB

Schaubild 27

Der **Anwendungsbereich** des § 312 BGB ist eröffnet, wenn der Verbraucher zur Abgabe seiner Willenserklärung unter einem der folgenden Umstände bestimmt wurde:

- mündliche Verhandlung am Arbeitsplatz oder im Bereich einer Privatwohnung, § 312 Abs. 1 Nr. 1 BGB;
- anlässlich einer vom Unternehmer oder einem Dritten zumindest auch im Interesse des Unternehmers durchgeführten Freizeitveranstaltung, § 312 Abs. 1 Nr. 2 BGB;

- im Anschluss an ein überraschendes Ansprechen in Verkehrsmitteln oder im Bereich öffentlich zugänglicher Verkehrsflächen, § 312 Abs. 1 Nr. 3 BGB.

In den genannten Fällen spricht man verkürzend von Haustürgeschäften.

Beispiele:

- Vertreter V klingelt bei Hausfrau H und möchte ihr einen Staubsauger verkaufen (§ 312 Abs. 1 Nr. 1 BGB).
- Anlässlich einer von R organisierten sog. Kaffeefahrt für Senioren bietet V den Reisenden Heizdecken und Rheumasalben an (§ 312 Abs. 1 Nr. 2 BGB).
- D spricht in der S-Bahn Mitreisende darauf an, eine Zeitschrift zu abonnieren (§ 312 Abs. 1 Nr. 3 BGB).

Das Widerrufs- bzw. Rückgaberecht besteht nach § 312 Abs. 3 BGB nicht:

- bei Versicherungsverträgen oder
- wenn im Fall von § 312 Abs. 1 Nr. 1 BGB die mündlichen Verhandlungen, auf denen der Abschluss des Vertrags beruht, auf vorhergehende Bestellung des Verbrauchers geführt worden sind oder
- die Leistung bei Abschluss der Verhandlungen sofort erbracht und bezahlt wird und das Entgelt 40,- € nicht übersteigt oder
- die Willenserklärung des Verbrauchers von einem Notar beurkundet worden ist.

Durch diese Einschränkungen sollen solche Fälle ausgeschlossen werden, in denen entweder das Schutzbedürfnis des Verbrauchers nur gering ist oder gar nicht besteht.

Als primären Rechtsbehelf zugunsten des Verbrauchers sieht § 312 Abs. 1 Satz 1 BGB ein Widerrufsrecht nach § 355 BGB vor. Daneben besteht das Rückgaberecht des § 356 BGB nach § 312 Abs. 1 Satz 2 BGB unter den dort genannten zusätzlichen Voraussetzungen. Von § 312 BGB kann nicht zum Nachteil des Verbrauchers abgewichen werden, vgl. § 312 g BGB.

II. Fernabsatzverträge

1. Bedeutung und Anwendungsbereich

Durch die zunehmende Nutzung moderner Kommunikationsmittel wie etwa des Internet als Medium zur Abwicklung von Wirtschaftstransaktionen kommt es immer häufiger zur Kollision mit zentralen Regelungen des BGB. Die Methoden des Fernabsatzes über Online- und Teleshopping, Telefon und Internet etc. bergen neue Gefahren für den Verbraucher. Alle auf moderne Kommunikationsmittel gestützten Vertriebsarten sind dadurch gekennzeichnet, dass sich Anbieter und Kunde nicht mehr physisch begegnen und der Verbraucher die ihm angebotene Ware vor Vertragsschluss nicht überprüfen kann. Aus diesem Grund enthalten die §§ 312 b bis 312 g BGB Sondervorschriften für Fernabsatzverträge, deren wesentliches Anliegen es ist, den Verbraucher neben dem traditionellen Schutzinstrument des Widerrufsrechts vor allem mit ausreichenden Informationen zu versorgen. Der **Fernabsatzvertrag** ist dabei in § 312 b Abs. 1 BGB definiert und durch folgende Kriterien gekennzeichnet:

- Das Fehlen gleichzeitiger körperlicher Anwesenheit von Verbraucher und lieferndem Unternehmer.

- Die Verwendung einer bestimmten Kommunikationsform, die als Fernkommunikationsmittel definiert wird.
- Der Vertrag muss im Rahmen eines für den Fernabsatz organisierten Vertriebs- bzw. Dienstleistungssystems geschlossen worden sein. Das ist bspw. nicht der Fall, wenn der Anbieter seine Waren in einem Ladenlokal vertreibt und nur gelegentlich Bestellungen am Telefon entgegennimmt.

Fernkommunikationsmittel sind nach § 312 b Abs. 2 BGB solche Kommunikationsmittel, die zur Anbahnung oder zum Abschluss eines Vertrags zwischen einem Verbraucher (§ 13 BGB) und einem Unternehmer (§ 14 BGB) ohne gleichzeitige körperliche Anwesenheit der Vertragsparteien eingesetzt werden können. Zu ihnen zählen insbesondere Briefe, Kataloge, Telefonanrufe, Telekopien, E-Mails und Rundfunk, Tele- und Mediendienste.

Die §§ 312 b ff. BGB finden keine Anwendung auf die in § 312 b Abs. 3 BGB genannten Verträge. Hierzu zählen etwa Fernunterrichts- und Teilzeitwohnrechtsverträge, Finanzgeschäfte, Immobilienveräußerungen, die Lieferung von Lebensmitteln, Getränken und anderen Produkten des täglichen Bedarfs, touristische Dienstleistungen und Automatenverträge. Das Gesetz geht davon aus, dass sich der Unternehmer eines für den Fernabsatz organisierten Vertriebs- und Dienstleistungssystems i.S.v. § 312 b Abs. 1 BGB bedient hat. Er muss im Streitfall beweisen, dass er hierüber *nicht* verfügt. Dies folgt aus der „es-sei-denn-Formulierung" in § 312 b Abs. 1 a.E. BGB.

Fernabsatzverträge, § 312 b BGB

Anwendungsbereich:
Vertrag zwischen Unternehmer (§ 14 BGB) und Verbraucher (§ 13 BGB)

Positive Voraussetzungen (kumulativ):	**Negative Voraussetzungen** (kumulativ):
⇒ Fehlen gleichzeitiger körperlicher Anwesenheit von Verbraucher und lieferndem Unternehmer ⇒ Verwendung bestimmter Kommunikationsformen (Fernkommunikationsmittel) ⇒ ein für den Fernabsatz organisiertes Vertriebs- oder Dienstleistungssystem	⇒ keiner der in § 312 b Abs. 3 BGB genannten Verträge (Beweislast bei Unternehmer)

Rechtsfolge:
⇒ zweistufiges System von Informationspflichten, § 312 c Abs. 1 BGB i.V.m. Art. 246 EGBGB, § 312 c Abs. 2 BGB
⇒ insbes.: Pflicht zur Belehrung über Widderrufs- bzw. Rückgaberecht, § 312 c Abs. 1 BGB i.V.m. Art. 246 § 1 Abs. 1 Nr. 10
⇒ Widerrufs- bzw. Rückgaberecht, § 312 d Abs. 1 S. 1 i.V.m. § 355 BGB, bzw. § 312 d Abs. 1 S. 2 i.V.m. § 356 BGB
⇒ Ausschluss des Widerrufsrechts in Fällen des § 312 d Abs. 4 BGB
⇒ Pflichten des § 312 e BGB

Schaubild 28

2. Informationspflichten

Bei Fernabsatzverträgen soll dem Verbraucher ein zweistufiges System von **Informationspflichten** zugute kommen. Rechtzeitig vor Abschluss eines Fernabsatzvertrags, also bereits bei Anbahnung des Vertrags, hat der Unternehmer den Verbraucher rechtzeitig in einer dem eingesetzten Fernkommunikationsmittel entsprechenden Weise klar und verständlich über Einzelheiten des Vertrags und dessen geschäftlichen Zweck zu informieren, § 312 c Abs. 1 BGB i.V.m. Art. 246 § 1 EGBGB. Diese Informationen müssen dem Verbraucher in Textform (§ 126 b BGB) zur Verfügung gestellt werden, Art. 246 § 2 EGBGB. Sie betreffen vor allem vertragswesentliche Informationen, wie etwa Identität und Anschrift des Anbieters, wesentliche Merkmale der angebotenen Ware, Preise, Liefer- und Versandkosten. Diese Informationen müssen spätestens bis zur vollständigen Erfüllung des Vertrags bzw. bei Waren spätestens bei Lieferung an den Verbraucher klar und verständlich präsentiert werden. Verletzt der Unternehmer diese Pflicht, haftet er aus §§ 280 Abs. 1, 311 Abs. 2 BGB (s. S. 100 ff.). Ferner muss der Unternehmer bei Telefongesprächen über den geschäftlichen Zweck des Anrufs bzw. des Gesprächs informieren und seine Identität von Anfang an offen legen, § 312 c Abs. 2 BGB.

3. Widerrufsrecht

Auch bei Fernabsatzverträgen steht dem Verbraucher ein **Widerrufs- und Rückgaberecht** zu (§ 312 d Abs. 1 i.V.m. § 355 bzw. § 356 BGB). Danach hat der Verbraucher die Möglichkeit, den Vertragsschluss zu widerrufen, ohne hierfür Gründe angeben oder mit Strafzahlungen rechnen zu müssen. Abweichend von § 355 Abs. 3 Satz 1 BGB beginnt die Widerrufsfrist allerdings nicht vor Erfüllung der Informationspflichten nach Art. 246 § 2 i.V.m. § 1 Abs. 1 EGBGB. Bei der wiederkehrenden Lieferung gleichartiger Waren beginnt sie nicht vor dem Tag des Eingangs der ersten Teillieferung, § 312 d Abs. 2 BGB. Das Widerrufsrecht besteht nach § 312 d Abs. 4 BGB grds. nicht bei Fernabsatzverträgen

- zur Lieferung von Waren, die nach Kundenspezifikation angefertigt werden oder die aufgrund ihrer Beschaffenheit nicht für die Rücksendung geeignet sind oder schnell verderben können oder deren Verfallsdatum überschritten würde,
- zur Lieferung von Audio- oder Videoaufzeichnungen oder von Software, sofern die gelieferten Datenträger vom Verbraucher entsiegelt worden sind,
- zur Lieferung von Zeitungen, Zeitschriften und Illustrierten, es sei denn, dass der Verbraucher seine Vertragserklärung telefonisch abgegeben hat,
- zur Erbringung von Wett- und Lotterie-Dienstleistungen, es sei denn, dass der Verbraucher seine Vertragserklärung telefonisch abgegeben hat,
- die in der Form von Versteigerungen (§ 156 BGB) geschlossen werden,
- die die Lieferung von Waren oder die Erbringung von Finanzdienstleistungen zum Gegenstand haben, deren Preis auf dem Finanzmarkt Schwankungen unterliegt, auf die der Unternehmer keinen Einfluss hat und die innerhalb der Widerrufsfrist auftreten können, insbesondere Dienstleistungen im Zusammenhang mit Aktien, Anteilsscheinen, die von einer Kapitalanlagegesellschaft oder einer ausländischen Investmentgesellschaft ausgegeben werden, und anderen handelbaren Wertpapieren, Devisen, Derivaten oder Geldmarktinstrumenten oder
- zur Erbringung telekommunikationsgestützter Dienste, die auf Veranlassung des Verbauchers unmittelbar per Telefon oder Telefax in einem Mal erbracht werden, sofern es sich nicht um Finanzdienstleistungen handelt.

4. Weitere Pflichten im elektronischen Geschäftsverkehr

§ 312 e BGB normiert besondere Pflichten für Fernabsatzverträge, die im elektronischen Geschäftsverkehr zustande kommen. Weil das Gesetz nur von „Kunde" spricht, ist unerheblich, ob an dem Geschäftsverkehr ein Unternehmer und ein Verbraucher oder zwei Unternehmer beteiligt sind. Unter einem Vertrag im elektronischen Geschäftsverkehr versteht die Norm einen Vertrag über die Lieferung von Waren oder über die Erbringung von Dienstleistungen, der unter Nutzung eines Tele- oder Mediendienstes abgeschlossen wurde. In einem solchen Fall hat der Unternehmer dem Kunden gegenüber weitreichende Pflichten zu beachten. So muss er etwa angemessene, wirksame und zugängliche technische Mittel bereitstellen, mit deren Hilfe der Kunde Eingabefehler vor Abgabe seiner Bestellung erkennen und berichtigen kann. Dem Kunden sind ferner rechtzeitig vor Abgabe der Bestellung die in Art. 246 § 3 EGBGB genannten Informationen klar und verständlich mitzuteilen. Darüber hinaus muss der Unternehmer dem Kunden bestimmte Informationen und die Vertragsbestimmungen, einschließlich der einbezogenen Allgemeinen Geschäftsbedingungen, bei Vertragsschluss so zur Verfügung stellen, dass der Kunde sie in wiedergabefähiger Form speichern kann. Schließlich muss er den Zugang der Bestellung des Kunden unverzüglich auf elektronischem Weg bestätigen, § 312 e Abs. 1 BGB. Weitergehende Schutzvorschriften, wie § 312c BGB, finden zugunsten des Verbrauchers Anwendung. Von den §§ 312 bis 312 e BGB darf nicht zum Nachteil des Verbrauchers abgewichen werden, § 312 g BGB.

Kurzrepetitorium

Besondere Vertriebsformen:

- § 312 BGB schützt den Verbraucher vor den Gefahren des sog. Direktmarketings.
- Dem Verbraucher stehen ggf. ein Widerrufs- und ein Rückgaberecht zu, um sich von dem ihn unter Umständen überrumpelnden Vertragsschluss lösen zu können.
- Einen vergleichbaren Verbraucherschutz enthält § 312 b BGB für sog. Fernabsatzverträge.
- Für Fernabsatzverträge, die im elektronischen Geschäftsverkehr zustande kommen, gelten Besonderheiten nach § 312 e BGB.

Kapitel D. Schuldrecht, Besonderer Teil

§ 19 Eigentumsübertragungsverträge

I. Kaufvertrag

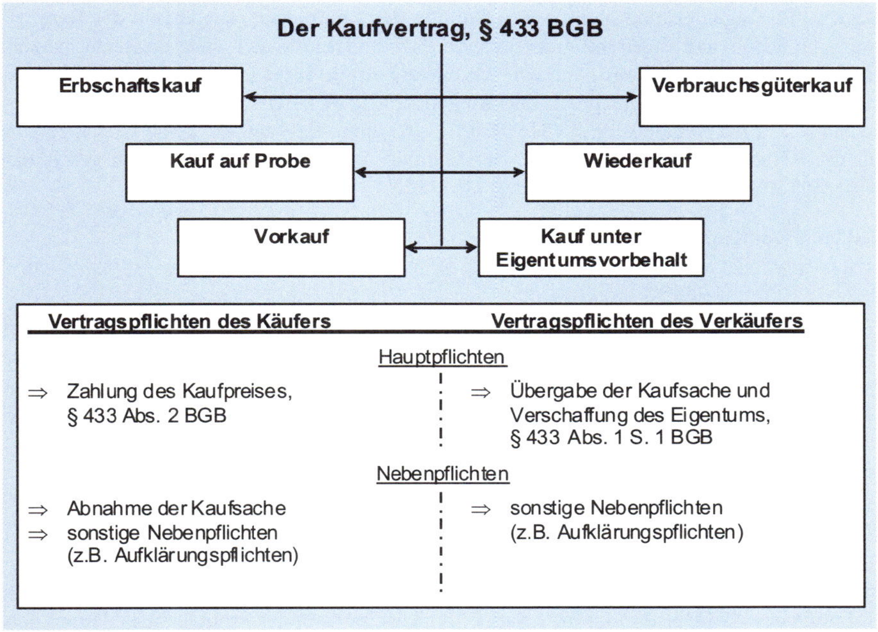

Schaubild 29

1. Bedeutung, Systematik und Abgrenzung

Der **Kaufvertrag** ist das häufigste Umsatzgeschäft. Durch ihn wird der Verkäufer einer Sache verpflichtet, dem Käufer die Sache zu übergeben und das Eigentum an der Kaufsache zu verschaffen. Er hat dabei die Sache frei von Sach- und Rechtsmängeln zu verschaffen, § 433 Abs. 1 BGB. Der Käufer ist umgekehrt verpflichtet, dem Verkäufer den vereinbarten Kaufpreis zu zahlen und die gekaufte Sache abzunehmen, § 433 Abs. 2 BGB. Die beiderseitigen Leistungspflichten sind synallagmatisch verbunden, d.h. wechselseitig voneinander abhängig. Der Kaufvertrag ist ein ausschließlich schuldrechtlicher Vertrag, durch den die Eigentumslage am Kaufgegenstand nicht verändert wird (Trennungs- bzw. Abstraktionsprinzip, s. S. 37). Gekauft werden können neben Sachen auch Rechte. Die Vorschriften für den Sachkauf gelten nach § 453 Abs. 1 BGB entsprechend für den Rechtskauf und den Kauf sonstiger Gegenstände. Sonstige Gegenstände sollen u.a. sein: Unternehmen oder Unternehmensteile, Elektrizität und Fernwärme, technisches Know-how, Software oder Werbeideen.

Der Kauf als solcher ist in den §§ 433 ff. BGB geregelt. Dabei finden sich in den §§ 433 bis 453 BGB allgemeine Vorschriften, die grds. auf jeden Kaufvertrag anwendbar sind. Die §§ 454 bis 473 BGB enthalten Vorschriften über den Kauf auf Probe, den Wiederkauf und den Vorkauf. In den §§ 474 bis 479 BGB schließlich sind Regelungen über den Verbrauchsgüterkauf niedergelegt. Auch hier gilt also wieder die bekannte Systematik „vom Allgemeinen zum Speziellen". Sie macht es erforderlich, das Gesetz gleichsam von hinten zu lesen. Die spezielleren Vorschriften gehen stets der Anwendung der allgemeineren Vorschriften vor. Die allgemeinen Vorschriften kommen nur dann ungehindert zum Zuge, wenn sie von den besonderen nicht abgeändert werden.

Besteht die Gegenleistung nicht in der Zahlung des Kaufpreises, sondern in der Beschaffung von Besitz und Eigentum einer anderen Sache oder an einem anderen Recht, handelt es sich nicht um einen Kauf-, sondern um einen **Tauschvertrag**. Auf ihn finden die Vorschriften über den Kauf entsprechende Anwendung, § 480 BGB. Vom Kaufvertrag unterscheidet sich die **Schenkung**, §§ 516 ff. BGB, dadurch, dass bei ihr keine Gegenleistung für die Verschaffung von Besitz und Eigentum an der Sache oder dem Recht geschuldet wird. Zur Abgrenzung vom Werkvertrag s. S. 132.

2. Arten von Kaufverträgen

a) Erbschaftskaufvertrag

Nach dem Tod des Erblassers können die Erben die ihnen angefallene Erbschaft verkaufen. Ein solcher Erbschaftskaufvertrag bedarf der notariellen Beurkundung, § 2371 BGB. Auch beim Erbschaftskaufvertrag gilt, dass die dingliche Zuordnung der Erbschaftsgegenstände durch den Vertrag nicht verändert wird. Alle Erbschaftsgegenstände, Sachen wie Rechte, müssen vom Erbschaftsverkäufer auf den Erbschaftskäufer übertragen werden. Die §§ 2375 u. 2376 BGB enthalten besondere Haftungsregeln.

b) Kauf auf Probe

Beim Kauf auf Probe oder auf Besichtigung steht die Billigung des gekauften Gegenstands im Belieben des Käufers. Der Kauf ist im Zweifel unter der aufschiebenden Bedingung der Billigung geschlossen, § 454 Abs. 1 Satz 2 BGB. Beim Kauf auf Probe geht es darum, dem Käufer die gründliche Prüfung seines Kaufentschlusses zu ermöglichen. Bis zum Eintritt oder Ausfall der Bedingung besteht ein Schwebezustand, § 158 Abs. 1 BGB.

c) Wiederkauf

Während § 454 BGB das Interesse des Käufers berücksichtigt, den Kaufgegenstand unter Umständen doch nicht erwerben zu wollen, geht es beim Wiederkauf, §§ 456 ff. BGB, um das Interesse des Verkäufers. Wenn er sich vom Kaufgegenstand möglicherweise nicht endgültig trennen möchte, muss er sich in dem Kaufvertrag das Recht des Wiederkaufs vorbehalten. Anders als beim Kauf auf Probe kommen beim Wiederkauf zwei voll gültige Kaufverträge zustande und werden auch jeweils einzeln abgewickelt.

d) Vorkauf

Die §§ 463 bis 473 BGB regeln das Vorkaufsrecht. Mit der Einräumung eines Vorkaufsrechts wird kein Kaufvertrag abgeschlossen. Hintergrund einer Vorkaufssituation ist regelmäßig, dass der Eigentümer eines Kaufgegenstands zu einem bestimmten Zeitpunkt noch nicht bereit ist, ihn zu veräußern. Ein potenzieller Erwerber ist jedoch am Kauf interessiert. Er möchte daher sicher gehen, dass er und nicht ein anderer den Gegenstand erwirbt, sollte sich der Eigentümer später zum Verkauf entschließen. Hierzu kann er sich ein Vorkaufsrecht einräumen lassen. Davon zu unterscheiden ist das dingliche Vorkaufsrecht, das als dingliches Recht ein Grundstück belastet, §§ 1094 ff. BGB.

e) Verbrauchsgüterkauf

Kauft ein Verbraucher, § 13 BGB, von einem Unternehmer, § 14 BGB, eine bewegliche Sache, spricht man vom **Verbrauchsgüterkauf**, § 474 Abs. 1 BGB.

Beispiele: Gas und Wasser sind bewegliche Sachen i.S.d. Verbrauchsgüterkaufs, wenn sie in bestimmten Mengen abgefüllt sind. Keine bewegliche Sache ist elektrische Energie. Kein Verbrauchsgüterkauf liegt mangels beweglicher Sache zudem beim Kauf neu errichteter Häuser und Eigentumswohnungen vor. Student A verkauft Mitstudentin B sein gebrauchtes BGB. Wegen der fehlenden Unternehmereigenschaft des A liegt kein Verbrauchsgüterkauf vor.

Für den Verbrauchsgüterkauf enthalten die §§ 474 bis 479 BGB Sondervorschriften, die vor allem dem Interesse des Verbraucherschutzes dienen. So sind zahlreiche an sich dispositive Regeln des Kaufrechts beim Verbrauchsgüterkauf nicht abdingbar, vgl. § 475 BGB. Bspw. ist gemäß Abs. 2 die Verjährungsfrist für gebrauchte Sachen auf ein Jahr verkürzbar, bei neu hergestellten Sachen bleibt es zwingend bei der zweijährigen Frist.

Ferner wird zugunsten des Verbrauchers eine Beweislastumkehr eingeführt: Zeigt sich innerhalb von sechs Monaten nach Gefahrübergang ein Sachmangel, wird vermutet, dass die Sache bereits bei Gefahrübergang mangelhaft war, § 476 BGB. Sondervorschriften für Garantien enthält § 477 BGB.

Beachten Sie bitte § 474 Abs. 2 BGB. Dort wird klargestellt, dass im Bereich des Verbrauchsgüterkaufs bei einer Rückabwicklung des Kaufvertrags gezogene Nutzungen oder Wertersatz nicht geleistet werden müssen. Außerdem findet bei einem Transport der Kaufsache zum Käufer der charakteristische Gefahrübergang des § 447 BGB nicht statt. Das bedeutet, dass der Verbrauchsgüterkauf als Bringschuld ausgestaltet ist.

f) Der Kauf unter Eigentumsvorbehalt

Beim Kauf unter Eigentumsvorbehalt handelt es sich um ein Sicherungsmittel. Dem Käufer wird der Kaufpreis gestundet, und der Verkäufer behält sich die Übereignung der Kaufsache bis zur Zahlung des Kaufpreises vor. Der Eigentumsvorbehalt ist in § 449 BGB, also im Kaufrecht, geregelt. Dennoch sind vor allem die **sachenrechtlichen Auswirkungen** des Kaufs unter Eigentumsvorbehalt von entscheidender Bedeutung (s. S. 217 f.). § 449 Abs. 1 BGB besagt, dass beim Kauf unter Eigentumsvorbehalt das Eigentum im Zweifel unter der aufschiebenden Bedingung vollständiger Zahlung des Kaufpreises übertragen wird. Dies ist darauf zurückzuführen, dass beim Verkauf unter Eigentumsvorbehalt der Verkäufer dem Käufer Kredit gewährt. Allerdings muss der Verkäufer vom Vertrag zurücktreten, wenn er die Sache herausverlangen will, § 449 Abs. 2 BGB. Weitergehendere Vereinbarungen als § 449 Abs. 1 BGB sind nicht ohne weiteres möglich. Dies gilt insbesondere für den Konzernvorbehalt, der nach § 449 Abs. 3 BGB nichtig ist. Beim Eigentumsvorbehalt ist also das Abstraktionsprinzip zu beachten: Nur die dingliche Übereignung, nicht aber der Kaufvertrag ist aufschiebend bedingt.

Von einem **verlängerten Eigentumsvorbehalt** spricht man, wenn Käufer und Verkäufer vereinbaren, dass im Falle der Veräußerung der Sache an einen Dritten an deren Stelle als Sicherung die neu erworbene Sache bzw. Forderung tritt. Dabei ist der Käufer zur Weiterveräußerung der Kaufsache ermächtigt (§ 185 Abs. 1 BGB). Im Gegenzug tritt er seine Forderung aus dem Kaufvertrag gegen den Dritten an den Verkäufer zur Sicherheit ab. Der Käufer wird zur Einziehung der Forderung ermächtigt (§ 185 Abs. 1 BGB analog).

3. Vertragspflichten

a) Pflichten des Käufers

Der Käufer ist verpflichtet, dem Verkäufer den vereinbarten Kaufpreis zu zahlen, § 433 Abs. 2 BGB. Obwohl diese Vorschrift den Käufer daneben zur Abnahme des Kaufgegenstands verpflichtet, handelt es sich hierbei nur um eine Nebenpflicht. Lediglich ausnahmsweise, wenn die Parteien es ausdrücklich vereinbart haben oder wenn aufgrund besonderer Umstände (Lagerräumung, leicht verderbliche Ware) eine konkludente Einigung der Parteien diesbezüglich angenommen werden kann, wird die Abnahme ebenfalls als Hauptpflicht geschuldet. Weitere Nebenpflichten ergeben sich aus § 448 BGB.

b) Pflichten des Verkäufers

Der Verkäufer einer Sache ist verpflichtet, dem Käufer die Sache zu übergeben und das Eigentum an der Sache zu verschaffen, § 433 Abs. 1 Satz 1 BGB. Diese Vorschrift ordnet lediglich an, dass der Verkäufer dem Käufer das Eigentum am Kaufgegenstand zu verschaffen hat. Wie dies zu geschehen hat, richtet sich nach den sachenrechtlichen Vorschriften (§§ 929 ff. BGB für bewegliche Sachen bzw. §§ 873, 925 BGB für Immobilien). Besitzverschaffung im Sinne des § 433 Abs. 1 Satz 1 BGB meint, dass der Käufer den unmittelbaren Besitz am Kaufgegenstand erlangt (zum Begriff s. S. 200 f.). Beim Verkauf eines Grundstücks sind zudem die in § 436 Abs. 1 BGB genannten Pflichten zu beachten.

Der Verkäufer ist ferner verpflichtet, die Sache frei von Sach- und Rechtsmängeln zu verschaffen, § 433 Abs. 1 Satz 2 BGB. Die Mängelhaftung des Verkäufers ist damit als Nichterfüllungshaftung zu qualifizieren.

4. Mängelhaftung

a) Sach- und Rechtsmangel

§ 433 Abs. 1 Satz 2 BGB stellt Sach- und Rechtsmängel gleich. Der Sachmangel wird dabei von § 434 BGB, derjenige des **Rechtsmangels** von § 435 BGB erfasst. Eine Sache ist frei von Rechtsmängeln, wenn Dritte in Bezug auf die Sache keine oder nur die im Kaufvertrag übernommenen Rechte gegen den Käufer geltend machen können. Kein Rechtsmangel liegt nach h.M. vor, wenn die verkaufte Sache nicht dem Verkäufer gehört, obwohl er als Eigentümer aufgetreten ist (BGHZ 174, 61, 68 (Rn. 27)).

Beispiel: Wird eine vermietete Wohnung verkauft, und legt der Verkäufer dies dem Käufer offen, stellt das Mietrecht des Mieters keinen Rechtsmangel dar.

Komplizierter ist die Situation beim **Sachmangel**. Die Sache ist frei von Sachmängeln, wenn sie bei Gefahrübergang die vereinbarte Beschaffenheit hat. Unter Beschaffenheit versteht man diejenigen Eigenschaften, die der Sache unmittelbar anhaften (z.B. Größe, Gewicht, Motorkraft). Darüber hinaus dürften auch gewisse Bezüge der Sache zur Umwelt als Beschaffenheit anzusehen sein (z.B. Mietertrag eines Grundstücks, str.). Dabei wird nicht zwischen erheblichen und unerheblichen Mängeln unterschieden. Die Frage, welche Merkmale eine Kaufsache aufweisen muss, um frei von Sachmängeln zu sein, ist in erster Linie durch die vertraglichen Vereinbarungen der Parteien und aus den konkreten Umständen zu bestimmen.

Soweit die Beschaffenheit nicht vereinbart ist, ist die Sache mit Sachmängeln behaftet,

- wenn sie sich nicht für die nach dem Vertrag vorausgesetzte Verwendung eignet, § 434 Abs. 1 Satz 2 Nr. 1 BGB, sonst
- wenn sie sich nicht für die gewöhnliche Verwendung eignet und keine Beschaffenheit aufweist, die bei Sachen der gleichen Art üblich ist und die der Käufer nach der Art der Sache erwarten kann, § 434 Abs. 1 Satz 2 Nr. 2 BGB.
- Ein Sachmangel ist ferner gegeben, wenn die vereinbarte Montage durch den Verkäufer oder dessen Erfüllungsgehilfen unsachgemäß durchgeführt worden ist. Gleiches gilt, wenn die Montageanleitung mangelhaft ist, § 434 Abs. 2 BGB.
- Einem Sachmangel steht es gleich, wenn der Verkäufer eine andere Sache oder eine zu geringe Menge geliefert hat, vgl. § 434 Abs. 3 BGB.

Dem § 434 Abs. 1 BGB liegt also ein dreistufiges System zugrunde: In erster Linie kommt es auf die vereinbarte Beschaffenheit an. Wurde sie nicht vereinbart, wird zweitens die vertraglich vorausgesetzte Beschaffenheit bedeutsam. Fehlt es auch an dieser, ist auf der dritten Stufe § 434 Abs. 1 Satz 2 Nr. 2 BGB und ergänzend § 434 Abs. 1 Satz 3 BGB heranzuziehen.

Bitte beachten Sie, dass § 434 BGB beim Rechtskauf (§ 453 BGB) unanwendbar ist. Der Verkäufer eines Rechts haftet nur für den Bestand des Rechts (Verität), nicht aber auch für dessen wirtschaftliche Durchsetzbarkeit (Bonität).

Beispiele für Sachmängel: Ein Sachmangel liegt vor bei Lieferung von nur 4.500 Blatt Papier statt der vereinbarten 5.000 Blatt (sog. Zu-wenig-Lieferung); Lieferung eines Videorecorders statt eines DVD-Geräts (sog. aliud- oder Falschlieferung); Lieferung eines in zahlreiche Einzelteile zerlegten Badschranks mit unverständlicher Montageanleitung (Lieferung eines Kaufgegenstandes mit fehlerhafter Montageanleitung); Lieferung eines neuen Mobiltelefons, dessen Display verkratzt ist; Lieferung eines neuen Toasters, der sich nicht einschalten lässt (Lieferung eines schadhaften Kaufgegenstandes).

Wenn es sich bei der Kaufsache um ein Einzelstück handelt, kann nicht auf die Beschaffenheit abgestellt werden, die bei gleichartigen Sachen üblich ist, sondern auf diejenige, die der Käufer nach der Art der Sache erwarten kann. Für praktische Probleme sorgt insbesondere § 434 Abs. 1 Satz 3 BGB, bei dem ausdrücklich auf die öffentlichen Äußerungen des Verkäufers, des Herstellers (§ 4 Abs. 1 u. 2 ProdHaftG; s. S. 192 f.) und seines Gehilfen, insbesondere in der Werbung, abgestellt wird. Öffentliche Äußerungen des Händlers, des Herstellers oder Importeurs und ihrer Erfüllungsgehilfen, wie etwa Werbeagenturen (§ 278 BGB), gehen in die Definition der Beschaffenheit der Kaufsache ein. § 434 Abs. 1 Satz 3 a.E. BGB enthält eine spezielle Regelung für den Ausschluss der Haftung des Verkäufers für öffentliche Äußerungen über die Kaufsache.

Mängelhaftung im Kaufrecht

Voraussetzungen der Mängelansprüche:

Nacherfüllung, §§ 437 Nr. 1, 439 BGB	**Rücktritt**, §§ 437 Nr. 2, 440, 323 u. 326 Abs. 5 BGB	**Minderung**, §§ 437 Nr. 2, 441 BGB	**Schadensersatz**, §§ 437 Nr. 3, 440, 280, 281, 283 u. 311 a BGB (bzw. § 284 BGB: Ersatz der Aufwendungen)
1. Wirksamer Kaufvertrag 2. Sach- oder Rechtsmangel der Kaufsache	1. Wirksamer Kaufvertrag 2. Sach- oder Rechtsmangel der Kaufsache 3. Erheblichkeit, § 323 Abs. 5 S. 2 BGB 4. Fristsetzung zur Leistung oder Nacherfüllung (evtl. entbehrlich, vgl. §§ 440, 323 Abs. 2 BGB) 5. Erklärung des Rücktritts	1. Wirksamer Kaufvertrag 2. Sach- oder Rechtsmangel der Kaufsache 3. Fristsetzung zur Leistung oder Nacherfüllung (evtl. entbehrlich, vgl. §§ 440, 323 Abs. 2 BGB) 4. Erklärung der Minderung	1. Wirksamer Kaufvertrag 2. Sach- oder Rechtsmangel der Kaufsache 3. Pflichtverletzung 4. Ggf. Erheblichkeit, § 281 Abs. 1 S. 3 BGB 5. Verschulden 6. Fristsetzung zur Leistung oder Nacherfüllung (evtl. entbehrlich, vgl. §§ 440, 281 Abs. 2 BGB)

Schaubild 30

Maßgeblicher **Zeitpunkt** für die Mangelhaftigkeit ist der Gefahrübergang, § 446 BGB. Die Übergabe und der Annahmeverzug des Käufers werden gleichgestellt. Eine wichtige Sondervorschrift ist in diesem Zusammenhang § 447 BGB für den Versendungskauf. Bitte beachten Sie: Die §§ 446, 447 BGB sind nur im Falle des zufälligen Untergangs einschlägig, also wenn keine der Vertragsparteien den Untergang nach §§ 276, 278 BGB zu vertreten hat.

b) Überblick über die Mängelhaftung

Ist die gekaufte Sache mangelhaft, kann der Käufer, soweit nichts anderes bestimmt ist, unter den Voraussetzungen der §§ 437 Nr. 1, 439 BGB Nacherfüllung verlangen. Er kann ferner nach den §§ 437 Nr. 2, 440, 323 u. 326 Abs. 5 BGB von dem Vertrag zurücktreten oder, wenn die Voraussetzungen des §§ 437 Nr. 2, 441 BGB vorliegen, den Kaufpreis mindern. Schließlich kann er nach den §§ 437 Nr. 3, 440, 280, 281, 283 u. 311 a BGB Schadensersatz bzw. nach § 284 BGB Ersatz vergeblicher Aufwendungen verlangen. Für die Klausur beachten Sie bitte: Das Gesetz ist sehr abstrakt aufgebaut. Um dennoch handhabbar zu sein, hat man viele Verweisungen verwandt, die Sie in der Fallbearbeitung sehr genau nachvollziehen müssen.

Die Ansprüche nach § 437 BGB verjähren grds. in zwei Jahren, § 438 Abs. 1 Nr. 3 BGB, wobei die Frist i.d.R. mit der Übergabe bzw. der Ablieferung der Sache zu laufen beginnt, § 438 Abs. 2 BGB. Wird die gekaufte Sache üblicherweise in einem Bauwerk verwendet bzw. handelt es sich um ein Bauwerk, gilt die fünfjährige Verjährungsfrist, § 438 Abs. 1 Nr. 2 BGB. Eine Ausnahme besteht für den Fall, dass der Verkäufer den Mangel arglistig verschwiegen hat, § 438 Abs. 3 Satz 1 BGB. Besteht der Mangel in einem dinglichen Recht eines Dritten, aufgrund dessen Herausgabe der Kaufsache verlangt werden kann, oder in einem sonstigen Recht, das im Grundbuch eingetragen ist, beträgt die Verjährungsfrist 30 Jahre, § 438 Abs. 1 Nr. 1 BGB. Für das Rücktrittsrecht gilt entsprechendes, § 438 Abs. 4 i.V.m. § 218 BGB.

Nach § 442 Abs. 1 BGB sind Mängelansprüche ausgeschlossen, wenn der Käufer den Mangel bei Vertragsschluss kennt. Ist dem Käufer ein Mangel infolge grober Fahrlässigkeit unbekannt geblieben, kann er Rechte wegen dieses Mangels nur geltend machen, wenn der Verkäufer den Mangel arglistig verschwiegen oder eine Garantie für die Beschaffenheit der Sache übernommen hat. Die Übernahme einer Beschaffenheits- oder Haltbarkeitsgarantie durch den Verkäufer oder einen Dritten ist in § 443 BGB geregelt. Ferner können die Mängelansprüche vertraglich ausgeschlossen sein. Allerdings gilt dies nur in den Grenzen des § 444 BGB. Bei Beschränkungen der Mängelansprüche in AGB ist zudem § 309 Nr. 8 b BGB zu beachten.

c) Anspruch auf Nacherfüllung

Der **Nacherfüllungsanspruch** des § 439 BGB ist der **zentrale Sachmangelanspruch**. Ihm kommt dabei Vorrang vor weitergehenden Mängelansprüchen zu. Nur unter zusätzlichen Voraussetzungen stehen dem Käufer die Rechte auf Rücktritt, Minderung oder Schadensersatz zu, vgl. § 437 Nr. 2 u. 3 BGB i.V.m. den dort genannten Vorschriften. Dieses Stufenverhältnis ergibt sich indirekt daraus, dass alle anderen Mängelrechte erst nach einer Fristsetzung zur Nacherfüllung geltend gemacht werden können. So regelt § 440 BGB die Entbehrlichkeit der Fristsetzung bei Rücktritt und Schadensersatz für den Fall, dass die Nacherfüllung verweigert wurde oder fehlschlug. Die Minderung tritt nach § 441 BGB nur an die Stelle von Rücktritt und Schadensersatz, sodass für sie entsprechendes gelten muss.

Der Nacherfüllungsanspruch kennt **zwei Varianten**: Der Käufer kann entweder nach §§ 437 Nr. 1, 439 Abs. 1 BGB als Nacherfüllung die Beseitigung des Mangels (Nachbesserung) oder aber die Lieferung einer mangelfreien Sache (Ersatz- oder Neulieferung) verlangen. Der Verkäufer trägt die hierzu erforderlichen Aufwendungen, insbesondere Transport-, Wege-, Arbeits- und Materialkosten, § 439 Abs. 2 BGB. Nach der Rechtsprechung des zählen dazu allerdings nicht die Kosten für den Einbau der mangelfreien, nachgelieferten Sache (BGHZ 177, 224).

Anders als im Miet- oder Werkvertrag (§§ 536 a Abs. 2, 634 Nr. 2, 637 BGB) umfasst das Wahlrecht des Käufers kein Recht zur Ersatzvornahme. Die Möglichkeit, den Mangel durch einen Dritten beseitigen zu lassen und den Verkäufer mit den Kosten zu belasten, steht dem Käufer also nicht zu.

Soweit beide Optionen des Nacherfüllungsanspruchs gegeben sind, hat der Käufer ein Wahlrecht. Der Nacherfüllungsanspruch kann jedoch aus tatsächlichen Gründen eingeschränkt sein. Beim Kauf gebrauchter Sachen oder sog. Unikate bspw. kommt in den allermeisten Fällen nur eine Nachbesserung in Betracht (z.B. Gebrauchtwagenkauf, vgl. BGHZ 168, 64). Aber selbst diese kann im Einzelfall ausgeschlossen sein.

Beispiele für Einschränkungen des Nacherfüllungsanspruchs: Das gelieferte Porzellan ist schadhaft. Der als „unfallfrei“ bezeichnete Gebrauchtwagen hatte früher einen Unfall gehabt. Bei dem als „Original“ verkauften Gemälde handelt es sich um eine gut gemachte Fälschung.

Die Nacherfüllung kann zudem aus Rechtsgründen ausgeschlossen sein. So ist die Nacherfüllung ausgeschlossen, wenn sie unmöglich ist, § 275 Abs. 1 BGB. Der Verkäufer kann ferner die vom Käufer gewählte Art der Nacherfüllung verweigern, wenn sie nur mit unverhältnismäßigen Kosten möglich ist, § 439 Abs. 3 BGB. Diese Einrede ist im Hinblick darauf geschaffen worden, dass der Verkäufer die Nacherfüllungskosten tragen muss.

d) Weitere Mängelrechte

Außer den Nacherfüllungsansprüchen stehen dem Käufer die Rechte auf Rücktritt und Minderung sowie ein Anspruch auf Schadensersatz zu, vgl. § 437 Nr. 2 u. 3 BGB, sog. sekundäre Rechtsbehelfe. Diese Rechte bestehen nur, wenn weitere rechtsbegründende Tatsachen gegeben sind, vgl. §§ 437 Nr. 2, 440, 441 Abs. 1, 323 u. 326 Abs. 5 BGB. Über die Fälle des § 281 Abs. 2 und des § 323 Abs. 2 BGB hinaus kann der Käufer nach Maßgabe des § 440 Satz 1, 2 BGB sofort zurücktreten. Der Vorrang der Nachbesserung ist auch beim **Rücktritt** zu beachten: Eine Nachbesserung gilt nach § 440 Satz 2 BGB nach dem erfolglosen zweiten Versuch als fehlgeschlagen, wenn sich nicht insbesondere aus der Art der Sache oder des Mangels oder den sonstigen Umständen etwas anderes ergibt (Recht zur zweiten Andienung). Erst eine fehlgeschlagene Nachbesserung rechtfertigt also den Rücktritt.

Die Erklärung des Rücktritts ist eine empfangsbedürftige Willenserklärung. Mit ihrem Zugang beim Verkäufer wird das Schuldverhältnis des Kaufvertrags mit Wirkung für die Zukunft (ex nunc) aufgehoben und in ein Rückgewährschuldverhältnis umgewandelt. Dessen Inhalt bestimmt sich nach den allgemeinen Vorschriften über den Rücktritt, §§ 346 ff. BGB. Der Rücktritt ist ausgeschlossen, wenn der Mangel geringfügig ist, § 323 Abs. 5 Satz 2 BGB; § 326 Abs. 5 Halbs. 2 i.V.m. § 323 Abs. 5 Satz 2 BGB.

Bei behebbaren Mängeln setzt der Rücktritt den erfolglosen Ablauf einer angemessenen Frist zur Nacherfüllung voraus. Diese Fristsetzung ist in den Fällen des § 323 Abs. 2 BGB entbehrlich. Gleiches gilt, wenn die Nacherfüllung vom Verkäufer nach § 439 Abs. 3 BGB verweigert wurde, fehlgeschlagen ist oder dem Käufer die ihm zustehende Art der Nacherfüllung unzumutbar ist (§ 440 BGB). Ist die Nacherfüllung wegen Unbehebbarkeit des Mangels unmöglich, kann der Käufer nach § 326 Abs. 5 BGB ohne eine vorherige Fristsetzung zurücktreten.

Statt zurückzutreten, kann der Käufer den Kaufpreis durch Erklärung gegenüber dem Verkäufer mindern, §§ 437 Nr. 2, 441 Abs. 1 Satz 1 BGB. Mit der Formulierung „statt zurückzutreten“ hat der Gesetzgeber deutlich gemacht, dass die Voraussetzungen der Minderung denen des Rücktritts entsprechen. Die **Minderung** kommt erst nach erfolglosem Ablauf einer vom Käufer gesetzten Frist zur Nacherfüllung in Frage, da sie an Stelle des Rücktritts vom Käufer alternativ geltend zu machen ist. Für die Ausübung der Minderung gibt es keine Erheblichkeitsschranke. Anders als Rücktritt ist Minderung daher auch bei einem geringfügigen Mangel möglich.

Aus § 437 Nr. 3 i.V.m. § 280 Abs. 1 u. 3 sowie § 281 BGB folgt ein Anspruch auf **Ersatz des Schadens**, der dem Käufer dadurch entstanden ist, dass der Verkäufer seine Pflicht zur Lieferung einer mangelfreien Sache in zu vertretender Weise verletzt hat. Der Verkäufer muss nämlich dem Käufer nicht nur das Eigentum an der verkauften Sache übertragen, er ist zugleich verpflichtet, ihm eine mangelfreie Sache zu verschaffen (§ 433 Abs. 1 Satz 2 BGB). Der Schadensersatzanspruch umfasst sowohl den **Mangel-** als auch den **Mangelfolgeschaden**. Mangelfolgeschäden sind Schäden, die nicht an der mangelhaften Sache selbst entstanden sind, sondern an anderen Rechtsgütern des Käufers. Die §§ 439, 440, 323 BGB gelten hier nicht, da eine Fristsetzung zur Mangelbeseitigung und eine Nacherfüllung nicht helfen würden. Der eingetretene Mangelfolgeschaden bleibt auch bei Nacherfüllung bestehen.

Der Verkäufer haftet für Vorsatz und Fahrlässigkeit, also insbesondere für fahrlässig nicht erkannte Mängel. Eine strengere Haftung kann sich aus § 276 Abs. 1 Satz 1 BGB dann ergeben, wenn der Verkäufer eine Garantie oder ein Beschaffungsrisiko übernommen hat. Liefert der Verkäufer eine mangelhafte Sache, durch die der Käufer einen Schaden erleidet, wird ein Verschulden des Verkäufers vermutet, § 280 Abs. 1 Satz 2 BGB. Da aber den Händler regelmäßig keine Pflicht zur Untersuchung der vom Hersteller gelieferten Gegenstände trifft, läuft die Verschuldensvermutung leer, wenn der Fehler herstellerseits verursacht worden ist (BGHZ 177, 224, 235 (Rn. 29)). Auch ist der Hersteller grundsätzlich nicht als Erfüllungsgehilfe des Händlers anzusehen (§ 278 Satz 1 BGB). Dieses Problem tritt nicht bei Rücktritt und Minderung auf, da diese Rechte unabhängig vom Vertretenmüssen des Verkäufers bestehen.

Ist es durch die Lieferung einer mangelhaften Sache zu Begleit- oder Mangelfolgeschäden gekommen, kann der Käufer nach § 280 Abs. 1 BGB Ersatz seines Personen- bzw. Sachschadens verlangen. Dieser Schadensersatzanspruch besteht unabhängig vom weiteren Schicksal der Hauptleistung, also etwa davon, ob der Käufer Nachlieferung verlangt oder vom Vertrag zurücktritt.

Beispiel: Die neue Spülmaschine ist defekt, sodass Wasser austritt und den Herd zerstört. Bei dem Sachschaden am Herd handelt es sich um einen Begleit- oder Mangelfolgeschaden.

§ 281 Abs. 1 Satz 1 BGB regelt den sog. kleinen Schadensersatz. Von dieser Form des Schadensersatzes spricht man, wenn eine Nacherfüllung nicht erfolgreich war, der Käufer den Kaufgegenstand aber behalten möchte und den Minderwert geltend macht. Entsprechendes gilt für die Kosten, die dem Käufer dadurch entstehen, dass er den Gegenstand durch Dritte in den vertragsgemäßen Zustand bringen lässt. Grds. muss der Käufer dem Verkäufer eine angemessene Frist zur Nacherfüllung gesetzt haben. § 440 BGB regelt, unter welchen Voraussetzungen diese Nachfristsetzung bei einem Kaufvertrag entfallen kann.

Der sog. große Schadensersatz ist in § 281 Abs. 1 Sätze 2 u. 3 BGB geregelt. Diese Form des Schadensersatzes ist dadurch gekennzeichnet, dass der Käufer wegen der ganz oder teilweise nicht vertragsgemäß erbrachten Leistung Abstand vom Vertrag nimmt und sein positives Interesse geltend macht. Dieser „Schadensersatz statt der ganzen Leistung" kombiniert also Rücktritt mit Schadensersatz, zumal der Verkäufer in diesem Fall die geleisteten Sachen zurückfordern kann, § 281 Abs. 5 BGB. Auch für diese Form des Schadensersatzes ist erforderlich, dass eine Nachfrist gesetzt wurde, die allerdings unter den in § 440 BGB genannten Voraussetzungen entfallen kann.

§ 437 Nr. 3 BGB regelt schließlich noch den Fall der Unmöglichkeit der Nacherfüllung (§§ 283, 311 a i.V.m. § 275 BGB) und denjenigen des unbehebbaren Mangels als einem Sonderfall des Leistungshindernisses. Bei Verschulden des Verkäufers kann der Käufer bei bereits zum Zeitpunkt des Vertragsschluss unbehebbaren Mängeln nach § 311 a Abs. 2 BGB entweder Schadensersatz statt der Leistung oder Ersatz seiner Aufwendungen verlangen (Bsp.: Fehlende Unfallfreiheit eines Gebrauchtwagens). Wird die Behebung des Mangels erst nachträglich unmöglich, ist Anspruchsgrundlage § 283 BGB (Bsp.: Vom Verkäufer verschuldeter Untergang der Kaufsache).

II. Schenkung

1. Bedeutung und Abgrenzung

Die Schenkung ist ein auf unentgeltliche Zuwendung gerichteter einseitig verpflichtender Vertrag, §§ 516 ff. BGB. Als Vertrag ist die Schenkung von reinen Gefälligkeitszuwendungen abzugrenzen, bei denen ein **Rechtsbindungswille** des Zuwendenden nicht vorhanden ist. Da eine wirksame Schenkung eine Annahme des von dem Zuwendenden getätigten Schenkungsangebots durch den potenziellen Zuwendungsempfänger voraussetzt, ist ausgeschlossen, dass sich jemand gegen seinen Willen etwas schenken lassen muss. Solange der Empfänger das Schenkungsangebot nicht angenommen hat, ist die Schenkung schwebend unwirksam.

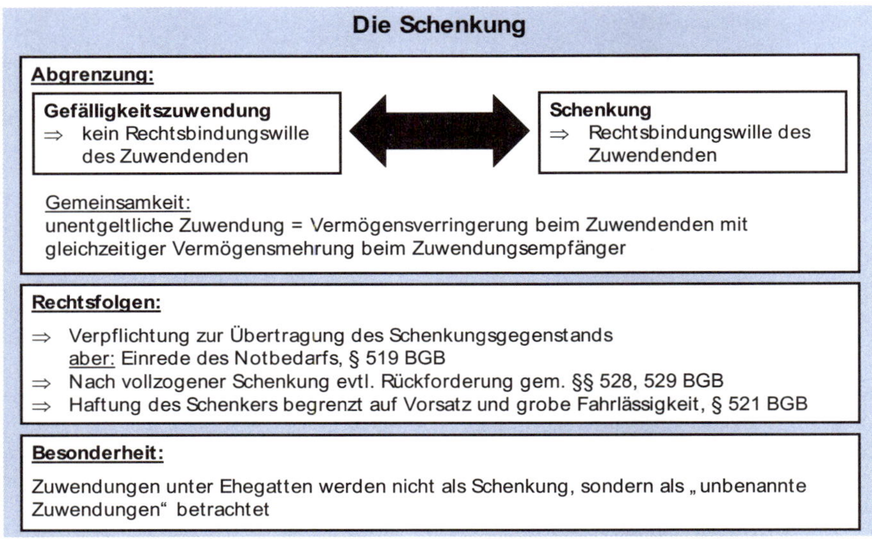

Schaubild 31

Der Schenkungsvertrag unterliegt nach § 518 Abs. 1 BGB dem notariellen Formerfordernis. Dieses hat in erster Linie eine Warnfunktion und soll den Schenker vor Übereilung schützen. Allerdings wird ein Formmangel nach § 518 Abs. 2 BGB geheilt, wenn die versprochene Leistung vom Schenker – wie im täglichen Leben bei sog. Handschenkungen regelmäßig der Fall – tatsächlich bewirkt wird.

2. Unentgeltlichkeit der Zuwendung

Von einer **Zuwendung** sprechen wir, wenn das Vermögen des Zuwendenden durch eine Verfügung verringert wird und zugleich beim Zuwendungsempfänger eine Bereicherung eintritt. Grds. kann jeder Vermögenswert Schenkungsgegenstand sein, sodass auch der Erlass einer Forderung, § 397 BGB, eine Schenkung darstellt. Die unentgeltliche Gebrauchsüberlassung eines Vermögensgegenstands oder der eigenen Arbeitskraft hingegen stellt keinen geeigneten Schenkungsgegenstand dar. Diese Fälle sind vielmehr als Leihe (s. S. 155 f.) oder Auftrag (s. S. 146 f.) zu bewerten. Nach § 516 Abs. 1 BGB müssen sich die Parteien über die **Unentgeltlichkeit** der Zuwendung einigen. Hierfür ist entscheidend, ob nach der Parteivereinbarung der Zuwendung ein Gegenwert gegenübersteht. Eine Zuwendung ist nicht unentgeltlich, wenn eine Gegenleistungsverpflichtung des Zuwendungsempfängers vorliegt oder wenn die Zuwendung unter der Bedingung einer Leistung des Zuwendungsempfängers erfolgt. Auch wenn eine Gegenleistung vereinbart wurde, kann eine unentgeltliche Zuwendung vorliegen, wenn der Wert der Gegenleistung weit hinter dem der Leistung zurückbleibt, sog. gemischte Schenkung.

Davon abzugrenzen sind die sog. bedingte Schenkung und die Zweckschenkung. Es kommt durchaus vor, dass der Zuwendende mit der Schenkung egoistische Motive verfolgen möchte. So kann ihm vor allem daran gelegen sein, dass der Empfänger bestimmte Leistungen erbringt (Schenkung eines Grundstücks gegen Pflege im Alter). Sowohl bei der bedingten Schenkung als auch bei der Zweckschenkung kann der Schenker die erwartete Gegenleistung aber nicht verlangen. Er hat bei Nichterbringung durch den Beschenkten lediglich einen bereicherungsrechtlichen Rückforderungsanspruch aus §§ 812 ff. BGB. Liegt eine echte Gegenleistungspflicht des Empfängers vor, handelt es sich nicht mehr um eine Schenkung, sondern um einen gegenseitigen Vertrag nach §§ 320 ff. BGB.

Eine Möglichkeit, die Schenkung mit einer Leistung zu verknüpfen, stellt die Schenkung unter Auflage dar, §§ 525 ff. BGB. Nach Erfüllung des Schenkungsversprechens kann der Schenker die Erbringung der Leistung durch den Beschenkten verlangen. Es liegt nach wie vor Unentgeltlichkeit vor, weil sich die Auflage lediglich als Einschränkung der Leistung durch den Schenker darstellt. Dies ist insbesondere dann der Fall, wenn die Gegenleistung aus dem Wert des Geschenks erbracht werden soll. Wenn der Beschenkte die Auflage nicht vollzieht, hat der Schenker zunächst einen Erfüllungsanspruch. Nach § 527 BGB kann der Schenker zudem das Geschenk insoweit zurückfordern, als es zur Vollziehung der Auflage hätte verwendet werden müssen.

Nicht immer einfach ist zudem die Frage nach der Unentgeltlichkeit zu beantworten, wenn es sich um sog. Pflicht- oder Anstandsschenkungen i.S.v. § 534 BGB handelt. Eine Pflicht- oder Anstandsschenkung liegt vor, wenn die Schenkung aus Rücksicht auf eine sittliche Pflicht oder auf das allgemeine Anstandsgefühl erfolgt (Zuwendungen an bedürftige enge Verwandte, Geburtstags-, Weihnachts- oder Hochzeitsgeschenke).

Eine belohnende Schenkung schließlich ist die Zuwendung als rechtlich nicht geschuldete Belohnung für eine bereits erbrachte Leistung des Empfängers. Um hier die Frage nach der Entgeltlichkeit oder der Unentgeltlichkeit der Zuwendung zu beantworten, ist zunächst zu prüfen, ob eine rechtliche Verpflichtung im Hinblick auf die Zuwendung bestand. Ferner ist zu klären, ob die an sich nicht geschuldete Zuwendung an eine geschuldete Vergütung angeknüpft wird (dies ist etwa bei der Weihnachtsgratifikation der Fall).

3. Rechtsfolgen

Der Schenker ist zur Übertragung des Schenkungsgegenstands verpflichtet. Ihm steht allerdings die Einrede des Notbedarfs nach § 519 BGB zu. Hierbei handelt es sich um einen Spezialfall des Wegfalls der Geschäftsgrundlage, auf deren Geltendmachung der Schenker nicht im Voraus verzichten kann. Nach Vollzug der Schenkung gelten nur die Rückforderungsansprüche nach §§ 528, 529 BGB.

4. Haftung

Gemäß § 521 BGB haftet der Schenker nur für Vorsatz und grobe Fahrlässigkeit. Diese Haftung ist vor allem dann von Bedeutung, wenn der Schenkungsgegenstand mit Mängeln behaftet ist. Ihn trifft im Übrigen keine Pflicht zur Entrichtung von Verzugszinsen, § 522 BGB. Eine Haftung für Sach- und Rechtsmängel scheidet regelmäßig aus. Eine Ausnahme besteht nach §§ 523 Abs. 1, 524 Abs. 1 BGB nur für arglistiges Verschweigen. Aber auch dort ist der Schenker lediglich zum Ersatz des Vertrauensschadens verpflichtet.

5. Rückgabe des Geschenks

Nach Vollzug der Schenkung hat der Schenker zwei Möglichkeiten, das Geschenk vom Beschenkten zurückzuverlangen:

- Er kann das Geschenk nach § 528 BGB ganz oder teilweise zurückfordern, soweit er infolge Bedürftigkeit seinen angemessenen Unterhalt nicht bestreiten oder seinen gesetzlichen Unterhaltsverpflichtungen nicht nachkommen kann. Dieser Anspruch ist von großer praktischer Bedeutung, weil er auf den Träger der Sozialhilfe übergeht, § 93 SGB XII.
- Ferner kann der Schenker die Schenkung wegen groben Undanks nach § 530 Abs. 1 BGB widerrufen. Voraussetzung hierfür ist, dass sich der Beschenkte einer schweren Verfehlung gegen den Schenker oder einen nahen Angehörigen des Schenkers schuldig gemacht hat (BGHZ 112, 40).

6. Zuwendungen unter Ehegatten

Für unentgeltliche Zuwendungen unter Ehegatten und zwischen Partnern nichtehelicher Lebensgemeinschaften gelten familienrechtliche Besonderheiten. Diese Zuwendungen sind von der Rechtsprechung nicht als Schenkungen, sondern als sog. **unbenannte Zuwendungen** eingestuft worden (BGHZ 116, 167, 170). Bei ihnen fehlt es regelmäßig an einer Einigung über die Unentgeltlichkeit (BGHZ 129, 259, 263). Sie sind als Geschäfte eigener Art (sui generis) nicht ohne weiteres den Schenkungen gleichzustellen.

Kurzrepetitorium

Kaufvertrag:

- Verkäufer: Verpflichtung, dem Käufer die Kaufsache zu übergeben und Eigentum an ihr zu verschaffen; er hat die Sache dem Käufer frei von Sach- und Rechtsmängeln zu verschaffen, § 433 Abs. 1 BGB.
- Käufer: Verpflichtung zur Zahlung des Kaufpreises sowie zur Abnahme des Kaufgegenstands.
- Abnahmeverpflichtung des Käufers in der Regel Nebenpflicht, möglicherweise aber Ausgestaltung als Hauptpflicht durch Parteivereinbarung oder andere Umstände.
- Keine Änderung der Eigentumslage durch Kaufvertrag (Trennungsprinzip).

Gewährleistungsrecht:

- Unter den Voraussetzungen des § 437 BGB i.V.m. den dort genannten Vorschriften Mängelansprüche des Käufers.
- Nacherfüllungsanspruch des § 439 BGB; Wahl des Käufers zwischen Mängelbeseitigung und Neulieferung.
- § 437 Nr. 2 und Nr. 3 BGB, wenn weitere rechtsbegründende Tatsachen vorliegen.

- Verjährung der Mängelansprüche in zwei Jahren, § 438 Abs. 1 Nr. 3 BGB; Fristbeginn mit Übergabe bzw. Ablieferung der Sache, § 438 Abs. 2 BGB.

Tauschvertrag:

- Wenn Gegenleistung nicht in Zahlung des Kaufpreises, sondern in der Beschaffung von Besitz und Eigentum einer anderen Sache oder an einem anderen Recht liegt.
- Entsprechende Anwendung der Vorschriften über den Kauf, § 480 BGB.

Schenkung:

- Einseitig verpflichtender Vertrag.
- Abgrenzung von reinen Gefälligkeitsverhältnissen über das Vorliegen (Schenkung) oder Nichtvorliegen (Gefälligkeit) des Rechtsbindungswillens beim Zuwendenden.
- Form: § 518 Abs. 1 BGB (Schutz des Zuwendenden vor Übereilung).
- Unentgeltlichkeit liegt vor, wenn dem zugewandten Vermögenswert kein Gegenwert gegenübersteht (Parteivereinbarung entscheidend).
- Bedingte Schenkung oder Zweckschenkung: wenn Zuwendender Gegenleistung erwartet, aber nicht verlangen kann.
- § 521 BGB: Haftungsprivilegierung des Schenkers.
- Unter Ehegatten keine Schenkungen, sondern Geschäfte eigener Art, sog. unbenannte Zuwendungen.

§ 20 Tätigkeitsverträge

I. Werkvertrag

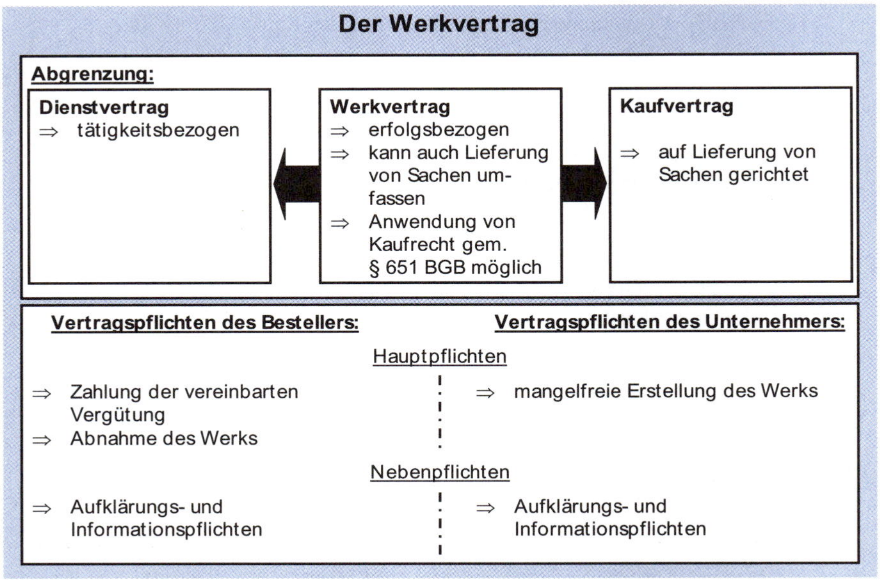

Schaubild 32

1. Bedeutung und Abgrenzung

Nach § 631 Abs. 1 BGB schuldet der Unternehmer die Herstellung des versprochenen Werks. Nach Abs. 2 kann Gegenstand des **Werkvertrags** sowohl die Herstellung oder Veränderung einer Sache als auch ein anderer durch Arbeit oder Dienstleistung herbeizuführender Erfolg sein. Das Wesen des Werkvertrags liegt also in der **Erfolgsbezogenheit** der Unternehmerverpflichtung. Durch den Abschluss eines Werkvertrags verpflichtet sich der Unternehmer unbedingt zur Herbeiführung eines bestimmten Erfolgs. Durch die Formulierung „herbeizuführender Erfolg" in § 631 Abs. 2 BGB wird deutlich, dass die geschuldete Wertschöpfung erst nach Vertragsschluss stattfindet.

Beispiele: Bei der Reparatur eines PKW wird erst im Verlauf der Arbeiten erkennbar, welche Maßnahmen zur Behebung des Schadens zu treffen sind. Beim Ausheben einer Baugrube wird festgestellt, dass es sich nicht um leichten Sand-, sondern um sehr felsigen Boden handelt.

Der in §§ 631 ff. BGB geregelte Werkvertrag stellt die Herstellung eines versprochenen Werks ins Zentrum seiner Betrachtung. Beim Werkvertrag handelt es sich um einen Vertragstypus, der in der Praxis in ausgesprochen großer Vielfalt anzutreffen ist. Der Schwerpunkt des Anwendungsbereichs für das Werkvertragsrecht liegt dabei auf dem Bausektor. Dennoch finden sich im BGB hierzu kaum spezifische Regelungen. Die Praxis behilft sich mit der „Verdingungsordnung für Bauleistungen“ (VOB). Der Gesetzgeber trägt dieser Entwicklung Rechnung, indem er die Einbeziehung der VOB Teil B in gegenüber Unternehmen verwandte AGB erleichtert, § 310 Abs. 1 Satz 3 BGB. Zunehmende Bedeutung erfährt der Werkvertrag daneben vor allem im Bereich der EDV und hier nicht zuletzt bei der Herstellung von Individual-Software.

Vom **Dienstvertrag** ist der Werkvertrag durch das Kriterium seiner Erfolgsbezogenheit abzugrenzen (s. S. 137 f.). Schwieriger gestaltet sich das Verhältnis zwischen **Kaufvertrag** und Werkvertrag. Wie § 631 BGB deutlich macht, soll beim „Idealfall“ des Werkvertrags das Werk aus oder an Materialen des Bestellers erbracht werden (Reparatur des PKW; Wartung einer Heizungsanlage). In der Praxis kommen aber sehr viele Fälle vor, in denen neben der Erbringung eines Werks auch die Lieferung beweglicher Sachen geschuldet ist. § 651 BGB enthält daher eine Regelung über die Anwendung des Kaufrechts auf solche Mischformen. Auf den dort genannten **Werklieferungsvertrag** finden überwiegend die Vorschriften des Kaufrechts Anwendung. So ist Kaufrecht bei der Lieferung herzustellender oder vertretbarer Sachen anzuwenden. Dies gilt auch dann, wenn der Mangel auf einen vom Besteller gelieferten Stoff zurückzuführen ist. Ferner gilt Kaufrecht auch für Verträge über die Lieferung nicht vertretbarer Sachen. Die Vorschriften über die Mitwirkungsobliegenheiten und Verantwortlichkeiten des Bestellers, §§ 642 ff. BGB, sind ergänzend heranzuziehen. Dies hat zur Konsequenz, dass sowohl bei der Lieferung von vertretbaren als auch von unvertretbaren Sachen die Rechtsfolgen von Sach- und Rechtsmängeln dem Kaufrecht unterworfen sind. Wegen § 651 BGB fallen nur noch wenige Verträge unter das Werkvertragsrecht.

Beispiele: Die Herstellung von Werbefilmen, Reiseprospekten oder Zahnprothesen unterliegt in erster Linie dem Kaufrecht. Werkvertragsrecht findet dagegen prinzipiell bei der Herstellung von Bauwerken, nicht körperlicher oder geistiger Werke (Architektenplanung; Theaterinszenierung) bzw. bei Arbeiten an Anlagen des Bestellers Anwendung. Auch die Beförderung von Personen oder Sachen (Taxi) sowie Reparatur- und Wartungsverträge unterliegt zumeist Werkvertragsrecht.

Dass die Abgrenzung zwischen Kauf-, Werk- und Werklieferungsvertrag dennoch gelegentlich Schwierigkeiten bereitet, verdeutlicht das **Softwarebeispiel:**

Soll Standardsoftware geliefert werden, handelt es sich um einen Kaufvertrag. Umstritten ist dabei, ob es sich um einen Rechts- oder um einen Sachkauf handelt. Aber auch wenn man sich für einen Rechtskauf entscheidet, so wird man § 434 BGB auf § 453 Abs. 1 BGB anwenden müssen, um zu sachgerechten Ergebnissen zu gelangen. Geht es um die Herstellung von Individualsoftware nach den Wünschen und Bedürfnissen des Kunden, liegt nach bislang h.M. ein Werkvertrag vor. Software ist dann keine Sache, sodass der Anwendungsbereich des § 651 BGB nicht eröffnet ist. Wird schließlich Standardsoftware an Kundenwünsche angepasst, kommt es darauf an, welchen Anteil die Anpassung am Gesamtvolumen des Vertrags hat. Handelt es sich um eine Nebenleistung, bleibt es bei der Anwendung des Kaufrechts.

Wie aus § 631 Abs. 2 BGB ersichtlich, kann der Vertragsgegenstand nicht nur in einem körperlichen, sondern auch in einem geistigen **Werk** bestehen. Ein unkörperliches Werk liegt etwa vor, wenn ein Konzert oder eine Sportveranstaltung geschuldet ist oder der Architekt einen Bauplan zu erstellen hat. Ist der Leistungsgegenstand konkret bestimmt, schuldet der Unternehmer Erfüllung durch Herbeiführung des vertraglich vereinbarten Erfolgs. Hat der Besteller dem Unternehmer jedoch Materialien zur Verfügung gestellt, haftet der Besteller für die Mangelhaftigkeit dieser Stoffe, § 645 BGB.

2. Pflichten der Vertragsparteien

Der Werkvertrag begründet für den Unternehmer die Verpflichtung, das versprochene Werk herzustellen. Hierzu zählt auch die mangelfreie Erstellung des Werks. Daneben treffen den Unternehmer zahlreiche Nebenpflichten wie Aufklärung, Beratung, Obhut und Verwahrung. Insbesondere bei Bauverträgen kommt zudem der Pflicht zur Sicherung und Fürsorge erhebliche Bedeutung zu. So ist der Bauunternehmer bspw. verpflichtet, die Baustelle abzusichern.

Der Besteller ist zur Zahlung der vereinbarten Vergütung verpflichtet. Haben sich die Parteien bei Vertragsschluss nicht auf eine Vergütung geeinigt, gilt nach § 632 Abs. 1 BGB eine Vergütung als stillschweigend vereinbart, wenn die Herstellung des Werks den Umständen nach nur gegen eine Vergütung zu erwarten ist. Ist die Höhe der Vergütung nicht bestimmt, ist beim Bestehen einer Taxe (z.B. RVG für Rechtsanwälte oder HOAI für Architekten und Ingenieure) die taxmäßige Vergütung, ansonsten die übliche Vergütung als vereinbart anzusehen. Nach § 632 Abs. 3 BGB ist ein Kosten(vor)anschlag im Zweifel nicht zu vergüten.

Fällig wird der Vergütungsanspruch erst mit der Abnahme, § 641 Abs. 1 BGB. Anders als im Kaufrecht wird beim Werkvertrag die Abnahme als Hauptpflicht eingeordnet, vgl. § 640 BGB. Ist die Abnahme ausgeschlossen, wird der Anspruch mit der Vollendung des Werks fällig, § 646 BGB. Unter den Voraussetzungen des § 632 a BGB besteht jedoch ein Anspruch auf Abschlagszahlungen. Den Besteller treffen darüber hinaus Nebenpflichten, wie etwa die Mitwirkungs- und die Aufklärungs- bzw. Beratungspflicht. So muss er bspw. dem Unternehmer Zugang zum Grundstück bzw. zur Wohnung verschaffen, auf dem bzw. in der das Werk zu errichten ist.

3. Abnahme

a) Bedeutung

Nach § 640 Abs. 1 BGB ist der Besteller verpflichtet, das vertragsgemäß hergestellte Werk abzunehmen, sofern nicht nach der Beschaffenheit des Werks die Abnahme ausgeschlossen ist. Wegen unwesentlicher Mängel kann er die Abnahme nicht verweigern. Unter **Abnahme** versteht man die körperliche Hinnahme im Wege der Besitzübertragung verbunden mit der Billigung des Werks als in der Hauptsache vertragsgemäße Leistung. Unkörperliche Werke sind deshalb auch nicht abnahmefähig. Bei ihnen tritt nach § 646 BGB die Vollendung an die Stelle der Abnahme. Neben den rein tatsächlichen Folgen der Besitzübernahme muss zum anderen die Billigung des Werks als in der Hauptsache vertragsgemäße Leistung treten. Die Abnahme hat insoweit rechtsgeschäftsähnliche Qualität. Mit der Abnahme des Werks wird nach § 641 Abs. 1 Satz 1 BGB der Vergütungsanspruch des Unternehmers fällig. Ferner geht mit der Abnahme die Leistungsgefahr auf den Besteller über, § 644 Abs. 1 Satz 1 BGB.

Beispiel: Vandalen verwüsten den Rohbau des B. Finden die Beschädigungen statt, bevor der Besteller den Rohbau abgenommen hat, bleibt der Unternehmer zur Beseitigung des entstandenen Schadens verpflichtet. Wird der Rohbau dagegen nach der Abnahme beschädigt, so trägt der Besteller das Risiko der Beschädigung, vgl. § 644 Abs. 1 Satz 1 BGB. Kommt der Besteller jedoch mit der Annahme in Verzug, so geht die Gefahr auf ihn über, § 644 Abs. 1 Satz 2 BGB.

b) Rechtsbehelfe des Bestellers nach Abnahme im Überblick

Nach der Abnahme steht dem Besteller bei einem mangelhaften Werk in erster Linie der **Nacherfüllungsanspruch** nach § 635 BGB zu (ausführlich zu den Mängelansprüchen s. S. 135 ff.). Der Unternehmer hat dann ein Wahlrecht, ob er den Mangel beseitigen oder ein neues Werk herstellen will, § 635 Abs. 1 BGB. Er kann jedoch die Nacherfüllung unbeschadet des § 275 Abs. 2 u. 3 BGB verweigern, wenn sie mit unverhältnismäßigen Kosten verbunden ist, § 635 Abs. 3 BGB. In diesem Fall steht dem Besteller ein besonderes Rücktritts- und Schadensersatzrecht zu, § 636 BGB. Der Besteller kann darüber hinaus wegen eines Mangels des Werks nach erfolglosem Ablauf einer von ihm zur Nacherfüllung bestimmten angemessenen Frist den Mangel selbst beseitigen und Ersatz der erforderlichen Aufwendungen verlangen, wenn nicht der Unternehmer die Nacherfüllung zu Recht verweigert, § 637 Abs. 1 BGB. Schließlich kann der Besteller vom Unternehmer für die zur Beseitigung des Mangels erforderlichen Aufwendungen einen Vorschuss verlangen, § 637 Abs. 3 BGB. Während diese Ansprüche überwiegend auf Nacherfüllung bzw. Beseitigung eines Mangels gerichtet sind, steht dem Besteller unter den Voraussetzungen des § 638 BGB das Recht zur Minderung zu.

4. Sach- und Rechtsmangel

a) Begriff

Grds. ist der Unternehmer verpflichtet, dem Besteller das Werk frei von **Sach- und Rechtsmängeln** zu verschaffen, § 633 Abs. 1 BGB. Das Werk ist mangelfrei, wenn es die vereinbarte Beschaffenheit aufweist. Soweit eine Vereinbarung über die Beschaffenheit fehlt, ist es frei von Sachmängeln, wenn es sich für die nach dem Vertrag vorausgesetzte, sonst für die gewöhnliche Verwendung eignet und eine Beschaffenheit aufweist, die bei Werken der gleichen Art üblich ist und die der Besteller nach der Art des Werks erwarten kann, § 633 Abs. 2 Nr. 1 u. 2 BGB. Stellt der Unternehmer ein anderes als das bestellte Werk oder das Werk in zu geringer Menge her, liegt ebenfalls ein Sachmangel vor, § 633 Abs. 2 Satz 3 BGB. Von einem Rechtsmangel hingegen wird gesprochen, wenn Dritte in Bezug auf das Werk Rechte geltend machen können, die über die im Vertrag aufgenommenen hinausgehen, § 633 Abs. 3 BGB.

b) Mängelhaftung

Liegt ein solcher Sach- oder Rechtsmangel vor, kann der Besteller (§ 634 BGB):

- Nacherfüllung verlangen §§ 634 Nr. 1, 635 BGB,
- den Mangel selbst beseitigen und Ersatz der Aufwendungen verlangen, §§ 634 Nr. 2, 637 BGB,
- vom Vertrag zurücktreten, §§ 634 Nr. 3, 636, 323, 326 Abs. 5 BGB,
- die Vergütung mindern, §§ 634 Nr. 3, 638 BGB,
- Schadensersatz verlangen, §§ 634 Nr. 4, 636, 280, 281, 283 u. 311 a BGB,
- Ersatz vergeblicher Aufwendungen verlangen, § 284 i.V.m. §§ 634 Nr. 4, 280, 281, 283 BGB.

Unter bestimmten Voraussetzungen können die Parteien eines Werkvertrags die Haftung für Sach- oder Rechtsmängel vertraglich einschränken (§ 639 BGB). Der Ausschluss von Mängelansprüchen des Bestellers durch Allgemeine Geschäftsbedingungen unterliegt jedoch den Schranken der §§ 307 ff. BGB.

Mängelhaftung im Werkvertragsrecht

Voraussetzungen der Mängelansprüche:

Nacherfüllung, §§ 634 Nr. 1, 635 BGB	**Rücktritt**, §§ 634 Nr. 3, 636, 323 u. 326 Abs. 5 BGB	**Minderung**, §§ 634 Nr. 3, 638 BGB	**Schadensersatz**, §§ 634 Nr. 4, 636, 280, 281, 283 u. 311 a BGB (bzw. § 284 BGB: Ersatz der Aufwendungen)
1. Wirksamer Werkvertrag 2. Sach- oder Rechtsmangel des Werks	1. Wirksamer Werkvertrag 2. Sach- oder Rechtsmangel des Werks 3. Erheblichkeit, § 323 Abs. 5 S. 2 BGB	1. Wirksamer Werkvertrag 2. Sach- oder Rechtsmangel des Werks	1. Wirksamer Werkvertrag 2. Sach- oder Rechtsmangel des Werks 3. Pflichtverletzung 4. Ggf. Erheblichkeit, § 281 Abs. 1 S. 3 BGB 5. Verschulden
Selbstvornahme, §§ 634 Nr. 2, 637 BGB			
1. Wie oben 2. Fristsetzung zur Nacherfüllung (evtl. entbehrlich, §§ 637 Abs. 2, 323 Abs. 2 BGB) 3. Keine Nacherfüllung des Unternehmers 4. Keine Berechtigung zur Verweigerung	4. Fristsetzung zur Leistung oder Nacherfüllung (evtl. entbehrlich, vgl. §§ 636, 323 Abs. 2 BGB) 5. Erklärung des Rücktritts	3. Fristsetzung zur Leistung oder Nacherfüllung (evtl. entbehrlich, vgl. §§ 638, 323 Abs. 2 BGB) 4. Erklärung der Minderung	6. Fristsetzung zur Leistung oder Nacherfüllung (evtl. entbehrlich, vgl. §§ 636, 281 Abs. 2 BGB)

Schaubild 33

Die **Nacherfüllung** ist in § 635 BGB geregelt und bedeutet für den Unternehmer, dass er entweder den Mangel beseitigen oder ein neues Werk herstellen muss. Insoweit steht ihm ein Wahlrecht zu. § 635 Abs. 2 BGB sieht vor, dass der Werkunternehmer die zum Zweck der Nacherfüllung erforderlichen Aufwendungen zu tragen hat. Verweigert er die Nacherfüllung, kann der Besteller unter den Voraussetzungen des § 637 BGB den Mangel selbst beseitigen und die Kosten hierfür vom Besteller verlangen. Allerdings darf der Besteller unbeschadet der §§ 275 Abs. 2, 3 BGB die Nacherfüllung verweigern, wenn sie nur mit unverhältnismäßigen Kosten möglich ist, § 635 Abs. 3 BGB. Ist der Unternehmer zur Verweigerung der Mängelbeseitigung berechtigt, besteht auch kein Anspruch auf Selbstvornahme.

Beispiel: U erstellt für B den Rohbau für dessen Einfamilienhaus. Die Wand zwischen Wohn- und Esszimmer wird gegenüber dem Plan irrtümlich um 10 cm versetzt errichtet. Hier wäre die Beseitigung des Mangels nur durch Abriss des Rohbaus und anschließende Neuerrichtung möglich. Die Mangelbeseitigung ist unverhältnismäßig.

Im Fall der **Selbstvornahme** des § 637 BGB muss der Besteller die gesamten Kosten der Mangelbeseitigung nicht vorstrecken; er kann vielmehr vom Unternehmer einen **Vorschuss** verlangen, § 637 Abs. 3 BGB. Die Höhe des Vorschusses bemisst sich nach den voraussichtlich erforderlichen Aufwendungen, die durch Gutachten oder Einholung von Angeboten von Drittunternehmen zu ermitteln sind. Nach durchgeführter Mängelbeseitigung ist über den Kostenvorschuss abzurechnen. Lässt der Besteller innerhalb einer angemessenen Zeit den Mangel nicht beheben, ist der Vorschuss zurückzugewähren. Die Selbstvornahme ist ausgeschlossen, wenn der Unternehmer die Nacherfüllung zu Recht verweigern kann.

Nach den Voraussetzungen des § 636 BGB kann der Besteller vom Werkvertrag **zurücktreten**. Danach bedarf es neben den allgemeinen Vorschriften der §§ 281 Abs. 2, 323 Abs. 2 BGB dann keiner Fristsetzung, wenn die Nacherfüllung fehlgeschlagen oder wegen unverhältnismäßiger Kosten verweigert worden ist.

Statt vom Werkvertrag zurückzutreten kann der Besteller unter den Voraussetzungen des § 638 BGB die Vergütung **mindern**. Weil der für die Minderung der Unternehmervergütung maßgebende Minderungsbetrag oft nur sehr schwierig zu ermitteln ist, wird regelmäßig auf die Mangelbeseitigungskosten zurückgegriffen. Das setzt allerdings voraus, dass der Marktwert einer mangelhaften Sache ihrem Marktwert in mangelfreiem Zustand abzüglich der Kosten zur Herbeiführung dieses Zustands entspricht. Häufig ist dies jedoch nicht der Fall.

Beispiel: Der Bauunternehmer hat die Trennwand zwischen Wohn- und Esszimmer planwidrig um 15 cm versetzt. In diesem Fall ist der Mangelbeseitigungsanspruch des Bestellers gemäß § 635 Abs. 3 BGB wegen Unverhältnismäßigkeit des erforderlichen Aufwands ausgeschlossen. Der Besteller kann daher im Grunde Minderung verlangen, §§ 634 Nr. 3, 638 Abs. 1 BGB. Hier kann man jedoch nicht die Kosten der Mangelbeseitigung als Wert der Minderung ansetzen, da man sonst die getroffene gesetzgeberische Entscheidung unterlaufen würde.

c) Verjährung

Für die in § 634 Nr. 1, 2 u. 4 BGB bezeichneten Ansprüche enthält § 634 a BGB relativ komplizierte Verjährungsregeln. Danach verjähren die Ansprüche nach §§ 634 Nr. 1, 2 u. 4 BGB in zwei Jahren, wenn das Werk in der Herstellung, Wartung oder Veränderung einer Sache besteht oder eine Planungs- oder Überwachungsleistung hierfür erbracht werden muss, § 634 a Abs. 1 Nr. 1 BGB. Ist ein Bauwerk oder dessen Planung oder Überwachung geschuldet, beträgt die Frist fünf Jahre, § 634 a Abs. 1 Nr. 2 BGB. Im Übrigen gilt die regelmäßige Verjährung. Die Verjährung beginnt regelmäßig mit der Abnahme. Die in § 634 Nr. 3 BGB genannten Rechte Rücktritt und Minderung sind Gestaltungsrechte. Gestaltungsrechte unterliegen nicht der Verjährung. Wie § 218 BGB deutlich macht, kann aber ihre Geltendmachung unwirksam sein. Hierauf wird in § 634 a Abs. 4 u. 5 BGB verwiesen.

II. Dienstvertrag

1. Bedeutung und Abgrenzung

Verträge über Tätigkeiten lassen sich grob in Dienstverträge, §§ 611 bis 630 BGB, Werkverträge, §§ 631 bis 650 BGB, und den unentgeltlichen Auftrag, §§ 662 bis 664 BGB, unterteilen. Von diesen sehr allgemeinen Regelungen werden eine Vielzahl lebenstypischer Vorgänge erfasst. Den damit zwangsläufig verbundenen Mangel an konkreten Vorgaben versucht das BGB dadurch auszugleichen, dass es einzelne Tätigkeitsverträge als besondere Vertragstypen ausgestaltet hat, die hinsichtlich ihrer Sonderregeln den allgemeinen Typen Dienst- oder Werkvertrag bzw. Auftrag vorgehen. Hierzu zählen vor allem der Reisevertrag, §§ 651 a bis 651 m BGB, der Mäklervertrag, §§ 652 bis 655 BGB, und die Verwahrung, §§ 688 bis 700 BGB, sowie einige Verträge mit Kreditinstituten, §§ 676 a bis 676 h BGB. Diese Verträge sollen nicht behandelt werden. Als praktisch wichtigster Fall des Dienstvertragsrechts hat sich das eigenständige Rechtsgebiet „Arbeitsrecht" gebildet. Hierauf wird in einem eigenen Überblick eingegangen.

In den §§ 611 bis 630 BGB wird ein Vertrag geregelt, der auf Leistung von Diensten gegen Entgelt gerichtet ist. Diese Dienstleistung ist vor allem von der Werkleistung des § 631 Abs. 1 BGB zu unterscheiden. Als Abgrenzungskriterium stellt das Gesetz darauf ab, ob nur die eigentliche **Dienst- bzw. Arbeitsleistung** (dann Dienstvertrag) oder aber ein damit herbeizuführender Erfolg (dann Werkvertrag) geschuldet ist. Der Werkvertrag verlangt also über die reine Dienstleistung hinaus einen Erfolgseintritt.

Der Dienstvertrag

Vertragspflichten des Dienstschuldners:	Vertragspflichten des Dienstgläubigers:
Hauptpflichten	
⇒ Leistung der vereinbarten Dienste (im Zweifel in Person, § 613 S. 1 BGB), § 611 Abs. 1 BGB	⇒ Vergütung des Dienstschuldners, §§ 611 Abs. 1, 612 BGB
Nebenpflichten	
⇒ Allgemeine Schutz- und Sorgfaltspflichten	⇒ Allgemeine Schutz- und Sorgfaltspflichten ⇒ Besondere Fürsorge- und Schutzpflichten, §§ 617, 619 BGB

Haftung für Pflichtverletzungen:

⇒ Nach den allgemeinen Regeln (§§ 280 ff. BGB)

Beendigung:

⇒ Tod des Dienstschuldners, § 613 S. 1 BGB
⇒ Zeitablauf, § 620 Abs. 1 BGB
⇒ Erfüllung, §§ 362 ff. BGB
⇒ Kündigung

Besonderheiten bei Arbeitsverträgen:

⇒ Kündigung nur in den Grenzen der §§ 622 ff. BGB und des KSchG
⇒ Erhöhte Fürsorgepflichten des Arbeitgebers

Schaubild 34

Beispiele für Werkvertrag: Reinigung eines Gebäudes oder von Textilien; Reparatur eines Fahrzeugs oder einer Maschine; Herstellen eines Ersatzschlüssels; Wartungsarbeiten an einer Heizungsanlage.

Beispiele für Dienstvertrag: Untersuchung eines erkrankten Patienten durch einen Arzt; Erteilung von Nachhilfe- oder Klavierstunden durch einen Lehrer.

Trotz dieser theoretisch eindeutigen Abgrenzung bestehen in der Praxis häufig große Einordnungsschwierigkeiten. So ist zum einen nicht selten unklar, ob lediglich die Dienste versprochen worden sind oder ob auch ein Erfolg, und wenn ja, welcher geschuldet ist. So schuldet ein Arzt nur die ordnungsgemäße Durchführung einer Mandeloperation, nicht jedoch auch die Heilung des Patienten. Man kann aber durchaus die Frage stellen, ob er nicht wenigstens die Entfernung der Mandeln schuldet, was jedoch von der h.M. verneint wird. Ferner existieren in der Praxis Verträge, die verschiedenartige Leistungen enthalten, bei denen sowohl erfolgsbezogene als auch handlungsbezogene Eigenschaften untrennbar miteinander verbunden sind. Hierzu zählt etwa der Architektenvertrag. Während die Herstellung der Baupläne überwiegend erfolgsbezogen ist, sind die Elemente der Bauleitung und -aufsicht vor allem handlungsbezogen.

2. Pflichten der Vertragsparteien

a) Pflichten des Dienstschuldners

Der Dienstschuldner schuldet die vereinbarte Dienstleistung, § 611 Abs. 1 BGB. Hierbei kommen Dienste jeder Art in Betracht, wie § 611 Abs. 2 BGB deutlich macht. Nach § 613 Satz 1 BGB ist die Dienstleistungspflicht im Zweifel in Person zu erfüllen. Dies bedeutet jedoch nicht, dass man sich nicht bestimmter Hilfspersonen bedienen kann, sodass der Steuerberater bspw. nicht verpflichtet ist, die Steuererklärung selbst zu schreiben. Da die Dienste regelmäßig an die Person des Gläubigers zu leisten sind, bestimmt § 613 Satz 2 BGB, dass im Zweifel der Anspruch auf die Dienste nicht übertragbar sein soll (ärztliche Behandlung oder Unterrichtung des Gläubigers).

Anders als die meisten kodifizierten gegenseitigen Verträge kennt das Dienstvertragsrecht keinerlei **Mängelhaftungsrecht**. Dies ist darauf zurückzuführen, dass beim Dienstvertrag gerade kein Erfolg, sondern nur die Handlung selbst geschuldet wird. Dennoch besteht ein Bedarf an solchen Regelungen, da schon die Dienstleistung selbst mangelhaft sein kann (Fehldiagnose des Arztes; Versäumen einer wichtigen Ausschlussfrist durch den Rechtsanwalt). Schadensersatzansprüche wegen einer Pflichtverletzung sind daher unter den Voraussetzungen der §§ 280 bis 283 BGB zu ersetzen, wenn die dort genannten Voraussetzungen vorliegen.

b) Pflichten des Dienstgläubigers

Die wichtigste Pflicht des Dienstgläubigers ist die Vergütung des Dienstschuldners, §§ 611 Abs. 1, 612 BGB. Hiernach ist eine Vergütung als stillschweigend vereinbart anzusehen, sofern die Dienstleistung den Umständen nach nur entgeltlich zu erwarten war. Anders als sonst im Allgemeinen Schuldrecht üblich, gewährt das Dienstvertragsrecht dem Schuldner einen Vergütungsanspruch in zwei Fällen auch dann, wenn die Dienste nicht geleistet werden:

- Nach § 615 BGB muss die Vergütung auch bei Annahmeverzug des Dienstgläubigers gezahlt werden. Der Dienstschuldner ist zur Nachleistung nicht verpflichtet. Die Vergütung ist also auch dann zu zahlen, wenn die Leistung noch möglich ist. Entsprechendes gilt, wenn der Arbeitgeber (zum Begriff s. S. 145) das Risiko des Arbeitsausfalls trägt.
- Nach § 616 BGB soll der Dienstschuldner seinen Vergütungsanspruch nicht verlieren, wenn er ohne sein Verschulden für eine verhältnismäßig nicht erhebliche Zeit durch einen in seiner Person liegenden Grund an der Dienstleistung verhindert war (Krankheit, Todesfälle oder Hochzeiten in der Familie).

Nach den §§ 617, 619 BGB muss der Dienstgläubiger einem dauernd Beschäftigten, den er in seinen Haushalt aufgenommen hat, Versorgung und ärztliche Behandlung auch bei Krankheit gewähren. Er ist ferner verpflichtet, bestimmte Fürsorgemaßnahmen zum Schutz des Dienstschuldners zu treffen, §§ 618, 619 BGB. Am Ende des Dienstverhältnisses hat der Dienstgläubiger dem Dienstschuldner auf Verlangen ein Zeugnis zu erteilen, § 630 BGB.

3. Beendigung des Dienstverhältnisses

Das Dienstverhältnis endet unter folgenden Voraussetzungen:

- Tod des Dienstschuldners, § 613 Satz 1 BGB.
- Zeitablauf, § 620 Abs. 1 BGB.
- Erfüllung, § 362 Abs. 1 BGB.
- Kündigung.

Eine **Kündigung** beendet das Dienstverhältnis ex nunc. Daneben können Ansprüche auf Vergütung, §§ 628 Abs. 1, 626, 627 BGB, und auf Schadensersatz, § 628 Abs. 2 BGB, entstehen. Bei der Kündigung sind verschiedene Erscheinungsformen auseinander zu halten. § 621 BGB regelt die ordentliche Kündigungsfrist. § 624 BGB gewährt dem Dienstschuldner ein befristetes außerordentliches Kündigungsrecht. Bedeutsam ist vor allem § 626 BGB, der beiden Vertragsparteien die Möglichkeit verschafft, den Dienstvertrag jederzeit aus wichtigem Grund zu kündigen. Diese Vorschrift normiert also ein nicht abdingbares Recht zur außerordentlichen Kündigung.

4. Arbeitsverhältnis und Arbeitsvertrag

a) Rechtsquellen des Arbeitsrechts

Das **Arbeitsrecht** hat sich historisch zum Schutz der abhängig beschäftigten Arbeitnehmer entwickelt. Es gliedert sich in die vier Teilbereiche: Individualarbeitsrecht, kollektives Arbeitsrecht, Arbeitsschutzrecht und arbeitsgerichtliches Verfahrensrecht. Neben den europarechtlichen Vorgaben, dem Bundes- und dem Landesrecht, spielen **Tarifverträge** im Arbeitsrecht eine erhebliche Rolle. Rechtstechnisch betrachtet handelt es sich bei ihnen um bürgerlich-rechtliche Verträge, die einen normativen und einen schuldrechtlichen Teil enthalten. Der schuldrechtliche Teil bindet im Wesentlichen die Tarifvertragsparteien. Der normative Teil hingegen beeinflusst die Rechtsstellung des einzelnen tarifgebundenen Arbeitnehmers (§ 4 Abs. 1 TVG). Die für beide Seiten erforderliche Tarifbindung regelt § 3 Abs. 1 TVG. Danach sind tarifgebunden diejenigen Arbeitnehmer, die Mitglieder der tarifschließenden Gewerkschaft sind, und diejenigen Arbeitgeber, die Mitglied des tarifschließenden Verbandes sind. Fehlt es nur auf einer Seite an der Tarifbindung, tritt die unmittelbare und zwingende (sog. normative) Wirkung nicht ein. Bei einer beiderseitigen Tarifbindung darf die Tarifnorm einzelvertraglich nicht zum Nachteil des Arbeitnehmers unterschritten werden. Nach § 4 Abs. 3 TVG ist nur ein Abweichen zugunsten des Arbeitnehmers möglich, sog. Günstigkeitsprinzip. Unter den Voraussetzungen des § 5 TVG kann ein Tarifvertrag für allgemeinverbindlich erklärt werden. Auf diese Weise wird die fehlende Tarifbindung überwunden, § 5 Abs. 4 TVG.

Auf betrieblicher Ebene können zwischen Arbeitgeber und Betriebsrat Vereinbarungen geschlossen werden. Die beiden zur Verfügung stehenden Instrumente lauten Betriebsabsprache und Betriebsvereinbarung. Die **Betriebsabsprache** gilt nur zwischen Arbeitgeber und Betriebsrat. Sie muss vom Arbeitgeber noch durch arbeitsvertragliche Gestaltung umgesetzt und ausgeführt werden, damit sie Auswirkungen auf das einzelne Arbeitsverhältnis hat. Bedeutsamer ist die **Betriebsvereinbarung**. Bei ihr handelt es sich um einen Vertrag, der nach § 77 Abs. 2 BetrVG formbedürftig ist. Betriebsvereinbarungen können über Fragen abgeschlossen werden, die zum Aufgabenbereich des Betriebsrats gehören, wie etwa soziale Angelegenheiten nach § 87 BetrVG (Urlaubsplan, Arbeitszeiterfassung). Die Betriebsvereinbarung enthält Rechtsnormen, die unmittelbar und zwingend für alle Arbeitnehmer des Betriebs gelten (§ 77 Abs. 4 BetrVG). Abweichende einzelvertragliche Regelungen sind nur möglich, wenn sie für den Arbeitnehmer günstig sind. Die Betriebsvereinbarung stellt im Verhältnis zum Tarifvertrag die rangniedrigere Rechtsquelle dar. § 77 Abs. 3 BetrVG enthält daher eine Regelungssperre zugunsten des Tarifvertrags.

Schließlich kennt das Arbeitsrecht vertragliche Regelungen, zu denen neben dem eigentlichen Arbeitsvertrag die Gesamtzusage und die betriebliche Übung zählen. Die **Gesamtzusage** ist eine förmliche Bekanntmachung des Arbeitgebers, durch die den Arbeitnehmern zusätzliche Leistungen gewährt werden (Sonderzuwendung zum Firmenjubiläum). Die Gesamtzusage stellt rechtstechnisch ein Angebot des Arbeitgebers zur Vertragsergänzung dar, das die Arbeitnehmer nach § 151 BGB annehmen. Will der Arbeitgeber den Anspruch vermeiden, kann er die Gesamtzusage unter Freiwilligkeitsvorbehalt stellen. Eine **betriebliche Übung** stellt eine regelmäßige Wiederholung einer bestimmten Verhaltensweise durch den Arbeitgeber dar. Der Anspruch entsteht durch ein konkludentes Vertragsergänzungsangebot des Arbeitgebers und deren Annahme nach § 151 BGB. Abzustellen ist auf den Empfängerhorizont. Hinsichtlich der Dauer der Wiederholung ist zwar auf den Einzelfall abzustellen, zumeist wird man aber von einer mindestens dreimaligen vorbehaltlosen Gewährung ausgehen können (Weihnachtsgratifikation).

Das **AGG** (s. S. 7) enthält einen eigenen Abschnitt zum Schutz der Beschäftigten vor Benachteiligungen (§§ 6 bis 18 AGG). Die darin enthaltenen Bestimmungen gelten auch für Bewerber um einen Arbeitsplatz, § 6 Abs. 1 Satz 2 AGG. Sie sind sowohl bei der Ausschreibung und der Besetzung eines Arbeitsplatzes als auch bei der Ausgestaltung des konkreten Arbeitsverhältnisses zu beachten. Der Arbeitgeber ist verpflichtet, die erforderlichen Maßnahmen zum Schutz vor Benachteiligungen zu treffen.

Beispiel: Die Formulierung: „Wir suchen einen jungen, dynamischen Mitarbeiter" in einer Stellenausschreibung grenzt Frauen und ältere Männer aus und stellt damit eine Benachteiligung i.S.v. §§ 7 Abs. 1 u. 6 Abs. 1 i.V.m. § 1 AGG dar.

b) Bedeutung und Abgrenzung

Als **Arbeitsverhältnis** wird nach der Rechtsprechung das Rechtsverhältnis bezeichnet, das aufgrund des Arbeitsvertrags zwischen Arbeitnehmer und Arbeitgeber entsteht. Es wird primär durch den Arbeitsvertrag bestimmt. Neben dem Arbeitsvertrag prägen das Gesetz, kollektivrechtliche Vereinbarungen (Tarifvertrag, Betriebsvereinbarung), betriebliche Übung und das Direktionsrecht des Arbeitgebers die Arbeitsbedingungen. Das Direktions- oder Weisungsrecht des Arbeitgebers betrifft die Art der Tätigkeit und ihre Ausführung, den Ort und die zeitliche Lage der Tätigkeit. Das Direktionsrecht als einseitiges Leistungsbestimmungsrecht muss billigem Ermessen entsprechen (§ 315 BGB). Der **Arbeitsvertrag** ist ein privatrechtlicher, personenrechtlicher, gegenseitiger Austauschvertrag, durch den sich der Arbeitnehmer zur Leistung von Arbeit im Dienst des Arbeitgebers und der Arbeitgeber zur Zahlung einer Vergütung verpflichtet. Er ist ein Unterfall des Dienstvertrags nach den §§ 611 ff. BGB. Bei ihm stehen die Hauptpflichten der Erbringung der Arbeitsleistung durch den Arbeitnehmer einerseits und die Zahlung der Vergütung durch den Arbeitgeber andererseits im Gegenseitigkeitsverhältnis (Synallagma). Er ist ein Dauerschuldverhältnis, das zur Leistung von Arbeit, nicht aber wie beim Werkvertrag zur Erbringung eines bestimmten Erfolgs verpflichtet. Hinsichtlich der Inhaltskontrolle von AGB ist zu beachten, dass nach § 310 Abs. 4 BGB die §§ 305 ff. BGB auch auf Arbeitsverträge Anwendung finden, wobei aber die Besonderheiten des Arbeitsrechts berücksichtigt werden.

Beispiel: Das Verbot von Vertragsstrafen (§ 309 Nr. 6 BGB) findet keine Anwendung auf Arbeitsverträge, weil es die einzige Möglichkeit des Arbeitgebers ist, den Arbeitnehmer zur Erbringung seiner Leistung anzuhalten (BAG NZA 2004, 727).

c) Begründung des Arbeitsverhältnisses

Das Arbeitsverhältnis wird regelmäßig durch den Abschluss des Arbeitsvertrags begründet. Dieser wird nach §§ 145 ff. BGB geschlossen und ist i.d.R. formfrei. Auf der Arbeitnehmerseite ist eine natürliche Person Vertragspartei. Auf der Arbeitgeberseite kann dies sowohl eine natürliche oder juristische Person als auch jede Personen(handels)gesellschaft sein. Nachträgliche Änderungen des Arbeitsvertrags durch die Vertragsparteien sind jederzeit möglich. Grds. besteht für den Abschluss von Arbeitsverträgen Vertragsfreiheit, sodass die Parteien selbst bestimmen können, ob und mit wem sie Arbeitsverträge abschließen wollen. Ausnahmen hiervon bestehen z.T. kraft Gesetzes, z.B. durch die Abschlussgebote des § 71 Abs. 1 SGB IX (Pflicht zur Beschäftigung schwerbehinderter Menschen).

Für den Arbeitsvertrag gelten die gleichen Nichtigkeitsgründe wie für sonstige Rechtsgeschäfte (Geschäftsunfähigkeit, Formmangel, Sittenwidrigkeit, Verstoß gegen gesetzliches Verbot etc.). Auch der Arbeitsvertrag ist wie jedes Rechtsgeschäft gemäß §§ 119, 123 BGB anfechtbar. Eine Anfechtung nach § 119 BGB hat jedoch im Bereich des Arbeitsrechts innerhalb der Frist des § 626 Abs. 2 BGB zu erfolgen, damit sie dem Unverzüglichkeitskriterium des § 121 BGB genügt (BAG NJW 1980, 1302). Wird ein in Vollzug gesetztes Arbeitsverhältnis angefochten, bestehen Besonderheiten hinsichtlich der sich daraus ergebenden Rechtsfolgen (vgl. z.B. BAG NJW 1984, 446, wonach eine Anfechtung auch im Falle arglistiger Täuschung „grds. nicht mit rückwirkender Kraft" erfolgen kann).

Die Rückabwicklung eines einmal in Vollzug gesetzten Arbeitsvertrags stößt auf erhebliche praktische Schwierigkeiten. So hätte der Arbeitnehmer nur Anspruch auf Wertersatz der von ihm erbrachten Arbeitsleistung (§ 818 Abs. 2 BGB) und sähe sich zudem mit der Gefahr der Entreicherung konfrontiert (§ 818 Abs. 3 BGB). Daher ist die Figur des **fehlerhaften Arbeitsverhältnisses** geschaffen worden, bei dessen Vorliegen der Arbeitsvertrag bis zur Geltendmachung des Nichtigkeitsgrundes als wirksam zu behandeln ist. Die Geltendmachung eines Nichtigkeitsgrundes, wie etwa der Anfechtung, der Sittenwidrigkeit oder des Verstoßes gegen ein Verbotsgesetz, hat daher ausnahmsweise nur ex nunc-Wirkung. Die Voraussetzungen für das Vorliegen eines fehlerhaften Arbeitsverhältnisses lauten:

- Der abgeschlossene Arbeitsvertrag ist nach den allgemeinen Regeln nichtig oder anfechtbar.
- Das Arbeitsverhältnis ist in Vollzug gesetzt worden.
- Die Mängel des Arbeitsverhältnisses sind nicht so schwerwiegend, dass deren Nichtbeachtung mit gewichtigen Interessen der Allgemeinheit oder einzelner Personen unvereinbar wäre.

d) Inhalt des Arbeitsverhältnisses

Grds. korrespondieren die Rechte und Pflichten des Arbeitnehmers und des Arbeitgebers miteinander, d.h. die Pflichten der einen Partei stellen gleichzeitig Rechte der anderen dar und umgekehrt. Im Folgenden wird lediglich ein Überblick über die wichtigsten Pflichten der Parteien aus dem Arbeitsverhältnis gegeben.

Pflichten des Arbeitnehmers sind u.a.:

- Der Arbeitnehmer hat gemäß § 613 Satz 1 BGB die ihm obliegende Pflicht zur Arbeitsleistung persönlich zu erbringen. Diese Norm ist jedoch dispositiv. Die Auslegungsregel des § 613 Satz 2 BGB besagt, dass im Zweifel der Arbeitnehmer nur seinem Arbeitgeber die Arbeit zu erbringen hat. Der Anspruch auf die Dienste ist nicht übertragbar. Im Falle eines Betriebsübergangs auf einen Rechtsnachfolger tritt dieser in das bestehende Arbeitsverhältnis ein, § 613 a Abs. 1 BGB.

- Durch Auslegung des Arbeitsvertrags ergibt sich der Ort der Arbeitsleistung, § 269 BGB. Der Leistungsort ist dabei i.d.R. der Betrieb des Arbeitgebers. Im Übrigen wird der Ort durch den Arbeitgeber kraft seines Weisungsrechts aus § 315 BGB festgelegt (BAG NJW 1996, 1770). Eine Versetzung an einen anderen Ort ist nur zulässig, sofern dies ausdrücklich oder stillschweigend vom Arbeitgeber vorbehalten wurde. Als milderes Mittel gegenüber einer Kündigung kommt auch die Versetzung in Betracht. Bei nicht zulässigen Versetzungen bedarf es eines Änderungsvertrags oder einer Änderungskündigung.
- Welcher Art die vom Arbeitnehmer zu leistende Arbeit sein soll, ergibt sich aus dem Inhalt des Arbeitsvertrags unter Beachtung der Bestimmungen des Tarifvertrags. Im Arbeitsvertrag muss die Art der Arbeit angegeben werden. Innerhalb des Vertragsrahmens ist es dem Arbeitgeber möglich, aufgrund seines Direktionsrechts, § 315 BGB, dem Arbeitnehmer Arbeiten zuzuweisen. Hinsichtlich der Durchführungsmodalitäten können dem Arbeitnehmer Weisungen erteilt werden. Nebenarbeiten (z.B. Aufräumen und Säubern des Arbeitsplatzes, Heranschaffen von Material an den Arbeitsplatz etc.) müssen nur dann erledigt werden, wenn im Arbeitsvertrag deren Übernahme vereinbart wurde. Werden die Grenzen des Weisungsrechts vom Arbeitgeber überschritten, ist der Arbeitnehmer berechtigt, die zugewiesene Arbeit zu verweigern (BAG BB 1981, 1399).
- Der Arbeitnehmer muss seinem Arbeitgeber seine Arbeitskraft nur innerhalb des gesetzlichen, tariflichen, vertraglichen oder betrieblichen Rahmens zur Verfügung stellen. Das Tempo der Arbeit wird vielfach durch taktgebundene Maschinen vorgegeben. Bei nicht maschinengebundenen Tätigkeiten hat der Arbeitnehmer alle ihm zur Verfügung stehenden körperlichen und geistigen Fähigkeiten bei der Arbeit einzusetzen. Zum Raubbau seiner Arbeitskräfte ist er aber nicht verpflichtet.
- Da die Parteien des Arbeitsvertrags oft keine ausdrückliche Regelung über die Dauer und Lage der Arbeitszeit treffen, ist grds. anzunehmen, dass die übliche betriebliche Arbeitszeit vereinbart ist. Die Vertragsautonomie, § 311 Abs. 1 BGB, ist im Bereich des Arbeitsrechts durch verschiedene gesetzliche Vorschriften (z.B. ArbZG, JArbSchG, MuSchG etc.) stark eingeschränkt. Durch das Direktionsrecht kann der Arbeitgeber nur dann Mehrarbeit, Vor- und Abschlussarbeiten anordnen, wenn dies auch im Arbeitsvertrag vereinbart ist.
- Nebenpflichten des Arbeitnehmers ergeben sich vor allem aus der im Arbeitsverhältnis bestehenden Treuepflicht (z.B. Informationspflicht, Anzeigepflicht, Verschwiegenheitspflicht etc.).
- Hinsichtlich der Haftung des Arbeitnehmers für die Verletzung einer Pflicht aus dem Arbeitsverhältnis enthält § 619 a BGB eine Sondervorschrift, die den § 280 Abs. 1 Satz 2 im Bereich des Arbeitsrechts modifiziert.

Pflichten des Arbeitgebers sind u.a.:

- Der Arbeitgeber muss gemäß § 611 Abs. 1 BGB dem Arbeitnehmer die ihm zustehende Vergütung bezahlen. Hierbei bestehen unterschiedliche Formen der Entlohnung (z.B. Zeitlohn, Akkordlohn, Prämienlohn). Die Arbeitsvergütung kann grds. zwischen den Parteien frei vereinbart werden; besteht in deren Verhältnis eine tarifliche Bindung, dann darf die im Tarifvertrag niedergelegte Vergütung nicht unterschritten werden (vgl. § 4 TVG). Kraft Gesetzes, kollektivrechtlicher oder einzelvertraglicher Vereinbarung kann auch ein Anspruch auf Vergütungszuschläge bestehen. Solche Zuschläge können auf Mehrarbeit, Überstunden, Anerkennung besonderer Leistungen, ungünstigen Arbeitszeiten, Arbeitserschwernissen oder sozialen Gründen beruhen. Nach § 615 Satz 3 BGB muss die Vergütung auch bei Arbeitsausfall gezahlt werden, wenn der Arbeitgeber das Risiko dieses Ausfalls trägt.

- Den Arbeitgeber treffen gegenüber seinen Arbeitnehmern bestimmte Fürsorgepflichten. Hierbei werden gesetzlich geregelte, verselbständigte und allgemeine Fürsorgepflichten unterschieden. Die gesetzliche Fürsorgepflicht umfasst die Fürsorge für Leben und Gesundheit des Arbeitnehmers, §§ 617 f. BGB, und die Verpflichtung, dem Arbeitnehmer bei persönlicher Verhinderung oder Krankheit seine Vergütung dennoch zu bezahlen. Zu den verselbstständigten Fürsorgepflichten des Arbeitgebers zählt u.a. eine Obhuts- und Verwahrungspflicht für bestimmte vom Arbeitnehmer eingebrachte Sachen. Die allgemeine Fürsorgepflicht ist von den jeweiligen Umständen des Einzelfalls abhängig und wird von den sozialpolitischen Anschauungen beeinflusst. Aus ihr folgen Schutz-, Sorgfalts- und Auskunftspflichten (z.B. Schutzkleidung, Datenschutz hinsichtlich der persönlichen Daten des Arbeitnehmers, Belehrungspflichten über Krankenversicherungspflichtigkeit und mögliche betriebliche Altersversorgung etc.).
- Die h.M. nimmt eine grundsätzliche Beschäftigungspflicht des Arbeitgebers an. Der Arbeitnehmer muss tatsächlich beschäftigt werden, also mit einer bestimmten Tätigkeit im Betrieb betraut werden. Begründet wird dies mit der besonderen Bedeutung des Arbeitsverhältnisses für Leben, Persönlichkeit und Selbstwertgefühl des Arbeitnehmers (BAG NJW 1985, 2968).

e) Arbeitnehmer/Arbeitgeber/Betrieb

aa) Der Arbeitnehmer

Der Arbeitnehmerbegriff hat im Arbeitsrecht eine sehr große Bedeutung, da eine Vielzahl von Gesetzen nur auf Arbeitnehmer anwendbar ist. Der Arbeitnehmerbegriff der herrschenden Auffassung hat folgende Voraussetzungen:

- Der Arbeitnehmer muss zur Leistung von Arbeit verpflichtet sein. Arbeit ist jede geistige oder körperliche Betätigung oder jedes Verhalten, das zur Befriedigung eines Bedürfnisses dient und im Wirtschaftsleben als Arbeit qualifiziert wird.
- Die Verpflichtung zur Arbeitsleistung muss aufgrund eines privatrechtlichen Vertrags oder eines gleichgestellten Verhältnisses erfolgen. Durch dieses Kriterium werden Beamte, Richter und Soldaten aus der Gruppe der Arbeitnehmer ausgeschieden. Auch Personen, die aufgrund einer vereinsrechtlichen Mitgliedschaft oder aus religiösen bzw. karitativen Motiven heraus Dienstleistungen erbringen, sind damit keine Arbeitnehmer.
- Der Arbeitnehmer muss die Arbeit im Dienst eines anderen leisten, d.h., er muss persönlich unselbstständig und abhängig tätig sein. Dabei ist er vom Unternehmer und freien Mitarbeiter abzugrenzen.

Der Arbeitnehmer erbringt also **abhängige, fremdbestimmte Arbeit**; der Selbstständige hingegen leistet selbstbestimmte Arbeit. Es fehlt aber an einer Definition der Abhängigkeit oder Unselbstständigkeit. Dies wird insbesondere bei den sog. freien Mitarbeitern (Scheinselbstständigkeit?) deutlich. Das BAG stellt in ständiger Rechtsprechung auf den Grad der persönlichen Abhängigkeit des Dienstverpflichteten ab (vgl. BAG DB 1999, 2648). Indizwirkung hat hier insbesondere die Einbindung in die betriebliche Organisation des Dienstberechtigten und das Weisungsrecht des Arbeitgebers.

Während die Unterscheidung zwischen Arbeiter und Angestelltem heute für das Arbeitsrecht weitgehend bedeutungslos geworden ist, ist die Differenzierung zwischen leitendem und nichtleitendem Angestellten nach wie vor von erheblicher Bedeutung. Aufgrund ihrer Position und der damit verbundenen Arbeitgebernähe nehmen die leitenden Angestellten eine Sonderstellung ein. So werden sie nicht vom Geltungsbereich des BetrVG erfasst (§ 5 Abs. 3, 4 BetrVG), sondern werden auf betrieblicher Ebene durch einen Sprecherausschuss vertreten. Sie unterliegen nicht dem Arbeitszeitgesetz (§ 18 Abs. 1 ArbZG) und genießen nur eingeschränkten Kündigungsschutz (§ 14 KSchG). Leitender Angestellter ist, wer spezifisch unternehmerische Aufgaben von erheblicher Bedeutung und mit erheblichem eigenen Entscheidungsspielraum wahrnimmt.

bb) Der Arbeitgeber

Jeder, der mindestens einen Arbeitnehmer beschäftigt, ist im Sinne des Arbeitsrechts Arbeitgeber. Dabei ist gemäß § 22 Abs. 1 ArbGG eine vorübergehende Nichtbeschäftigung unschädlich. Der Arbeitgeberbegriff ist **rechtsformunabhängig**. Deshalb können neben den natürlichen Personen auch juristische Personen des privaten oder des öffentlichen Rechts Arbeitgeber sein. Es ist ohne weiteres denkbar, dass jemand gleichzeitig Arbeitnehmer und Arbeitgeber ist (z.B. derjenige, der in abhängiger Arbeit steht und privat eine Raumpflegerin beschäftigt).

cc) Der Betrieb

Der Betrieb ist eine organisatorische Einheit von materiellen und immateriellen Arbeitsmitteln, mit deren Hilfe der Arbeitgeber gemeinsam mit seinen Arbeitnehmern einen arbeitstechnischen Zweck verfolgt. Der Betrieb ist vielfach Bezugspunkt für arbeitsrechtliche Regelungen (vgl. etwa § 1 Abs. 1 KSchG).

f) Beendigung des Arbeitsverhältnisses

Das Arbeitsverhältnis kann beendet werden durch:

- Ablauf der Befristung oder Eintritt der auflösenden Bedingung.
- Abschluss eines Aufhebungsvertrags, der nach § 623 BGB der Schriftform unterliegt.
- Anfechtung.
- Tod des Arbeitnehmers, nicht hingegen Tod des Arbeitgebers, da dessen Erben nach § 1922 BGB in das Arbeitsverhältnis eintreten.
- Kündigung. Es ist zwischen der ordentlichen und der außerordentlichen Kündigung zu unterscheiden. Die Kündigung kann sowohl vom Arbeitnehmer als auch vom Arbeitgeber ausgesprochen werden. Das Kündigungsrecht des Arbeitgebers wird allerdings durch Kündigungsschutzbestimmungen eingeschränkt.
- gerichtliche Auflösung (§§ 9, 10 KSchG).
- Lösung vom faktischen Arbeitsverhältnis.

III. Auftrag

1. Bedeutung und Abgrenzung

Von einem Auftrag spricht man, wenn der Beauftragte sich verpflichtet, ein ihm vom Auftraggeber übertragenes Geschäft für diesen **unentgeltlich** zu besorgen, § 662 BGB. Der Auftrag im Sinne des BGB enthält also die Geschäftsbesorgung, worunter jede fremdbezogene Tätigkeit zu verstehen ist (vgl. BGHZ 38, 270). Damit unterscheidet sich der Begriff des Auftrags nach § 662 BGB vom täglichen Sprachgebrauch, in dem vielfach einzelne Weisungen als „Auftrag" bezeichnet werden (vgl. Überweisungsauftrag gegenüber einer Bank). Nicht einfach ist häufig die Abgrenzung zwischen dem Auftrag als Rechtsgeschäft i.S.v. § 662 BGB auf der einen und den außerrechtsgeschäftlich erwiesenen Gefälligkeiten des täglichen Lebens auf der anderen Seite. Dies ist vor allem auf die Unentgeltlichkeit des Auftrags zurückzuführen. Der Unterschied kann nur anhand des Merkmals des Rechtsbindungswillens vorgenommen werden (s. S. 24 f.). Die Annahme eines Rechtsgeschäfts liegt bei einem Auftrag vor allem dann nahe, wenn die Tätigkeit mit erheblichen Aufwendungen verbunden ist. Denn in diesem Fall lassen sich Ersatzansprüche aus den §§ 669, 670 BGB begründen.

2. Pflichten der Vertragsparteien

a) Pflichten des Beauftragten

Der Beauftragte hat vor allem das übernommene Geschäft auszuführen, § 662 BGB. Dabei muss er regelmäßig die Weisungen des Auftraggebers befolgen. Gegebenenfalls hat er den Auftraggeber über neue Umstände zu informieren und dessen Entscheidung abzuwarten, § 665 Satz 2 BGB. Droht jedoch aufgrund des damit einhergehenden Zeitaufschubs Gefahr, darf und muss er von den ihm erteilten Weisungen abweichen, § 665 Satz 1 BGB (der Beauftragte muss also mitdenken). Er muss ferner nach § 667 BGB dem Auftraggeber das herausgeben, was er zur Erfüllung des Auftrags erhalten und was er aus der Geschäftsbesorgung erlangt hat.

b) Pflichten des Auftraggebers

Da der Auftrag unentgeltlich erfolgt, muss der Auftraggeber dem Beauftragten kein Entgelt bezahlen. Hat der Beauftragte jedoch nach § 670 BGB Aufwendungen gemacht, kann er diese vom Auftraggeber ersetzt verlangen (Telefon- und Portokosten; Kopien etc.). Diese Vorschrift ist über den Anwendungsbereich des reinen Auftragsrechts hinaus von Bedeutung, da auf sie häufig verwiesen wird (vgl. §§ 675, 683, 994 Abs. 2 BGB). Allerdings enthält § 670 BGB eine zentrale Einschränkung: Der Beauftragte muss die **Aufwendungen** für erforderlich gehalten haben. Die Erforderlichkeit wird nach der Situation des Beauftragten im Zeitpunkt der Entscheidung über die Aufwendungen beurteilt. Zugleich erfolgt eine gewisse Objektivierung dadurch, dass der Standpunkt eines verständigen Beobachters eingenommen wird. Im Einzelfall können daher auch nutzlose oder objektiv unnötige Aufwendungen ersetzt verlangt werden. § 670 BGB gilt regelmäßig nur für Aufwendungen. Aus Gerechtigkeitserwägungen heraus wird jedoch der Anwendungsbereich des § 670 BGB sehr weit ausgedehnt und soll auch diejenigen Schäden erfassen, die aufgrund tätigkeitsspezifischer Risiken entstanden sind (BGHZ 33, 251, 257). Für voraussehbare Aufwendungen hat der Auftraggeber dem Beauftragten nach § 669 BGB auf Verlangen einen Vorschuss zu leisten.

3. Beendigung des Auftrags

Der Auftrag endet regelmäßig durch Erfüllung der beiderseitigen Pflichten. Ferner erlischt er im Zweifel durch den Tod des Beauftragten, § 673 Satz 1 BGB. Dies gilt umgekehrt nach § 672 Satz 1 BGB nicht, wenn der Auftraggeber stirbt. Schließlich können beide Seiten nach § 671 BGB den Auftrag auch rechtsgeschäftlich beenden.

IV. Entgeltliche Geschäftsbesorgung

Nach § 675 Abs. 1 BGB werden einige für den unentgeltlichen Auftrag geschaffene Vorschriften auf entgeltliche Verträge übertragen. Dies gilt für solche, die „eine Geschäftsbesorgung zum Gegenstand haben". Der Begriff der **Geschäftsbesorgung** muss in § 675 Abs. 1 BGB eine engere Bedeutung haben als in § 662 BGB, da sonst fast alle Dienst- und Werkverträge hierunter zu subsumieren wären. Für die Rechtsprechung ist die Geschäftsbesorgung i.S.v. § 675 Abs. 1 BGB eine „selbstständige Tätigkeit wirtschaftlicher Art, für die ursprünglich der Geschäftsherr selbst zu sorgen hatte, die ihm aber durch einen anderen (den Geschäftsführer) abgenommen wird" (BGHZ 45, 223, 229). Aus dieser Definition lassen sich folgende Merkmale ableiten:

- Es muss eine wirtschaftliche Tätigkeit vorliegen.
- Es kommt auf eine gewisse Selbstständigkeit an.
- Die fremdbestimmte Tätigkeit darf nicht von ganz geringer Bedeutung sein.

Beispiele: Prozessführungen; Besorgung von Steuerangelegenheiten; Baubetreuungs- oder Bauträgerverträge.

Kurzrepetitorium

Werkvertrag:

- Unternehmer: Verpflichtung zur Herstellung des versprochenen Werkes in mangelfreiem Zustand; geschuldet ist der Erfolg, nicht die bloße Leistung.
- Besteller: Verpflichtung zur Zahlung der Vergütung und Abnahme des Werkes.
- Abnahme: körperliche Hinnahme im Wege der Besitzübertragung verbunden mit der Billigung des Werkes.
- Abgrenzung zum Dienstvertrag durch Erfolgsbezogenheit des Werkvertrages.
- § 651 BGB: Verträge, die sowohl Elemente des Kauf- wie auch des Werkvertragsrechts enthalten.
- Bei Mängeln: Ansprüche nach § 634 BGB.

Dienstvertrag:

- Schuldner: Verpflichtung zur Erbringung der vereinbarten Leistung; geschuldet wird nicht ein Erfolg.
- Gläubiger: Verpflichtung zur Zahlung der Vergütung.
- Bei Schlechtleistung: Haftung nach den allgemeinen Grundsätzen wegen Pflichtverletzung, §§ 280 bis 283 BGB.
- Arbeitsvertrag: Dienstvertrag zwischen Arbeitnehmer und Arbeitgeber.
- Anfechtung nach Invollzugsetzen des Arbeitsverhältnisses entfaltet lediglich eine ex nunc-Wirkung.
- Arbeitnehmer: gekennzeichnet durch abhängige und fremdbestimmte Arbeit.
- Besonderheit: Problem der Scheinselbstständigkeit.

Auftrag:

- Beauftragter: Verpflichtung, ein ihm vom Auftraggeber übertragenes Geschäft für diesen unentgeltlich zu besorgen.
- Wenn Beauftragter entgeltlich handelt: entgeltliche Geschäftsbesorgung.
- § 675 Abs. 1 BGB: Übernahme einiger Vorschriften des Auftragsrechts auf entgeltliche Verträge.

§ 21 Gebrauchsüberlassungsverträge

I. Der Mietvertrag als Gebrauchsüberlassungsvertrag

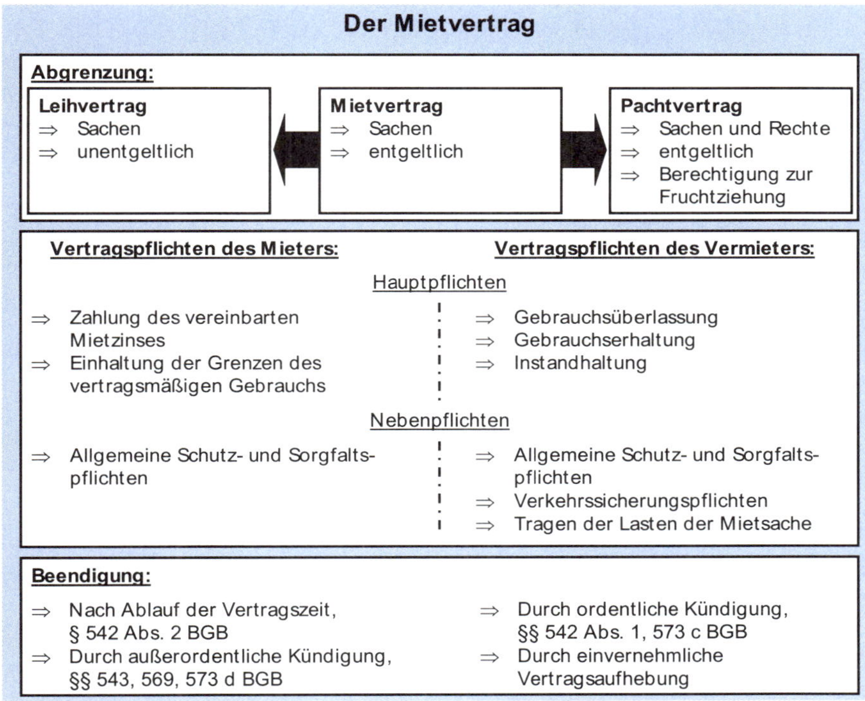

Schaubild 35

Oben haben wir uns überwiegend mit Verträgen beschäftigt, bei denen es um die Veräußerung von Gegenständen ging. Im Gegensatz dazu zielen **Gebrauchsüberlassungsverträge** darauf ab, Gegenstände zeitweise zum Gebrauch zu überlassen und sie anschließend zurückzugeben. Hierzu zählen der Mietvertrag (§§ 535 ff. BGB), der Pachtvertrag (§§ 581 ff. BGB), die Leihe (§§ 598 ff. BGB) und das Leasing. Auch beim Darlehensvertrag handelt es sich im weitesten Sinne um eine Gebrauchsüberlassung, obwohl nicht die überlassene Sache zurückgegeben wird. Aus systematischen Gründen soll das Darlehen hier ebenfalls behandelt werden.

Beim Mietvertrag handelt es sich um einen gegenseitigen Vertrag, der die entgeltliche Gebrauchsüberlassung einer Sache auf Zeit zum Ziel hat. Vom Pachtvertrag unterscheidet sich der Mietvertrag dadurch, dass als Pachtobjekt neben Sachen auch Rechte in Betracht kommen und dass der Pächter – anders als der Mieter – auch zur Fruchtziehung berechtigt ist. Miet- und Pachtvertrag unterscheiden sich von der Leihe durch ihre Entgeltlichkeit. Innerhalb der Mietverträge ist die zentrale Unterscheidung zwischen Wohnraummiete und sonstiger Miete von großer Bedeutung. Aus sozialen Gründen ist die Vertragsfreiheit bei der **Wohnraummiete** erheblich eingeschränkt (Mieterschutz). Das Mietrecht ist daher in drei Teile gegliedert:

- die allgemeinen Vorschriften für Mietverhältnisse, §§ 535 bis 548 BGB,
- die Vorschriften für Mietverhältnisse über Wohnraum, §§ 549 bis 577 a BGB, und
- diejenigen für Mietverhältnisse über andere Sachen (etwa Geschäftsräume), §§ 578 bis 580 a BGB.

Die in der Untergliederung zum Ausdruck kommende Systematik ist allerdings vom Gesetzgeber nicht immer konsequent beachtet worden. Insbesondere für den Bereich der Unabdingbarkeit gesetzlicher Regelungen finden sich Normierungen innerhalb der allgemeinen Vorschriften, die systematisch korrekt eigentlich unter die Vorschriften für Mietverhältnisse über Wohnraum gefasst sein müssten (siehe bspw. § 536 Abs. 4 BGB).

1. Abschluss des Mietvertrags

Wesentliche Vertragsbestandteile (essentialia negotii) eines Mietvertrags sind der Mietgegenstand und der Mietzins. Hierüber muss eine Einigung der Vertragsparteien vorliegen. Grds. können die Parteien den Vertrag formfrei abschließen. Die Mietsache muss nicht im Eigentum des Vermieters stehen. Als Mietgegenstand kommen bewegliche und unbewegliche Sachen, Sachteile oder Sachgesamtheiten in Betracht.

Beispiele: Das möblierte Ferienhaus oder die EDV-Anlage als Sachgesamtheit, ein Teil einer großen Plakatwand als Sachteil oder ein Lkw als bewegliche Sache.

Eine besondere Formvorschrift für Mietverträge über Wohnraum enthält § 550 BGB. Danach muss ein Vertrag mit einer Laufzeit von mehr als einem Jahr schriftlich i.S.v. § 126 BGB geschlossen werden. Die Nichtbeachtung der Form führt aber nicht zur Unwirksamkeit des gesamten Vertrags, sondern der Mietvertrag gilt als auf unbestimmte Zeit geschlossen.

Die Anfechtung eines Mietvertrages ist nach überwiegender Ansicht neben der Kündigung möglich. Umstritten sind jedoch die Rechtsfolgen einer Anfechtung. Teilweise wird eine Nichtigkeit ex nunc (§ 142 BGB) unter Hinweis auf die besonderen Schwierigkeiten der Rückabwicklung abgelehnt (Vgl. die analoge Argumentation bei Arbeits- und Gesellschaftsverträgen, s. S. 240 bzw. S. 142). Dieser Einwand überzeugt jedoch nicht, weil die Rückabwicklung durch die Möglichkeit des Wertersatzes nach § 818 BGB auf keine besonderen Schwierigkeiten stößt. Außerdem ist die Beziehung zwischen Mieter und Vermieter nicht derjenigen zwischen Gesellschaftern bzw. zwischen Arbeitnehmer und Arbeitgeber vergleichbar, weil ihr ein Element persönlicher Verbundenheit fehlt (BGHZ 178, 16).

2. Rechte und Pflichten der Vertragsparteien

a) Der Vermieter

Ausweislich des § 535 Abs. 1 BGB sind die **Hauptpflichten** des Vermieters:

- die Gebrauchsüberlassung,
- die Gebrauchserhaltung und
- die Instandhaltung.

Zur Gebrauchsüberlassungspflicht gehört es, die Mietsache in einem zum vertragsgemäßen Gebrauch geeigneten Zustand zu übergeben. Während der Dauer des Mietverhältnisses ist der Vermieter zudem verpflichtet, die dem Mieter einmal eingeräumte Gebrauchsmöglichkeit zu erhalten (Gebrauchserhaltungspflicht). Schließlich ist er verpflichtet, die Erhaltungs- und Reparaturarbeiten durchzuführen, die erforderlich sind, um die Mietsache in vertragsgemäßem Zustand zu erhalten (Instandhaltungspflicht), vgl. § 535 Abs. 1 Satz 2 BGB. Wenn Sie sich jetzt aber darüber wundern, dass in dem Mietvertrag über ihre Studentenwohnung die Kosten für die Beseitigung der normalen Abnutzung auf Sie abgewälzt worden sind, so ist dies darauf zurückzuführen, dass sog. Schönheitsreparaturen, insbesondere durch AGB, wirksam (vgl. BGHZ 92, 363; 101, 253: grds. kein Verstoß gegen § 307 BGB) auf den Mieter übertragen werden können. Eine Vertragsklausel, die einen starren Fristenplan vorsieht, ist aber unwirksam (für die Wohnraummiete: BGH NJW 2004, 2586; für die Gewerberaummiete: BGHZ 178, 158)

Neben diesen Hauptpflichten treffen den Vermieter zahlreiche sog. **Nebenpflichten**. Hierzu zählen etwa:

- allgemeine Schutz- und Sorgfaltspflichten,
- Verkehrssicherungspflichten (etwa Räum- bzw. Streupflicht) und das
- Tragen der Lasten der Mietsache (Grundsteuer, Kanalisationsgebühren etc.).

Im Zusammenhang mit der Hauptpflicht des Vermieters, die Mietsache in gebrauchsfähigem Zustand zu erhalten, steht die aus § 539 Abs. 1 BGB folgende Nebenpflicht, dem Mieter die auf die Mietsache gemachten notwendigen Verwendungen zu ersetzen. Dies gilt jedoch wiederum nur, soweit die Instandsetzungspflicht nicht auf den Mieter abgewälzt wurde. Der Vermieter hat nach § 539 Abs. 2 BGB die Wegnahme von Einrichtungen des Mieters zu dulden, die der Mieter mit der Sache verbunden hat. Dies gilt insbesondere auch dann, wenn die Gegenstände zu wesentlichen Bestandteilen der Mietsache geworden sind (Einbauküche, Wandschrank).

Im Mietrecht werden Sach- und Rechtsmängel in den §§ 536 ff. BGB gleichbehandelt. Ein Sachmangel liegt vor, wenn die Mietsache entweder fehlerhaft ist, eine zugesicherte Eigenschaft fehlt oder diese später weggefallen ist, § 536 BGB. Maßgeblich ist hierbei, wie im Kaufrecht, der subjektive Fehlerbegriff (vgl. BGH NJW 2000, 1714, 1715). Die Haftung für Rechtsmängel greift nach § 536 Abs. 3 BGB ein, wenn dem Mieter durch das Recht eines Dritten der vertragsgemäße Gebrauch der Mietsache ganz oder teilweise entzogen wird.

Beispiele: Die Mieträume sind nur unzureichend beheizbar (Sachmangel). Der Vermieter vermietet eine bereits vermietete Wohnung ein zweites Mal (Rechtsmangel).

Behinderte Mieter einer Wohnung haben einen Anspruch auf möglichst barrierefreies Wohnen, § 554 a BGB.

Der Mieter kann zunächst einen Erfüllungsanspruch auf Beseitigung einer Beeinträchtigung des vertragsgemäßen Gebrauchs der Mietsache geltend machen. Hiermit muss er sich aber nicht zufrieden geben. Entsprechend dem Maß der Tauglichkeits- oder Gebrauchsminderung kann er zudem ganz oder teilweise von der Pflicht der Mietzinszahlung befreit sein, § 536 Abs. 1 bis 3 BGB. Diese Mietminderung setzt kein Verschulden des Vermieters voraus und tritt ohne weiteres – kraft Gesetzes – ein. Bereits entrichtete Miete kann der Mieter gem. § 812 ff. BGB zurückfordern. Damit der Vermieter die Möglichkeit hat, die Mängel unverzüglich abzustellen, ist der Mieter umgekehrt verpflichtet, auftretende Mängel der Mietsache dem Vermieter unverzüglich anzuzeigen, § 536 c Abs. 1 BGB.

Im Falle eines Mangels, der schon bei Vertragsschluss vorhanden ist, besteht eine verschuldensunabhängige Garantiehaftung des Vermieters, § 536 a Abs. 1 Var. 1 BGB. (Anwendbarkeit des § 536 a BGB erst ab Überlassung der Mietsache, BGHZ 136, 102, str.). Tritt der Mangel erst später auf, haftet der Vermieter nach § 536 a Abs. 1 Var. 2 BGB, wenn er den Mangel zu vertreten hat oder wenn er mit der Mangelbeseitigung in Verzug ist, § 536 a Abs. 1 Var. 3 BGB. Entscheidend ist also der Zeitpunkt des Eintritts des Mangels. § 536 a BGB ist eine besonders wichtige Anspruchsgrundlage, da sich hierauf sämtliche Schadensersatzansprüche stützen lassen, die aus einem Mangel der Mietsache herrühren. Eine Einteilung des Schadens in verschiedene Typen (Mangelschaden, Mangelfolgeschaden) kann also unterbleiben. Der Mieter ist ferner berechtigt, nach § 536 a Abs. 2 BGB bei Verzug des Vermieters mit der Beseitigung des Sachmangels den Mangel selbst zu beseitigen und die hierfür erforderlichen Aufwendungen vom Vermieter ersetzt zu verlangen. Schließlich kann der Mieter nach § 543 Abs. 2 Nr. 1 BGB fristlos kündigen.

b) Mieter

Hauptpflicht des Mieters ist es, den vereinbarten Mietzins zu zahlen, § 535 Abs. 2 BGB. Der regelmäßig in Geld zu erbringende Mietzins kann sowohl in einer einmaligen Leistung als auch in wiederkehrenden Zeitabständen zu entrichten sein. § 556 b Abs. 1 BGB legt die Fälligkeit bei Verträgen über Wohnraum auf den Anfang des jeweiligen Zeitabschnitts fest. Hierin kommt eine Vorleistungspflicht des Mieters zum Ausdruck. Eine persönliche Verhinderung des Mieters an der Ausübung seines Gebrauchsrechts befreit ihn nicht von seiner Zahlungspflicht, § 537 Abs. 1 BGB. Der Mieter muss daher auch bei urlaubsbedingter Abwesenheit den Mietzins für seine Wohnung entrichten. Er ist ferner verpflichtet, die Grenzen des vertragsgemäßen Gebrauchs der Mietsache nicht zu überschreiten, §§ 541, 543 Abs. 2 Nr. 2 BGB. Insbesondere darf der Mieter die Mietsache nicht zu einem anderen als dem vertraglich festgelegten Zwecke nutzen. So ist es ihm untersagt, die Mietsache ohne Erlaubnis des Vermieters einem Dritten zu überlassen, § 540 BGB. Eine Sonderregel für die Wohnraummiete enthält § 553 BGB.

Ein Verzug des Mieters mit seiner Zahlungspflicht führt zur Anwendung der allgemeinen Verzugsregeln. Ein mögliches Rücktrittsrecht wird jedoch durch die fristlose Kündigung nach § 543 Abs. 2 Nr. 3 BGB verdrängt (BGHZ 50, 312: das Dauerschuldverhältnis muss in Vollzug gesetzt sein, damit an Stelle des Rücktrittsrechts ein Recht zur Kündigung aus wichtigem Grund tritt; vgl. auch BGH NJW 1981, 1264; 1986, 125), sodass es nur zu einer Auflösung des Mietverhältnisses ex nunc kommt. Diese Lösung wird dem Dauerschuldcharakter des Mietvertrags besser gerecht als eine rückwirkende Abwicklung. Hinzuweisen ist ferner auf die in § 543 Abs. 2 BGB vorgesehene Heilungsmöglichkeit hinsichtlich des Verzugs mit der Mietzinszahlung: Die Heilung des Verzugs tritt insbesondere dann ein, wenn der Mieter vor Zugang der Kündigung den ausstehenden Mietzins bezahlt hat. Weitere Heilungsmöglichkeiten für Mietverträge über Wohnraum enthält § 569 Abs. 3 BGB.

Der Mieter von Wohnraum hat bestimmte Maßnahmen der Erhaltung und Modernisierung zu dulden, vgl. § 554 BGB.

3. Beendigung des Mietvertrags

a) Beendigungsgründe

Das Gesetz kennt vier **Gründe**, aus denen ein Mietvertrag beendet werden kann:

- Ablauf der Vertragszeit, § 542 Abs. 2 BGB,
- ordentliche Kündigung, §§ 542 Abs. 1, 573 c BGB,
- außerordentliche Kündigung, §§ 543, 569, 573 d BGB und

- einvernehmliche Vertragsaufhebung.

Die ordentliche Kündigung ist bei Mietverträgen, die für eine bestimmte Zeit abgeschlossen sind, ausgeschlossen, vgl. § 542 Abs. 2 BGB. Setzt der Mieter nach Vertragsablauf oder erfolgter Kündigung den Gebrauch der Mietsache fort, gilt das Mietverhältnis als auf unbestimmte Zeit verlängert, sofern ein Vertragspartner dem anderen nicht innerhalb von zwei Wochen seinen entgegenstehenden Willen erklärt, § 545 BGB.

Bei Wohnraummietverträgen ist die außerordentliche Kündigung stets (§ 569 Abs. 4 BGB) und die ordentliche Kündigung nur bei Kündigung durch den Vermieter (§ 573 Abs. 3 Satz 1 BGB) mit Gründen zu versehen. Beide Begründungserfordernisse sind, zumindest für den Vermieter, unabdingbar (§ 573 Abs. 4 BGB), da § 569 Abs. 5 Satz 1 BGB insoweit wohl als Redaktionsversehen des Gesetzgebers zu verstehen ist.

Beim Tod des Vermieters wird das Mietverhältnis mit dessen Erben unverändert fortgesetzt, § 1922 BGB. Der Tod des Mieters führt ebenfalls nicht zur Beendigung des Mietverhältnisses. Allerdings sind sowohl der Erbe als auch der Vermieter zur außerordentlichen Kündigung berechtigt, § 564 Satz 2 BGB. Wird das vermietete Gründstück oder der vermietete Raum veräußert, tritt der Erwerber anstelle des Vermieters in die sich aus dem Mietverhältnis ergebenden Rechte und Pflichten ein. Die Übereignung bricht also nicht die Miete, § 566 Abs. 1 BGB.

b) Sicherung von Vermieteransprüchen

Für die Miete von Grundstücken und für die Miete von Wohnungen und anderen Räumen kennt das BGB wichtige Sondervorschriften zur Sicherung von Vermieteransprüchen. Hierzu zählen:

- **Vermieterpfandrecht**, §§ 562 ff. BGB. Danach erwirbt der Vermieter für seine Forderungen aus dem Mietverhältnis ein gesetzliches Pfandrecht an den eingebrachten pfändbaren Sachen des Mieters.

- **Kaution**, § 551 BGB. Zur Besicherung von Vermieterforderungen kann eine Mietkaution vereinbart werden, die höchstens das Dreifache der auf einen Monat entfallenden Miete ohne die als Pauschale oder als Vorauszahlung ausgewiesenen Betriebskosten (üblicherweise als „Nebenkosten“ bezeichnet) betragen darf. Die Parteien können bspw. vereinbaren, die Kaution in Form eines Aktiendepots anzulegen, § 551 Abs. 3 Satz 2 BGB. Für den Fall der Veräußerung der Mietwohnung enthält § 566 a BGB die Korrespondenznorm zu § 566 BGB hinsichtlich der Kaution.

II. Leasing

1. Überblick

Beim Leasing handelt es sich um ein Rechtsinstitut zur Anlagenfinanzierung und Kreditsicherung, dessen Vertragsinhalt die zeitweilige Gebrauchsüberlassung von Gütern gegen ein in Raten gezahltes Entgelt ist. Aus Sicht des Leasingnehmers sind mit dem Leasinggeschäft außerdem oft steuerliche Vorteile gegenüber einem (Teilzahlungs-)Kauf verbunden. Am Leasing sind zumeist drei Personen beteiligt:

- Der Leasingnehmer wählt beim Hersteller oder Händler das Leasinggut aus.

- Der Leasinggeber schließt mit dem Hersteller oder Händler einen Kaufvertrag über das Leasinggut und überlässt es dem Leasingnehmer zum entgeltlichen Gebrauch. Diese

Vertragsbeziehung zwischen Leasinggeber und Leasingnehmer ist der eigentliche Leasingvertrag.

- Der Hersteller oder Händler hat also nur zum Leasinggeber eine direkte Vertragsbeziehung.

Das Herstellerleasing ist durch den Eintritt des Herstellers in die Position des Leasinggebers gekennzeichnet. Dies geschieht regelmäßig aus Gründen der Absatzsteigerung. Hier fehlt es an dem ansonsten typischen Dreiecksverhältnis von Leasinggeber, Leasingnehmer und Hersteller/Lieferant.

Hauptpflicht des Leasinggebers ist die Verschaffung der Nutzungsmöglichkeit an dem Leasinggut. Der Leasingnehmer schuldet in erster Linie die Zahlung der Leasingraten und ggf. Entrichtung einer Anzahlung (Mietsonderzahlung).

2. Grundtypen des Leasingvertrags

Das **Operatingleasing** ist entweder dadurch gekennzeichnet, dass eine bestimmte Grundmietzeit nicht festgelegt wird und beide Vertragsparteien den Vertrag jederzeit unter Einhaltung vertraglicher Fristen kündigen können, oder dass eine von vornherein sehr kurze Gebrauchsüberlassung vorgesehen ist. Die Mindestdauer des Vertrags reicht dabei zur Amortisation des geleasten Objekts nicht aus. Operatingleasingverträge werden nur über solche Wirtschaftsgüter abgeschlossen, die langlebig sind und daher von mehreren Leasingnehmern verwendet werden können. Der Leasinggeber trägt das Investitions- und Überalterungsrisiko hinsichtlich des Leasingobjekts. Das Operatingleasing ist als typischer Mietvertrag einzuordnen.

Demgegenüber steht beim **Finanzierungsleasing** die Finanzierungsfunktion im Vordergrund. Es handelt sich um ein **atypisches Mietverhältnis** mit Elementen des Kauf- und Darlehensvertrags (BGHZ 68, 118, str.). Weil das Element der entgeltlichen Gebrauchsüberlassung überwiegt, wird in erster Linie Mietvertragsrecht angewandt. Das Finanzierungsleasing unterscheidet sich vom Operatingleasing durch folgende Gesichtspunkte:

- Während der Grundlaufzeit des Leasingvertrags kann der Vertrag nicht gekündigt werden.
- Der Vertrag wird über eine bestimmte mehrjährige Zeit abgeschlossen. Diese sog. Grundlaufzeit ist in der Regel kürzer als die betriebsgewöhnliche Nutzungsdauer des überlassenen Wirtschaftsguts.
- Häufig wählt der Leasingnehmer die Leasingsache beim Lieferanten aus, der sie durch Kauf anschafft. Die Mängelansprüche gegen den Lieferanten werden unter Freistellung des Leasinggebers von der Mängelhaftung an den Leasingnehmer abgetreten.
- Die Leasingraten sind so kalkuliert, dass sie entweder allein (Vollamortisationsvertrag) oder im Zusammenhang mit einer Abschlusszahlung (Teilamortisationsvertrag) die Anschaffungs- und Finanzierungskosten sowie den Gewinn des Leasinggebers während der Grundlaufzeit decken.
- Die Gefahr eines Untergangs oder einer Verschlechterung des Leasinggegenstands wird auf den Leasingnehmer abgewälzt (vgl. hierzu BGH NJW 1998, 1637, 1638 m.w.N.). Er trägt das Investitionsrisiko.

III. Pacht

Bei der Pacht, §§ 581 ff. BGB, verpflichtet sich der Verpächter, dem Pächter den Gebrauch des verpachteten Gegenstands und für die Dauer der Pachtzeit die **Fruchtziehung**, § 99 BGB, aus dem Pachtgegenstand zu gewähren. Der Pächter ist verpflichtet, den Pachtzins zu bezahlen. Während beim Mietvertrag die Gebrauchsüberlassung Vertragsgegenstand ist, geht es beim Pachtvertrag hauptsächlich um das Recht zur Fruchtziehung. Daher können Pachtobjekte nur solche körperlichen und unkörperlichen Gegenstände sein, aus denen Früchte im Sinne des § 99 BGB gezogen werden können. Hierzu zählen Sachen bzw. Sachgesamtheiten (Gaststätte, Mietshaus, landwirtschaftlich genutztes Grundstück) oder Rechte (Lizenzgebühr für die Überlassung eines Patentrechts, Jagdrecht).

Rechte und Pflichten der Vertragsparteien richten sich im Wesentlichen nach dem Mietrecht, dessen Vorschriften nach § 581 Abs. 2 BGB entsprechend anwendbar sind. So schuldet etwa der Verpächter die Gebrauchsüberlassung des Pachtgegenstands und die Gewährung der Fruchtziehung. Der Pächter schuldet umgekehrt die Zahlung des Pachtzinses nach § 581 Abs. 1 Satz 2 BGB. Ferner ist er verpflichtet, den Pachtgegenstand in seiner Wirtschaftlichkeit und Ertragsfähigkeit zu erhalten. Auch ist ihm die Fruchtziehung nur insoweit gewährt, als dies den Regeln der ordnungsgemäßen Wirtschaft entspricht.

IV. Leihe

Der Leihvertrag ist nach § 598 BGB ein Vertrag, durch den sich der Verleiher verpflichtet, dem Entleiher eine Sache **unentgeltlich** für eine begrenzte Zeit zu überlassen und den Gebrauch der Sache zu gestatten. Damit ist er also das unentgeltliche Gegenstück zum Mietvertrag. Lassen Sie sich nicht davon täuschen, wenn im Alltagsleben das Wort Leihe fälschlich in einem anderen Zusammenhang benutzt wird (Leihwagen; die Nachbarin will sich zum backen eines Kuchens ein Pfund Butter ausleihen). Beim Leihvertrag handelt es sich um einen unvollkommen zweiseitig verpflichtenden Vertrag. Die Leistungspflicht des Verleihers steht nicht im Gegenseitigkeitsverhältnis zu etwaigen Verpflichtungen des Entleihers. Letztere entstehen erst nach Überlassung des Leihgegenstands.

Der Verleiher erfüllt seine Verpflichtung zur Gebrauchsüberlassung durch Besitzübertragung an den Entleiher. Wegen der Unentgeltlichkeit des Leihvertrags besteht keine Verpflichtung, die Sache in einen gebrauchsfähigen Zustand zu versetzen oder während der Leihzeit in Stand zu halten. Abgesehen von der Zahlung eines Entgelts treffen den Entleiher dieselben Pflichten wie den Mieter.

Die Sach- und Rechtsmängelhaftung des Verleihers beschränkt sich nach § 600 BGB auf arglistiges Verschweigen von Mängeln. Im Rahmen von Leistungsstörungen hat er nach § 599 BGB nur Vorsatz und grobe Fahrlässigkeit zu vertreten. Der Entleiher haftet nach den allgemeinen Vorschriften für Vorsatz und jede Fahrlässigkeit nach § 276 BGB. Nach § 604 Abs. 1 BGB ist der Entleiher verpflichtet, die Leihsache nach Ablauf der Leihzeit zurückzugeben. Diese Verpflichtung steht nicht im Gegenseitigkeitsverhältnis.

V. Darlehen

1. Erscheinungsformen

Das Darlehen wird im BGB an zwei Stellen behandelt. Unter dem Titel „Darlehensvertrag, Finanzierungshilfen und Ratenlieferungsverträge" finden sich in den §§ 488 bis 507 BGB ebenso Vorschriften, wie in den §§ 607 bis 609 BGB unter dem Titel „Sachdarlehensvertrag". Die Einordnung der wichtigsten Vorschriften in die §§ 488 ff. BGB zwischen dem

Teilzeit-Wohnrechtevertrag und der Schenkung ist systematisch verunglückt, da es sich beim Darlehen um einen **Gebrauchsüberlassungsvertrag** handelt. § 488 Abs. 1 BGB enthält eine Definition zum Darlehensvertrag. Durch ihn wird der Darlehensgeber verpflichtet, dem Darlehensnehmer einen Geldbetrag in der vereinbarten Höhe zur Verfügung zu stellen. Der Darlehensnehmer ist seinerseits verpflichtet, den vereinbarten Zins zu zahlen und bei Fälligkeit das zur Verfügung gestellte Darlehen zurückzuerstatten. Von diesem „Gelddarlehen" ist das sog. Sachdarlehen zu unterscheiden, das in den §§ 607 bis 609 BGB geregelt ist.

Von der Schenkung unterscheiden sich beide Darlehensformen durch die Pflicht zur Rückerstattung. Von der Miete und der Leihe sind sie dadurch abzugrenzen, dass Eigentum übertragen wird bzw. das Gegebene nur dem Wert nach zurückzuerstatten ist. Bei Miete und Leihe ist demgegenüber der vermietete bzw. verliehene Gegenstand zurückzugeben. Gegenstand eines Gelddarlehens kann daher nur Geld, und derjenige eines Sachdarlehens nur eine andere vertretbare Sache sein.

2. Darlehensvertrag

a) Inhalt

Der vom Gesetz vorgesehene Regelfall eines **Darlehensvertrages** ist ein entgeltlicher, gegenseitiger Vertrag. Im Gegenseitigkeitsverhältnis stehen die Zinszahlungs- und die Geldüberlassungspflicht. Gegenstand des Darlehensvertrags i.S.v. § 488 Abs. 1 BGB ist ein bestimmter Geldbetrag. Der Darlehensgeber ist jedoch nicht zur Überlassung bestimmter Geldscheine verpflichtet, ihn trifft vielmehr lediglich eine wertmäßige Verschaffungspflicht. Der Darlehensbetrag ist vom Darlehensnehmer zu verzinsen. Die Zinshöhe und Fälligkeit richten sich nach der Vereinbarung der Parteien und nur hilfsweise nach dem Gesetz; Zinshöhe: § 246 BGB (4 %), § 352 HGB (5 %), Fälligkeit: § 488 Abs. 2 BGB. Zurückzuerstatten ist nicht das empfangene Geld, sondern die wertmäßig entsprechende Summe, vgl. § 488 Abs. 1 Satz 2 BGB. Ist für die Rückerstattung des Darlehens eine Zeit nicht bestimmt, hängt die Fälligkeit davon ab, dass der Gläubiger oder der Schuldner kündigt, § 488 Abs. 3 Satz 1 BGB. Der Darlehensvertrag bedarf nicht der Schriftform.

b) Verbraucherdarlehensvertrag

Vom allgemeinen Darlehensvertrag der §§ 488 bis 490 BGB ist der **Verbraucherdarlehensvertrag** zu unterscheiden, für den zusätzlich die besonderen Vorschriften der §§ 491 ff. BGB gelten. Ein Verbraucherdarlehensvertrag ist ein entgeltlicher Darlehensvertrag zwischen einem Unternehmer, § 14 BGB, als Darlehensgeber und einem Verbraucher, § 13 BGB, als Darlehensnehmer. Der Verbraucher ist bei Darlehensverträgen besonders schutzwürdig, weil ihm durch eine langfristige Bindung und wiederkehrende Zahlungspflichten Belastungen auferlegt werden, die er zum Zeitpunkt des Vertragsschlusses schwer abschätzen kann. Deshalb enthalten die §§ 491a bis 493 BGB für diesen Vertrag ausführliche inhaltliche Vorgaben und Informationspflichten. Verbraucherdarlehensverträge müssen schriftlich (§ 126 BGB) geschlossen werden und haben den gesetzlichen Mindestinhaltsangaben zu entsprechen, vgl. §§ 492, 494 BGB. Das Formerfordernis gilt gem. § 492 Abs. 4 Satz 1 BGB auch für eine Vollmacht, die zum Abschluss eines Verbraucherdarlehensvertrages erteilt wird. In § 494 BGB sind die Rechtsfolgen von Formmängeln des Verbraucherdarlehensvertrages geregelt. Daraus ergibt sich, dass die Nichtbeachtung der Form des § 492 BGB zwar grds. zur Nichtigkeit des Vertrages führt, jedoch eine Heilung nach § 494 Abs. 2 BGB möglich ist.

Daneben tritt nicht zuletzt der Schutz vor einem Gläubiger, der eher die Zwangsvollstreckung in das Vermögen des Schuldners als die Befriedigung seiner Darlehensforderung anstrebt. Dazu setzt das BGB in verschiedenen Stadien der Vertragsabwicklung an. Bei einem Immobiliendarlehensvertrag (§ 503 BGB) ist bereits bei Vertragsschluss offenzulegen, dass ein Wechsel in der Gläubigerstellung auch ohne Zustimmung des Darlehensnehmers möglich ist, § 491 a Abs. 1 BGB i.V.m. Art. 247 § 9 EGBGB. Weiter ist eine formularmäßige Zustimmung zur Vertragsübernahme durch einen Dritten unwirksam, § 309 Nr. 10 BGB. Ausgeschlossen ist zudem ein Verzicht des Darlehensnehmers auf die Rechte aus §§ 404 u. 406 BGB, § 496 Abs. 1 BGB. § 496 Abs. 2 BGB sieht die unverzügliche Unterrichtung des Darlehensnehmers vor, wenn der Rückzahlungsanspruch abgetreten wurde. Der Zedent muss dabei auch die Kontaktdaten des neuen Gläubigers mitteilen. Schließlich muss der Gläubiger den Verbraucher 3 Monate vor Beendigung des Darlehensvertrages informieren, ob er zu Fortführung des Darlehens bereit ist, § 493 Abs. 2 BGB. So soll der Darlehensnehmer die Möglichkeit erhalten, nicht vom Ende der Vertragslaufzeit überrascht zu werden und sich gegebenenfalls rechtzeitig über Alternativangebote zu informieren. Eingeschränkt wird zudem die Kündbarkeit wegen Ausbleibens von Rückzahlungen, § 498 BGB.

Die Einräumung einer **Überziehungsmöglichkeit** i.S.d. § 504 BGB ist als besonders ausgestalteter Verbraucherdarlehensvertrag dadurch gekennzeichnet, dass es sich bei dem Darlehensgeber um ein Kreditinstitut handelt, das dem Darlehensnehmer, einem Verbraucher, das Recht einräumt, sein laufendes Konto in bestimmter Höhe zu überziehen. Da es sich um eine besondere Form des Verbraucherdarlehensvertrages handelt, sind die Vorschriften der §§ 491 ff. BGB zwar anwendbar, es gibt jedoch wichtige Ausnahmen. So kann in Abweichung von § 499 Abs. 1 BGB ein Kündigungsrecht des Kreditinstitutes vereinbart werden und unter den Voraussetzungen des § 504 Abs. 2 BGB auf die Schriftform des § 492 Abs. 1 BGB verzichtet werden.

Zum Schutz des Verbrauchers steht diesem gem. § 495 Abs. 1 u. 2 BGB nach Abschluss eines Verbraucherdarlehensvertrages ein modifiziertes Widerrufsrecht nach § 355 BGB zur Verfügung. Dieses Widerrufsrecht besteht allerdings nicht bei bestimmten Formen der Umschuldung, bei notarieller Bestätigung der Information des Verbrauchers gem. §§ 491 a, 492 BGB und bei bestimmten Überziehungskrediten, § 495 Abs. 3 BGB.

c) Finanzierungshilfen

Unter der Überschrift **Finanzierungshilfen** finden sich Regelungen über den Zahlungsaufschub, wobei ein entgeltlicher Zahlungsaufschub von mehr als drei Monaten gemeint ist (z.B. in Form einer Stundung), sowie über sonstige (entgeltliche) Finanzierungshilfen zwischen einem Unternehmer und einem Verbraucher, § 506 BGB. Eine sonstige Finanzierungshilfe stellen z.B. der Mietkauf (Miete mit Kaufoption) oder das Finanzierungsleasing dar. Für sonstige Finanzierungshilfen verweist § 506 Abs. 1 BGB mit wenigen Ausnahmen auf die Vorschriften des Verbraucherdarlehensvertrages.

Eine sonstige Finanzierungshilfe ist auch das in § 506 Abs. 3 BGB legal definierte **Teilzahlungsgeschäft**, für das allerdings zusätzlich zu den §§ 491 bis 502 BGB die besonderen Vorschriften der §§ 507 u. 508 BGB gelten. So ist in § 507 Abs. 2 BGB für das Teilzahlungsgeschäft eine eigene Rechtsfolgenregelung für den Fall der Nichtbeachtung der Formerfordernisse vorgesehen. Wegen dieser Spezialregelung findet weder § 494 Abs. 2 BGB noch die allgemeine Vorschrift des § 125 BGB Anwendung.

Beispiel: Kaufvertrag, bei dem eine Ratenzahlung vereinbart wird, wobei die Summe der Raten den Kaufpreis bei Einmalzahlung übersteigt (Entgeltlichkeit).

Davon zu unterscheiden ist der in § 510 BGB geregelte **Ratenlieferungsvertrag**, dessen dogmatische Einordnung als Bestandteil des Darlehensrechts missglückt ist. Hierbei handelt es sich vielmehr um eine Vorschrift des Verbraucherkaufrechts. Sie erfasst den Vertrag mit einem Verbraucher, der die Lieferung mehrerer als zusammengehörend verkaufter Sachen in Teilleistungen (Nr. 1), die regelmäßige Lieferung von Sachen gleicher Art (Nr. 2) oder die Verpflichtung zum wiederkehrenden Erwerb oder Bezug von Sachen (Nr. 3) zum Inhalt hat.

Beispiele: Ein Fall der Nr. 1 stellt die Lieferung einer Buchreihe oder eines mehrbändigen Sammelwerkes (z.B. Lexikon) dar, sog. Sukzessivlieferungsvertrag. Ein Zeitungs- oder Zeitschriftenabonnement ist ein Beispiel für Nr. 2. Von § 510 Abs. 1 Nr. 3 BGB werden Rahmenverträge erfasst, die die Pflicht begründen, Einzelverträge über die Lieferung von Sachen abzuschließen. Als Beispiel kann hier die Mitgliedschaft in einer Buchgemeinschaft (Buchclub) angeführt werden.

Von den Vorschriften über den Verbraucherdarlehensvertrag, die Finanzierungshilfen und die Ratenlieferungsverträge (§§ 491 bis 510 BGB) darf weder zum Nachteil des Verbrauchers abgewichen werden, noch ist eine Umgehung dieser Bestimmungen möglich, § 511 Abs. 1 BGB.

Die Vorschriften der §§ 491 bis 511 BGB gelten auch für Existenzgründer, § 512 BGB.

d) Kündigungsbefugnisse

Dem Darlehensnehmer stehen nach § 489 BGB Kündigungsrechte zu. Ferner besteht für beide Seiten ein außerordentliches Kündigungsrecht, § 490 BGB. Für den Fall des Zahlungsverzuges erfährt das Kündigungsrecht des Darlehensgebers bei Teilzahlungsdarlehen eine Einschränkung durch § 498 BGB. Da es sich bei einem Darlehensvertrag um ein Dauerschuldverhältnis handelt, kommt neben diesen speziell darlehensvertraglichen Kündigungsregelungen auch eine Kündigung aus wichtigem Grund nach § 314 BGB in Betracht.

Bedeutsam ist das Kündigungsrecht des Darlehensgebers nach § 490 Abs. 1 BGB wegen Vermögensverschlechterung des Schuldners. Der Gläubiger kann danach die Kündigung bereits dann aussprechen, wenn eine wesentliche Verschlechterung der Solvenz des Schuldners droht.

Auch der Darlehensnehmer kann sich vorzeitig vom Vertrag lösen, wenn er daran ein berechtigtes Interesse i.S.d. § 490 Abs. 2 BGB hat, sog. Vorfälligkeitskündigung. Als Regelbeispiel für ein solches Interesse nennt § 490 Abs. 2 Satz 2 BGB das Bedürfnis an einer anderweitigen Verwendung der zur Sicherung des Darlehens beliehenen Sache, z.B. Veräußerung eines Grundstücks. Konsequenz einer solchen Kündigung ist jedoch, dass der Darlehensnehmer zur Leistung einer Vorfälligkeitsentschädigung verpflichtet ist, § 490 Abs. 2 Satz 3 BGB. Die Berechnung der Höhe dieses Schadensersatzanspruchs hat der Gesetzgeber der Rechtsprechung überlassen.

Weitere Möglichkeiten, sich vom Vertrag zu lösen, stellen das Widerrufsrecht des Verbrauchers nach §§ 495, 355 BGB sowie bei Teilzahlungsgeschäften gegebenenfalls dessen Rückgaberecht i.S.d. §§ 508, 356 BGB dar. Im Fall eines Teilzahlungsgeschäfts steht dem Unternehmer nur unter den Voraussetzungen des § 508 Abs. 2 BGB ein Rücktrittsrecht zu.

3. Sachdarlehen

In den §§ 607 bis 609 BGB wird das Nichtgelddarlehen, auch Sachdarlehen genannt, knapp geregelt. Ein Anwendungsbereich können leicht handelbare Rohstoffe sein (BGH NJW 1985, 2147: Orangensaftkonzentrat). Wichtigstes Beispiel eines Sachdarlehens ist allerdings das Wertpapierdarlehen, dass national und international verbreitet ist. Es wird gelegentlich auch als Wertpapierleihe bezeichnet. Dabei erhält der „Verleiher“ ein Entgelt für die Nutzungsüberlassung der Wertpapiere und spart zugleich Depotgebühren. Der „Entleiher“ erhält die freie Verfügungsbefugnis über das Wertpapier. Der Begriff ist irreführend, da es sich um Sachdarlehen handelt. Das Wertpapierdarlehen lässt sich allgemein als Überlassung von Wertpapieren zu vollem Eigentum und zu freier Verfügung mit der Maßgabe bezeichnen, dass Papiere gleicher Art und Ausstattung zurückzugeben sind.

Kurzrepetitorium

Mietvertrag:

- Inhalt: entgeltliche Gebrauchsüberlassung einer Sache auf Zeit.
- Abschluss eines Mietvertrages formfrei möglich.
- Besonderheiten: § 550 Satz 1 BGB für Wohnraummietverträge.
- Vermieter: Verpflichtungen aus § 535 Abs. 1 BGB.
- Mieter: Verpflichtung zur Entrichtung des Mietzinses (synallagmatische Hauptpflicht), zur Rückgabe der Mietsache bei Vertragsende (nicht synallagmatische Hauptpflicht) und zur Einhaltung des vertragsgemäßen Gebrauchs (Nebenpflicht).
- Schönheitsreparaturen in der Praxis regelmäßig durch AGB auf Mieter übertragen.
- Bei Sach- oder Rechtsmängeln der Mietsache: Mietminderung kraft Gesetzes, § 536 BGB.
- Bei Weiterveräußerung des Mietobjekts: Erwerber tritt in Rechte und Pflichten aus dem Mietverhältnis des bisherigen Eigentümers ein, § 566 BGB.

Leasingvertrag:

- Entsprechende Anwendung vieler Vorschriften des Mietrechts.
- Hauptfall Finanzierungsleasing: Leasinggeber tritt Mängelansprüche gegen Lieferanten an Leasingnehmer ab, um sich von gegen ihn gerichteten Ansprüchen freizuzeichnen.

Leihvertrag:

- Unentgeltliches Gegenstück zum Mietvertrag.
- Haftungsprivilegierung und nur beschränkte Mängelhaftung des Verleihers, § 599 u. § 600 BGB.

Darlehen:

- Unterscheidung zwischen Gelddarlehen, §§ 488 ff. BGB, und Sachdarlehen, §§ 607 ff. BGB.
- Bei Gelddarlehen: besondere Anforderungen für den Verbraucherdarlehensvertrag, §§ 491 ff. BGB.

§ 22 Verträge über Personalsicherheiten

I. Einleitung

Jeder Kreditgeber ist daran interessiert, bei Fälligkeit die von ihm gewährte Kreditsumme nebst Zinsen wieder zurück zu bekommen. Um sich vor der bei einem Kreditgeschäft bestehenden Gefahr des Ausfalls zu schützen, wird er i.d.R. versuchen, sich vertraglich gegen dieses Ausfallrisiko abzusichern. Dies ist deshalb wirtschaftlich sinnvoll, weil die Durchsetzung einer Kreditforderung nicht nur vom Zahlungswillen eines Darlehensschuldners abhängig ist, sondern auch von dessen Zahlungsfähigkeit. Ein fehlender Zahlungswille kann durch die Zwangsvollstreckung ersetzt werden, eine nicht vorhandene Zahlungsfähigkeit hingegen nicht. Eine Sicherheit stellt somit das vertraglich begründete Recht des Gläubigers dar, im Falle der Nicht- oder der nicht vollständigen Leistung des Schuldners bei Fälligkeit auf die vereinbarte Sicherheit Zugriff zu nehmen. Kreditsicherheiten kann man in zwei große Gruppen unterteilen: Die Personalsicherheiten und die Realsicherheiten. Innerhalb der letztgenannten Gruppe differenziert man wiederum zwischen Mobiliar- und Immobiliarsicherheiten (s. S. 217 ff.)

Personalsicherheiten gewähren dem Gläubiger (Sicherungsnehmer) nur eine relativ geschützte Rechtsposition gegenüber dem Sicherungsgeber. Falls ein Sicherungsgeber sich gegenüber mehreren Personen verpflichtet hat, für die Verbindlichkeiten eines Schuldners einzustehen, steht es im Belieben des Sicherungsgebers, in welcher Reihenfolge er seine Gläubiger bedient. Bei den Personalsicherheiten geht es also um die Gewinnung zusätzlicher Schuldner mit deren Gesamtvermögen als erweiterte Haftungsmasse. Personalsicherheiten entstehen durch Abschluss eines schuldrechtlichen Vertrags. Darin ist regelmäßig eine Zweckabrede enthalten, in der die zu sichernde Forderung bestimmt ist. Wenn sich der Sicherungsgeber dem Gläubiger gegenüber formgültig zu einer persönlichen Sicherheit verpflichtet hat, ist mit der Annahme dieser Erklärung die Haftung des Sicherungsgebers begründet; das Sicherungsrecht des Gläubigers ist entstanden.

Realsicherheiten sind dadurch gekennzeichnet, dass dem Gläubiger bestimmte Rechte an ganz bestimmten Vermögensgegenständen eingeräumt werden. Sie sind für den Gläubiger vorzugswürdig, da sie ihm ein dingliches Recht an einem Vermögensgegenstand des Schuldners oder eines dritten Sicherungsgebers einräumen. Damit erlangt er eine absolut geschützte Rechtsposition, die gegenüber jedermann durchsetzbar ist. Außerdem kann der Gläubiger bei den Realsicherheiten innerhalb und außerhalb der Insolvenz sein Recht auf vorzugsweise Befriedigung geltend machen. Bei den Pfandrechten kommt noch hinzu, dass sich die Reihenfolge der Befriedigung streng nach dem Prioritätsprinzip richtet und der Sicherungsgeber hierauf keinen Einfluss hat. Aus diesem Grund wird jeder Gläubiger zunächst versuchen, vom Schuldner Realsicherheiten zu erlangen, bevor er sich auf die Option der Personalsicherheiten einlassen wird.

II. Personalsicherheiten

1. Die Bürgschaft

a) Bedeutung

Die Bürgschaft, §§ 765 ff. BGB, ist die in der Praxis bedeutendste Form der Personalsicherheit. Durch eine Bürgschaft verpflichtet sich der Bürge gegenüber dem Gläubiger eines Dritten, für die Erfüllung der Verbindlichkeit des Dritten, die Hauptschuld, einzustehen, § 765 Abs. 1 BGB. Die Bürgschaft ist eine von der Hauptschuld verschiedene, einseitig übernommene eigene Leistungspflicht des Bürgen, nicht eine bloße Haftung. Mit ihr wird regelmäßig die Sicherung der Forderung des Gläubigers gegen den Hauptschuldner bezweckt. Auch zukünftige und bedingte Forderungen können durch Bürgschaft gesichert werden, § 765 Abs. 2 BGB. Anders als beim Schuldbeitritt sind Bürge und Hauptschuldner keine Gesamtschuldner i.S.v. § 421 BGB. Die Bürgschaftsschuld ist **akzessorisch** zum Bestehen und Umfang der Hauptschuld, § 767 Abs. 1 BGB.

b) Beteiligte und Entstehung

Um eine Bürgschaft als Sicherungsrecht entstehen zu lassen, müssen Bürge und Gläubiger einen **Bürgschaftsvertrag** schließen, der zur Sicherung einer bestehenden oder bestimmbaren zukünftigen Forderung des Gläubigers dient. Dieser Vertrag bestimmt das Verhältnis zwischen Bürgen und Gläubiger und ist einseitig verpflichtend. Für seinen Abschluss gelten die allgemeinen Vorschriften. Nicht etwa der ganze Vertrag, sondern nur die Bürgschaftserklärung bedarf gemäß § 766 Satz 1 BGB der Schriftform, um den Bürgen vor Übereilung zu warnen. Dabei müssen neben dem Willen, für eine fremde Schuld einstehen zu wollen, mindestens die Bezeichnung des Gläubigers, des Hauptschuldners und die verbürgte Forderung in ausreichend klaren Umrissen enthalten sein. Ein Mangel der Form wird nach § 766 Satz 3 BGB geheilt. Ist die Bürgschaft auf der Seite des Bürgen ein Handelsgeschäft, gilt diese Formvorschrift nicht, § 350 HGB. Im Verhältnis zwischen dem Hauptschuldner und dem Bürgen liegt meist ein Auftragsverhältnis oder eine entgeltliche Geschäftsbesorgung vor.

c) Rechtsfolge einer wirksamen Bürgschaft

Durch die Bürgschaftsverpflichtung haftet der Bürge dem Gläubiger mit seinem gesamten Vermögen, sobald der Sicherungsfall eingetreten ist. Daher sagt der Volksmund auch „Bürgen sollst du würgen". Zwar hat der Gläubiger zunächst gegen den Hauptschuldner gerichtlich vorzugehen (indem er die Zwangsvollstreckung versucht), bevor er auf den Bürgen zugreift. Dies wird durch die **Einrede der Vorausklage** im Prozess sichergestellt, § 771 BGB. Hat sich der Bürge allerdings **selbstschuldnerisch** verbürgt, so steht ihm diese Einrede nicht zu, vgl. § 773 Abs. 1 Nr. 1 BGB. Ist die Bürgschaft ein Handelsgeschäft, ist zudem § 349 HGB zu beachten. Gegen die Bürgschaftsforderung kann der Bürge Einwendungen und Einreden aus dem Bürgschaftsvertrag geltend machen (z.B. Aufrechnung mit einer Forderung, die ihm gegen den Gläubiger zusteht). Darüber hinaus stehen ihm die Einreden gemäß §§ 768, 770 BGB zu.

Die **Bürgschaft erlischt** durch Erfüllung, wenn die Hauptschuld erlischt (Akzessorietät), wenn der Gläubiger gemäß § 776 BGB eine Sicherheit freigibt oder bei Zeitablauf, wenn eine Zeitbürgschaft vereinbart wurde, § 777 BGB. **Leistet der Bürge an den Gläubiger**, geht die Forderung des Gläubigers gegen den Hauptschuldner auf ihn, den Bürgen, über. Eine wichtige Begleiterscheinung dieses gesetzlichen Forderungsüberganges (cessio legis) ist der Erwerb sämtlicher noch bestehender akzessorischer Sicherungsrechte an der Forderung (§§ 774 Abs. 1 Satz 1, 401 Abs. 1 BGB). Der Bürge kann sodann Ersatz des Geleisteten vom Hauptschuldner bzw. die Duldung der Verwertung der zur Sicherung dienenden Gegenstände verlangen.

Personalsicherheiten

Bürgschaft, §§ 765 ff. BGB	Schuldbeitritt	Garantie
⇒ strenge Akzessorietät (in Bestehen und Umfang) zur Hauptschuld ⇒ Schriftform der Bürgschaftserklärung, § 766 S. 1 BGB	⇒ Begründung einer selbstständigen (von der Hauptschuld unabhängigen) Schuld ⇒ formfrei möglich ⇒ Haftung neben Hauptschuldner	⇒ Begründung einer selbstständigen (von der Hauptschuld unabhängigen) Schuld ⇒ formfrei möglich ⇒ Haftung unabhängig von Hauptschuldner

Schaubild 36

2. Der Schuldbeitritt

Die Bürgschaft ist vor allem vom **Schuldbeitritt** und der Garantie zu unterscheiden. Der Schuldbeitritt, oft auch als Schuldmitübernahme oder kumulative Schuldübernahme bezeichnet, ist gesetzlich nicht geregelt; das Gesetz kennt jedoch Normen, bei denen die Wirkungen eines Schuldbeitritts eintreten, z.B. § 25 HGB bei der Firmenfortführung. Beim Schuldbeitritt verpflichtet sich der Beitretende, neben dem bisherigen Schuldner für dessen bestehende Schuld als eigene gegenüber dem Gläubiger einzustehen. Beim Schuldbeitritt wird der bisherige Schuldner nicht befreit, sondern bleibt in der Haftung. Der Schuldner und der Beitretende haften gemäß § 421 BGB als **Gesamtschuldner**. Es entsteht also zwischen Gläubiger und Beitretendem ein zusätzliches Schuldverhältnis, das mit dem Inhalt der Hauptschuld zur Zeit des Beitritts identisch ist. Die beiden Schuldverhältnisse sind nach dem Beitritt, mit Ausnahme der Erfüllung und des Gläubigerverzugs, unabhängig voneinander.

Im Unterschied zum Bürgen übernimmt der Beitretende also keine von der Hauptverbindlichkeit abhängige Nebenverpflichtung, sondern begründet eine **selbstständige Schuld**. Im Zweifel ist durch Auslegung zu ermitteln, welche Form der Sicherheit gewollt war, §§ 133, 157 BGB. Neben dem Wortlaut ist von entscheidender Bedeutung, ob nach dem Willen der Vertragsparteien eine selbstständige oder nur eine angelehnte Schuld begründet werden soll (BGH NJW 1986, 580; OLG Hamm NJW 1993, 2625). Darüber hinaus hat die Abgrenzung anhand aller gegebenen Umstände zu erfolgen. Die Umdeutung einer formunwirksamen Bürgschaft in einen wirksamen Schuldbeitritt verstößt gegen den Schutzzweck des § 766 BGB und ist deshalb ausgeschlossen (BGH BB 1976, 1431).

Ein Schuldbeitritt kann durch einen Vertrag zwischen dem Beitretenden und dem Gläubiger oder zwischen Beitretendem und Hauptschuldner (Vertrag zugunsten Dritter gemäß § 328 BGB) erfolgen. In diesem schuldrechtlichen Vertrag verpflichtet sich der Beitretende, für die Hauptschuld als eigene einzustehen. Der Gläubiger hat die Möglichkeit, sowohl gegen den Schuldner als auch gegen den Beitretenden vorzugehen. Auch hier haftet der Beitretende mit seinem gesamten Vermögen. Bei der Haftung ist aber die Gesamtschuldnerschaft zwischen Schuldner und Beitretendem zu beachten.

3. Die Garantie

Wie der Schuldbeitritt ist auch die Garantie gesetzlich nicht normiert, aber im Rahmen der Vertragsfreiheit zulässig (vgl. jedoch die §§ 443, 477 BGB zur Beschaffenheits- und Haltbarkeitsgarantie im Kaufrecht). In einem **Garantievertrag**, verspricht der Garant einen bestimmten, in der Zukunft liegenden **Erfolg**. Dadurch wird, wie beim Schuldbeitritt, eine neue Schuld begründet. Sie geht jedoch über die Bürgschaft hinaus, da das Eintreten des Garanten vom Fortbestand, manchmal sogar von der Entstehung der gesicherten Schuld unabhängig ist (BGH NJW 1996, 2569, 2570). Aus diesem Grund wird für die Garantie ein besonders nachhaltiges eigenes wirtschaftliches Interesse des Garantierenden am Erfolg vorausgesetzt, was sich in einem entsprechenden Rechtsbindungswillen ausdrücken muss. Dieser ist ebenfalls durch Auslegung zu ermitteln.

Bei der Kreditsicherung besteht dieser darin, dass der Gläubiger die Summe, auf welche die Forderung lautet, erhält. Damit übernimmt der Garant das Risiko, das sonst der Gläubiger tragen müsste. Abzugrenzen ist die Garantie von der unselbstständigen Garantiezusage, die Sie sicherlich als Ausgestaltung eines Kauf-, Werk oder Dienstvertrags kennen (Neuwagengarantie, Herstellergarantie etc.). Hierbei handelt es sich zum Teil um die Zusicherung von Eigenschaften oder die Erweiterung des gesetzlichen Mängelhaftungsinstrumentariums.

Eine Garantie entsteht, indem der Garant mit dem Gläubiger einen **Garantievertrag** abschließt. Dieser ist ein selbstständiger, den Garanten einseitig verpflichtender schuldrechtlicher Vertrag, der eine eigene Verbindlichkeit des Garanten unabhängig vom Bestehen der Hauptschuld begründet. Er kann formlos abgeschlossen werden. Die durch den Vertrag begründete Verbindlichkeit ist nicht akzessorisch zur Hauptschuld. Der Garant muss bei Vorliegen der Voraussetzungen des Garantievertrags für den garantierten Erfolg verschuldensunabhängig mit seinem gesamten Vermögen einstehen. Wegen der nicht bestehenden Akzessorietät kann er sich auf keine Einreden oder Einwendungen aus dem Hauptschuldverhältnis berufen, wohl aber auf solche aus dem Garantievertrag selbst.

Kurzrepetitorium

Bürgschaft:

- Bürge: Verpflichtung, gegenüber dem Gläubiger für eine fremde Schuld einzustehen.
- Von Hauptschuld verschiedene, aber von dieser abhängige eigene Leistungspflicht des Bürgen.
- Schriftformerfordernis bei Bürgschaftserklärung des Bürgen, § 766 BGB.
- Strenge Akzessorität der Bürgschaft: Dem Bürgen stehen die Einreden des Hauptschuldners gegen den Gläubiger zur Verfügung, §§ 768, 770 BGB.

Schuldbeitritt:

- Begründet eine selbstständige Schuld des Beitretenden.
- Schuldner und Beitretender haften als Gesamtschuldner.
- Abgrenzung von Schuldbeitritt und Garantie erfolgt durch Auslegung.

Garantievertrag:

- Garant: verschuldensunabhängige Haftung für den Eintritt eines bestimmten Erfolgs.
- Abgrenzung von unselbstständiger Garantiezusage: lediglich die Zusicherung einer Eigenschaft oder eine Erweiterung des Mängelhaftungsrechts.
- Schuldbeitritt und Garantievertrag aufgrund der weitreichenden Folgen in der Regel nur dann anzunehmen, wenn ein eigenes unmittelbares Interesse des Beitretenden bzw. ein besonders nachhaltiges eigenes wirtschaftliches Interesse des Garanten besteht.

Kapitel E. Gesetzliche Schuldverhältnisse

§ 23 Geschäftsführung ohne Auftrag

I. Die Geschäftsführung ohne Auftrag als gesetzliches Schuldverhältnis

Rechtsgeschäftliche (vertragliche) Schuldverhältnisse kommen, wie wir schon kennengelernt haben, aufgrund von Parteivereinbarungen zustande. Daneben existieren Schuldverhältnisse, die keiner Parteivereinbarung bedürfen. Sie entstehen kraft Gesetzes und werden deshalb auch **gesetzliche Schuldverhältnisse** genannt. Gesetzliche Schuldverhältnisse zeichnen sich dadurch aus, dass sie nicht durch rechtsgeschäftliche Willenserklärungen, sondern durch die Verwirklichung bestimmter gesetzlich vorgeschriebener Tatbestandsmerkmale entstehen und zwischen den betroffenen Personen Rechte und Pflichten begründen. Beispiele gesetzlicher Schuldverhältnisse sind die Geschäftsführung ohne Auftrag (GoA), §§ 677 ff. BGB, die ungerechtfertigte Bereicherung, §§ 812 ff. BGB, die unerlaubte Handlung, §§ 823 ff. BGB, und das Eigentümer-Besitzer-Verhältnis, §§ 985 ff. BGB.

Von einer GoA spricht man, wenn jemand ein Geschäft für einen anderen in dessen Rechtskreis besorgt (Geschäftsführer), ohne von ihm (Geschäftsherr) beauftragt oder sonst hierzu berechtigt zu sein, § 677 BGB. Typische Beispiele für eine GoA sind etwa die rasche und schnelle Hilfeleistung nach einem Unfall oder das Löschen eines Brandes in einem fremden Haus. Schon die Formulierung „ohne von jemanden beauftragt zu sein", macht deutlich, dass gerade kein Auftrag vorliegen darf. Allerdings ist die Bezeichnung auch missverständlich, da die GoA durch das Fehlen jedes vertraglichen Schuldverhältnisses und nicht nur eines Auftrags gekennzeichnet ist. Die Vorschriften über die GoA sollen einen Interessenausgleich in denjenigen Fällen schaffen, in denen jemand Handlungen vornimmt, die den Rechtskreis eines anderen tangieren.

II. Arten der GoA

1. Die echte GoA

a) Überblick

Innerhalb der Systematik der Vorschriften über die GoA wird zwischen zwei großen Gruppen differenziert, die ihrerseits in zwei Untergruppen unterfallen. Die sog. **echte GoA** unterscheidet sich von der **unechten GoA** darin, dass es dem Geschäftsführer bei der unechten GoA entweder am Fremdgeschäftsführungswillen mangelt (§ 687 Abs. 1 BGB) oder er weiß, dass ihm eine Berechtigung für ein fremdes Geschäft fehlt (§ 687 Abs. 2 BGB). Die sog. echte GoA unterscheidet ihrerseits zwei Erscheinungsformen: die berechtigte und die unberechtigte GoA. Die GoA ist berechtigt, wenn die Übernahme der Geschäftsführung dem wirklichen oder dem mutmaßlichen Willen des Geschäftsherrn entspricht (§ 683 Satz 1 BGB). Die GoA ist ebenfalls berechtigt, wenn der Geschäftsherr die Geschäftsführung genehmigt (§ 684 Satz 2 BGB) oder sein entgegenstehender Wille unbeachtlich ist (§§ 683

Satz 2, 679 BGB). Der Geschäftsführer ist bei einer berechtigten GoA aufgrund der entsprechenden Anwendung der Vorschriften über das Auftragsrecht (vgl. §§ 681 Satz 2, 683 Satz 1 BGB) weitgehend einem Beauftragten gleichgestellt. Von einer unberechtigten GoA wird gesprochen, wenn die Übernahme der Geschäftsführung nicht dem wirklichen oder mutmaßlichen Willen des Geschäftsherrn entspricht und weder die Voraussetzungen des § 679 BGB noch eine Genehmigung nach § 684 Satz 2 BGB vorliegt. Alle weiteren Voraussetzungen der berechtigten GoA müssen jedoch gegeben sein. Das Gesetz missbilligt bei einer solchen Konstellation die Geschäftsführung als unzulässigen Eingriff in die Angelegenheiten des Geschäftsherrn. Der Geschäftsführer ist verpflichtet, die Einwirkung auf den Rechtskreis des Geschäftsherrn zu unterlassen. Maßgeblich für die rechtlichen Beziehungen der Beteiligten sind vielmehr die Vorschriften des Deliktsrechts (§§ 823 ff. BGB) und über die ungerechtfertigte Bereicherung (§§ 812 ff. BGB). Der Geschäftsherr erhält zudem einen eigenen Schadensersatzanspruch gegen den unberechtigten Geschäftsführer (§ 678 BGB); zugleich ist er verpflichtet, das durch die Geschäftsführung Erlangte nach den Vorschriften über die ungerechtfertigte Bereicherung herauszugeben (§ 684 Satz 1 BGB).

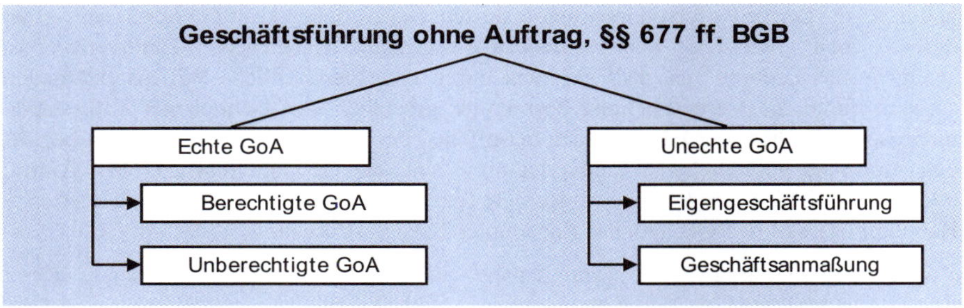

Schaubild 37

b) Fremdes Geschäft

Der Geschäftsführer muss ein Geschäft besorgt haben. Hierunter versteht man jede Form des Tätigwerdens (Bergen eines Verletzten, Annahme eines Pakets für den Nachbarn etc.). Dieses Geschäft muss ferner für einen anderen besorgt sein, was bei **einem objektiv und subjektiv fremden Geschäft** regelmäßig gegeben ist. Solche Geschäfte sind dadurch gekennzeichnet, dass sie in eine fremde Interessenssphäre gehören. Hierzu zählen vor allem Handlungen, die fremde Rechtsgüter vor Schaden bewahren sollen. Im Gegensatz dazu stehen die objektiv neutralen Geschäfte, die erst durch den Willen des Geschäftsführers, diese als fremde zu führen, zu einem fremden Geschäft werden. Bei der Prüfung, ob es sich hier um ein fremdes Geschäft i.S.v. § 677 BGB handelt, muss man also den Willen des Handelnden erforschen (z.B. beim Erwerb einer Sache). Schließlich sind auch Geschäfte denkbar, bei denen der Geschäftsführer sowohl ein fremdes als auch ein eigenes Interesse wahrnimmt, sog. auch fremdes Geschäft. Hilft etwa der Eigentümer eines Reihenhauses mit, den Brand im Nachbarhaus zu löschen, handelt er sowohl in eigenem als auch in fremdem Interesse. Auch hier kann noch von einem fremden Geschäft gesprochen werden, wenn das Eigeninteresse nicht das Fremdinteresse vollständig überlagert (so i.E. auch BGHZ 110, 313, 314 f. Dort heißt es unter Hinweis auf BGHZ 65, 354, 357; 65, 384, 387, die Besorgung eines gleichzeitig eigenen Geschäfts stehe „der Annahme einer Fremdgeschäftsführung nicht entgegen"). Das Bewusstsein des Geschäftsführers, ein Geschäft zu besorgen, das nicht zur eigenen Zuständigkeit gehört, soll ausreichen. Ein möglicher Irrtum über die konkrete Person des Geschäftsherrn ist nach § 686 BGB unerheblich; die Geschäftsführung berechtigt und verpflichtet den wahren Geschäftsherrn und nicht denjenigen, den der Geschäftsführer irrig angenommen hat.

c) Fremdgeschäftsführungswille

Weitere Voraussetzung für die berechtigte GoA ist, dass der Geschäftsführer mit **Fremdgeschäftsführungswillen** gehandelt hat, also das Bewusstsein und den Willen hatte, eine Angelegenheit, die eigentlich in den Rechtskreis eines anderen gehört, für diesen zu besorgen. Ein solcher Wille wird beim objektiv fremden Geschäft vermutet (BGHZ 40, 28, 31). Beim Handeln mit Doppelinteresse (sog. auch fremdes Geschäft) muss der Fremdgeschäftsführungswille im Einzelfall nachgewiesen werden. Die Praxis ist in diesem Punkt jedoch großzügig; die Rechtsprechung vermutet den Fremdgeschäftsführungswillen. Beim objektiv neutralen Geschäft schließlich muss der Fremdgeschäftsführungswille besonders festgestellt werden (BGHZ 138, 281, 286). Dies leuchtet ein, da gerade der Wille des Geschäftsführers es zu einem fremden macht.

d) Ohne Auftrag

Die berechtigte GoA ist ferner dadurch gekennzeichnet, dass es an einem Auftrag oder einer sonstigen Berechtigung gegenüber dem Geschäftsherrn fehlt. Sie liegt also nicht vor, wenn zwischen Geschäftsführer und Geschäftsherr ein entsprechender Vertrag oder eine Befugnis besteht, die Geschäfte eines anderen zu besorgen. Ist der Vertrag zwischen Geschäftsführer und Geschäftsherr nichtig, wendet die Rechtsprechung die Regeln über die GoA an (BGHZ 37, 258), während in der Literatur überwiegend für die Anwendung des Bereicherungsrechts (§§ 812 ff. BGB) plädiert wird. Letztere Auffassung überzeugt, da ansonsten die Beschränkungen des Bereicherungsanspruchs, §§ 814, 817 Satz 2 BGB, ausgeschaltet würden.

e) Im Interesse des Geschäftsherrn

Die berechtigte GoA ist schließlich dadurch gekennzeichnet, dass die Übernahme der Geschäftsführung dem **wirklichen oder mutmaßlichen Willen** des Geschäftsherrn entspricht, § 683 Satz 1 BGB. Wille bedeutet wirklicher Wille; falls dieser nicht feststellbar ist, muss der mutmaßliche Wille herangezogen werden. Der Wille des Geschäftsherrn ist selbst dann zu beachten, wenn er unvernünftig ist. Da dessen Wille im Nachhinein oft nur schwer feststellbar ist, kann das Interesse des Geschäftsherrn als Indiz für den Willen herangezogen werden. Mit Interesse ist das objektive Interesse gemeint; das Geschäft muss für den Geschäftsherrn nützlich sein.

Fehlt es an einem solchen wirklichen oder mutmaßlichen Willen, spricht man von einer unberechtigten GoA. Berechtigte und unberechtigte GoA, die beide als echte GoA zu bezeichnen sind, unterscheiden sich also allein durch den Willen des Geschäftsherrn. Wichtig ist in diesem Zusammenhang auch § 679 BGB. Danach ist ein entgegenstehender Wille des Geschäftsherrn dann unbeachtlich, wenn der Geschäftsführer eine gesetzliche Unterhaltspflicht des Geschäftsherrn erfüllt (etwa eine solche des Familien- und Erbrechts). Gleiches gilt, wenn er eine Pflicht erfüllt, deren Erfüllung im öffentlichen Interesse steht (Abschleppen eines liegengebliebenen Gefahrguttransporters).

Beispiel: Spaßvogel S ruft beim Schwimmen im Fluss aus Jux laut um Hilfe. Passant P springt daraufhin von der Brücke, um S zu retten. Er verlangt anschließend von S Ersatz für die unbrauchbar gewordenen Kleidungsstücke. Hier entspricht die vermeintliche Rettungsaktion zwar nicht dem inneren, wohl aber dem geäußerten Willen des S.

Schlechter gestellt ist der Geschäftsführer, wenn er den wirklichen oder mutmaßlichen Willen des Geschäftsherrn falsch einschätzt. Dann liegt ein Fall der unberechtigten GoA vor, § 678 BGB. Allerdings kann dem Geschäftsführer in diesem Fall geholfen werden, wenn er an der Fehleinschätzung schuldlos ist. Dann muss er nach § 678 BGB nicht Schadensersatz leisten. Schließlich führt eine Genehmigung des Geschäftsherrn nach § 684 Satz 2 BGB dazu, dass eine GoA zur „berechtigten" wird.

f) Rechtsfolgen

Im Falle der berechtigten GoA ist der Geschäftsführer verpflichtet:

- zur entsprechenden Anzeige, § 681 Satz 1 BGB,
- zur Auskunft und Rechenschaft, §§ 681 Satz 2, 666 BGB,
- zur Herausgabe des aus der Geschäftsbesorgung Erlangten, §§ 681 Satz 2, 667 BGB.
- Verletzt der Geschäftsführer schuldhaft seine Pflichten aus § 677 oder § 681 BGB, ist er nach den allgemeinen Regeln zum Schadensersatz verpflichtet (§§ 280, 282 BGB).

Der Geschäftsführer hat nach § 680 BGB nur Vorsatz und grobe Fahrlässigkeit zu vertreten, wenn die Geschäftsführung die Abwendung einer dem Geschäftsherrn drohenden Gefahr bezweckt hat.

Trifft den Geschäftsführer ein Übernahmeverschulden (**unberechtigte GoA**), weil er seine mangelnde Berechtigung erkennen musste, macht er sich schadensersatzpflichtig, § 678 BGB. Demgegenüber hat der Geschäftsherr das durch die Geschäftsführung Erlangte dem Geschäftsführer nach Bereicherungsrecht herauszugeben, §§ 684 Satz 1, 812 ff. BGB. Damit besteht die Gefahr der Entreicherung nach § 818 Abs. 3 BGB.

Umgekehrt steht dem Geschäftsführer ein Aufwendungsersatzanspruch nach §§ 683 Satz 1, 670 BGB gegen den Geschäftsherrn zu. Aufwendungen sind freiwillige Vermögensopfer, die vom Geschäftsführer zum Zwecke der Besorgung des Geschäfts erbracht wurden (BGHZ 59, 329, 330 m.w.N.). Dieser Begriff ist vom Schaden zu unterscheiden. Ein Schaden ist ein unfreiwilliges Vermögensopfer. Nach § 670 BGB kann der Geschäftsführer all diejenigen Aufwendungen ersetzt verlangen, die er nach den Umständen für erforderlich halten durfte. Ferner erhält er auch die sog. risikotypischen Begleitschäden ersetzt. Dies wird aus einer Analogie zu den Vorschriften §§ 683 Satz 1, 670 BGB hergeleitet. Hierunter versteht man diejenigen Schäden, deren Eintritt mit der Besorgung eines gefahrbehafteten Geschäfts mit einer gewissen Wahrscheinlichkeit verbunden und die erkennbar sind.

Beispiel für Begleitschäden: Bei unserem Beispiel des von der Brücke ins Wasser springenden Retters wären risikotypische Begleitschäden etwa die dabei zerstörte Uhr, die durch die Nässe zerstörten Schuhe oder die durch die Unterkühlung zugezogene Erkältung.

Beispiel für Aufwendung: Eine zu ersetzende Aufwendung ist etwa die Erstattung der verauslagten Nachnahmegebühr bei einer Paketannahme.

2. Die unechte GoA

Wie wir gesehen haben, möchte der Geschäftsführer bei der echten GoA (berechtigt oder unberechtigt) das Geschäft für einen anderen führen. Die in § 687 BGB geregelte unechte GoA ist hingegen durch zwei andere Fallgruppen gekennzeichnet. § 687 Abs. 1 BGB regelt den Fall, dass der Handelnde irrtümlich glaubte, er besorge ein eigenes Geschäft. Es fehlt ihm also am Fremdgeschäftsführungswillen. Diesen Fall bezeichnet man als **irrtümliche Eigengeschäftsführung**.

Beispiele:

- Erbe E verkauft ein antiquarisches Buch an D, von dem er irrtümlich glaubt, dass es seinem verstorbenen Onkel gehört hat. Tatsächlich hatte der Onkel sich das Werk nur von A geliehen und konnte es vor seinem Tod nicht mehr zurückgeben.

- Mieter M lässt durch Handwerker H bei seinem Auszug Schönheitsreparaturen ausführen. Es stellt sich heraus, dass die entsprechende Klausel des Mietvertrages wegen Verstoßes gegen die § 305 ff. BGB unwirksam war (BGH NJW 2009, 2590).

In § 687 Abs. 2 BGB kennt der Handelnde die Fremdheit, behandelt das Geschäft aber unerlaubterweise als eigenes. Man spricht von **angemaßter Eigengeschäftsführung**. Hier führt der Handelnde wissentlich ein objektiv fremdes Geschäft aus, ohne hierzu berechtigt zu sein, um daraus seinen eigenen Vorteil zu ziehen. Er haftet daher nach den Vorschriften der §§ 812 ff. u. 823 ff. BGB.

Beispiel: Vorsätzliche Verletzung eines fremden Patent- oder Urheberrechts.

Kurzrepetitorium

Geschäftsführung ohne Auftrag (GoA):

- Differenzierung zwischen echter (Vorliegen eines Fremdgeschäftsführungswillens) und unechter GoA (Fehlen eines Fremdgeschäftsführungswillens).
- Gemeinsame Voraussetzung: Vorliegen eines fremden, also eines in eine fremde Interessensphäre gehörenden Geschäfts.
- Vermutung für Fremdgeschäftsführungswillen bei objektiv fremdem und sog. auch fremdem Geschäft.
- Bei objektiv neutralem Geschäft Feststellung des Fremdgeschäftsführungswillens erforderlich.
- Rechtsfolgen der unechten GoA: § 687 Abs. 1 u. 2 BGB.
- Weitere Voraussetzung echter GoA: Fehlen einer vertraglichen Beauftragung zur Besorgung des Geschäfts für einen anderen.
- § 683 Satz 1 BGB: Die Geschäftsführung muss dem Interesse bzw. dem wirklichen oder dem mutmaßlichen Willen des Geschäftsherrn entsprechen (sonst sog. unberechtigte GoA).

§ 24 Bereicherungsrecht

I. Funktion des Bereicherungsrechts

Die ungerechtfertigte Bereicherung, §§ 812 ff. BGB, stellt ein weiteres gesetzliches Schuldverhältnis dar. Ihm kommt die Aufgabe zu, **nicht gerechtfertigte Vermögensverschiebungen auszugleichen**. Vielleicht haben Sie sich im Rahmen der Anfechtung gefragt, was passiert, wenn die Anfechtung erst nach dem Austausch von Leistung und Gegenleistung erklärt wird. Da sie bekanntlich gemäß § 142 BGB ex tunc wirkt, haben die Parteien etwas bekommen, wofür von Anfang an kein rechtlicher Grund bestand. Hier hilft § 812 BGB weiter. Das Gesetz geht davon aus, dass alle Vermögensvorteile wieder zurückgegeben werden, wenn für sie ein rechtlicher Grund fehlt. Dabei kommt es nicht auf Pflichtverletzung oder Verschulden an. Eine Notwendigkeit für eine solche Rückabwicklung besteht aufgrund des Abstraktions- bzw. Trennungsprinzips des BGB (s. S. 37). Danach wird eine Trennung von Verpflichtungs- (z.B. Kauf- oder Werkvertrag) und Verfügungsgeschäft (etwa Übereignung) vorgenommen. Der Käufer ist bspw. dann um das Eigentumsrecht an einer Sache (gekaufter Pkw) bereichert, wenn der zugrunde liegende Kaufvertrag wegen Anfechtung nichtig ist. Dies ist deshalb wichtig, weil der nichtige Kaufvertrag die sachenrechtliche Verfügung nicht rechtswidrig oder gar unwirksam macht. Infolge der mit diesen Prinzipien herbeigeführten Trennung der Eigentumsübertragung vom vertraglichen Verpflichtungsgeschäft kann das Vermögen des Erwerbers ungerechtfertigt um das Eigentumsrecht an einer Sache bereichert sein. Eine Korrektur ist daher unumgänglich; sie erfolgt durch das Bereicherungsrecht.

Eine weitere wichtige Aufgabe des Bereicherungsrechts ist der Ausgleich eines Vermögenserwerbs, der ohne den Willen des Berechtigten erfolgt ist. Ausgehend von der gesetzlichen Formulierung des § 812 Abs. 1 Satz 1 BGB wird anhand der Art und Weise unterschieden, wie der Vermögenswert erlangt wurde. Dies geschieht entweder durch Leistung oder in sonstiger Weise. Die bereicherungsrechtlichen Ansprüche werden **Kondiktionen** genannt, sodass zwischen Leistungskondiktion und Nichtleistungskondiktion zu unterscheiden ist. Während die Leistungskondiktion vor allem die Rückabwicklung fehlgeschlagener Leistungen bezweckt, die aufgrund einer vermeintlichen Schuld erbracht wurden, soll die Nichtleistungskondiktion der Rückgängigmachung von Vermögensvorteilen dienen, die aufgrund von Verletzungen bestimmter Rechtspositionen entstanden sind. Hierzu gehören etwa die Eingriffs-, die Verwendungs- und die Rückgriffskondiktion.

II. Leistungskondiktion

1. Der erlangte Vermögensvorteil

Ausgehend von der zentralen Zweiteilung des Bereicherungsrechts in **Leistungskondiktionen** auf der einen und Nichtleistungskondiktionen auf der anderen Seite ist zunächst mit der Leistungskondiktion zu beginnen. Sie ist in § 812 Abs. 1 Satz 1 Var. 1 BGB geregelt. Diese genaue Angabe der Anspruchsgrundlage sollte auch in der Klausur erfolgen, da nur so deutlich wird, welcher Anspruch konkret geprüft wird. Es handelt sich hierbei um eine Anspruchsgrundlage, deren Voraussetzungen sich durch aufmerksames Lesen der Norm erschließen. Voraussetzung der Leistungskondiktion nach § 812 Abs. 1 Satz 1 Var. 1 BGB ist, dass jemand „etwas erlangt“ hat, und zwar durch die „Leistung eines anderen“, für die es keinen „rechtlichen Grund“ gibt. Da der Zweck der Leistungskondiktion darin besteht, den Vermögenszuwachs aufgrund einer Leistung wieder rückgängig zu machen, für die es keinen rechtlichen Grund gibt, sollte eine Prüfung mit der Frage begonnen werden, was der Schuldner denn erlangt hat. Das „erlangte Etwas" kann jeder Vermögensvorteil (vgl. BGH NJW 1995, 53), gegenständlicher wie nichtgegenständlicher Art, sein (Erwerb von Eigentum, Besitz oder Forderungen, Ersparnis von Ausgaben, Befreiung von Verbindlichkeiten, Erwerb von Gebrauchsvorteilen oder Nutzungsmöglichkeiten).

Tatbestände des Bereicherungsrechts, §§ 812 ff. BGB

Leistungskondiktion	Nichtleistungskondiktion
Voraussetzungen 1. Erlangter Vermögensvorteil („Etwas erlangt") 2. Leistung eines anderen („durch Leistung") 3. Ohne Rechtsgrund	**Voraussetzungen** 1. Erlangter Vermögensvorteil („Etwas erlangt") 2. Nicht durch Leistung („auf sonstige Weise") 3. Ohne Rechtsgrund 4. Auf Kosten eines anderen
Fallgruppen 1. § 812 Abs. 1 S. 1 Var. 1 BGB ⇒ Rechtsgrund fehlt ursprünglich 2. § 812 Abs. 1 S. 2 Var. 1 BGB ⇒ Rechtsgrund entfällt nachträglich 3. § 812 Abs. 1 S. 2 Var. 2 BGB ⇒ Mit Leistung bezweckter Erfolg bleibt aus 4. § 817 S. 1 BGB ⇒ Annahme der Leistung verstößt gegen gesetzliches Verbot oder gegen die guten Sitten	**Fallgruppen (Unterfälle des § 812 Abs. 1 S. 1 Var. 2 BGB)** 1. Eingriffskondiktion ⇒ Bereicherung durch Eingriff in Vermögenssphäre eines anderen 2. Rückgriffskondiktion ⇒ Bereicherung durch Tilgung einer Verbindlichkeit durch einen anderen 3. Verwendungskondiktion ⇒ Bereicherung durch Verwendungen auf ein „fremdes" Gut
	Sonderfälle 1. § 816 Abs. 1 S. 1 BGB ⇒ Wirksame entgeltliche Verfügung eines Nichtberechtigten 2. § 816 Abs. 1 S. 2 BGB ⇒ Wirksame unentgeltliche Verfügung eines Nichtberechtigten 3. § 816 Abs. 2 BGB ⇒ Wirksame Leistung an einen Nichtberechtigten

Schaubild 38

2. Leistung eines anderen

Dieser Vermögensvorteil (das erlangte Etwas) muss durch Leistung eines anderen erlangt worden sein. Wie bereits bekannt, ist dies das entscheidende Merkmal, durch das die Leistungs- von der Nichtleistungskondiktion abgegrenzt wird. Es ist daher zweckmäßig, wenn man sich die entsprechende Definition für den **Leistungsbegriff** einprägt. Sie lautet: Eine Leistung i.S.v. § 812 Abs. 1 BGB ist jede bewusste und zweckgerichtete Vermehrung fremden Vermögens (so auch BGHZ 40, 272, 277; 58, 184, 188; BGH NJW 1999, 1393, 1394). Zur Bestimmung von Leistendem und Leistungsempfänger ist zunächst festzustellen, zwischen welchen Personen eine Verbindlichkeit besteht. Nur zwischen diesen kann eine Leistungsbeziehung i.S.v. § 812 Abs. 1 Satz 1 Var. 1 BGB bestehen.

Beispiel: Der Besteller eines Werks hat dem Werkunternehmer bewusst und gewollt den Werklohn bezahlt, da er seine vermeintliche Verpflichtung aus dem Werkvertrag gegenüber dem Werkunternehmer aus § 631 BGB erfüllen wollte. Der Zweck war hier also die Erfüllung einer Verbindlichkeit nach § 362 BGB.

3. Ohne Rechtsgrund

§ 812 Abs. 1 Satz 1 Var. 1 BGB verlangt, dass die Leistung ohne rechtlichen Grund erfolgt sein muss. Ein solcher fehlt, wenn weder ein gesetzlicher noch ein vertraglicher Grund für die Bereicherung gegeben ist (Werkvertrag wurde wirksam angefochten; Bürgschaft ist sittenwidrig nach § 138 BGB; Vertrag verstößt gegen ein Gesetz nach § 134 BGB). An diesem Punkt wird deutlich, dass das Schicksal des bereicherungsrechtlichen Anspruchs davon abhängt, ob zwischen den Parteien ein Rechtsverhältnis, etwa in Form eines Vertrags, besteht. Die Klausurprüfung muss daher das Schicksal eines vertraglichen Anspruchs geklärt haben, bevor bereicherungsrechtliche Ansprüche geprüft werden. Diesen Aufbautipp sollten Sie bei Ihrer Lösung stets beachten.

Schwierigkeiten macht die Prüfung jedoch insoweit, als neben dem Fall des § 812 Abs. 1 Satz 1 Var. 1 BGB in § 812 Abs. 1 Satz 2 BGB zwei weitere Fälle des Problemkreises „ohne rechtlichen Grund" beschrieben werden. Während es sich bei der ersten Fallgruppe um den späteren Wegfall des rechtlichen Grundes handelt (z.B. Widerruf einer Schenkung, §§ 530, 531 Abs. 2 BGB), geht es in der zweiten Variante um den Nichteintritt des mit der Leistung bezweckten Erfolgs. Hierbei handelt es sich um eigenständige Anspruchsgrundlagen, die auf der Leistung einer Person aufbauen. Eine weitere Fallgruppe der Leistung ohne rechtlichen Grund enthält § 817 Satz 1 BGB. Danach ist der Empfänger zur Herausgabe verpflichtet, wenn er durch die Annahme der Leistung gegen ein gesetzliches Verbot oder die guten Sitten verstößt. In § 812 Abs. 1 BGB sind somit drei Anspruchsgrundlagen für die Leistungskondiktion (Abs. 1 Satz 1 Var. 1; Abs. 1 Satz 2 Var. 1; Abs. 1 Satz 2 Var. 2) enthalten.

Hat der Leistende allerdings gewusst, dass er zur Leistung nicht verpflichtet war, ist eine Rückforderung nach § 814 BGB ausgeschlossen.

III. Nichtleistungskondiktion

1. Begriff der Nichtleistung

§ 812 Abs. 1 Satz 1 Var. 2 BGB enthält eine Anspruchsgrundlage für den Fall, dass die Vermögensverschiebung nicht durch Leistung, sondern „in sonstiger Weise" erfolgt ist. Hierbei ist zunächst der Grundsatz der Subsidiarität zu beachten, nach dem die Leistungskondiktion der Nichtleistungskondiktion vorgeht (BGHZ 40, 272, 278). Es ist also stets zunächst festzustellen, dass die Bereicherung nicht durch eine Leistung erfolgt ist. Für die **Nichtleistungskondiktion** bleiben daher nur die Fälle übrig, in denen die Vermögensverschiebung keine rechtsgeschäftliche Verfügung ist. Hierzu zählen bspw. der Diebstahl einer Sache, die unbefugte Nutzung von Patenten oder der Gebrauch einer fremden Sache. Die Bereicherung ist „in sonstiger Weise" erlangt, wenn die Vermögensverschiebung nicht auf einer zweckgerichteten Zuwendung des Leistenden beruht, sondern ohne dessen Willen eingetreten ist (BGH a.a.O.). Um den Begriff „in sonstiger Weise" zu systematisieren, haben sich verschiedene Arten von Nichtleistungskondiktionen herausgebildet. Die wichtigsten sind die Eingriffs-, die Rückgriffs- und die Verwendungskondiktion.

2. Fallgruppen

a) Eingriffskondiktion

Die Anspruchsvoraussetzungen der Eingriffskondiktion ähneln denjenigen der Leistungskondiktion sehr stark. Sie hat folgende Voraussetzungen:

- der Anspruchsgegner hat etwas erlangt;
- der Vermögensvorteil ist nicht durch Leistung des Gläubigers (bewusst und gewollt), sondern durch ein anderes Verhalten des Gläubigers, ein Verhalten des Schuldners, eines Dritten oder etwa durch einen Naturvorgang erfolgt;
- für diesen Eingriff in das fremde Recht gibt es keinen Rechtsgrund.

Die Eingriffskondiktion ist dadurch gekennzeichnet, dass die Bereicherung durch einen Eingriff des Bereicherten in die rechtlich geschützte Vermögenssphäre des Bereicherungsgläubigers geschieht (Diebstahl einer Sache, unbefugte Nutzung gewerblicher Schutzrechte, Einzug einer fremden Forderung, Ge- oder Verbrauch einer fremden Sache). Eine Eingriffskondiktion ist selbst dann gegeben, wenn der Eingriff durch einen Dritten oder ganz ohne menschliches Zutun erfolgte.

Beispiel: Die Kühe des Bauern A durchbrechen den Zaun und grasen auf der Weide des Bauern B.

Der Vermögensvorteil muss „auf Kosten des Gläubigers" erlangt sein. Dieses Merkmal wird bei Leistungskondiktionen nicht geprüft. Hierunter versteht man, dass der Eingriff in eine Rechtsposition erfolgen muss, die von der Rechtsordnung einer anderen Person zur ausschließlichen Nutzung zugewiesen ist. Dem Vermögensvorteil des Bereicherten muss unmittelbar ein Vermögensnachteil des Entreicherten gegenüberstehen. Ein rechtlicher Grund fehlt schließlich regelmäßig, wenn der Vermögensvorteil im Widerspruch zum Zuweisungsgehalt des beeinträchtigten Rechts steht. Der erlangte Vorteil muss also einem anderen gebühren (BGHZ 107, 117, 120).

Beispiel: C baut Dachpfannen des A in das Dach des B ein. Wegen § 946 BGB verliert A sein Eigentum, und B wird neuer Eigentümer der Dachpfannen. Die Bereicherung des B beruht auf dem Eingriff in das Recht des A. Allerdings ist wegen der Leistung des C der Vorrang der Leistungsbeziehung zwischen C und B zu berücksichtigen.

b) Rückgriffskondiktion

Die Rückgriffskondiktion, also eine Fallgruppe des § 812 Abs. 1 Satz 1 Var. 2 BGB, kommt bei der Tilgung von Verbindlichkeiten eines Schuldners durch einen Dritten in Betracht.

c) Verwendungskondiktion

An die Verwendungskondiktion ist zu denken, wenn Verwendungen auf ein „fremdes" Gut getätigt wurden und diese das Vermögen des anderen ohne Rechtsgrund vermehren. Die Fälle der Verwendungskondiktion sind ebenso wie diejenigen der Rückgriffskondiktion selten.

3. Verfügungen eines Nichtberechtigten

a) Entgeltliche Verfügung eines Nichtberechtigten

Besondere Fälle der Nichtleistungskondiktion enthält § 816 BGB. Diese Vorschrift enthält in Abs. 1 zwei Anspruchsgrundlagen und in Abs. 2 eine dritte. § 816 Abs. 1 Satz 1 BGB regelt die **entgeltliche Verfügung** und § 816 Abs. 1 Satz 2 BGB die unentgeltliche Verfügung eines Nichtberechtigten. Von § 816 Abs. 2 BGB schließlich wird der Fall erfasst, dass an einen Nichtberechtigten eine Leistung bewirkt wird, die dem Berechtigten gegenüber wirksam ist. Der Anspruch nach § 816 Abs. 1 Satz 1 BGB soll die für den bisherigen Rechtsinhaber nachteiligen Folgen des gutgläubigen Erwerbs von Eigentum, z.B. nach den §§ 932 ff., 892 BGB, § 366 HGB, ausgleichen.

Beispiel: Der Entleiher verkauft ein ihm vom Eigentümer geliehenes Fahrrad, Wert 1.000,- €, an den gutgläubigen Dritten für 1.100,- €. In diesem Fall konnte der Dritte Eigentum erwerben, §§ 929, 932 BGB. Der Entleiher könnte verpflichtet sein, dem Eigentümer den erlangten Kaufpreis aus § 816 Abs. 1 Satz 1 BGB herauszugeben. Damit diese Vorschrift einschlägig ist, muss eine Verfügung vorliegen. Hierunter ist jedes Rechtsgeschäft zu verstehen, durch das ein bestehendes Recht unmittelbar aufgehoben, übertragen, belastet oder inhaltlich verändert wird (BGHZ 1, 294, 304; 75, 221, 226; 101, 24, 26). Es folgt eine Änderung der dinglichen, also der sachenrechtlichen Rechtslage. Zur Verfügung darf der Handelnde nicht berechtigt gewesen sein. Berechtigt zur Verfügung über Gegenstände ist regelmäßig nur der Eigentümer oder der von ihm hierzu Ermächtigte, § 185 Abs. 1 BGB. Die Verfügung ist dem Berechtigten gegenüber wirksam, wenn die Voraussetzungen des gutgläubigen Erwerbs nach den §§ 932 ff., 892 BGB, § 366 HGB vorliegen. Die Wirksamkeit kann zudem dadurch entstehen, dass der Berechtigte die Verfügung des Nichtberechtigten nachträglich genehmigt, § 185 Abs. 2 Satz 1 Var. 1 BGB. In Abgrenzung zu § 816 Abs. 1 Satz 2 BGB muss hier die Verfügung entgeltlich sein. Schließlich ist der Nichtberechtigte zur Herausgabe desjenigen verpflichtet, das er durch die Verfügung erlangt hat. Dies ist der Erlös, selbst wenn dieser höher ist als der objektive Wert der Sache (vgl. hierzu BGHZ 29, 157). Hatte der Verfügende Kosten, darf er diese vom Erlös nicht abziehen. Bleibt der Erlös hinter dem objektiven Wert der Sache zurück, kann der Berechtigte die Differenz nicht nach Bereicherungsrecht verlangen.

b) Unentgeltliche Verfügung eines Nichtberechtigten

Hat der Nichtberechtigte unentgeltlich verfügt, ist bei ihm kein Vorteil angefallen, den er herausgeben könnte. Der Vorteil liegt vielmehr allein beim unentgeltlich Erwerbenden. Der Grund für diese von Satz 1 abweichende Regelung des § 816 Abs. 1 Satz 2 BGB liegt darin, dass dem unentgeltlich gutgläubig Erwerbenden weniger Schutz zustehen soll als dem entgeltlich Erwerbenden.

Beispiel: Der Entleiher schenkt das geliehene Fahrrad seinem WG-Kumpel. Hier kann der Eigentümer der Sache nach § 816 Abs. 1 Satz 2 BGB vom Beschenkten Herausgabe verlangen.

c) Leistungen an einen Nichtberechtigten

§ 816 Abs. 2 BGB schließlich betrifft den Fall, dass an einen Nichtberechtigten eine Leistung bewirkt wird, die dem Berechtigten gegenüber wirksam ist. Der Nichtberechtigte ist dann dem Berechtigten zur Herausgabe des Geleisteten verpflichtet. Hauptanwendungsfall des § 816 Abs. 2 BGB ist die Leistung des Schuldners an den bisherigen Gläubiger, obwohl die Forderung zwischenzeitlich abgetreten worden ist. Hat der Schuldner hiervon keine Kenntnis, kann er nach § 407 Abs. 1 BGB befreiend an den alten Gläubiger leisten. Der alte

Gläubiger hat auf Kosten des neuen Gläubigers dadurch etwas erlangt, was er gemäß § 816 Abs. 2 dem neuen Gläubiger herausgeben muss.

IV. Inhalt und Umfang des Bereicherungsanspruchs

In § 812 BGB wird davon gesprochen, dass **das Erlangte** herauszugeben ist. Was man hierunter zu verstehen hat, ist in den §§ 818 ff. BGB geregelt. Geschuldet ist zunächst das Erlangte in natura, § 818 Abs. 1 BGB (Rückübereignung einer Sache, Besitzübergabe oder Abtretung einer Forderung). Möglich ist dies nur, wenn der Bereicherungsgegenstand herausgabefähig ist und sich noch im Vermögen des Schuldners befindet. Mit herauszugeben sind die Nutzungen, § 818 Abs. 1 i.V.m. §§ 99, 100 BGB (z.B. Miet- oder Pachteinnahmen, Zinsen des empfangenen Kapitals oder Lizenzgebühren). Auch gezogene Surrogate sind herauszugeben (Erlös bei Verwertung eines Pfandrechts, Gewinn eines Loses). Ist das Erlangte aufgrund seiner Beschaffenheit nicht herausgebbar oder der Empfänger zur Herausgabe außer Stande, muss er den Wert ersetzen, § 818 Abs. 2 BGB. Hierbei ist der objektive Verkehrswert maßgeblich (BGHZ 82, 299, 307 f.). Anders als bei § 816 BGB ist auch nicht der eventuell höhere Veräußerungserlös herauszugeben.

Das Bereicherungsrecht zielt darauf ab, ungerechtfertigte Vermögensverschiebungen auszugleichen. Der Schuldner soll also durch die Herausgabepflicht nicht schlechter gestellt werden, als er ohne den Leistungsvorgang stünde. Insbesondere darf die Herausgabepflicht nicht zu einer Verminderung seines Vermögens führen. Ist die Bereicherung nicht mehr vorhanden, fällt der Anspruch daher ganz oder teilweise weg, § 818 Abs. 3 BGB. Hierin zeigt sich das andere Prinzip als im Schadensrecht. Es geht um Rückgabe von Vorteilen, nicht um Nachteilsausgleichung.

Beispiel: Der Empfänger hat das erhaltene Geld sofort sinnlos verprasst, in einer Spielbank verspielt oder verloren.

Im Einzelfall muss aber genau geprüft werden, ob nicht der Schuldner durch den Verbrauch der Sache eigene **Aufwendungen erspart** hat. Dies ist etwa der Fall, wenn er das Geld für neue Möbel ausgegeben oder ein Geschenk gekauft hat, das er sowieso hätte kaufen müssen. Ausnahmsweise wird der Schuldner als nicht schutzwürdig angesehen, sodass er sich nicht auf den Wegfall der Bereicherung berufen kann. Dies ist nach § 819 Abs. 1 i.V.m. § 818 Abs. 4 BGB dann der Fall, wenn er beim Empfang der Leistung von der Rechtsgrundlosigkeit des Erwerbs Kenntnis hatte oder diese später erlangt hat. Grob fahrlässige Unkenntnis reicht nicht aus (BGHZ 133, 246, 249 f.).

Kurzrepetitorium

Bereicherungsrecht:

- Abschöpfungsfunktion: nicht gerechtfertigte Vermögensverschiebungen sollen ausgeglichen werden.
- Differenzierung zwischen Leistungskondiktion und Nichtleistungskondiktion, § 812 Abs. 1 Satz 1 BGB.
- Leistung: jede bewusste und zweckgerichtete Mehrung fremden Vermögens.
- „Erlangtes Etwas“: Bestimmung des Bereicherungsgegenstandes.
- Kein Rechtsgrund, wenn zwischen den Parteien kein gesetzliches oder vertragliches Rechtsverhältnis besteht.
- Nichtleistungskondiktion: Unterscheidung zwischen Eingriffs-, Verwendungs- und Rückgriffskondikion.
- Eingriffskondiktion, wenn der Vermögensvorteil nicht durch Leistung erlangt wurde, sondern durch Eingriff.
- Grundsatz der Subsidiarität der Nichtleistungskondiktion.
- § 816 Abs. 1 Satz 1 BGB: Ausgleich für die §§ 932 ff., 892 BGB.
- Gutgläubiger Erwerb ist kondiktionsfest, d.h., das Bereicherungsrecht soll nicht die sachenrechtlichen Wertungen korrigieren, Ausnahme: § 816 Abs. 1 Satz 2 BGB.
- §§ 818 ff. BGB: Inhalt und der Umfang des Bereicherungsanspruchs.
- § 818 Abs. 3 BGB: Entreicherungseinwand, um zu verhindern, dass die Herausgabepflicht zu einer Verminderung des Vermögens führt.
- § 819 Abs. 1 i.V.m. § 818 Abs. 4 BGB: fehlende Schutzwürdigkeit des Schuldners.

§ 25 Deliktsrecht

I. Einführung in das Deliktsrecht

1. Funktionen des Deliktsrechts

Das Deliktsrecht, auch Recht der unerlaubten Handlungen genannt, soll den allgemeinen Schutz der verschiedenen Rechtsgüter sicherstellen, indem es dem Geschädigten einen Ausgleichsanspruch für erlittene Schäden verschafft. Demzufolge ist die Funktion des Deliktsrechts im Wesentlichen durch die **Schadensausgleichung** gekennzeichnet und zielt nicht so sehr darauf ab, den Schädiger oder sein Verhalten zu sanktionieren. Neben der eigentlichen Ausgleichsfunktion verfolgen die deliktischen Schadensersatzansprüche aber auch das Ziel, dem Verletzten eine **Genugtuung** für die erlittene Beeinträchtigung zu verschaffen und dem Schädiger eine Buße aufzuerlegen. Zusätzlich zu den Gerechtigkeitskriterien des „Ausgleichs“ und der „Genugtuung“ spielt auch die **Präventionsfunktion**, die Rechtsverletzungen verhindern oder aber zumindest ihr Auftreten minimieren soll, eine gewisse Rolle im Recht der unerlaubten Handlungen.

Das Zivilrecht kennt im Rahmen der Schadensersatzansprüche verschiedene Rechtsgrundlagen und Entstehungsgründe. Zunächst können Forderungen aus vertraglichen oder vertragsähnlichen Ansprüchen ihren Inhalt dahingehend ändern, dass statt oder neben der primär geschuldeten Leistung eine Schadensersatzpflicht entsteht. Neben den vertraglichen und vertragsähnlichen Schadensersatzansprüchen, die eine Pflichtverletzung im Rahmen eines Schuldverhältnisses voraussetzen, können Schadensersatzpflichten auch aus einer deliktischen Verschuldens- oder Gefährdungshaftung entstehen. Deliktische Ansprüche können also neben vertraglichen bestehen (sog. Anspruchskonkurrenz), müssen es aber nicht.

2. Systematik des Deliktsrechts

a) Gesetzesaufbau

Die Systematik des Deliktsrechts des BGB kennt keine abstrakt formulierte große Generalklausel, die allgemein als Folge einer widerrechtlichen und schuldhaften Schadenszufügung eine Schadensersatzpflicht vorsieht. Vielmehr basiert das Deliktsrecht auf drei allgemeinen deliktischen Grundtatbeständen (Anspruchsgrundlagen). Sie finden sich in den beiden Absätzen des § 823 BGB und in § 826 BGB:

- Im zentralen Deliktstatbestand des § 823 Abs. 1 BGB werden bestimmte Persönlichkeitsgüter, das Eigentum und sonstige absolute Rechte umfassend geschützt.
- Gemäß § 823 Abs. 2 BGB trifft denjenigen eine Schadensersatzverpflichtung, der schuldhaft gegen ein den Schutz eines anderen bezweckendes Gesetz verstößt. Hierdurch wird die Einbeziehung gesetzlicher Verhaltensnormen aus anderen Bereichen in die deliktische Verantwortlichkeit des BGB erreicht.
- Der dritte Grundtatbestand ist in § 826 BGB enthalten, der eine Schadensersatzpflicht für eine vorsätzliche sittenwidrige Schädigung normiert. Durch die Bezugnahme auf die „guten Sitten“ in § 826 BGB soll eine Anpassung an die sich wandelnden Anschauungen der gesellschaftlichen Sozialmoral und den damit neu auftretenden Anforderungen an das Deliktsrecht geschaffen werden.

Diese drei allgemeinen Grundtatbestände werden durch eine Reihe von Sondertatbeständen ergänzt.

Entsprechend der Regelungstechnik des BGB („Vor-die-Klammer-Ziehen") gelten die allgemeinen Vorschriften des Schadensrechts (§§ 249 ff. BGB) auch für die Berechnung des Schadens wegen unerlaubter Handlung (s. S. 103 ff.).

b) Einordnung der Haftungsgründe des Deliktsrechts

Zurechnungsgrund der Verschuldenshaftung ist die rechtswidrige und schuldhafte Verursachung eines Schadens. Die wichtigsten Rechtsgrundlagen der verschuldensabhängigen Haftung aus unerlaubter Handlung sind die §§ 823 Abs. 1, 823 Abs. 2 BGB i.V.m. der Verletzung eines Schutzgesetzes, §§ 826, 831, 839 BGB u. § 18 StVG.

Tatbestände des Deliktsrechts, §§ 823 ff. BGB

Grundtatbestände:

§ 823 Abs. 1 BGB
⇒ Schutz bestimmter Persönlichkeitsgüter wie Eigentum, Gesundheit oder sonstiger absoluter Rechte

§ 823 Abs. 2 BGB
⇒ Schutz gegen Gesetzesverletzungen, sofern das Gesetz den Geschädigten schützen soll (Schutzgesetze)

§ 826 BGB
⇒ Schutz gegen vorsätzliche sittenwidrige Schädigungen

Sonstige Tatbestände:

Verschuldenshaftung
⇒ Schutz gegen sonstige rechtswidrige und schuldhafte Verursachung eines Schadens
- Kreditgefährdung, § 824 BGB
- Mittäter u. Gehilfen, § 830 BGB
- Verrichtungsgehilfen, § 831 BGB
- Aufsichtspflicht, § 832 BGB
- Tieraufseherhaftung, § 834 BGB
- Gebäudehaftung, §§ 836-838 BGB
- Amtspflichtverletzung, § 839 BGB

Gefährdungshaftung
⇒ Schutz gegen erlaubte, aber mit besonderen Gefahren verbundene Anlagen oder Tätigkeiten
- Tierhalterhaftung, § 833 S. 1 BGB
- § 1 Abs. 1 u. 2 HaftPflG
- §§ 33 ff. LuftverkehrsG
- § 1 ProdHaftG

Rechtsfolge:

Schadensersatz
⇒ Grundsatz: Naturalrestitution, § 249 Abs. 1 BGB (inkl. entgangenem Gewinn, § 252 BGB)
⇒ Ausnahme: § 249 Abs. 2 S.1 BGB bei Personen- und Sachschäden
⇒ Ersatz *immaterieller Schäden* nur im Rahmen des § 253 BGB

Schaubild 39

Demgegenüber tritt in einigen gesetzlich ausdrücklich formulierten (Ausnahme-)Fällen die Haftung unabhängig vom Verschulden des Schädigers ein. Diese sog. Gefährdungshaftung stellt eine Ersatzpflicht für Schäden dar, die durch eine zwar erlaubte, aber mit besonderen

Gefahren für andere verbundene Anlage oder Tätigkeit verursacht werden. Haftungsgrund ist hier allein die Verwirklichung der besonderen Gefahr, ohne dass es darauf ankommt, ob die Schädigung durch ein rechtswidriges und schuldhaftes Verhalten herbeigeführt worden ist. Die wichtigsten Rechtsgrundlagen für Schadensersatzansprüche aus Gefährdungshaftung sind § 833 Satz 1 BGB, § 1 Abs. 1 und 2 HaftPflG, §§ 33 ff. LuftverkehrsG u. § 1 ProdHaftG.

Beispiel: Die Haftung des Halters eines Kfz ist in den §§ 7 ff. StVG geregelt. Die Halterhaftung ist eine typische Gefährdungshaftung, da der Halter für Verletzungen (an Körper, Gesundheit oder einer Sache) einzustehen hat, die beim Betrieb des Kfz eingetreten sind, ohne dass es auf sein Verschulden ankommt. Die Ersatzpflicht ist nur ausgeschlossen, wenn der Unfall durch höhere Gewalt verursacht wird.

II. Grundtatbestände des Deliktsrechts

1. § 823 Abs. 1 BGB

a) Geschützte Rechte und Rechtsgüter

Der zentrale Deliktstatbestand des § 823 Abs. 1 BGB setzt voraus, dass der Schädiger durch eine Handlung eines der dort genannten Rechte oder Rechtsgüter verletzt, dadurch einen Schaden verursacht und sein Verhalten im Hinblick auf die eingetretene Verletzung als rechtswidrig und schuldhaft anzusehen ist.

Zu den von § 823 Abs. 1 BGB geschützten **Rechtsgütern** zählen Leben, Körper, Gesundheit, Freiheit, Eigentum und sonstige Rechte. Unter der Verletzung des Lebens ist die Tötung eines Menschen zu verstehen. Die mit dem Tod eines Menschen entstehenden Schadensersatzansprüche stehen nur bestimmten mittelbar Geschädigten zu (Unterhaltsschaden der unterhaltsberechtigten Personen gemäß § 844 Abs. 2 BGB, Bestattungskosten der Erben gemäß § 844 Abs. 1 BGB). Eine Verletzung der Rechtsgüter Körper und Gesundheit liegt bei jedem äußeren Eingriff in die körperliche Unversehrtheit oder bei einer Störung der inneren Lebensvorgänge vor (Beule, Wunde, Verätzung, Leberschaden, Nervenzusammenbruch). Nach h.M. kann auch ein gezeugtes, aber noch nicht geborenes Kind einen Anspruch aus § 823 Abs. 1 BGB haben (BGHZ 106, 153, 155).

Unter einer Verletzung des Eigentums versteht man alle Einwirkungen auf eine Sache, die den Eigentümer daran hindern, mit ihr seinem Wunsche entsprechend zu verfahren (§ 903 BGB). Die Eigentumsverletzung kann durch Zerstörung, Beschädigung, Wegnahme oder durch Beeinträchtigung des Eigentumsrechts mittels tatsächlicher Einwirkung (Immissionen) oder rechtlicher Verfügung erfolgen.

Das Rechtsgut der Freiheit wird durch die Beeinträchtigung oder Entziehung der körperlichen Bewegungsfreiheit (Einsperren) oder die Nötigung zu einer Handlung durch Zwang oder Drohung verletzt.

Weiterhin unterfallen dem deliktischen Schutz des § 823 Abs. 1 BGB die sog. „**sonstigen Rechte**". Darunter sind alle Rechte zu verstehen, die ihrem Charakter nach absolute Rechte sind, deren Befugnisse gegenüber jedermann gelten und auch von jedermann verletzt werden können. Im Einzelnen gehören zu den sonstigen Rechten dingliche Rechte (z.B. Hypothek, Grund- und Rentenschuld), Anwartschaftsrechte im Fall der Verletzung durch Dritte, der rechtmäßige unmittelbare Besitz, Immaterialgüterrechte (wie Patent- oder Urheberrechte), Mitgliedschaftsrechte und bestimmte Familienrechte (etwa die elterliche Sorge).

Zu den „sonstigen Rechten" des § 823 Abs. 1 BGB zählen als sog. Rahmenrechte noch zwei weitere Rechtspositionen: Als schutzbedürftig hat die Rechtsprechung das Recht am eingerichteten und ausgeübten Gewerbebetrieb anerkannt (BGHZ 29, 65, 75). Geschützt wird hierbei das Recht zur ungestörten Entfaltung der gewerblichen Tätigkeit, das einen Schutz gegen die unmittelbaren, betriebsbezogenen Störungen des Gewerbebetriebes gewährt, die sich gegen den Bestand oder gegen die Tätigkeit des Unternehmens als solches richten. Allerdings muss ein unmittelbarer und betriebsbezogener Eingriff in den gewerblichen Tätigkeitskreis vorliegen. Als zweites Rahmenrecht leitet der BGH im Wege der Rechtsfortbildung aus Art. 1 Abs. 1 GG und Art. 2 Abs. 1 GG das allgemeine Persönlichkeitsrecht ab (vgl. etwa BGHZ 169, 193 – „kinski-klaus.de"). Definiert wird das allgemeine Persönlichkeitsrecht als das einheitliche, umfassende Recht des Einzelnen auf Achtung und Entfaltung seiner Persönlichkeit. Hierbei werden verschiedene Persönlichkeitsbereiche unterschieden, die Gegenstand eines Eingriffs werden können: Intimsphäre, Privatsphäre, Individualsphäre. Beispiele für Verstöße gegen das allgemeine Persönlichkeitsrecht sind: heimliche Bild- oder Tonbandaufnahmen, Veröffentlichen ärztlicher Bescheinigungen, Verwendung von Bildern oder Namen zu Werbezwecken, diffamierende Schmähkritik.

Beachten Sie, dass der sog. reine Vermögensschaden als solcher von § 823 Abs. 1 BGB nicht geschützt wird (BGHZ 41, 127). Das Vermögen ist kein sonstiges Recht i.S.d. § 823 Abs. 1 BGB.

Beispiele:

- Weil S einen Unfall verursacht hat, muss die Zugangsstraße zum Laden des G gesperrt werden, dem deshalb Kunden fernbleiben. G erleidet einen reinen Vermögensschaden, den er nicht, etwa in Form des entgangenen Gewinns, geltend machen kann.

- G ist selbst in den Unfall mit S verwickelt und wird verletzt, so dass er seinen Laden nicht öffnen kann. G kann Ersatz des entgangenen Gewinns (§ 252 BGB) verlangen, weil sich der Schaden auf eine Verletzung seiner Rechtsgüter Körper und Gesundheit zurückführen lässt.

b) Verletzungshandlung

Als Verletzungshandlung kommt jedes vom Willen beherrschbare menschliche Verhalten in Betracht. Die Handlung kann sowohl in einem **positiven Tun** (überfahren, schlagen, umstoßen etc.), als auch in einem **Unterlassen** (nichtwegräumen, ertrinken lassen) liegen, wenn gegenüber dem Geschädigten eine Garantenstellung (Pflicht zum positiven Tun) bestand. Derartige Abwendungspflichten können sich ergeben aus Gesetz (Eltern), aus besonderen Amtsstellungen, aus Verträgen (Gesellschaftsvertrag), aus konkreten Lebensbeziehungen und aus vorangegangenem gefährlichen Tun (sog. Ingerenz).

Eine Pflicht zum Handeln kann sich nicht zuletzt aus den sog. **Verkehrssicherungspflichten** ergeben. Sie beschreiben für die konkrete Situation und Gefahrenlage das jeweils geschuldete „Soll-Verhalten". Dabei handelt es sich um eine Rechtspflicht aus vorangegangenem Tun. Sie beruht auf dem Gedanken, dass derjenige, der eine Gefahrenquelle schafft, die notwendigen Vorkehrungen zum Schutz Dritter zu treffen hat. Man unterscheidet zwischen Verkehrssicherungspflichten aus Verkehrseröffnung, aus Beherrschung einer Gefahrenquelle, aus beruflicher Stellung oder aus Produzentenhaftung.

Beispiele: Bauarbeiten ohne Absicherung der Baustelle; fehlende Beleuchtung des Treppenhauses; Produktion ohne Schutz gegen austretende Emissionen (BGHZ 92, 143).

c) Haftungsbegründende Kausalität

Der deliktische Schadensersatzanspruch nach § 823 Abs. 1 BGB setzt im Rahmen der haftungsbegründenden Kausalität voraus, dass die Rechtsgutverletzung des Geschädigten durch eine zurechenbare Handlung des Schädigers verursacht worden ist.

Der Kausalzusammenhang zwischen Verletzungshandlung und Rechtsgutverletzung wird zunächst durch die sog. Äquivalenztheorie bestimmt. Danach ist ein Kausalzusammenhang zu bejahen, wenn die Verletzungshandlung nicht hinweggedacht werden kann, ohne dass die konkrete Rechtsgutverletzung entfiele (**conditio sine qua non**).

Beispiel: PKW-Fahrer P fährt unter Verletzung einer Vorfahrtsregel den Fahrradfahrer F an. Dieser erleidet einige Prellungen und Abschürfungen. Da er sich unwohl fühlt, wird er zur Untersuchung von einem Krankenwagen ins Krankenhaus gefahren. Dort erleidet er durch eine ausbrechende Epidemie weitere Schäden. Haftet P auch für diese weiteren Schäden? Nach der Äquivalenztheorie ist das Anfahren durch P für diese weiteren Schäden „conditio sine qua non"; er müsste also zahlen.

Da die Äquivalenztheorie jedoch zu einer sehr weitgehenden Zurechnung gelangt, ist anhand weiterer Einschränkungskriterien die objektive Zurechenbarkeit der Verletzungshandlung zum Verletzungserfolg zu begrenzen. Die **Adäquanztheorie** gelangt nur dann zu einer Zurechnung der Rechtsgutverletzung, wenn die Handlung ganz generell und nicht nur unter besonderen, völlig unwahrscheinlichen und nach dem gewöhnlichen Verlauf der Dinge nicht zu erwartenden Umständen zur Herbeiführung des Unrechtstatbestands geeignet gewesen ist. Hierbei ist die Prognose eines objektiven, vom Wissensstand optimalen Betrachters maßgeblich (BGHZ 3, 266). Die Adäquanztheorie verneint somit die objektive Zurechnung bei Schäden, die auf einem völlig atypischen Kausalverlauf beruhen.

Ob die objektive Zurechnung nach der Adäquanztheorie in unserem Fall mit dem Fahrradfahrer anzunehmen ist, wird von der Rechtsprechung uneinheitlich beantwortet, vom RG aber bejaht (RGZ 105, 264).

Als weiteres Einschränkungskriterium dient die **Lehre vom Schutzzweck der Norm**. Danach muss der jeweils vorliegende Zusammenhang zwischen Handlung und Unrechtstatbestand noch vom Schutzbereich der untersuchten Norm erfasst werden, d.h., es ist nur eine solche Bedingung als Ursache zuzurechnen, die innerhalb des Schutzumfangs der die Haftung begründenden Norm liegt. Ob der Schaden vom Schutzzweck der Norm (noch) umfasst ist, wird durch eine wertende Betrachtung ermittelt. Zu fragen ist etwa, warum eine Norm erlassen wurde.

d) Rechtswidrigkeit

Die deliktische Haftung gemäß § 823 Abs. 1 BGB setzt des Weiteren voraus, dass der Schädiger widerrechtlich gehandelt hat; sein Verhalten muss im Widerspruch zur Rechtsordnung stehen. Verletzt ein Verhalten adäquat kausal ein absolutes Recht oder ein Rechtsgut, wird die Rechtswidrigkeit allein wegen des eingetretenen Verletzungserfolgs angenommen. Die Richtigkeit dieser Indikation kann durch Rechtfertigungsgründe widerlegt werden. Als mögliche **Rechtfertigungsgründe** sind vor allem die Abwehr eines rechtswidrigen Angriffs durch Einwilligung bzw. Notwehr, § 227 BGB, oder Verteidigungsnotstand, § 228 BGB, Angriffsnotstand, § 904 BGB, oder Selbsthilfe, § 229 BGB, zu nennen.

Demgegenüber ist die Rechtswidrigkeit bei der Verletzung der sog. Rahmenrechte (Recht am eingerichteten und ausgeübten Gewerbebetrieb und allgemeines Persönlichkeitsrecht) gesondert zu betrachten. Da diese Rahmenrechte häufig mit anderen Rechten kollidieren, muss in einer Güterabwägung der gegenüberstehenden Interessen und Pflichten die

Rechtswidrigkeit der Handlung positiv festgestellt werden. Sie wird nicht, wie bei den übrigen geschützten Rechten und Rechtsgütern des § 823 Abs. 1 BGB, durch die Tatbestandsmäßigkeit indiziert.

e) Verschulden

Die Verletzung der von § 823 Abs. 1 BGB geschützten Rechte und Rechtsgüter muss in den Verantwortungsbereich des Schädigers fallen, d.h., ihn muss ein Verschulden treffen. Voraussetzung für die Bejahung eines deliktischen Verschuldens ist zunächst, dass der Schädiger deliktsfähig ist, §§ 827 f. BGB. Als **Verschuldensmaßstab** kommt gemäß § 823 Abs. 1 BGB vorsätzliches oder fahrlässiges Handeln in Betracht. Fahrlässig handelt, wer die im Verkehr erforderliche Sorgfalt außer Acht lässt, § 276 Abs. 1 Satz 2 BGB. Vorsätzlich handelt, wer erkennt, dass sein Verhalten zu einer rechtswidrigen Verletzung eines Rechts oder Rechtsguts führt und diesen Erfolg bewusst und gewollt verwirklicht.

Haftungsmilderungen, die gesetzlich für bestimmte Vertragstypen vorgesehen sind, gelten häufig auch für den konkurrierenden deliktischen Anspruch (vgl. BGHZ 93, 23). Deshalb prüft man in einer Klausur das Bestehen vertraglicher Ansprüche vor denjenigen aus Delikt.

f) Schaden

Die von § 823 Abs. 1 BGB formulierte Rechtsfolge des Schadensersatzes setzt voraus, dass durch die Rechtsgutverletzung des Schädigers ein ersatzfähiger Schaden entstanden ist (s. S. 103 ff.).

g) Haftungsausfüllende Kausalität

Im Rahmen der haftungsausfüllenden Kausalität ist zu prüfen, ob der eingetretene Schaden kausal durch die Rechtsgutverletzung eingetreten ist und der Schädiger somit für diese Schadensfolgen auch einzutreten hat. Der Kausalzusammenhang zwischen der Rechtsgutverletzung und dem Schaden ist nach den gleichen Zurechnungskriterien zu bestimmen, die auch für die Bestimmung der haftungsbegründenden Kausalität Anwendung finden.

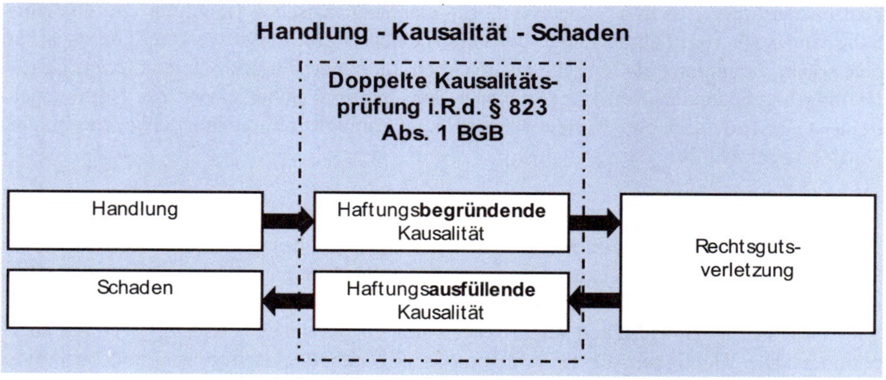

Schaubild 40

2. § 823 Abs. 2 BGB

Ein Schadensersatzanspruch gemäß § 823 Abs. 2 BGB wird durch einen rechtswidrigen und schuldhaften Verstoß gegen ein den Schutz eines anderen bezweckendes Gesetz ausgelöst.

a) Verstoß gegen das Schutzgesetz

Anknüpfungspunkt der deliktischen Verantwortlichkeit ist der Verstoß gegen ein **Schutzgesetz**. Die Qualität eines Schutzgesetzes erfüllt jede Rechtsnorm i.S.d. Art. 2 EGBGB, die nach dem Willen des Gesetzgebers zumindest auch den Schutz des Einzelnen bezweckt und nicht nur im Interesse der Allgemeinheit erlassen wurde. Der Schädiger muss die objektiven und subjektiven Tatbestandsvoraussetzungen dieses Schutzgesetzes erfüllt haben; daher müssen Tatbestand, Rechtswidrigkeit und Schuld zur Bejahung eines Verstoßes gegen ein Schutzgesetz gegeben sein. Zu den am häufigsten in Betracht kommenden Schutzgesetzen gehören viele Strafvorschriften (Körperverletzung, Raub, Diebstahl etc.). Keine Schutzgesetze sind etwa DIN-Normen (BGHZ 139, 16).

Anders als bei § 823 Abs. 1 BGB knüpft diese Anspruchsgrundlage nicht an bestimmte Rechtsgüter an. Der Anwendungsbereich ist hier weiter und kann etwa beim Tatbestand des § 263 StGB (Betrug) das durch den Betrug verminderte Vermögen des Geschädigten schützen.

b) Schadenszurechnung/Kausalität

Auch im Rahmen des deliktischen Anspruchs aus § 823 Abs. 2 BGB ist ein Kausalzusammenhang zwischen dem Verstoß gegen das Schutzgesetz und dem eingetretenen Schaden erforderlich. Der Verstoß gegen das Schutzgesetz muss daher ganz generell und nicht nur unter besonderen, völlig unwahrscheinlichen und nach dem gewöhnlichen Verlauf der Dinge nicht zu erwartenden Umständen zur Herbeiführung eines adäquaten Schadens geeignet sein.

Als weitere zurechnungsbegrenzende Voraussetzung muss der geltend gemachte Schaden in den **Schutzbereich** der verletzten Norm fallen. Hierbei ist eine Differenzierung des Schutzbereiches der Norm in persönlicher und sachlicher Hinsicht vorzunehmen. Der Geschädigte muss einerseits zum geschützten Personenkreis gehören (persönlicher Schutzbereich), und andererseits muss der geltend gemachte Schaden in den Bereich der Schäden fallen, zu deren Abwendung das Gesetz erlassen wurde (sachlicher Schutzbereich).

c) Rechtswidrigkeit und Verschulden

Die Rechtswidrigkeit wird meist schon bei dem Verstoß gegen das Schutzgesetz zu prüfen sein. Ansonsten gilt ebenfalls der Grundsatz, dass die Tatbestandsmäßigkeit die Rechtswidrigkeit indiziert. Auch das Verschulden wird regelmäßig schon bei dem Verstoß gegen das Schutzgesetz geprüft. Verlangt das Schutzgesetz allerdings kein Verschulden, so besteht der deliktische Schadensersatzanspruch aus § 823 Abs. 2 BGB nur, wenn ein Verschulden vorliegt, § 823 Abs. 2 Satz 2 BGB.

3. § 826 BGB

Der deliktische Schadensersatzanspruch gemäß § 826 BGB besteht gegen denjenigen, der in einer gegen die guten Sitten verstoßenden Weise anderen vorsätzlich Schaden zufügt. Bedeutung erlangt der Anspruch aus § 826 BGB vor allem dort, wo sich die Schadenszufügung in einem bloßen Vermögensschaden erschöpft, der ohne einen Verstoß gegen ein Schutzgesetz i.S.d. § 823 Abs. 2 BGB eingetreten ist.

Die **Sittenwidrigkeit** der Schädigungshandlung ist wie in § 138 BGB zu verstehen (s. S. 46). Sie bemisst sich nach dem „Anstandsgefühl aller billig und gerecht Denkenden" und der herrschenden gesellschaftlichen Sozialmoral. Zur Konkretisierung unterscheidet die Rechtsprechung verschiedene Fallgruppen . Hierzu zählen u.a.:

- Arglist bei Vertragsschluss durch unwahre Angaben oder durch Verschweigen von erheblichen Tatsachen;
- Verleiten zum Vertragsbruch;
- Erteilen bewusst unrichtiger Auskünfte;
- Ausnutzen einer formalen Rechtsstellung oder einer wirtschaftlichen Machtstellung (Knebelvertrag).

Der zum Schadensersatz aus § 826 BGB verpflichtete Schädiger muss vorsätzlich hinsichtlich der sittenwidrigen Schädigung gehandelt haben. Dabei genügt das Bewusstsein des Täters, dass infolge seines Verhaltens ein anderer einen Schaden erleiden könnte, sofern er den möglichen Erfolg billigend in Kauf genommen hat (BGHZ 160, 149).

4. § 831 BGB

a) Verrichtungsgehilfe

In § 831 BGB ist die Haftung bei Schädigungen durch Gehilfen normiert. Hierbei handelt es sich um eine selbstständige Anspruchsgrundlage gegen den Geschäftsherrn (anders als § 278 BGB). Derjenige, der sich der Hilfe einer anderen Person bedient (Geschäftsherr), hat für das Fehlverhalten dieser Person einzustehen und muss für die Schäden aufkommen, die Dritten in Ausführung der Verrichtung widerrechtlich zugefügt werden. Er kann sich der Haftung nicht dadurch entziehen, dass er eine dritte Person anweist, eine ihn betreffende Aufgabe zu erledigen.

Erfüllungsgehilfe - Verrichtungsgehilfe

Erfüllungsgehilfe, § 278 BGB		Verrichtungsgehilfe, § 831 BGB
	Begriff	
Jeder, der mit Wissen und Wollen für den Schuldner bei der Erfüllung einer Verbindlichkeit tätig wird		Jeder, der weisungsgebunden in einem Abhängigkeitsverhältnis zu seinem Geschäftsherrn steht
	Voraussetzungen	
⇒ Vertrag bzw. vertragsähnliches Schuldverhältnis		⇒ Schuldverhältnis nicht erforderlich
⇒ Schuldhafte Pflichtverletzung		⇒ Schädigung durch Delikt
	Haftung	
⇒ Für fremdes Verschulden		⇒ Für eigenes Verschulden
	Exkulpation	
⇒ Nicht möglich		⇒ Möglich durch Nachweis ordnungsgemäßer Auswahl und Überwachung

Schaubild 41

Die Eigenschaft des **Verrichtungsgehilfen** ist bei den Personen erfüllt, die mit Wissen und Wollen des Geschäftsherrn in dessen Interesse tätig werden und von dessen Weisungen abhängig sind. Entscheidend ist damit das Vorliegen eines Abhängigkeitsverhältnisses (Arbeiter, Angestellte, Auszubildende, nicht jedoch selbstständige Subunternehmer; vgl. ferner BGHZ 45, 311 zur Haftung des Mitgesellschafters einer GbR nach § 831 BGB für eine unerlaubte Handlung des anderen Gesellschafters). Der Kreis der für einen Verrichtungsgehilfen in Betracht kommenden Verrichtungen ist nicht auf bestimmte Tätigkeiten beschränkt, es können vielmehr entgeltliche, unentgeltliche, rechtliche und tatsächliche Tätigkeiten sein.

Auf ein Vertragsverhältnis zwischen Geschädigtem und Schädiger kommt es nur bei § 278 BGB an. Liegt ein solches vor, kann ein und dieselbe Person zugleich Verrichtungs- und Erfüllungsgehilfe sein. Anders als der Verrichtungsgehilfe muss der Erfüllungsgehilfe bei § 278 BGB nicht weisungsgebunden in einem Abhängigkeitsverhältnis zum Geschäftsherrn stehen. Anders als bei § 278 BGB geht es bei § 831 BGB um die Haftung für eigenes Verschulden. Daher kann sich der Schuldner auch bei § 831 BGB exkulpieren. In der Klausur darf daher nicht das Verschulden des Verrichtungsgehilfen geprüft werden; darauf kommt es im Rahmen des § 831 BGB nicht an.

b) Tatbestandsmäßige und rechtswidrige unerlaubte Handlung

Der Verrichtungsgehilfe muss eine unerlaubte Handlung tatbestandsmäßig und rechtswidrig verwirklicht haben. Auf ein schuldhaftes Handeln des Verrichtungsgehilfen kommt es insofern nicht an, da der Geschäftsherr für vermutetes eigenes Verschulden haftet.

c) Handeln in Ausführung der Verrichtung

Die schädigende Handlung des Verrichtungsgehilfen muss in Ausführung der Verrichtung vorgenommen worden sein. Notwendig ist bei diesem Tatbestandsmerkmal ein unmittelbarer innerer Zusammenhang zwischen der aufgetragenen Verrichtung und der schädigenden Handlung, d.h., die Handlung darf nicht nur bei Gelegenheit der Tätigkeit ausgeführt worden sein (BGH NJW-RR 1989, 723).

Beispiel: Dachdeckergeselle D lässt während der Arbeiten an einem Mietshaus aus Unachtsamkeit einen Dachziegel fallen, der den Passant P verletzt. D ist Verrichtungsgehilfe des Dachdeckermeisters A, worauf sich P berufen kann. Er kann daher gegen A nach § 831 Abs. 1 BGB vorgehen (A wird sich aber exkulpieren können). Zugleich ist D hinsichtlich des Vertragsverhältnisses seines Meisters A mit dem Hauseigentümer V auch Erfüllungsgehilfe. Weil aber P keinerlei vertragliche Beziehungen mit dem Dachdeckermeister unterhält, greift § 278 BGB zu seinen Gunsten nicht ein.

Gegenbeispiel: D nutzt die gute Gelegenheit der Dacharbeiten und entwendet die Haushaltskasse des Mieters M aus der Dachgeschosswohnung.

d) Keine Exkulpation, § 831 Abs. 1 Satz 2 BGB

Das Verschulden des Geschäftsherrn für den eingetretenen Schaden wird gemäß § 831 Abs. 1 Satz 2 BGB **vermutet**, ohne dass der Geschädigte es behaupten oder beweisen muss. Dabei bezieht sich die gesetzliche Verschuldensvermutung zum einen darauf, dass der Geschäftsherr bei der Auswahl (Sachkunde, Besonnenheit, Verantwortungsbewusstsein), Anleitung und Überwachung (Schulungen, Kontrollen) des Verrichtungsgehilfen und bei der Beschaffung von Arbeitsgerätschaften die im Verkehr erforderliche Sorgfalt nicht beachtet hat. Zum anderen wird gemäß § 831 Abs. 1 Satz 2 BGB die Kausalität zwischen der Sorgfaltspflichtverletzung des Geschäftsherrn und dem aus der deliktischen Handlung des Verrichtungsgehilfen resultierenden Schaden vermutet.

Für beide gesetzlichen Verschuldensvermutungen kommt ein sog. Entlastungsbeweis (**Exkulpation**) des Geschäftsherrn in Betracht: Hinsichtlich des Auswahl- und Überwachungsverschuldens muss der Geschäftsherr vortragen und beweisen, dass er entgegen der gesetzlichen Vermutung die im Verkehr erforderliche Sorgfalt beachtet hat. Bei großen Betrieben und Unternehmen wird ein sog. dezentralisierter Entlastungsbeweis zugelassen. Der Unternehmer muss die zuständige Zwischenperson sorgfältig auswählen und überwachen, diese wiederum die übrigen unterstellten Angestellten. Allerdings ist in diesem Zusammenhang das wichtige Organisationsverschulden zu beachten. Danach trifft den Unternehmer die Pflicht, seinen Betrieb so zu organisieren (Arbeitsanweisungen etc.), dass jederzeit eine sorgfältige Auswahl und Kontrolle möglich ist und durch betriebliche Abläufe Dritte nicht geschädigt werden. Wird diese Pflicht verletzt, haftet der Geschäftsherr nach § 823 Abs. 1 BGB.

Möglich ist aber auch die Widerlegung der Ursächlichkeitsvermutung. Hier muss der Geschäftsherr vortragen und beweisen, dass es an der Kausalität seiner Sorgfaltspflichtverletzung für den beim Geschädigten eingetretenen Schaden fehlt. Das ist insbesondere dann der Fall, wenn der Verrichtungsgehilfe sich so verhalten hat, wie es auch eine sorgfältig ausgewählte Person getan hätte, vgl. § 831 Abs. 1 Satz 2 Var. 2 BGB.

III. Haftung für fehlerhafte Produkte

1. Zweiteilung der Haftungsgrundlagen

Das sog. „Recht der Produkthaftung“ umfasst Fälle, in denen Unternehmen Waren herstellen und in Verkehr bringen, die aufgrund ihrer fehlerhaften Beschaffenheit Schäden beim Abnehmer (Verbraucher) hervorrufen. Die hieraus resultierenden Schadensersatzansprüche des geschädigten Verbrauchers gegen den Unternehmer lassen sich im Bereich der außervertraglichen Haftung auf zwei Rechtsgrundlagen stützen:

- Zum einen kann sich ein Schadensersatzanspruch infolge eines fehlerhaften Produkts aus der deliktischen **Produzentenhaftung** nach § 823 BGB ergeben. Da der Verbraucher aufgrund der Komplexität und Unüberschaubarkeit industrieller Massenproduktion und Warenverteilung den Nachweis konkreter Verantwortlichkeit im Schadensfall nur äußerst selten erbringen kann, hat der BGH die allgemeinen Beweislastregeln zum Vorteil des Geschädigten abgeändert (vgl. BGHZ 51, 91; 116, 104).
- Zum anderen ein Schadensersatzanspruch nach dem Gesetz über die Haftung für fehlerhafte Produkte (**ProdHaftG**) bestehen. Die Schadensersatzverpflichtung des Herstellers nach dem ProdHaftG hängt davon ab, dass der Schaden durch den Fehler eines Produkts entstanden ist, ohne dass es auf ein Verschulden des Herstellers ankommt (verschuldensunabhängige Haftung).

Die Schadensersatzansprüche nach dem Produkthaftungsgesetz und der deliktischen Produzentenhaftung nach § 823 BGB stehen gemäß § 15 Abs. 2 ProdHaftG nebeneinander, sodass der Geschädigte seinen Anspruch auf die für ihn jeweils günstigere Anspruchsgrundlage stützen kann.

2. Voraussetzungen der deliktischen Produzentenhaftung

a) Rechtsgutverletzung

Die Voraussetzungen der deliktischen Produzentenhaftung basieren auf der Grundvorschrift des § 823 Abs. 1 BGB. Erstes Merkmal ist daher, dass ein durch diese Vorschrift geschütztes Rechtsgut durch eine fehlerhafte Ware verletzt worden ist. Als geschützte Rechtsgüter kommen somit – wie schon bekannt – Leben, Körper, Gesundheit, Freiheit, Eigentum und sonstige Rechte in Betracht.

b) Verletzungshandlung

Des Weiteren muss die Verletzung des Rechtsgutes auf ein dem Hersteller zurechenbares Verhalten zurückzuführen sein. Die haftungsbegründende **Verletzungshandlung** kann sowohl das „Inverkehrbringen" des fehlerhaften Produkts als auch ein Unterlassen der Beachtung der erforderlichen Sorgfalt sein. Beide Handlungsformen sind im Einzelfall jedoch nur schwer voneinander zu unterscheiden. In allen Fällen der deliktischen Produzentenhaftung ist aber eine Verkehrssicherungspflicht erforderlich, sodass mittelbares schädigendes Tun und Unterlassen rechtlich gleich zu behandeln sind.

c) Haftungsbegründende Kausalität

Die haftungsbegründende Kausalität setzt voraus, dass die Rechtsgutverletzung durch eine dem Schädiger zurechenbare Verletzungshandlung verursacht worden ist (s. S. 183).

d) Rechtswidrigkeit

Das fehlerhafte Produkt und die dadurch eingetretene Rechtsgutverletzung indizieren noch nicht die Rechtswidrigkeit der Handlung des Herstellers. Anknüpfungspunkt der deliktischen Verantwortlichkeit des Produzenten ist im Rahmen des Anspruches aus § 823 Abs. 1 BGB nicht das Vorliegen des Produktfehlers, sondern die Verletzung der allgemeinen Verkehrspflicht (**Verkehrssicherungspflicht**). Sie beruht auf dem Gedanken, dass jeder, der Gefahrenquellen schafft, die notwendigen Vorkehrungen zum Schutze Dritter zu treffen hat. Den Produzenten einer Ware trifft die Pflicht, die im konkreten Fall zur Vermeidung und Beseitigung einer Gefahr erforderlichen und zumutbaren Maßnahmen zu treffen. Im Hinblick auf die verschiedenen Pflichtenkreise des Herstellers lassen sich im Rahmen der allgemeinen Gefahrabwendungspflicht einzelne Konstruktions-, Fabrikations- und Instruktionspflichten unterscheiden.

Ein **Konstruktionsfehler** ist gegeben, wenn das Produkt schon seiner Konzeption nach unter dem gebotenen Sicherheitsstandard bleibt, den ein sorgfältiger Hersteller zum Schutz der Benutzer vor unvernünftig großen Gefahrenrisiken gewählt hätte. Den Hersteller trifft die Verantwortung dafür, dass die Konstruktion des Produkts die ihm zugedachten oder zugeschriebenen Verwendungszwecke erfüllt, die nach dem „Stand der Technik" maßgeblichen Mindestanforderungen nicht unterschreitet und ein gefahrloser Betrieb und Umgang mit dem Produkt gewährleistet ist.

Fabrikationsfehler finden ihre Ursache im eigentlichen Herstellungsprozess des Produkts. Die Konstruktion oder Zusammensetzung des Produkts ist fehlerfrei erfolgt, jedoch sind bei der Umsetzung der Konstruktion planwidrige Abweichungen aufgetreten, durch die ein fehlerhaftes Produkt in den Verkehr gebracht worden ist. Den Hersteller treffen im Bereich des Fertigungsablaufes Organisations- und Kontrollpflichten. Er muss durch eine lückenlose Gestaltung und Überwachung des Fertigungsprozesses gewährleisten, dass Fehlerquellen nach Möglichkeit von vornherein ausgeschaltet sind (BGHZ 104, 323). Fabrikationsfehler, die durch eine fehlerhafte Fertigung oder mangelnde Kontrolle entstanden sind, betreffen meist nur einzelne Stücke eines ordentlich konstruierten Produkts (sog. Ausreißer).

Als **Instruktionsfehler** bezeichnet man die unzureichende Belehrung durch den Hersteller über die Handhabung des Produkts, wenn die Nutzung eines Produkts mit Gefahren verbunden ist. Ist eine gefahrlose Verwendung des Produkts mit dem Wissen eines Durchschnittsbenutzers nicht möglich, so trifft den Hersteller die Verpflichtung, die Benutzer durch entsprechende Hinweise und warnende Angaben auf die Möglichkeiten der Gefahrvermeidung aufmerksam zu machen (BGHZ 116, 60). Die entsprechenden Hinweise des Herstellers müssen auch die Gefahren eines naheliegenden Fehlgebrauchs des Produkts erfassen (Benutzung eines Haartrockners in der Badewanne). Ferner besteht auch eine Warnpflicht für die Verbindung des Produkts mit nicht herstellereigenem, aber üblichem Zubehör (BGHZ 99, 167).

Die Verletzung der sog. **Produktbeobachtungspflicht** kann sowohl zu den Konstruktions- als auch zu den Instruktionsfehlern gezählt werden. Diese Pflicht verlangt vom Hersteller eine laufende Beobachtung seines Produkts auch nach dessen Markteinführung. Auch muss er die Entwicklung von Wissenschaft und Technik daraufhin verfolgen, ob nicht nachträglich Gefahren des Produkts erkennbar werden. Ggf. muss er entsprechende Instruktionen herausgeben. Zu Rückruf und Fehlerbehebung ist der Hersteller nur in Ausnahmefällen (z.B. Gefahr für Dritte wegen zu erwartender Weiternutzung des mangelhaften Produkts) verpflichtet, weil sich der Endabnehmer wegen Mängeln vorrangig an seinen Vertragspartner (Händler) zu wenden hat (BGHZ 179, 157).

e) Verschulden

Die deliktische Haftung gemäß § 823 Abs. 1 BGB setzt des Weiteren voraus, dass dem Produzenten ein Verschulden nachgewiesen wird. Da der Verbraucher aufgrund der Komplexität und Unüberschaubarkeit industrieller Massenproduktion und Warenverteilung den Nachweis konkreter Verantwortlichkeit im Schadensfall nur äußerst selten erbringen kann, hat der BGH die allgemeinen **Beweislastregeln** mit Ausnahme der nachträglichen Produktbeobachtungspflicht zum Vorteil des Geschädigten abgeändert:

- Der Verbraucher hat zu beweisen, dass ein objektiv fehlerhaftes Produkt durch den Hersteller in den Verkehr gebracht wurde und der Schaden durch diesen Fehler verursacht worden ist.
- Die Verantwortlichkeit des Herstellers für Produktfehler wird grds. vermutet. Er kann sich jedoch vom Vorwurf schuldhaften Verhaltens durch einen Entlastungsbeweis befreien. Der Hersteller hat zu beweisen, dass er objektiv nicht gegen eine Verkehrssicherungspflicht verstoßen hat und dass der Fehler des Produkts entstanden ist, obwohl er sich bei Konstruktion, Fabrikation und Instruktion nach dem erkennbaren und ermittelbaren Stand von Wissenschaft und Technik gerichtet hat.

Der Entlastungsbeweis bei Fehlern im Bereich der Konstruktion eines Produkts ist kaum möglich, da diese regelmäßig auf einer Vernachlässigung der Organisation beruhen. Bei Fabrikationsfehlern kann sich der Produzent entlasten, wenn er nachweist, dass es sich bei dem Produktfehler um einen „Ausreißer" handelt, der trotz ordnungsgemäßer Organisation der Sicherheitsvorkehrungen und Ausgangskontrolle nicht zu vermeiden war. Instruktionsfehler sind durch den Beweis zu entkräften, dass der Hersteller keine Erkenntnismöglichkeiten hatte oder sich verschaffen konnte, aus denen sich die Tatsachen für eine Warnung oder einen Hinweis ergaben.

f) Schaden

Ersatzfähig sind im Bereich der deliktischen Produzentenhaftung nur solche Schäden, die aus der Verletzung der von § 823 Abs. 1 BGB geschützten Rechtsgüter durch das fehlerhafte Produkt entstanden sind. Hierzu kann auch das Schmerzensgeld nach § 253 BGB gehören.

g) Haftungsausfüllende Kausalität

Im Rahmen der haftungsausfüllenden Kausalität ist zu prüfen, ob der eingetretene Schaden kausal durch die Rechtsgutverletzung eingetreten ist und der Schädiger somit für diese Schadensfolgen auch einzutreten hat.

Produzentenhaftung - Produkthaftung

Verhältnis: Tatbestandskonkurrenz, § 15 Abs. 2 ProdHaftG

Produzentenhaftung, § 823 Abs. 1 BGB	**Produkthaftung, ProdHaftG**
Voraussetzungen 1. Rechtsgutverletzung ⇒ Rechtsgüter des § 823 Abs. 1 BGB 2. Verletzungshandlung ⇒ Verletzung einer Verkehrssicherungspflicht ⇒ dem Hersteller zurechenbar 3. Haftungsbegründende Kausalität ⇒ Äquivalenz + Adäquanz + Schutzzweck der Norm 4. Rechtswidrigkeit ⇒ Fabrikationsfehler ⇒ Konstruktionsfehler ⇒ Instruktionsfehler 5. Verschulden ⇒ mit Beweislastumkehr (Entlastungsbeweis) 6. Schaden 7. Haftungsausfüllende Kausalität ⇒ Kausalität zwischen Rechtsgutverletzung und Schaden	**Voraussetzungen** 1. Hersteller eines Produkts ⇒ § 4 Abs. 1 S. 1 ProdHaftG: Hersteller in eigener Tätigkeit ⇒ § 4 Abs. 1 S. 2 ProdHaftG: Derjenige, der den Anschein erweckt, Hersteller zu sein (Quasi-Hersteller) ⇒ § 4 Abs. 2 ProdHaftG: Importeur des Produkts ⇒ § 4 Abs. 3 ProdHaftG: Lieferant des Produkts 2. Fehlerhaftigkeit des Produkts ⇒ § 2 ProdHaftG (Produktbegriff), § 3 ProdHaftG (Fehler) 3. Verletzung eines Rechtsguts ⇒ § 1 Abs. 1 S. 1 ProdHaftG: Personen- oder Sachschäden 4. Kausalität zwischen 2. und 3. 5. Kein Ausschluss ⇒ §§ 1 Abs. 2 Nr. 1 – 5, 1 Abs. 3 ProdHaftG
Rechtsfolgen ⇒ Schadensersatz, §§ 249 ff. BGB ⇒ Verjährung: bis zu 30 Jahren, § 199 Abs. 2 S. 1 BGB)	**Rechtsfolgen** ⇒ Schadensersatz, §§ 7 ff. ProdHaftG ⇒ Verjährung: drei Jahre ab Kenntnis, § 12 Abs. 1 ProdHaftG

Schaubild 42

3. Voraussetzungen der Haftung nach dem ProdHaftG

a) Bedeutung

Anders als die deliktische Eigen- und Organisationshaftung, die auf § 823 Abs. 1 BGB basiert und schlagwortartig mit dem Begriff Produzentenhaftung gekennzeichnet wird, handelt es sich bei der Produkthaftung nach dem ProdHaftG um eine verschuldensunabhängige Haftung (**Gefährdungshaftung**). Unter Produkthaftung versteht man die Haftung des Herstellers für Folgeschäden aus der Benutzung des Produkts. § 1 ProdHaftG normiert die Haftung des Herstellers für Personen- und Sachschäden infolge eines Produktfehlers. §§ 2, 3 u. 4 ProdHaftG enthalten Legaldefinitionen der Begriffe Produkt, Fehler und Hersteller.

b) Anspruchsvoraussetzungen der Haftung nach dem Produkthaftungsgesetz

Eine Schadensersatzpflicht des Herstellers nach § 1 Abs. 1 Satz 1 ProdHaftG setzt voraus, dass durch den Fehler eines von ihm hergestellten oder in den Verkehr gebrachten Produkts ein Mensch getötet, an seinem Körper oder seiner Gesundheit verletzt oder eine Sache beschädigt wird. Allerdings wird nicht das schadhafte Produkt selbst ersetzt. § 1 Abs. 1 Satz 2 ProdHaftG spricht ausdrücklich von einer „anderen Sache" als dem fehlerhaften Produkt. Zudem muss es sich dabei um eine Sache handeln, die im persönlichen bzw. privaten Gebrauch steht (Schutz des privaten Endverbrauchers).

aa) Hersteller eines Produkts

Die Verantwortlichkeit für fehlerhafte Produkte richtet sich nach dem ProdHaftG in erster Linie gegen den Hersteller des Produkts. Die **Herstellereigenschaft** wird in § 4 ProdHaftG näher bestimmt. Der Kreis der haftpflichtigen Personen ist weit gezogen, damit eine lückenlose Haftungskette aller am Herstellungsprozess Beteiligten gewährleistet ist, wenn das Endprodukt, der gelieferte Bestandteil oder Grundstoff fehlerhaft gewesen ist:

- Als Haftungsadressaten kommen gemäß § 4 Abs. 1 Satz 1 ProdHaftG drei unterschiedlich in den Herstellungsprozess eingebundene Personen in Betracht. Zu den sog. tatsächlichen Herstellern nach § 4 Abs. 1 Satz 1 ProdHaftG gehören die Hersteller, die ein Endprodukt, einen Grundstoff oder ein Teilprodukt als Ergebnis eigener Tätigkeit erzeugt haben. Als weiteren Haftungsadressaten normiert § 4 Abs. 1 Satz 2 ProdHaftG den Quasi-Hersteller. Im tatsächlichen Herstellungsprozess des Produkts hat der Quasi-Hersteller nicht mitgewirkt, jedoch wird er dem tatsächlichen Hersteller gleichgestellt, da er durch sein Verhalten den Anschein seiner Herstellereigenschaft erweckt hat. Danach gilt als Quasi-Hersteller derjenige, der sich durch das Anbringen seines Namens, seiner Marke oder eines anderen unterscheidungskräftigen Kennzeichens als Hersteller ausgibt.
- Ferner haftet gemäß § 4 Abs. 2 ProdHaftG der Importeur eines fehlerhaften Produkts. Voraussetzung ist, dass er das Produkt zum Zwecke des Verkaufs, der Vermietung, des Mietkaufs oder einer anderen Form des Vertriebs mit wirtschaftlichem Zweck im Rahmen seiner geschäftlichen Tätigkeit in die EG eingeführt oder verbracht hat. Diese verschärfte Haftungsregelung für Importeure soll dem Schutz der Verbraucher dienen, da sich die Rechtsverfolgung in Drittstaaten als äußerst schwierig und problematisch darstellt.
- Kann der tatsächliche Hersteller oder der EWR-Importeur nicht festgestellt werden, so gilt gemäß § 4 Abs. 3 ProdHaftG auch der Lieferant als Hersteller des fehlerhaften Produkts. Diese „Auffanghaftung" soll bezwecken, dass die Haftungssanktion als

Druckmittel gegen den Lieferanten eingesetzt werden kann, um so die Offenlegung der tatsächlichen Verhältnisse zu erreichen.

bb) Fehlerhaftigkeit des Produkts

Das vom Hersteller in den Verkehr gebrachte Produkt muss fehlerhaft sein. Die Produkteigenschaft ist in § 2 ProdHaftG legal definiert. Danach sind alle beweglichen Sachen Produkte i.S.d. ProdHaftG, auch wenn sie einen Bestandteil einer anderen Sache bilden (Lichtmaschine in einem PKW), sowie Elektrizität.

Ein **Produktfehler** ist gemäß § 3 ProdHaftG gegeben, wenn das Produkt nicht die Sicherheit bietet, die unter Berücksichtigung aller Umstände berechtigterweise erwartet werden kann. Der Fehlerbegriff des § 3 ProdHaftG verfolgt damit den Zweck, die körperliche Integrität und das Eigentum des Produktbenutzers oder eines Dritten zu schützen, soweit die Ursache in einer fehlenden Produktsicherheit liegt.

cc) Verletzung eines Rechtsguts

Das fehlerhafte Produkt des Herstellers muss eine Person getötet, den Körper oder die Gesundheit verletzt oder eine Sache beschädigt haben, § 1 Abs. 1 Satz 1 ProdHaftG. Im Fall der Sachbeschädigung durch ein fehlerhaftes Produkt müssen zudem zusätzliche haftungsbegrenzende Voraussetzungen beachtet werden. Die Schadensersatzpflicht wird nur bei denjenigen Sachbeschädigungen ausgelöst, bei denen die Beschädigung eine andere Sache als das fehlerhafte Produkt betrifft und „die andere Sache“ ihrer Art nach gewöhnlich für den privaten Ge- oder Verbrauch bestimmt und hierzu von dem Geschädigten hauptsächlich verwendet worden ist, § 1 Abs. 1 Satz 2 ProdHaftG.

dd) Kausalität zwischen Produktfehler und Rechtsgutverletzung

Zwischen dem Produktfehler und der eingetretenen Rechtsgutverletzung muss ein Kausalzusammenhang bestehen (s. S. 183).

ee) Kein Ausschluss der Produkthaftung

Die Haftung des Herstellers für Rechtsgutverletzungen durch fehlerhafte Produkte ist ausgeschlossen, wenn eine der in § 1 Abs. 2 Nr. 1 bis 5 und in § 1 Abs. 3 ProdHaftG erwähnten Voraussetzungen erfüllt ist:

- Ein Haftungsausschluss nach § 1 Abs. 2 Nr. 1 ProdHaftG ist gegeben, wenn der Hersteller das Produkt nicht in den Verkehr gebracht hat. Eine Haftungsverantwortlichkeit für fehlerhafte Produkte soll den Hersteller nur dann treffen, wenn die Vermarktung des Produkts auf seinem eigenen und freien Entschluss beruht.
- Ist der Fehler des schadenstiftenden Produkts erst nach dem Inverkehrbringen entstanden, so geht er nicht zu Lasten des Herstellers, § 1 Abs. 2 Nr. 2 ProdHaftG. Allerdings kann den Hersteller dann die Produktbeobachtungspflicht des § 823 Abs. 1 BGB treffen (s. S. 191).
- Hat der Hersteller das Produkt weder für einen Vertrieb mit wirtschaftlichem Zweck noch im Rahmen der beruflichen Tätigkeit hergestellt oder vertrieben, erfolgt ein Haftungsausschluss nach § 1 Abs. 2 Nr. 3 ProdHaftG.
- Nach § 1 Abs. 2 Nr. 4 ProdHaftG ist die Schadensersatzpflicht des Herstellers auch ausgeschlossen, wenn der Fehler darauf beruht, dass das Produkt in dem Zeitpunkt, in dem der Hersteller es in den Verkehr brachte, zwingenden Rechtsvorschriften entsprach.

- Der Hersteller haftet auch nicht für Fehler, die nach dem Stand der Wissenschaft und Technik im Zeitpunkt des Inverkehrbringens des Produkts nicht erkannt werden konnten, § 1 Abs. 2 Nr. 5 ProdHaftG.
- Schließlich statuiert § 1 Abs. 3 ProdHaftG einen Ausschluss der Verantwortlichkeit für Hersteller von Teilprodukten und Grundstoffen in den Fällen, in denen der Fehler erst durch die Einarbeitung in ein anderes Produkt entstanden oder durch Anleitungen des Herstellers des Folgeprodukts verursacht worden ist.

c) Rechtsfolgen der Haftung nach dem ProdHaftG

Rechtsfolge des Schadensersatzanspruchs aus § 1 Abs. 1 Satz 1 ProdHaftG ist der Ersatz des Schadens, der durch das fehlerhafte Produkt entstanden ist. Über die allgemeinen Vorschriften des Schadensrechts kann auch Schmerzensgeld verlangt werden, vgl. § 253 Abs. 2 BGB. Der im Einzelfall zu bestimmende Umfang des Schadensersatzanspruchs richtet sich im Wesentlichen danach, welches der geschützten Rechtsgüter verletzt worden ist:

- Der Umfang der Ersatzverpflichtung bei der Tötung eines Menschen wird durch § 7 ProdHaftG festgelegt. Nach § 7 Abs. 1 Satz 1 ProdHaftG sind die Kosten einer versuchten Heilung, Vermögensnachteile durch die Minderung der Erwerbsfähigkeit und vermehrten Bedürfnisse während der Krankheit zu ersetzen. Diese Schadensersatzansprüche des Getöteten gehen im Wege der Universalsukzession gemäß § 1922 Abs. 1 BGB auf die Erben über.
- Zudem gewährt § 7 Abs. 2 ProdHaftG dem mittelbar Geschädigten einen eigenen Schadensersatzanspruch, der gegenüber dem Getöteten aufgrund familienrechtlicher Beziehung unterhaltsberechtigt war und dem durch die Tötung das Unterhaltsrecht entzogen wurde.
- Die Ersatzverpflichtung bei Körper- und Gesundheitsverletzungen durch fehlerhafte Produkte umfasst gemäß § 8 ProdHaftG den Ersatz der Kosten für die Heilung und der aufgrund der Aufhebung oder Minderung der Erwerbsfähigkeit und der Vermehrung der Bedürfnisse entstandenen Vermögensnachteile.
- Die Höhe der Schadensersatzverpflichtung bei Tötungen, Körper- und Gesundheitsverletzungen ist gemäß § 10 Abs. 1 ProdHaftG der Summe nach beschränkt.
- Für Schäden an anderen Privatsachen als dem fehlerhaften Produkt ist ein Haftungshöchstbetrag nicht vorgesehen, sodass die Haftung in diesen Fällen unbegrenzt ist. Nach § 11 ProdHaftG hat der Geschädigte jedoch einen „Sockelbetrag" selbst zu tragen.

d) Beweislastverteilung

Der Geschädigte muss gemäß § 1 Abs. 4 ProdHaftG die Fehlerhaftigkeit des vom Beklagten hergestellten Produkts und den zwischen dieser Fehlerhaftigkeit und dem Schaden zugrunde liegenden Ursachenzusammenhang darlegen und beweisen. Dabei kann ggf. der sog. Beweis des ersten Anscheins zur Anwendung kommen. Der Beweis des ersten Anscheins (**prima facie Beweis**) erlaubt bei typischen Geschehensabläufen den Nachweis eines ursächlichen Zusammenhangs oder eines schuldhaften Verhaltens ohne exakte Tatsachengrundlage aufgrund von Erfahrungssätzen. Soweit sich der Hersteller auf Ausschlusstatbestände nach § 1 Abs. 2 Nr. 1 bis 5 oder § 1 Abs. 3 ProdHaftG beruft, muss er diese beweisen.

e) Verjährung

Die Verjährungsfrist für den Schadensersatzanspruch aus § 1 Abs. 1 Satz 1 ProdHaftG beträgt gemäß § 12 ProdHaftG drei Jahre von dem Zeitpunkt an, in dem der Ersatzberechtigte von dem Schaden, dem Fehler und der Person des Ersatzpflichtigen Kenntnis erlangt hat oder hätte erlangen müssen. Der Anspruch erlischt zehn Jahre nachdem das fehlerhafte Produkt in den Verkehr gebracht wurde, § 13 Abs. 1 Satz 1 ProdHaftG.

Kurzrepetitorium

Deliktsrecht:

- Schutz des Geschädigten durch Kompensation des erlittenen Schadens.
- Kombination aus allgemeinen deliktischen Anspruchsgrundlagen des BGB, §§ 823 Abs. 1 u. Abs. 2, 826 und Sondertatbeständen, z.B. § 833 BGB oder § 1 ProdHaftG.
- Grds. nur Haftung bei rechtswidriger und schuldhafter Verursachung eines Schadens, nur ausnahmsweise Gefährdungshaftung, z.B. § 7 Abs. 1 StVG.
- „Sonstige Rechte" im Sinne des § 823 Abs. 1 BGB: alle absoluten Rechte und ferner zwei sog. Rahmenrechte (Recht am eingerichteten und ausgeübten Gewerbebetrieb und das allgemeine Persönlichkeitsrecht).
- Verletzungshandlung: Tun oder Unterlassen in Garantenstellung oder bei Verkehrssicherungspflicht.
- Haftungsbegründende Kausalität: Adäquanztheorie sowie Lehre vom Schutzzweck der Norm.
- Rechtswidrigkeit ist indiziert; Widerlegung durch Rechtfertigungsgründe möglich.
- Verschulden setzt Deliktsfähigkeit voraus, §§ 827 f. BGB.
- Gesetzliche Haftungsmilderungen sind zu berücksichtigen.
- Haftungsausfüllende Kausalität: gleiche Zurechnungskriterien wie im Rahmen der haftungsbegründenden Kausalität.
- § 823 Abs. 2 BGB: Verstoß gegen Schutzgesetz (= Gesetz, das dem Schutz des Einzelnen dient) erforderlich.
- § 826 BGB: Prägung durch Kasuistik der Rechtsprechung (Fallgruppen der Sittenwidrigkeit der Schädigungshandlung).
- § 831 BGB: selbstständige Anspruchsgrundlage, sanktioniert wird das Verschulden des Geschäftsherrn bei der Auswahl und Kontrolle des Verrichtungsgehilfen.
- Verrichtungsgehilfe: wer mit Wissen und Wollen des Geschäftsherrn in dessen Interesse tätig wird und von dessen Weisungen abhängig ist.
- Die von § 831 Abs. 2 BGB aufgestellte Verschuldensvermutung kann vom Geschäftsherrn widerlegt werden.
- Deliktische Produzentenhaftung gemäß § 823 BGB erfasst mittelbar schädigende Verhaltensweisen, sofern diese auf der Verletzung einer Verkehrssicherungspflicht (Konstruktions-, Fabrikations- und Instruktionspflichten) beruhen; Beweislastumkehr zu Gunsten des Geschädigten.
- ProdHaftG: verschuldensunabhängige Haftung des Herstellers für Schäden, die sich aus der Benutzung des Produkts ergeben und an anderen Rechtsgütern des privaten Endverbrauchers entstehen, § 1 ProdHaftG.

Kapitel F. Sachenrecht

§ 26 Funktion, Prinzipien und Grundbegriffe des Sachenrechts

I. Funktion des Sachenrechts

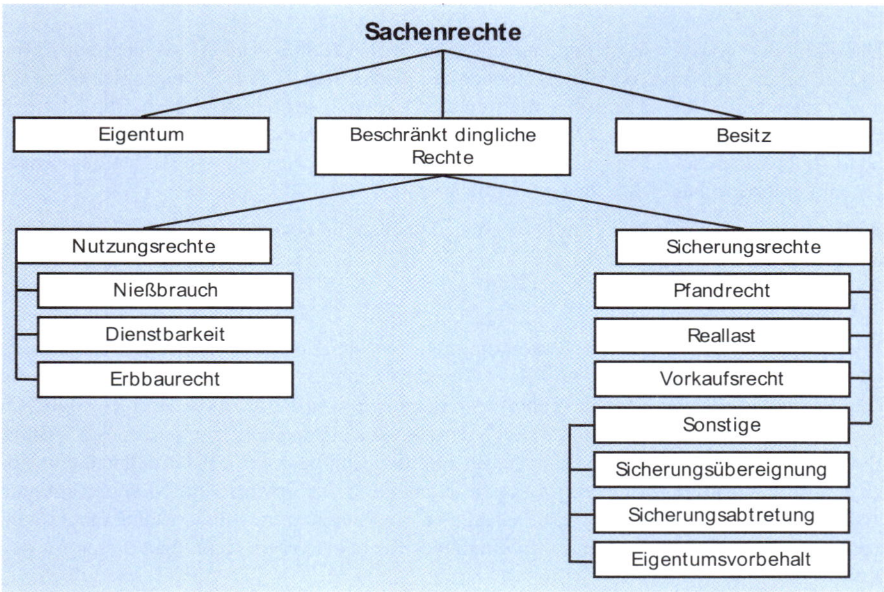

Schaubild 43

Im dritten Buch des BGB, also in den §§ 854 bis 1296, ist das Sachenrecht geregelt. Hierunter versteht man allgemein diejenigen Vorschriften, die auf besondere Weise die Beziehungen von Personen zu Sachen regeln. Das Schuldrecht ist, wie wir gesehen haben, durch die Rechtsbeziehungen der beteiligten Personen untereinander (relative Rechte) gekennzeichnet. Im Gegensatz dazu behandelt das Sachenrecht die Rechte von Personen an Sachen, § 90 BGB (**absolute oder dingliche Rechte**). Die wichtigsten Rechte des Sachenrechts sind:

- das Eigentum im Sinne eines umfassenden Zuordnungsrechts,
- der Besitz, verstanden als die tatsächliche Herrschaft einer Person über eine Sache,
- die beschränkt dinglichen Rechte. Sie ordnen dem Berechtigten nur einzelne Befugnisse an einer Sache zu.

II. Grundprinzipien des Sachenrechts

Das Sachenrecht ist durch eine gewisse Strenge gekennzeichnet. So ist es von bestimmten Prinzipien geprägt, die es erheblich vom Schuldrecht unterscheiden und die für das weitere Verständnis unverzichtbar sind.

1. Absolutheitsprinzip

Dingliche Rechte sind absolute Rechte. Dies bedeutet, dass sie gegenüber jedermann (absolut) wirken und nicht nur, wie Rechte des Schuldrechts, relativ, also zwischen bestimmten Personen. Das **Absolutheitsprinzip** führt praktisch zu einem umfassenden Rechtsschutz gegen jede Form der Beeinträchtigung, etwa durch einen Herausgabeanspruch des Eigentümers bei Besitzentzug gemäß § 985 BGB oder durch einen Beseitigungs- und Unterlassungsanspruch nach § 1004 BGB bei Beeinträchtigung des Eigentums in sonstiger Weise.

2. Typenzwang

Die Zahl der vom Gesetzgeber zugelassenen Sachenrechte (Typen) ist begrenzt. Man spricht daher auch vom **Numerus clausus** der Sachenrechte. Die Parteien können somit neue dingliche Rechte nicht selbst schaffen; der **Typenzwang** schränkt die Vertragsfreiheit ein (RGZ 88, 160, 162). Dies ist darauf zurückzuführen, dass dingliche Rechte von jedermann zu beachten sind. Ein solcher Schutz ist nur realisierbar, wenn die Rechte überschaubar und in ihren Inhalten klar und eindeutig sind.

Beispiel: Es ist nicht möglich, an beweglichen Sachen ein besitzloses Pfandrecht zu bestellen, vgl. § 1205 BGB.

3. Publizitätsprinzip

Wie wir gerade gesehen haben, wirken dingliche Rechte gegenüber jedermann. Sie müssen dazu für jedermann erkennbar sein. Das Gesetz verlangt daher für die Bestellung und die Übertragung dinglicher Rechte äußerlich erkennbare **Publizitätsakte**. Bei beweglichen Sachen wird diese Offenkundigkeit durch den Besitz sichergestellt, vgl. § 929 Satz 1 BGB. Bei Grundstücken wird dem Publizitätsprinzip durch Eintragung in das Grundbuch entsprochen, vgl. § 873 BGB. Ohne ein Publizitätselement ist der Erwerb vom Nichtberechtigten undenkbar. Umgekehrt wird der gute Glaube an die Publizität geschützt. Man kann deshalb auch von einem Nichtberechtigten ein dingliches Recht erwerben, wenn man diesen für den Rechtsinhaber halten durfte.

4. Spezialitätsprinzip

Nach dem **Spezialitäts- oder Bestimmtheitsprinzip** können dingliche Rechte nur an konkreten Einzelsachen bestehen, nicht dagegen an einer Sachgesamtheit. Beim Erwerb und der Bestellung bestimmter dinglicher Rechte muss also genau bestimmt sein, welche einzelnen Sachen welcher Person zugeordnet sind. Soweit bei der Bestellung beschränkt dinglicher Rechte den Parteien ein Gestaltungsspielraum verbleibt, muss die Vereinbarung gegenüber jedermann inhaltlich klar sein. Diesem Grundsatz wird entsprochen, wenn ein Dritter aufgrund der Einigung ermitteln kann, welcher Rechtszustand besteht und keine Unklarheiten über den Geltungsbereich des dinglichen Rechts aufkommen.

Beispiel: Keine Übereignung „des Fuhrparks“, sondern der einzelnen genannten LKW bzw. PKW mit Kennzeichen und Fahrgestellnummer. Kein Sacheigentum an „dem Unternehmen“, sondern nur an den einzelnen dazugehörenden Sachen etc.

5. Trennungs- und Abstraktionsprinzip

Wie bereits mehrfach angesprochen, sind schuldrechtliches Verpflichtungs- und dingliches Verfügungsgeschäft streng voneinander zu trennen (s. S. 37). Die Wirksamkeit von Verpflichtungs- und Verfügungsgeschäft ist daher für jedes Geschäft gesondert zu prüfen. Als **Trennungsprinzip** wird dabei die systematische Trennung zwischen Verpflichtungsgeschäft und dinglicher Rechtsänderung verstanden. Mit dem Begriff **Abstraktionsprinzip** ist gemeint, dass die Verfügung zweckfrei und vom kausalen Rechtsgeschäft unabhängig ist. Das Abstraktionsprinzip besagt also insbesondere, dass die Verfügung nicht allein deshalb unwirksam ist, weil das Grundgeschäft unwirksam ist.

6. Prioritätsprinzip

Während man einen Kaufvertrag über ein und dieselbe Sache mit verschiedenen Personen als Käufer abschließen kann, ohne dass dieser nichtig wären, können dingliche Rechte wirksam nur einmal übertragen werden. Sie stehen demjenigen zu, der sie zuerst erlangt hat. Eine Ausnahme besteht lediglich im Falle des gutgläubigen Erwerbs. Schon aufgrund der Publizität wird deutlich, dass man eine Sache nur einmal übergeben kann.

III. Das Eigentum

Das zentrale dingliche Recht ist das **Eigentum**. Es findet seine Grundlage in Art. 14 GG und in § 903 BGB. Von Alleineigentum spricht man, wenn eine Person ein umfassendes Herrschaftsrecht über eine Sache hat. Miteigentum, §§ 1008 ff. BGB, ist dadurch gekennzeichnet, dass das Eigentum an einer Sache mehreren Personen zusteht. Hierbei ist zwischen Bruchteils- und Gesamthandseigentum zu unterscheiden. Beim Bruchteilseigentum steht dem Eigentümer ein Anteil an einer Sache zu, über den er frei verfügen kann (z.B. Eigentümer einer Eigentumswohnung in einer Wohnanlage). Beim Gesamthandseigentum steht zwar auch mehreren Eigentümern eine Sache zu, es ist jedoch insoweit beschränkt, als der einzelne Gesamthandseigentümer über seinen Anteil an der Sache nicht selbstständig verfügen kann. Das Gesamthandseigentum ist häufig im Gesellschaftsrecht anzutreffen, so etwa bei der Gesellschaft bürgerlichen Rechts, § 719 Abs. 1 BGB. Andere Beispiele sind die eheliche Gütergemeinschaft, § 1415 BGB, oder die Miterbengemeinschaft, § 2032 BGB.

Besonderheiten sind ferner beim Treuhandeigentum zu beachten. Der Treuhandeigentümer ist Volleigentümer wie der Alleineigentümer. Aufgrund des Treuhandverhältnisses besteht aber eine schuldrechtliche Bindung, wonach der Treuhandeigentümer beim Gebrauch des Treuhandeigentums beschränkt ist.

Eigentumsrechte können nur an beweglichen und unbeweglichen Sachen, nicht aber an Forderungen bestehen. Nach § 903 BGB kann der Eigentümer mit seiner Sache nach Belieben verfahren. Bspw. kann er sie verkaufen oder verschenken, verwerten, belasten oder zerstören. Grenzen hat dieses Recht nur dort, wo das Gesetz oder Rechte Dritter entgegenstehen. Als Inhaber dieses absoluten Herrschaftsrechts kann der Eigentümer gegenüber jeder anderen Person den Schutz seines Eigentums beanspruchen.

Beispiel: Der Eigentümer kann nicht nur die unbefugte Benutzung seines Grundstücks untersagen. Er kann sich auch gegen den Entzug von Licht und Luft auf seinem Grundstück wehren.

Unter einem **Anwartschaftsrecht** versteht man ein gesichertes Erwerbsrecht in Form einer Vorstufe des künftigen Eigentums. Ein Anwartschaftsrecht entsteht vor allem bei mehraktigen Übereignungstatbeständen, bei denen der Erwerber bereits eine gesicherte Erwerbsposition erlangt hat, die insbesondere der Veräußerer nicht mehr einseitig zerstören kann, ohne dass es bis zu diesem Zeitpunkt zum vollständigen Eigentumserwerb gekommen ist. Aufgrund des numerus clausus kann das Anwartschaftsrecht kein dingliches Recht sein; es wird aber regelmäßig wie ein solches behandelt.

IV. Der Besitz

1. Bedeutung

Wie Sie schon an der Formulierung „ich bin Hausbesitzer" oder „ich bin Grundbesitzer" erkennen können, wird umgangssprachlich nicht exakt zwischen Eigentum und Besitz unterschieden. Diese Laxheit im Umgang mit den Begriffen steht im krassen Widerspruch zur scharfen Trennung des BGB zwischen Eigentum und Besitz. Während das Eigentum das umfassendste dingliche Recht darstellt, versteht das Gesetz unter **Besitz** lediglich die tatsächliche Sachherrschaft, § 854 BGB. Vereinfacht kann man formulieren: Der Besitz ist kein Recht, sondern eine Tatsache. Das bedeutet aber nicht, dass sich hieraus keine Rechte ergeben.

Beispiel: Vermieter V vermietet eine Wohnung an Mieter M. Während der Dauer des Mietverhältnisses ist M Besitzer der Mietwohnung, da er die tatsächliche Gewalt über die „vier Wände" ausübt.

Für den Besitz ist es unbeachtlich, ob ein Recht zum Besitz besteht. Auch der Dieb ist Besitzer der Sache. Trotz der Tatsache, dass der Besitz kein dem Eigentum vergleichbares Recht ist, kommen ihm wichtige Funktionen zu:

- Publikations- oder Eigentumsvermutungsfunktion. Nach § 1006 BGB wird vermutet, dass der Besitzer einer beweglichen Sache Eigentümer der Sache ist.
- Übertragungsfunktion. Für den Erwerb der meisten dinglichen Rechte an beweglichen Sachen ist die Besitzerlangung erforderlich.
- Gutglaubensfunktion. Der Besitz ist eine zentrale Voraussetzung für den Eigentumserwerb an beweglichen Sachen vom Nichtberechtigten kraft guten Glaubens, §§ 932 ff. BGB.
- Friedensfunktion. Jeder Besitzer wird in seiner tatsächlichen Herrschaft geschützt. Man kann dem Besitzer also die Sache nicht einfach wegnehmen, §§ 854 ff. BGB.
- Ersitzung. Wer eine Sache viele Jahre in gutem Glauben besessen hat, kann das Eigentum daran erlangen, §§ 937, 900 BGB.

2. Arten des Besitzes

Das Gesetz unterscheidet hinsichtlich der Voraussetzungen und Rechtsfolgen unterschiedliche Arten des Besitzes.

a) Unmittelbarer Besitz

Derjenige, der die unmittelbare Sachherrschaft selbst ausübt, wird unmittelbarer Besitzer genannt, soweit ein tatsächlicher Besitzwille vorliegt, § 854 BGB. Hierfür ist eine gewisse räumliche, auf Dauer angelegte Sachbeziehung erforderlich (KG NJW-RR 1994, 713, 714). Der Besitzwille erfordert einen „natürlichen Willen", der nicht die Qualität eines rechtsgeschäftlichen Willens hat, sodass ihn auch Geschäftsunfähige haben können. Der unmittelbare Besitz geht nach § 856 BGB verloren, wenn der Besitzer die tatsächliche Herrschaft freiwillig aufgibt (wegwerfen oder übergeben). Besitzverlust tritt ferner ein, wenn die

Sache abhanden kommt. Hierunter versteht man den unfreiwilligen Verlust des unmittelbaren Besitzes (OLG München NJW-RR 1993, 1466), etwa weil die Sache gestohlen wird oder verloren geht.

Beispiel: Man bleibt Besitzer, wenn man seinen PKW auf einem Park-and-Ride-Platz abstellt und abschließt, um anschließend mit der Bahn weiterzufahren.

Arten des Besitzes

Unterscheidung in Voraussetzungen und Rechtsfolgen:

nach der Nähe zur Sache:	nach dem Willen des Besitzers:	nach der Anzahl der Besitzer:
⇒ **Unmittelbarer Besitz:** Besitzer übt Sachherrschaft unmittelbar selbst aus	⇒ **Eigenbesitz:** Besitzer besitzt die Sache als ihm gehörend	⇒ **Alleinbesitz:** alleinige tatsächliche Gewalt über eine Sache
⇒ **Mittelbarer Besitz:** Jemand anderes übt Sachherrschaft für den Besitzer aus	⇒ **Fremdbesitz:** Besitzer besitzt die Sache für einen anderen	⇒ **Teilbesitz:** tatsächliche Gewalt über einen Teil der Sache, § 865 BGB
⇒ **Besitzdienerschaft:** Sachherrschaft einer anderen Person trotz fortwährenden unmittelbaren Besitzes		⇒ **Mitbesitz:** gleichzeitiger Besitz mehrerer, § 866 BGB

Schaubild 44

Je nach Willen des Besitzers kann weiter zwischen Eigen- und Fremdbesitzer unterschieden werden. Der Eigenbesitzer besitzt eine Sache als ihm gehörend, § 872 BGB. Es kommt hierbei nicht auf die wahre Rechtslage an, sodass auch der Dieb Eigenbesitzer ist. Fremdbesitzer ist hingegen derjenige, der die Sache nicht als Eigenbesitzer, sondern für einen anderen besitzt (etwa der Mieter). Eigen- und Fremdbesitz unterscheiden sich also allein nach dem erkennbaren Willen des Besitzers.

Je nachdem, wie viele Personen an einer Sache Besitz haben, kann ferner zwischen Allein-, Teil- und Mitbesitz unterschieden werden. Wer die tatsächliche Gewalt über eine Sache allein ausübt, wird Alleinbesitzer genannt. Teilbesitz liegt vor, wenn sich der Besitz auf einen Teil einer Sache bezieht, § 865 BGB. Von Mitbesitz wird gesprochen, wenn mehrere die Sache gemeinschaftlich benutzen, § 866 BGB (Treppenhaus, Waschküche oder Fahrradkeller in einer Mehrparteienwohnanlage).

b) Mittelbarer Besitz

Anders als der unmittelbare Besitzer kann der mittelbare Besitzer nicht direkt auf die Sache einwirken, sondern nur mittelbar. Dies ist dann der Fall, wenn jemand die Sachherrschaft für ihn ausübt, ihm gegenüber aber zum Besitz berechtigt bzw. verpflichtet ist. Im Vermieterfall ist also der Mieter unmittelbarer und der Vermieter mittelbarer Besitzer der Wohnung. Für den mittelbaren Besitz ist ein zwischen unmittelbarem Besitzer und mittelbarem Besitzer bestehendes Besitzmittlungsverhältnis, § 868 BGB, erforderlich. Ferner muss der Wille des Mittlers hinzutreten, für den anderen zu besitzen. Er muss also Fremd- und nicht

Eigenbesitzer sein. Ein Besitzmittlungsverhältnis besteht etwa zwischen Eigentümer und Mieter, Eigentümer und Pächter sowie Eigentümer und Verwahrer.

c) Besitzdienerschaft

Die tatsächliche Gewalt über eine Sache kann eine Person auch durch eine andere – den Besitzdiener – ausüben lassen. Notwendig hierfür ist, dass der andere sich in einem weisungsgebundenen, sozialen Abhängigkeitsverhältnis zu der Person befindet, die weiter allein unmittelbarer Besitzer bleibt, § 855 BGB (vgl. hierzu auch OLG Düsseldorf NJW-RR 1997, 998). Besitzdiener ist etwa der Arbeitnehmer hinsichtlich der ihm anvertrauten Arbeitsmittel oder der Hausverwalter für den Hauseigentümer. Der Besitzdiener ist kein Besitzer; unmittelbarer Besitzer ist allein der Arbeitgeber bzw. der Hauseigentümer.

3. Besitzschutz

Jeder, der dem Besitzer ohne dessen Willen den Besitz entzieht oder den Besitz streitig macht, handelt widerrechtlich und begeht eine sog. verbotene Eigenmacht, § 858 Abs. 1 BGB. Der durch eine solche verbotene Eigenmacht erlangte Besitz ist fehlerhaft, § 858 Abs. 2 Satz 1 BGB. Dies gilt grds. auch gegenüber dem Eigentümer. Dem Besitzer stehen folgende Abwehransprüche zu:

Der Besitzer darf sich verbotener Eigenmacht mit Gewalt erwehren, § 859 Abs. 1 BGB („**Besitzwehr**"). Dieses Selbsthilferecht ist keine Anspruchsgrundlage, sondern ein Rechtfertigungsgrund. Es sorgt dafür, dass der Besitzer, der einen Angreifer durch Abwehrhandlungen verletzt, weder bestraft wird noch Schadensersatz leisten muss. Allerdings muss die angewandte Gewalt erforderlich und verhältnismäßig sein.

Ist der Besitz an einer beweglichen Sache bereits verloren, kann sich der Besitzer auch mit Gewalt den Besitz vom Angreifer wieder verschaffen. Voraussetzung dafür ist, dass der Täter noch auf frischer Tat angetroffen oder verfolgt wird, § 859 Abs. 2 BGB („**Besitzkehr**"). Beachten Sie die Unterscheidung im Gesetz zwischen „sofort" in § 859 Abs. 3 BGB und „unverzüglich" in § 121 Abs. 1 BGB. Sofort meint so schnell wie objektiv möglich (zu den an die Sofortigkeit zu stellenden Anforderungen s. insbesondere LG Frankfurt/Main NJW-RR 2003, 311). Enthält eine Norm das Tatbestandsmerkmal „unverzüglich", darf noch ein entschuldbarer Zeitverlust hinzutreten.

Ferner stehen dem Besitzer ein Herausgabeanspruch, § 861 Abs. 1 BGB, und Beseitigungs- bzw. Unterlassungsanspruch, § 862 Abs. 1 BGB, zu. Der Herausgabeanspruch nach § 861 Abs. 1 BGB steht dem Besitzer nur zu, wenn ihm der Besitz durch verbotene Eigenmacht entzogen wurde und richtet sich nur auf Rückgabe der entzogenen Sache.

Darüber hinaus ist der Besitz als sonstiges Recht i.S.v. § 823 Abs. 1 BGB geschützt. Eine Besitzstörung oder ein Besitzentzug kann daher eine Schadensersatzpflicht auslösen. Eine Schadensersatzpflicht des verbotene Eigenmacht Übenden kann sich außerdem aus § 823 Abs. 2 BGB ergeben, weil § 858 BGB als Schutzgesetz angesehen wird (BGHZ 20, 169, 171).

V. Beschränkt dingliche Rechte

Beschränkt dingliche Rechte ordnen dem Berechtigten lediglich einzelne Befugnisse an einer Sache zu. Sie gewähren also nur **Teilinhalte des Eigentums**. Zu den wichtigsten beschränkt dinglichen Rechten zählen:

- Die Grunddienstbarkeit, § 1018 BGB. Sie berechtigt zu einer bestimmten Nutzung eines bestimmten Grundstücks.

- Der Nießbrauch an Sachen, § 1030 BGB. Er berechtigt zu allen Nutzungen eines Gegenstands.
- Die Reallast, § 1105 BGB. Sie verpflichtet den Eigentümer zu bestimmten wiederkehrenden Leistungen aus einem Grundstück.
- Die Grundpfandrechte. Das BGB kennt drei Arten von Grundpfandrechten: die Hypothek, die Grundschuld und die Rentenschuld. Sie stellen allesamt eine dingliche Last an einem Grundstück dar. Die Hypothek, § 1113 BGB, wird zur Sicherung einer Geldforderung bestellt und ist akzessorisch. Bei der nicht akzessorischen Grundschuld, § 1191 BGB, hängt das dingliche Recht nicht von der Existenz einer zu sichernden Forderung ab. Die Rentenschuld, § 1199 BGB, ist ein Sonderfall der Grundschuld, bei der ein laufende Geldzahlung und kein fester Betrag gesichert wird.

Kurzrepetitorium

Sachenrecht:

- Regelung der Rechte von Personen an Sachen.
- Absolutheitsprinzip: das dingliche Recht als absolutes Recht gilt gegenüber jedermann.
- Typenzwang: Parteien sind an die vom Gesetz vorgegebenen Typen von Sachenrechten gebunden.
- Publizitätsprinzip: Übertragung und Bestellung der Rechte muss nach außen hin erkennbar sein.
- Bestimmtheitsprinzip: die konkrete Einzelsache muss hinreichend bestimmt sein.
- Trennungsprinzip: systematische Trennung zwischen Verpflichtungsgeschäft und dinglicher Rechtsänderung.
- Abstraktionsprinzip: Verfügung ist zweckfrei und vom kausalen Rechtsgeschäft unabhängig.
- Prioritätsprinzip: die zuerst vorgenommene Verfügung geht der späteren vor.
- Umfassendes Herrschaftsrecht des Eigentümers über seine Sache wird durch Gesetz und entgegenstehende Rechte Dritter in der Ausübung seiner Befugnisse beschränkt.
- Bei beschränkt dinglichen Rechten (z.B. Grunddienstbarkeit oder Hypothek) wird lediglich eine begrenzte Rechtsmacht gewährt.
- Besitz als tatsächliche Sachherrschaft erfordert einen Besitzwillen (Vorhandensein eines „natürlichen Willens" ausreichend).
- Unterteilung des Besitzes in unmittelbaren und mittelbaren Besitz.
- Besitzschutzrechte des Besitzers, §§ 858 ff. BGB.

§ 27 Eigentumserwerb

I. Gesetzlicher Eigentumserwerb

Eigentum kann sowohl rechtsgeschäftlich als auch kraft Gesetzes erlangt werden. Zudem ist zwischen dem Erwerb beweglicher Sachen und dem Erwerb von Grundstücken bzw. Rechten an Grundstücken zu unterscheiden. Der Eigentumserwerb kraft Gesetzes ist regelmäßig an tatsächliche Handlungen (Realakte) geknüpft:

Wird eine bewegliche Sache durch **Verbindung** wesentlicher Bestandteil (vgl. §§ 93 bis 95 BGB) eines Grundstücks, erstreckt sich das Eigentum an dem Grundstück auch auf die Sache, § 946 BGB. Die bisher an ihr bestehenden Eigentumsrechte erlöschen, § 949 BGB. Durch die Verbindung geht das Eigentum an der eingebauten Sache vollständig unter. Selbst wenn es später zu einer Trennung kommen sollte, steht die Sache danach nicht wieder dem alten Eigentümer zu.

Beispiel: Die Baufirma B baut anlässlich einer Gebäudeerweiterung auf dem Grundstück des E neue Fenster in das Gebäude ein. Hier hat E durch den Einbau der Fenster in sein Gebäude, das wesentlicher Bestandteil des Grundstücks ist, das Eigentum an den bisher dem B gehörenden Fenstern erlangt. Sie sind wesentlicher Bestandteil des Gebäudes und damit des Grundstücks geworden.

Für die Verbindung beweglicher Sachen untereinander ist § 947 BGB zu beachten, wonach entweder der Eigentümer des Hauptbestandteils Alleineigentümer wird (Lack, mit dem die Möbel angestrichen werden) oder, falls gleichwertige Bestandteile zusammengefügt werden, Miteigentum aller ursprünglichen Eigentümer entsteht. Über § 948 BGB gilt diese Vorschrift auch für Fälle der Vermischung bzw. Vermengung beweglicher Sachen.

Beispiele: Vermischung von Füllgut; Herstellung chemischer Verbindungen; Zusammengießen von Flüssigkeiten.

Sachen können auch **verarbeitet** werden. Wer durch Verarbeitung oder Umbildung fremder Stoffe eine neue bewegliche Sache herstellt, wird deren Eigentümer. Eine Ausnahme besteht nur, wenn der Wert der Verarbeitung erheblich geringer ist als der Wert des Stoffes, § 950 Abs. 1 BGB.

Beispiele: Verarbeitung fremder Bretter zu Möbeln, Herstellung von Kleidern aus fremden Stoffen.

Der Vollständigkeit halber seien neben der Ersitzung (§§ 937 ff. BGB; bei Grundstücken: Buchersitzung, § 900 BGB; ferner Erwerb des Nießbrauchs durch Ersitzung, § 1033 BGB) noch die Aneignung herrenloser Sachen, § 958 BGB, und der Fund, § 973 BGB, genannt.

Wer infolge Verbindung, Vermischung oder Verarbeitung sein Eigentum verliert, wird nach den Grundsätzen des Bereicherungsrechts entschädigt, §§ 951, 812 BGB (Rechtsgrundverweis, OLG Hamm NJW-RR 1992, 1105 m.w.N.). Das bedeutet, dass der sachenrechtliche Rechtsverlust endgültig ist und lediglich in Form von Geld ausgeglichen wird.

Als gesetzlicher Eigentumserwerb lassen sich auch diejenigen Fälle begreifen, in denen das Eigentum im Zuge der Gesamtrechtsnachfolge übergeht. Wichtigster Anwendungsfall im BGB ist hier der Eintritt des Erben in die Eigentümerstellung des Erblassers, § 1922 BGB. Auch Maßnahmen nach dem Umwandlungsgesetz (UmWG), z.B. die Verschmelzung zweier Gesellschaften, führen zur Gesamtrechtsnachfolge des übernehmenden Rechtsträgers.

II. Rechtsgeschäftlicher Eigentumserwerb an beweglichen Sachen

Der rechtsgeschäftliche Eigentumserwerb an beweglichen Sachen ist in den §§ 929 ff. BGB geregelt. Grds. ist für den Eigentumserwerb durch Rechtsgeschäft erforderlich, dass sich die Parteien über die Eigentumsübertragung einig sind, die Sache übergeben und der Verfügende zur Verfügung berechtigt ist.

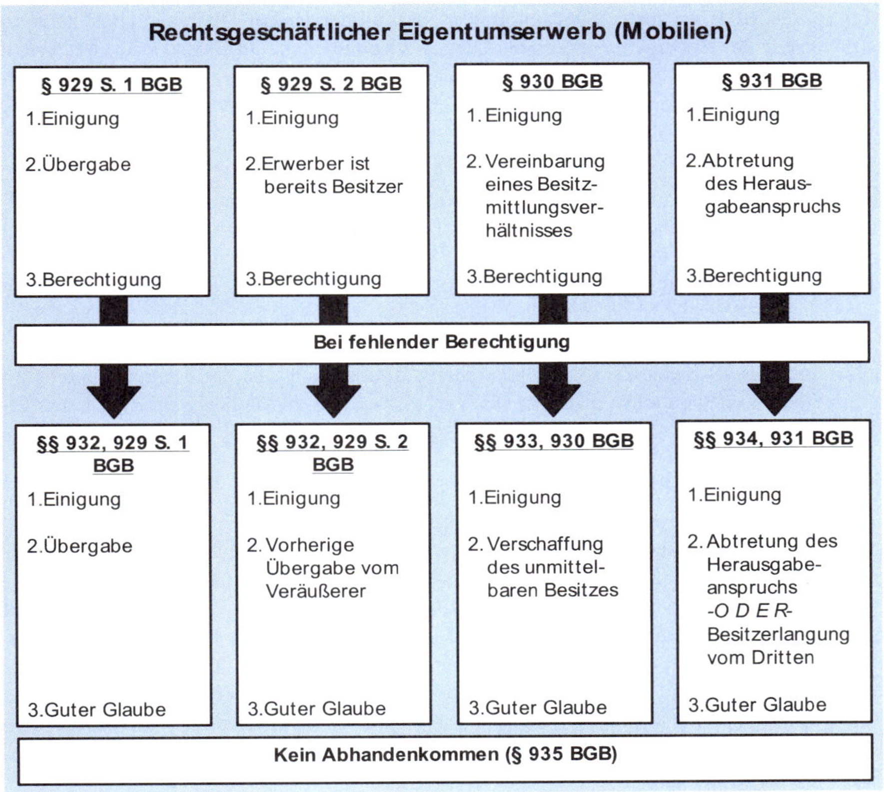

Schaubild 45

1. § 929 Satz 1 BGB

Nach § 929 Satz 1 BGB ist zur Übertragung des Eigentums an einer beweglichen Sache erforderlich, dass der Eigentümer dem Erwerber die Sache übergibt und beide darüber einig sind, dass das Eigentum übergehen soll. Formelhaft lauten die Voraussetzungen: Einigung, Übergabe und Berechtigung.

Ausgangspunkt ist also zunächst eine **Einigung** zwischen Veräußerer und Erwerber in Form eines dinglichen Vertrags. Hierauf sind die allgemeinen Vorschriften über den Vertragsschluss (§§ 104 bis 185 BGB) anwendbar. Zu beachten ist ferner das oben bereits erwähnte Spezialitätsprinzip (s. S. 198). Da im Sachenrecht die Einigung grds. bis zur Übergabe frei widerruflich ist (BGH NJW 1978, 696; 1979, 213, 214), muss ferner ein Einigsein vorliegen, d.h., dass die Einigung noch im Zeitpunkt der Übergabe der Sache bestehen muss (BGH NJW 1976, 1539, 1540). Wie bereits mehrfach erwähnt, ist aufgrund des Abstraktionsprinzips die Einigung von dem zugrunde liegenden schuldrechtlichen Rechtsgeschäft (etwa Kauf- oder Schenkungsvertrag) streng zu trennen.

Neben der Einigung verlangt das Sachenrecht einen **Publizitätsakt**. Dieser liegt in der Übergabe der Sache. Übergabe bedeutet, dass der unmittelbare Besitz vom Veräußerer auf den Erwerber übergehen muss. Der Erwerber muss also die tatsächliche Sachherrschaft i.S.v. § 854 BGB erlangen. Schlagwortartig formuliert bedeutet Übergabe: Besitzerwerb auf der Seite des Erwerbers auf Veranlassung des Veräußerers und Besitzverlust auf Seiten des Veräußerers. Sowohl Veräußerer als auch Erwerber können sich bei der Eigentumsübertragung sog. **Geheißpersonen** bedienen. Diese sind an Stelle der Parteien unmittelbar an der Übergabe der Sache beteiligt und handeln jeweils auf Geheiß ihres Hintermannes ohne dabei Besitzmittler oder Besitzdiener zu sein oder zu werden.

Die **Berechtigung** des Verfügenden, auch Verfügungsbefugnis genannt, ergibt sich regelmäßig aus der Eigentümerstellung des Veräußerers. Allerdings kann der Eigentümer auch einen Dritten zur Verfügung ermächtigen, § 185 Abs. 1 BGB, oder im Rahmen des dinglichen Vertrags einen Stellvertreter hinzuziehen, § 164 Abs. 1 BGB.

2. § 929 Satz 2 BGB

§ 929 Satz 2 BGB regelt die sog. „Übereignung kurzer Hand". Ist der Erwerber bereits im unmittelbaren oder mittelbaren Besitz der Sache, so reicht die bloße Einigung für den Eigentumserwerb aus.

3. §§ 929 Satz 1, 930 BGB

Die erforderliche Übergabe – nicht jedoch die Einigung – kann im Einzelfall durch ein sog. Übergabesurrogat ersetzt werden. Möchte etwa der Eigentümer im Besitz der Sache bleiben, kann die Übergabe der Sache durch Vereinbarung eines Besitzmittlungsverhältnisses (= **Besitzkonstitut**) i.S.v. § 868 BGB ersetzt werden. Der Erwerber erlangt in diesem Fall nur den mittelbaren Besitz. Dies lässt § 930 BGB ausreichen. Dieser Übereignungstatbestand erlangt vor allem bei der Sicherungsübereignung Bedeutung. Die Vereinbarung eines Besitzkonstituts ist hier gerade deshalb wichtig, da die Sache trotz Verlustes des Eigentums weiter vom Schuldner genutzt werden kann, etwa um die Darlehensraten zurückzuzahlen. Eine Übereignung nach §§ 929 Satz 1, 930 BGB findet auch beim sog. Sale-and-Lease-Back-Verfahren statt.

4. §§ 929 Satz 1, 931 BGB

§ 931 BGB ist anzuwenden, wenn ein Dritter im Besitz der zu übereignenden Sache ist. In einem solchen Fall kann die Übergabe dadurch ersetzt werden, dass der Veräußerer (Eigentümer) seinen Herausgabeanspruch gegen den Dritten an den Erwerber abtritt. In diesem Fall tritt an die Stelle der Übergabe die formlose Abtretung des Herausgabeanspruchs des Eigentümers an den Erwerber, §§ 931, 398 ff. BGB. Zu beachten ist wiederum, dass auf die Einigung i.S.v. § 929 Satz 1 BGB nicht verzichtet werden kann.

5. Erwerb vom Nichtberechtigten

a) Bedeutung

Wie wir gesehen haben, ist nur der Eigentümer berechtigt, eine ihm gehörende Sache zu übereignen. Fehlt es an einer entsprechenden Berechtigung und ist der Veräußerer hierzu auch vom Dritten weder beauftragt worden noch liegt eine Genehmigung vor, kann nur der gutgläubige Erwerb vom Nichtberechtigten helfen. Dieser ist in den §§ 932 ff. BGB geregelt. Gehört die Sache also nicht dem Veräußerer, kann der Erwerber gleichwohl Eigentümer werden, wenn er im guten Glauben an das Eigentum des Veräußerers gehandelt hat, § 932 BGB. Diese Vorschriften machen erneut deutlich, dass vom Besitz der Anschein ausgeht, der Besitzer sei zugleich Eigentümer der Sache. Der gutgläubige Teilnehmer am Rechtsverkehr soll sich auf diesen Vertrauenstatbestand verlassen können. Als konsequente Folge dieser Rechtsauffassung verliert der wahre Eigentümer im Gegenzug sein Eigentum. Insgesamt kennt das BGB vier Tatbestände für den **gutgläubigen Erwerb** beweglicher Sachen. Man kann sie am einfachsten dadurch auseinander halten, dass man von den gerade kennen gelernten Erwerbstatbeständen, § 929 Satz 1, § 929 Satz 2, § 930 bzw. § 931 BGB jeweils drei Paragraphen weiter zählt: Der gutgläubige Erwerb nach § 929 Satz 1 heißt daher §§ 929 Satz 1, 932 BGB, derjenige nach § 931 also §§ 931, 934 BGB etc.

Gutgläubiger Erwerb ist jedoch in allen Fällen ausgeschlossen, wenn die Sache dem Eigentümer **abhanden gekommen** ist, § 935 Abs. 1 Satz 1 BGB. Abhanden kommen bedeutet Verlust des Besitzes ohne Willen des unmittelbaren Besitzers (vgl. hierzu OLG München NJW-RR 1993, 1466). Dies ist etwa dann der Fall, wenn die Sache verloren, vergessen oder gestohlen wird. Ist der unmittelbare Besitzer aber mit der Wegnahme einverstanden, so liegt für den mittelbaren Besitzer kein Abhandenkommen vor, § 935 Abs. 1 Satz 2 BGB. Wieder anders ist es im Fall des Besitzdieners. Unterschlägt der Besitzdiener eine Sache, kommt sie dem Besitzer abhanden. Ist eine Sache einmal abhanden gekommen, scheitert jede Form gutgläubigen Erwerbs. Nicht nur der gutgläubige Ersterwerb ist unmöglich, sondern auch jeder weitere Erwerb.

b) §§ 929 Satz 1, 932 BGB

Wie bei § 929 Satz 1 BGB sind wiederum Einigung, Einigsein und Übergabe erforderlich. Anstelle der Berechtigung ist nunmehr zu prüfen, ob guter Glaube des Erwerbers vorliegt. Der gute Glaube des Erwerbers fehlt, wenn dem Erwerber oder seinem Vertreter bekannt oder grob fahrlässig unbekannt ist, dass die Sache nicht dem Veräußerer gehört, § 932 Abs. 2 BGB. Grobe Fahrlässigkeit kann insbesondere aufgrund der äußeren Umstände vorliegen, etwa beim Kauf hochwertiger Luxusuhren im Zug, dem Verkauf von Pelzen zu Schleuderpreisen oder beim Kauf eines Kfz ohne Vorlage des Kfz-Briefs (BGH NJW 1996, 2226). Da das Gesetz den guten Glauben des Erwerbers vermutet, müssen in der Klausur Indizien für die Bösgläubigkeit angegeben sein. Fehlt es hieran, können Sie Gutgläubigkeit unterstellen. Der gute Glaube muss sich auf die Eigentümerstellung des Veräußerers beziehen. Nicht geschützt ist hingegen der gute Glaube an die Verfügungsbefugnis. Hiervon macht lediglich § 366 HGB für das Handelsrecht eine Ausnahme.

c) §§ 929 Satz 2, 932 Abs. 1 Satz 2 BGB

Auch in Fällen, in denen der Erwerber den Besitz bereits innehat, ist ein gutgläubiger Erwerb möglich. Hierzu ist erforderlich, dass der Besitzer den Besitz gerade vom Veräußerer eingeräumt bekommen hat. Die Erlangung des Besitzes von einem Dritten reicht nicht aus.

d) §§ 929 Satz 1, 930, 933 BGB

Voraussetzung für die Möglichkeit des gutgläubigen Erwerbs ist hier, dass der Erwerber vom Veräußerer den unmittelbaren Besitz erlangt. Der gute Glaube muss schließlich auch noch im Zeitpunkt der Besitzverschaffung vorliegen.

e) §§ 929 Satz 1, 931, 934 BGB

Geht es um eine Übereignung nach §§ 929 Satz 1, 931 BGB, muss geprüft werden, ob der Veräußerer mittelbarer Besitzer ist oder nicht. Ist der Veräußerer mittelbarer Besitzer, geht das Eigentum mit der Abtretung des Herausgabeanspruchs auf den gutgläubigen Erwerber über. § 934 Var. 1 BGB verlangt, dass der Veräußerer jeden Besitz verloren und der Erwerber seinen Besitz vom mittelbaren Besitzer erlangt haben muss. Ist der Veräußerer nicht mittelbarer Besitzer, ist der gutgläubige Erwerb erst vollendet, wenn der Erwerber den Besitz vom Dritten erlangt hat und er zu diesem Zeitpunkt noch gutgläubig ist, § 934 Var. 2 BGB.

III. Rechtsgeschäftlicher Eigentumserwerb an Immobilien

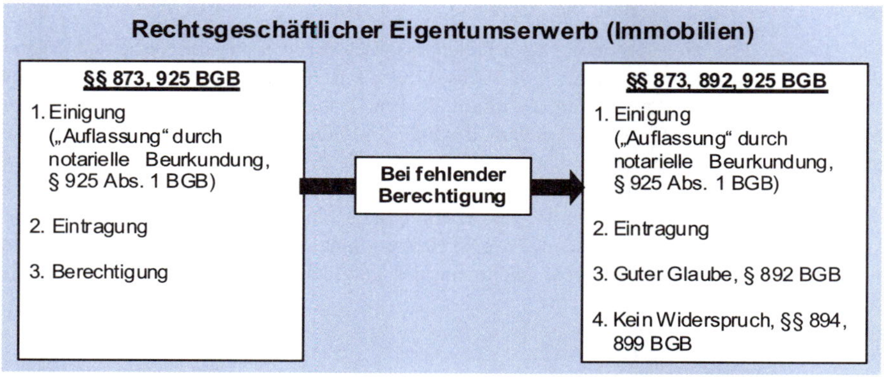

Schaubild 46

1. Grundsatz

Grds. erfolgt auch der Erwerb von Eigentum an Immobilien nach dem Prinzip Einigung, Übergabe und Berechtigung, §§ 873, 925 BGB. Allerdings sind aufgrund der größeren Förmlichkeiten (Grundbuch, notarielle Beurkundung) gewisse Besonderheiten zu beachten. Die Einigung als dinglicher Verfügungsvertrag heißt beim Grundstückserwerb **Auflassung**, § 925 BGB. Die Auflassung muss bei gleichzeitiger (beachten: das heißt nicht persönlicher) Anwesenheit beider Teile in der Regel vor dem Notar erfolgen, § 925 Abs. 1 Satz 1 BGB. Zu unterscheiden ist die Auflassung von der notariellen Beurkundung des zugrunde liegenden schuldrechtlichen Vertrags (bspw. Kaufvertrag nach §§ 433, 311 b Abs. 1 BGB). Die Auflassung ist nur unter den Voraussetzungen des § 873 Abs. 2 BGB bindend und darf nicht unter einer Bedingung oder Befristung erfolgen, § 925 Abs. 2 BGB. § 926 Abs. 1 Satz 2 BGB legt fest, dass sie sich im Zweifel auch auf das Grundstückszubehör erstreckt.

An Stelle der Übergabe tritt bei dem Erwerb von Immobilien die Eintragung in das Grundbuch. Erst mit Eintragung des Erwerbers wird dieser neuer Eigentümer.

2. Die Vormerkung

Sie können sich sicherlich vorstellen, dass zwischen dem Vertragsschluss und der Eintragung im Grundbuchblatt ein nicht unerheblicher Zeitraum liegen kann. Um den Erwerber vor unvorhergesehenen Ereignissen in dieser Zwischenzeit zu schützen, kann er sich eine sog. Vormerkung im Grundbuch eintragen lassen, § 883 Abs. 1 BGB. Die **Vormerkung** ist ein vorläufiges Sicherungsmittel, das der Sicherung schuldrechtlicher Ansprüche dient, die auf eine dingliche Rechtsänderung an Grundstücksrechten gerichtet ist. Hierzu zählt etwa der Anspruch auf Übereignung aus einem Kaufvertrag. Die Vormerkung ist letztlich nichts anderes als eine im Grundbuch eingetragene Ankündigung, dass demnächst eine Rechtsänderung erfolgen wird. Eine Verfügung, die nach der Eintragung der Vormerkung über das Grundstück getroffen wird, ist dem Berechtigten (dem späteren Erwerber) gegenüber unwirksam, § 883 Abs. 2 BGB. Der Erwerber ist also geschützt. Er kann darauf vertrauen, tatsächlich später Eigentümer des Grundstücks zu werden. Da nach der Grundbuchordnung (GBO) die Anträge zeitlich in der Reihenfolge ihres Eingangs bearbeitet werden müssen, geht von der Vormerkung bereits mit dem Eingang des Antrags beim Grundbuchamt eine Schutzwirkung aus. Die Vormerkung hat drei Voraussetzungen:

- einen vormerkungsfähigen Anspruch (die Vormerkung kann nur bestehen, wenn und solange der Anspruch besteht),
- die Bewilligung des betroffenen Berechtigten (die Einigung nach § 873 BGB ist nicht erforderlich) und
- die Eintragung in das Grundbuch, § 885 BGB.

3. Erwerb vom Nichtberechtigten

Auch beim Erwerb von Grundstücken ist ein gutgläubiger Erwerb möglich. Als sog. Gutglaubensträger fungiert hier das Grundbuch. Ist also jemand im Grundbuch eingetragen, besteht die Vermutung der Richtigkeit des Grundbuchinhalts, § 891 BGB. Zum anderen ist die gesetzliche Fiktion des § 892 BGB zu beachten, wonach die Eintragungen im Grundbuch zugunsten gutgläubiger Erwerber als mit der wirklichen Rechtslage übereinstimmend angesehen werden. Ist also der Veräußerer nicht Eigentümer, obwohl er im Grundbuch als solcher fälschlicherweise eingetragen ist, wird zugunsten des Erwerbers fingiert, dass der Veräußerer auch Eigentümer des Grundstücks sei. Mit Eintragung des gutgläubigen Erwerbers verliert dann der wahre Eigentümer sein Eigentum.

Es liegt vor diesem Hintergrund auf der Hand, dass derjenige, der von einer unrichtigen Grundbucheintragung betroffen ist, auf Berichtigung des Grundbuchs drängen wird. Dies ist gemäß § 894 BGB auch möglich. Anders als beim Erwerb von beweglichen Sachen ist der gutgläubige Erwerb nur ausgeschlossen, wenn der Erwerber positive Kenntnis von der Unrichtigkeit des Grundbuchs hatte, § 892 Abs. 1 Var. 2 BGB (Zweifel oder gar grob fahrlässige Unkenntnis genügen nicht, OLG Karlsruhe NJW-RR 1998, 445, 447). Ferner ist ein gutgläubiger Erwerb ausgeschlossen, wenn im Grundbuch zugunsten des Berechtigten gegen die Richtigkeit der Eintragung des Veräußerers ein Widerspruch eingetragen ist, §§ 894, 899 BGB. Ein solcher Widerspruch weist darauf hin, dass das Grundbuch möglicherweise unrichtig ist. Dem Widerspruch kommt deshalb eine Warnfunktion für jeden möglichen Erwerber zu. Dies hat zur Folge, dass er sich auf den guten Glauben nicht mehr berufen kann. Dabei spielt es keine Rolle, ob er den Widerspruch kennt oder nicht.

Kurzrepetitorium

Eigentumserwerb:

- Gesetzlicher Eigentumserwerb: Verbindung, Vermischung und Verarbeitung.
- Rechtsgeschäftlicher Eigentumserwerb von Mobilien: Einigung, Übergabe und Verfügungsbefugnis.
- Übergabesurrogate in §§ 929 bis 931 BGB.
- Bei fehlender Verfügungsbefugnis: Eigentumserwerb nach den Grundsätzen des gutgläubigen Erwerbs vom Nichtberechtigten möglich, §§ 932 ff. BGB.
- § 935 Abs. 1 Satz 1 BGB: kein gutgläubiger Erwerb abhanden gekommener Sachen.
- Rechtsgeschäftlicher Eigentumserwerb an Immobilien: Einigung in Form der Auflassung, Eintragung und Verfügungsbefugnis, §§ 873, 925 BGB.
- Gutgläubiger Erwerb von Immobilien nur, wenn kein Widerspruch in Grundbuch eingetragen, § 892 BGB.

§ 28 Das Grundbuch

Das Grundbuch ist ein **öffentliches Register**, das vom Grundbuchamt, einer Abteilung des Amtsgerichts geführt wird, § 1 GBO. In dieses Register sind alle Rechtsänderungen hinsichtlich der Grundstücke einzutragen. Für jedes Grundstück wird vom Grundbuchamt ein Grundbuchblatt angelegt bzw. verwaltet. Dieses enthält neben dem Bestandsverzeichnis, in dem die Bezeichnung des Grundstücks nach dem Kataster, die Lage, die Größe, die Bebauungsart und Parzellennummer vermerkt sind, vor allem drei Abteilungen. In der Abteilung I werden der Eigentümer und die dinglich-rechtliche Grundlage des Eigentumserwerbs dokumentiert. Die Abteilung II enthält die Lasten und Beschränkungen und die Abteilung III die existierenden Grundpfandrechte, also Hypotheken, Grund- und Rentenschulden.

Das Eintragungsverfahren erfolgt nach dem in der Grundbuchordnung (GBO) niedergelegten formellen Grundstücksrecht. Es setzt einen Antrag voraus, §§ 12, 13 GBO, die Bewilligung des Berechtigten, §§ 19, 29 GBO, und bei Auflassung und Eintragung eines Erbbaurechts den Nachweis durch eine öffentlich beurkundete Erklärung, §§ 20, 29 GBO. Nach § 39 GBO soll die beantragte und bewilligte Eintragung nur vorgenommen werden, wenn derjenige, dessen Recht von der Eintragung betroffen ist, als Berechtigter voreingetragen ist.

Grds. können an einem Grundstück mehrere beschränkt dingliche Rechte bestehen. Bei einer solchen mehrfachen Belastung, etwa durch Hypotheken, besteht ein gesetzliches Rangverhältnis, wonach ein Recht dem anderen vorgeht, § 879 BGB. Die Reihenfolge der Rechte einer Abteilung ergibt sich aus der Reihenfolge der Eintragungen. Bei Rechten, die in verschiedenen Abteilungen dokumentiert sind, bestimmt sich der Rang nach dem Datum der Eintragung.

§ 29 Schutz des Eigentums

I. Überblick

1. Herausgabeanspruch

Nach § 985 BGB kann der Eigentümer vom Besitzer Herausgabe der Sache verlangen. Die §§ 985 bis 1003 BGB enthalten Regelungen, die das Rechtsverhältnis zwischen dem Eigentümer und dem Besitzer einer Sache regeln. Man spricht **von Eigentümer-Besitzer-Verhältnis (EBV) oder Vindikationslage**. Innerhalb dieser Vorschriften wird geregelt, ob dem Eigentümer gegen den unrechtmäßigen Besitzer ein sachenrechtlicher Herausgabeanspruch zusteht, §§ 985, 986 BGB. Daneben stellt sich die Frage, wem die Nutzungen zustehen, inwieweit Schadensersatz wegen Verschlechterung einer Sache verlangt werden und ob der Besitzer für die Verwendungen auf die Sache Ansprüche geltend machen kann. Auch dieser Komplex wird von den Vorschriften des Eigentümer-Besitzer-Verhältnisses in den §§ 987 bis 993 bzw. §§ 994 bis 1003 BGB geregelt. Hauptzweck ist dabei der Schutz des unverklagten und redlichen Besitzers, der sich in den Grenzen seines vermeintlichen Besitzrechts gehalten hat, vor Bereicherungs- und Deliktsansprüchen des Eigentümers („Sperrwirkung" des EBV, vgl. § 993 Abs. 1 Halbs. 2 BGB).

2. Störungsbeseitigung

Neben der Entziehung oder Vorenthaltung des Besitzes sind noch andere Formen der Eigentumsbeeinträchtigung denkbar. § 1004 Abs. 1 Satz 1 BGB gewährt daher dem Eigentümer einen Anspruch gegen den **Störer** auf Beseitigung der Störung. Zudem kann er nach Satz 2 desselben Absatzes auch auf Unterlassung klagen. Eine Ausnahme besteht nur, wenn der Eigentümer zur Duldung der Störung verpflichtet ist, vgl. § 906 BGB. Als Störer sieht das BGB jeden an, der für die Eigentumsbeeinträchtigung verantwortlich ist. Dabei wird zwischen Handlungs- und Zustandsstörer unterschieden. Handlungsstörer ist jeder, auf dessen Willensbetätigung eine Beeinträchtigung unmittelbar oder adäquat mittelbar zurückzuführen ist.

Beispiele: Nachbar N parkt sein Auto auf dem Parkplatz des Nachbarn M. Der Inhaber eines Supermarkts beauftragt den J, Werbezettel auch gegen den Willen der Eigentümer in deren Briefkasten zu werfen (BGHZ 106, 229).

Geht die Störung nicht unmittelbar auf eine Handlung zurück, sondern von einer anderen Sache oder Anlage aus, kann der Halter oder Betreiber als Zustandsstörer auf Unterlassung oder Beseitigung in Anspruch genommen werden. Zustandsstörer ist jeder, der eine störende Anlage oder Sache unterhält. Entscheidend ist, ob der Zustandsstörer aufgrund seiner Herrschafts- und Einwirkungsbefugnis den störenden Zustand beseitigen kann.

Beispiel: Aus der Fabrik des F treten regelmäßig Rußpartikel aus, die in der benachbarten Wohnsiedlung Autos, Fenster und die zum Trocknen aufgehängte Wäsche verschmutzen.

II. Das Eigentümer-Besitzer-Verhältnis

1. Die einzelnen Voraussetzungen

Der Herausgabeanspruch nach §§ 985, 986 BGB (Anspruchsgrundlage) kennt drei Voraussetzungen:

- Der Anspruchsberechtigte ist Eigentümer, wobei Miteigentum ausreicht.
- Der Anspruchsgegner ist unmittelbarer oder mittelbarer Besitzer.
- Der Besitzer hat kein Recht zum Besitz i.S.v. § 986 BGB.

a) Anspruchsberechtiger ist Eigentümer

Anspruchsberechtigter ist derjenige, der im Zeitpunkt des Herausgabeverlangens **Eigentümer** der betreffenden Sache ist. Dennoch empfiehlt es sich, das Tatbestandsmerkmal „Eigentum“ in der Klausur stets chronologisch zu prüfen. Es ist also zunächst zu klären, wer ursprünglich Eigentümer der Sache war. Danach sollte in der zeitlichen Abfolge vorgegangen und geprüft werden, ob ein Erwerbstatbestand (gesetzlich oder rechtsgeschäftlich) erfüllt ist. Auf diese Weise könnte das Eigentum auf eine andere Person, etwa den jetzigen Anspruchssteller, übergegangen sein. Ist die tatsächliche Rechtslage hinsichtlich des Eigentums unklar, ist die Eigentumsvermutung des § 1006 BGB bei beweglichen Sachen bzw. des § 891 BGB bei unbeweglichen Sachen heranzuziehen. Hierbei wird sich der Anspruchsgegner zumeist auf § 1006 Abs. 1 BGB, der Anspruchssteller hingegen auf § 1006 Abs. 2 BGB berufen.

Eigentümer - Besitzer - Verhältnis

<u>Voraussetzung:</u> Herausgabeanspruch, §§ 985, 986 BGB

1. Eigentum des Anspruchsstellers (Miteigentum ausreichend)
2. Besitz des Anspruchsgegners (unmittelbarer oder mittelbarer Besitz)
3. Kein Recht zum Besitz des Anspruchsgegners

<u>Folgeansprüche:</u> §§ 987 ff. BGB

1. Schadensersatz
   ⇒ bei bösgläubigem, verklagtem oder deliktischem Besitzer
2. Nutzungsherausgabe
   ⇒ Nutzungen: § 100 BGB
   ⇒ unentgeltlicher Besitzer: alle Nutzungen, § 988 BGB
   ⇒ redlicher Besitzer: nur Übermaßfrüchte, §§ 993 Abs. 1, 812 ff. BGB
3. Verwendungsersatz
   ⇒ notwendige Verwendungen: § 994 BGB
   ⇒ nützliche Verwendungen: § 996 BGB
   ⇒ Luxusverwendungen: KEIN Ersatz, lediglich Wegnahmerecht, § 997 BGB
   ⇒ verklagter oder unredlicher Besitzer: Ersatz nur nach GoA, §§ 994 Abs. 2, 683, 684 BGB

Schaubild 47

b) Anspruchsgegner ist Besitzer

Als Anspruchsgegner kommen der unmittelbare und der mittelbare **Besitzer** ebenso in Betracht wie der Teil- oder der Mitbesitzer. Für den Anspruch ist es unerheblich, ob Eigen- oder Fremdbesitz vorliegt. Nicht Besitzer im Sinne des § 985 BGB ist der Besitzdiener, § 855 BGB.

c) Kein Recht zum Besitz

Der Herausgabeanspruch besteht nur, wenn der Besitzer **kein Recht zum Besitz** hat. Die §§ 985, 986 BGB sind also immer zusammen zu lesen und zu prüfen. Hierbei ist der Besitzer für sein Besitzrecht im Prozess beweispflichtig. § 986 BGB unterscheidet zwischen dem eigenen Besitzrecht, § 986 Abs. 1 Satz 1 Halbs. 1 BGB, und dem von einem Dritten abgeleiteten Besitzrecht, § 986 Abs. 1 Satz 1 Halbs. 2 BGB. Das eigene Besitzrecht muss gerade gegenüber dem Eigentümer bestehen. Ein Recht zum Besitz gewähren bspw.:

- dingliche Rechte, wie etwa das Pfandrecht nach § 1205 BGB;
- ein schuldrechtlicher Vertrag (Miete, Leihe, Pacht), wenn der Vertrag zwischen Eigentümer und Besitzer besteht (solche Verträge wirken nur relativ).

Geprüft werden muss in der Klausur, ob das Besitzrecht entstanden ist, ob es noch besteht und nicht erloschen ist (etwa Kündigung des Mietvertrags).

Ein Zurückbehaltungsrecht nach den §§ 273, 1000 BGB gibt kein Recht zum Besitz (str.: wie hier große Teile der Lehre; a.A. BGHZ 149, 326; BGH NJW 1995, 2628: Zurückbehaltungsrecht gibt Recht zum Besitz, sofern es einredeweise geltend gemacht werde, jedoch gilt der Ausschluss der §§ 987 ff. BGB nicht ausnahmslos, auch erfolgt lediglich eine Verurteilung zur Herausgabe Zug um Zug gegen Ersatz der Verwendungen, § 274 Abs. 1 BGB).

Damit ein Recht zum Besitz aus einem Rechtsverhältnis zwischen dem Eigentümer und einem Dritten abgeleitet werden kann, § 986 Abs. 1 Satz 1 Halbs. 2 BGB, müssen folgende Voraussetzungen vorliegen:

- Der Besitz muss vom mittelbaren Besitzer erlangt sein.
- Das Besitzrecht des mittelbaren Besitzers muss gegenüber dem Eigentümer bestehen.
- Der mittelbare Besitzer muss zur Weitergabe des Besitzes befugt gewesen sein.

2. Rechtsfolgen

a) Herausgabe

Liegen die Voraussetzungen der §§ 985, 986 BGB vor, ist die bewegliche oder unbewegliche Sache herauszugeben. Dem Eigentümer ist also der unmittelbare Besitz zu verschaffen.

Inwieweit daneben noch Schadensersatz- und Nutzungsherausgabe- bzw. Verwendungsansprüche des Besitzers bestehen, ist in den §§ 987 ff. BGB geregelt. Deren Voraussetzung ist immer das Vorliegen eines Eigentümer-Besitzer-Verhältnisses im Zeitpunkt des schädigenden Ereignisses.

b) Schadensersatz

Um sich im Haftungssystem der §§ 987 ff. BGB zurecht zu finden, muss man zwischen **redlichem und unredlichem Besitzer** unterscheiden. Maßgebliches Abgrenzungskriterium für die Haftung des Besitzers ist seine Gut- bzw. Bösgläubigkeit hinsichtlich seines Rechtes zum Besitz gegenüber dem Eigentümer. Unter einem bösgläubigen Besitzer versteht man einen Besitzer, der bei Erwerb des Besitzes sein fehlendes Besitzrecht kennt oder infolge grober Fahrlässigkeit nicht kennt bzw. bei Besitzerwerb zwar gutgläubig war, später aber positive Kenntnis (grobe Fahrlässigkeit reicht hier nicht) von seinem fehlenden Besitzrecht erlangt hat, § 990 Abs. 1 i.V.m. § 932 Abs. 2 BGB. Die dritte Kategorie stellt der **verklagte Besitzer** dar.

Der redliche, unverklagte aber unrechtmäßige Besitzer haftet nicht aus den §§ 989 ff. BGB auf Schadensersatz wegen Verlust oder Verschlechterung der Sache, § 993 Abs. 1 BGB. Ausnahmen bestehen nur im Fall des § 991 Abs. 2 BGB und dem sog. Fremdbesitzerexzess. Hiervon spricht man, wenn der redliche Besitzer sein vermeintliches Besitzrecht überschreitet, er bspw. das von ihm gemietete Auto in einem Wutanfall stark beschädigt.

Der unredliche Besitzer haftet auf Schadensersatz nach §§ 990 Abs. 1, 989 BGB, wenn ihn ein Verschulden trifft. Der verklagte Besitzer haftet bei Verschulden ab Eintritt der Rechtshängigkeit nach § 989 BGB.

Derjenige, der sich eine Sache durch verbotene Eigenmacht oder eine gegen das Eigentum gerichtete Straftat (Diebstahl, Raub, Betrug etc.) verschafft hat, wird deliktischer Besitzer genannt. Er soll nicht nur nach §§ 990, 989 BGB haften, sondern gemäß § 992 BGB auch nach den §§ 823 ff. BGB.

c) Nutzungsherausgabe

Nutzungen sind nach § 100 BGB Früchte (§ 99 BGB) einer Sache oder eines Rechts sowie die Vorteile, die der Gebrauch einer Sache oder eines Rechts gewährt. Eine Nutzung ist nur möglich, solange die eigentliche Sache erhalten bleibt. Verbrauch oder Veräußerung sind daher keine Nutzungen. Die §§ 987 ff. BGB regeln die Herausgabe der während einer Eigentümer-Besitzer-Lage gezogenen Nutzungen. Die Systematik unterscheidet wiederum nach der Art des Besitzes. Der redliche Besitzer haftet nach § 993 Abs. 1 BGB nicht. Er hat nur die sog. Übermaßfrüchte nach Bereicherungsrecht, §§ 812 ff. BGB, herauszugeben. Hierunter versteht man solche Früchte, die im Rahmen einer ordnungsgemäßen Wirtschaft nicht als Ertrag einer Sache anzusehen sind (z.B. vollständiges Abholzen eines Waldes). Der unentgeltliche Besitzer hat nach § 988 BGB alle Nutzungen herauszugeben, sofern er noch bereichert ist. Der unredliche Besitzer haftet nach den §§ 990, 987 BGB, der verklagte Besitzer nach § 987 BGB. Danach sind auch alle schuldhaft nicht gezogenen Nutzungen, die der Besitzer im Rahmen einer ordnungsgemäßen Wirtschaft hätte ziehen können, herauszugeben. Zudem ist ein Anspruch auf Schadensersatz nach § 990 Abs. 2, §§ 280 Abs. 2, 286 BGB möglich.

d) Verwendungsersatz

Es kann vorkommen, dass der Besitzer in der Zeit, in der er die Sache in Besitz hatte, Verwendungen auf die Sache gemacht hat. Diese können im Interesse des Eigentümers, aber für ihn auch völlig sinnlos sein. Die §§ 994 ff. BGB versuchen, hier einen Interessenausgleich zu schaffen. **Verwendungen** sind willentliche Vermögensaufwendungen, die zumindest auch der Sache zugute kommen sollen (weiter Verwendungsbegriff). Der BGH hingegen schränkt den Verwendungsbegriff ein und verlangt, dass die Sache als solche erhalten bleibt (enger Verwendungsbegriff: BGHZ 41, 157, 160).

Grds. lassen sich folgende Arten von Verwendungen unterscheiden:

- Notwendige Verwendung, § 994 BGB. Eine Verwendung ist notwendig, wenn sie objektiv bei vernünftiger wirtschaftlicher Betrachtungsweise zur Erhaltung oder ordnungsgemäßen Bewirtschaftung der Sache erforderlich ist (z.B. Reparatur der Auspuffanlage eines Autos). Eine notwendige Verwendung hätte also auch der Eigentümer selbst vernünftigerweise vornehmen lassen.
- Nützliche Verwendung, § 996 BGB. Eine nützliche Verwendung ist zwar nicht notwendig, sie erhöht den Wert der Sache jedoch objektiv oder steigert ihre Gebrauchsfähigkeit (z.B. Erwerb von Winterreifen für ein Auto).
- Luxusverwendung. Die Luxusverwendung erhöht den Wert der Sache objektiv nicht und ist für den Eigentümer auch nicht von Nutzen (z.B. Erwerb eines verchromten Auspuffs für ein Auto).

Der redliche Besitzer kann nach § 994 Abs. 1 Satz 1 BGB Ersatz aller notwendigen Verwendungen verlangen. Die gewöhnlichen Erhaltungskosten kann er nach § 994 Abs. 1 Satz 2 BGB jedoch nur verlangen, wenn er nicht die Nutzungen behalten darf. Nach § 996 BGB kann er auch Ersatz der nützlichen Verwendungen verlangen. Allerdings wird Verwendungsersatz hier nur bis zur Höhe der tatsächlich noch vorhandenen Wertsteigerung gewährt. Für Luxusverwendungen wird er nach § 997 BGB auf ein Wegnahmerecht beschränkt.

Der verklagte bzw. unredliche Besitzer kann Ersatz für notwendige Verwendungen nur verlangen, wenn die Voraussetzungen der GoA gegeben sind. § 994 Abs. 2 BGB verweist auf §§ 683, 684 BGB. Dies gilt jedoch nur für notwendige Verwendungen. Hinsichtlich nützlicher Verwendungen oder gar Luxusaufwendungen ist er auf das Wegnahmerecht nach § 997 BGB beschränkt.

Kurzrepetitorium

Schutz des Eigentums:

- Bei Besitzbeeinträchtigung ohne Vorenthaltung oder Entziehung: Ansprüche aus § 1004 BGB auf Beseitigung bzw. Unterlassung der Störung.
- § 985 BGB: Herausgabeanspruch des Eigentümers gegen den nicht berechtigten Besitzer.
- Bei der Prüfung des Eigentümer-Besitzer-Verhältnisses (§§ 985, 986 ff. BGB) sollte stets chronologisch vorgegangen werden.
- Innerhalb des Eigentümer-Besitzer-Verhältnisses Differenzierung zwischen redlichem und unredlichem sowie verklagtem und unverklagtem Besitzer.
- § 993 Abs. 1 Halbs. 2 BGB: Sperrwirkung des Eigentümer-Besitzer-Verhältnisses.
- §§ 994 ff. BGB: Ersatzansprüche des Besitzers.
- Unterscheidung zwischen notwendigen, nützlichen und Luxusaufwendungen.

§ 30 Realsicherheiten

I. Einleitung

Mit dem Begriff der **Realsicherheiten** werden Sicherungsgeschäfte bezeichnet, die dem Gläubiger ein besonderes Haftungsobjekt zur Verfügung stellen. Im Gegensatz zu den Personalsicherheiten (s. S. 161 ff.) wird bei den Realsicherheiten ein dingliches Recht für den Gläubiger begründet. Dies kann entweder durch das Einräumen eines Verwertungsrechts (Grundpfandrecht, Mobiliarpfandrecht) oder durch eine treuhänderisch gebundene Übertragung des Vollrechts (Sicherungsübereignung, Sicherungsabtretung) geschehen. Die Begründung einer Realsicherheit geschieht regelmäßig in zwei Schritten: Zunächst wird ein schuldrechtlicher Vertrag zwischen Gläubiger und Sicherungsgeber geschlossen, in dem sich der Sicherungsgeber zur Einräumung einer dinglichen Sicherheit verpflichtet, z.B. zur Sicherungszession einer Forderung. In diesem Vertrag, der Sicherungsvertrag oder Sicherungsabrede genannt wird, sind im Idealfall sämtliche Modalitäten der Kreditsicherung geregelt. Daneben ist, wegen des geltenden Abstraktionsprinzips, ein dinglicher Vertrag zwischen Gläubiger und Sicherungsgeber erforderlich, mit dem das Sicherungsrecht an der Sache begründet wird. Dabei kann der Sicherungsgeber mit dem persönlichen Schuldner identisch sein, muss dies aber nicht. Der Gläubiger fällt hingegen stets mit dem Sicherungsnehmer in einer Person zusammen, da nur so sichergestellt ist, dass er bei Ausfall des Schuldners zumindest auf das dingliche Recht zurückgreifen kann. Je nachdem, ob der Sicherungsgegenstand eine bewegliche Sache (Mobilie) oder unbewegliche Sache (Immobilie) ist, spricht man dann von Mobiliar- oder Immobiliarsicherheiten.

Realsicherheiten

Mobiliarsicherheiten	**Immobiliarsicherheiten**
⇒ Eigentumsvorbehalt, §§ 929, 158 BGB	⇒ Hypothek, §§ 1113 ff. BGB
⇒ Sicherungsübereignung, §§ 929, 930 BGB	⇒ Sicherungsgrundschuld, §§ 1191 ff. BGB
⇒ Sicherungszession, § 398 BGB	
⇒ Pfandrecht an beweglichen Sachen und Rechten, §§ 1204 ff. BGB	

Schaubild 48

II. Mobiliarsicherheiten

1. Eigentumsvorbehalt

a) Rechtsinhalt

Normalerweise haben die Parteien eines gegenseitigen Vertrags ihre Leistungen gleichzeitig – Zug um Zug – zu erbringen, vgl. § 322 Abs. 1 BGB. Die Parteien können aber auch die Vorleistungspflicht einer Seite vereinbaren. Da im Konkurrenzkampf des heutigen Wirtschaftsverkehrs insbesondere die Verkäufer häufig gezwungen sind, an ihre Käufer vorzuleisten, um ihre Waren absetzen zu können, dient der Eigentumsvorbehalt dem Sicherungsbedürfnis des Verkäufers, der den Kaufpreis nicht im Voraus oder Zug um Zug gegen Übergabe der Kaufsache erhält. Der Schutz des Verkäufers durch einen Eigentumsvorbehalt ist allerdings grundsätzlich begrenzt, weil der gutgläubige Erwerb des Vorbehaltseigentums vom Käufer durch einen Dritten möglich bleibt. Bei Geschäften zwischen Kaufleuten wird diese Einschränkung allerdings dadurch relativiert, dass Eigentumsvorbehalte in vielen Branchen üblich sind und der Erwerber deshalb mit ihnen rechnen muss, § 932 Abs. 2 BGB (BGH NJW-RR 2004, 555).

Durch die Vereinbarung eines **einfachen Eigentumsvorbehalts** behält sich der Verkäufer sein Eigentum an der Kaufsache solange vor, bis der Käufer die Kaufpreisschuld vollständig getilgt hat. Die Einigung hinsichtlich des Übergangs des Eigentums steht unter der Bedingung, dass der schuldrechtliche Anspruch des Verkäufers auf Zahlung des Kaufpreises gemäß § 362 Abs. 1 BGB erloschen ist. Auf diese Weise ist der Verkäufer zusätzlich zu seinem oftmals wertlosen schuldrechtlichen (Zahlungs-)Anspruch durch sein dingliches Recht, das Eigentum am Kaufgegenstand, gesichert.

Der einfache Eigentumsvorbehalt steht unter der Bedingung, dass der vereinbarte Kaufpreis bezahlt wird. Die Bedingung kann aber auch erweitert werden. So können die Parteien vereinbaren, dass neben dieser Kaufpreisforderung noch weitere Forderungen erfüllt werden müssen, damit das Eigentum auf den Erwerber übergeht. Man spricht dann **vom erweiterten Eigentumsvorbehalt**.

b) Beteiligte und Entstehung

Bei der Vereinbarung eines Eigentumsvorbehalts wird zwischen den Vertragsparteien ein unbedingter Kaufvertrag gemäß § 433 BGB geschlossen. Die dingliche Einigung zwischen Verkäufer und Käufer über den Eigentumsübergang erfolgt aufschiebend bedingt durch die Kaufpreiszahlung, §§ 929 Satz 1, 158 Abs. 1 BGB. Sobald der Käufer den Kaufpreis komplett bezahlt hat, geht das Eigentum ex nunc ohne weitere Willenserklärung des Verkäufers auf den Käufer über.

Beispiel: Wird beim Verkauf eines Autos der Fahrzeugbrief vom Verkäufer einbehalten, ergibt die Auslegung der dinglichen Einigung, dass ein Eigentumsvorbehalt vereinbart werden soll (BGH NJW 2006, 3488).

c) Rechtsfolge eines wirksamen Eigentumsvorbehalts

Nach Abschluss des Kaufvertrags und der bedingten Übereignung ist die Sache regelmäßig im Besitz des Käufers, aber noch im Eigentum des Verkäufers. Kommt der Käufer seinen Zahlungspflichten nicht nach, kann der Verkäufer die Sache gemäß § 985 BGB (s. S. 212 f.) herausverlangen. Dieser dingliche Anspruch wirkt absolut gegenüber jedermann im Gegensatz zum Anspruch aus § 433 Abs. 2 BGB, der nur relativ gegenüber dem Käufer geltend gemacht werden kann. Allerdings gibt § 449 Abs. 2 BGB dem Käufer ein Recht zum Besitz i.S.v. § 986 BGB.

2. Sicherungsübereignung, §§ 929 Satz 1, 930 BGB

a) Rechtsinhalt

Der gravierende Nachteil des Pfandrechts, das den Verpfänder (Eigentümer) dazu zwingt, die Pfandsache dem Pfandgläubiger zu übergeben, vgl. § 1205 Abs. 1 Satz 1 BGB, hat dazu geführt, dass die **Sicherungsübereignung** im heutigen Wirtschaftsleben das Faustpfand weitgehend verdrängt hat. Das Kapital des Unternehmers, das im Anlage- und Umlaufvermögen gebunden ist, benötigt der Unternehmer regelmäßig zur Produktion, die wiederum Voraussetzung für Absatz und damit für die Tilgung der Verbindlichkeiten ist. Aus diesem Grund bietet sich für ihn als Sicherungsmittel nur die Sicherungsübereignung an, da ihm so Besitz und Nutzungsmöglichkeit an seinen Produktionsmitteln belassen werden und er dennoch leichter Kredite erhalten kann. Selbst wenn er auf gewisse Teile des Umlaufvermögens nicht zwingend angewiesen wäre, sind die Kreditgeber selten gewillt oder in der Lage, diese Gegenstände als Faustpfand an sich zu nehmen und einzulagern.

Für den Geldgeber ist die Sicherungsübereignung heute das typische Kreditsicherungsmittel. Bei der Sicherungsübereignung gemäß §§ 929 Satz 1, 930 BGB lässt sich der Kreditgeber also bewegliche Sachen zur Sicherung seiner Darlehensforderung unter Vereinbarung eines Besitzmittlungsverhältnisses übereignen (s. S. 201, 206). Dabei bleibt der Schuldner unmittelbarer Besitzer der Sache. Das von § 930 BGB geforderte konkrete Besitzmittlungsverhältnis wird heute bereits im Abschluss des Sicherungsvertrags gesehen. Aus ihm erlangt der Sicherungsgeber die Berechtigung, die Sache weiter zu nutzen und zu behalten. Gleichzeitig folgt aus ihm das Recht des Gläubigers zur Verwertung des Sicherungseigentums bei Vorliegen der im Sicherungsvertrag niedergelegten Voraussetzungen. Das Sicherungseigentum ist, anders als das Pfandrecht, nicht akzessorisch zur von ihm gesicherten Forderung.

b) Beteiligte und Entstehung

Eine Sicherungsübereignung kommt zustande, indem Gläubiger und Schuldner einen schuldrechtlichen Sicherungsvertrag abschließen. Dieser Vertrag enthält die Bedingungen der Kreditsicherung wie etwa den Gegenstand, zu dessen Übereignung der Sicherungsgeber sich verpflichtet, den Kredit, für den diese Sicherheit geleistet wird, und die sonstigen Rechte und Pflichten der Vertragsparteien (Verwertung, Rückübereignung, Versicherung etc.). Der Sicherungsvertrag ist Rechtsgrund für die dingliche Übereignung des Sicherungsgegenstands. Ferner wird zwischen den Parteien ein dinglicher Vertrag über die Übereignung des Sicherungsgegenstands gemäß §§ 929 Satz 1, 930 BGB geschlossen, durch den der Sicherungsgeber die Sache dem Sicherungsnehmer übereignet, aber selbst unmittelbarer Besitzer bleibt. Als Besitzmittlungsverhältnis i.S.v. § 930 BGB fungiert dabei die Sicherungsabrede.

Wird ein Lager mit wechselndem Bestand sicherungshalber übereignet, wird der Sicherungsgeber zur Veräußerung ermächtigt, § 185 Abs. 1 BGB. Die neuen Waren werden durch antizipierte (vorweggenommene) Einigung i.S.v. § 929 BGB und antizipierte Vereinbarung eines Besitzmittlungsverhältnisses i.S.v. § 868 BGB in die Sicherungsübereignung einbezogen.

Wird die Forderung nicht erfüllt, kann der Sicherungsnehmer von seinem Eigentum Gebrauch machen, indem er es verwertet. Die Art und Weise der Verwertung richtet sich dabei nach dem Sicherungsvertrag.

Beispiel: Schuldner S möchte von Bank B ein Darlehen bekommen, das diese ihm nur gegen entsprechende Sicherheiten gewährt. Ihm stehen hierzu zwei LKW aus seinem Fuhrpark zur Verfügung. Er kann nun mit der Bank einen schuldrechtlichen Sicherungsvertrag und den Darlehensvertrag abschließen. In Erfüllung des Sicherungsvertrags übereignet er danach der Bank gemäß §§ 929 Satz 1, 930 BGB die beiden LKW. Die Übergabe an die B wird dadurch ersetzt, dass B sich damit begnügt, mittelbare Besitzerin der Fahrzeuge zu werden. Dies geschieht in der Weise, dass der Schuldner die LKW für B verwahrt, §§ 868, 688 BGB.

3. Sicherungszession, § 398 BGB

Die Sicherungszession entspricht der Sicherungsübereignung von beweglichen Sachen. Bei ihr ist lediglich die bewegliche Sache als Sicherungsgegenstand durch eine Forderung ersetzt (zur Übertragung von Forderungen s. S. 79 ff.).

Bei der **Sicherungszession** lässt sich der Gläubiger (Zessionar) zur Sicherung seiner Forderung gegen den Schuldner eine andere Forderung abtreten, die dem Schuldner (Zedent) gegen einen Dritten (Drittschuldner) zusteht. Diese Forderung wird dem Gläubiger als Vollrecht übertragen; er allein ist ab dem Zeitpunkt der Zession verfügungsberechtigt. Die Abtretung muss dem Drittschuldner nicht angezeigt werden, sodass sie als „stille Zession" wirksam ist, obwohl nur Zessionar und Zedent von ihr Kenntnis haben. Auch hier ist, wie bei der Sicherungsübereignung, die schuldrechtliche Sicherungsabrede Rechtsgrund für die abstrakte Sicherungszession. Abgetreten werden können alle Forderungen, deren Zession möglich ist; bei zukünftigen Forderungen müssen diese bestimmbar sein. Auch hier ist der Gläubiger durch die Abtretung dinglich gesichert, wenngleich er auch bei der Sicherungszession damit rechnen muss, dass die ihm abgetretene Forderung nicht durchsetzbar ist.

4. Pfandrecht an beweglichen Sachen und Rechten, §§ 1204 ff. BGB

a) Rechtsinhalt

Das Pfandrecht an beweglichen Sachen und Rechten, auch Faustpfandrecht genannt, ist ein dingliches Sicherungsrecht, das den Pfandgläubiger berechtigt, die Pfandsache bei Pfandreife zu verwerten, um sich durch deren Erlös wegen seiner Forderung gegen den Schuldner zu befriedigen. Der Sicherungsgeber behält das Eigentum der Sache, jedoch belastet mit dem Pfandrecht und ohne Nutzungsmöglichkeit, da der unmittelbare Besitz dem Sicherungsnehmer zusteht

Das Faustpfandrecht hat, wie oben bereits angedeutet, heute nur noch eine geringe Bedeutung als Kreditsicherungsmittel. Die Ursache liegt darin, dass eine wirksame Verpfändung durch Besitzkonstitut, bei der der Verpfänder unmittelbarer Besitzer bleibt, nicht möglich ist (arg. ex § 1205 BGB). Denn eine solche Verpfändung würde nach außen nicht in Erscheinung treten und nach Ansicht des Gesetzgebers die Verkehrssicherheit beeinträchtigen (**Publizitätsgrundsatz**). Einen Anwendungsbereich findet man aber im Bankenverkehr. Banken lassen sich an den in ihrer Verwahrung befindlichen Wertpapieren und Wertgegenständen ihrer Kunden ein Pfandrecht zur Sicherung etwaiger Forderungen bestellen. Hier ist das Pfandrecht zweckmäßig, da die Bank ohnehin im Besitz der Sache ist.

b) Beteiligte und Entstehung

Das Faustpfandrecht setzt voraus, dass der Verpfänder (Sicherungsgeber) dem Gläubiger (Sicherungsnehmer) in einem formlosen Verpflichtungsgeschäft verspricht, ein Pfandrecht an einer bestimmten beweglichen Sache zur Sicherung einer genau bezeichneten Forderung des Gläubigers zu bestellen. Dieser Sicherungsvertrag ist der Rechtsgrund für die dingliche Pfandrechtsbestellung (zum auch stillschweigenden Vertragsschluss: BGH NJW-RR 1991, 305). Das dingliche Vollzugsgeschäft besteht aus einer Einigung der Parteien über die dingliche Pfandrechtsbestellung und die Übergabe der Pfandsache, die regelmäßig in der Übertragung des unmittelbaren Besitzes liegt, § 1205 Abs. 1 Satz 1 BGB. Die Einigung reicht aus, wenn der Gläubiger bereits im Besitz der Sache ist, § 1205 Abs. 1 Satz 2 BGB.

Mit Eintritt der Pfandreife gemäß § 1228 Abs. 2 Satz 1 BGB ist der Gläubiger zur Verwertung der Pfandsache berechtigt. Vor Eintritt der Pfandreife kann der Verpfänder die Rückgabe der Pfandsache gegen Befriedigung des Pfandgläubigers verlangen, sobald der Schuldner zur Leistung berechtigt ist, § 1223 Abs. 2 BGB.

c) Gesetzliches Pfandrecht

Daneben kann ein Pfandrecht auch kraft Gesetzes entstehen. Die Vorschriften über das vertragliche Pfandrecht gelten dann entsprechend, § 1257 BGB. Auch das gesetzliche Pfandrecht ist vielfach ein Besitzpfandrecht, d.h. die Pfandsache muss in den Besitz des Gläubigers gelangt sein, bzw. besteht nur solange, wie sie der Gläubiger in Besitz hat. Daneben existieren aber auch sog. Einbringungspfandrechte. Bei ihnen reicht es aus, dass die Sache auf das gemietete oder gepachtete Grundstück „eingebracht" (zum Begriff s. RGZ 132, 116, 118) worden ist. Das gesetzliche Pfandrecht entsteht nur an Sachen, die im Eigentum des Vertragspartners stehen; ein gutgläubiger Erwerb ist ausgeschlossen. Die wichtigsten **gesetzlichen Pfandrechte** des BGB sind:

- Vermieterpfandrecht, §§ 562 ff. BGB;
- Pächterpfandrecht, § 583 BGB;
- Werkunternehmerpfandrecht, § 647 BGB;
- Pfandrecht des Gastwirts, § 704 BGB.

Im HGB sind ferner folgende gesetzliche Pfandrechte von Bedeutung:

- Pfandrecht des Kommissionärs, § 397 HGB;
- Pfandrecht des Frachtführers, § 441 HGB;
- Pfandrecht des Spediteurs, § 464 HGB;
- Pfandrecht des Lagerhalters, § 475 b HGB.

III. Immobiliarsicherheiten

1. Hypothek, §§ 1113 ff. BGB

a) Rechtsinhalt

Die Hypothek und die Grundschuld gehören zur sog. Gruppe der **Grundpfandrechte**. Sie begründen Verwertungsrechte; zur Zahlung ist der Eigentümer nicht verpflichtet, sondern lediglich bei Vorliegen der Voraussetzungen zur Duldung der Zwangsvollstreckung, vgl. § 1147 BGB. Der Grundstückseigentümer haftet also nur, er schuldet nicht (h.M., jedoch nicht unbestritten).

Die Hypothek sichert eine persönliche Forderung des Gläubigers gegen den Eigentümer oder einen Dritten ab. Sie ist vom Bestand der Forderung abhängig (**akzessorisch**) und stellt eine Belastung des Grundstücks dar. Aufgrund dieser Belastung ist eine Geldsumme zur Befriedigung einer Forderung aus dem Grundstück zu zahlen. Notfalls muss der Eigentümer die Befriedigung des Gläubigers aus dem Grundstück in Form der Zwangsvollstreckung dulden, § 1147 BGB. Der Gläubiger kann dazu die Zwangsversteigerung oder die Zwangsverwaltung beantragen, §§ 864 f. ZPO. Der Grundstückseigentümer haftet mit seinem Grundstück dabei nicht nur für die Hauptforderung, sondern auch für die Zinsen und die Kosten der Beitreibung der Hypothek. Daneben haftet er auch mit dessen Erzeugnissen, den Bestandteilen, dem Zubehör, sowie Miet- und Pachtzinsforderungen, §§ 1120 bis 1129 BGB.

b) Beteiligte und Entstehung

Zur Bestellung einer Hypothek ist gemäß § 873 Abs. 1 BGB eine Einigung zwischen Hypothekengläubiger und Grundstückseigentümer notwendig, die formlos erfolgen kann. Aus dem Inhalt der Einigung ergibt sich die Bestimmung der gesicherten Forderung. Nach § 873 Abs. 1 BGB ist die Hypothek in das Grundbuch einzutragen. Nach den §§ 1116, 1117 BGB ist für die Entstehung der Hypothek zudem entweder die Übergabe des Hypothekenbriefes oder aber der Ausschluss der Brieferteilung erforderlich. Fehlt es an der Verfügungsbefugnis des Grundstücksinhabers, kommt ein gutgläubiger Erwerb nach § 892 BGB in Betracht. Die Hypothek ist ein **akzessorisches Sicherungsmittel**. Es ist daher notwendig, dass auch die zu sichernde Forderung wirksam entstanden ist. Allerdings kann auch eine künftige, aber bereits bestimmbare oder bedingte Forderung gesichert werden, § 1113 Abs. 2 BGB. Solange die gesicherte Forderung (noch) nicht besteht, liegt keine Hypothek sondern eine Eigentümergrundschuld vor, §§ 1163 Abs. 1 Satz 1, 1177 Abs. 1 BGB.

2. Grundschuld, §§ 1191 ff. BGB

a) Rechtsinhalt

Der wesentliche Unterschied zwischen der Grundschuld und der Hypothek besteht darin, dass die Grundschuld ein **nicht akzessorisches** Sicherungsrecht ist. Sie ist abstrakt und nicht an eine Forderung angelehnt. Die Grundschuld kann gleichwohl als Sicherheit für eine Forderung bestellt werden. Diese Grundschuld nennt man Sicherungsgrundschuld. Sie dient nach dem Inhalt des zwischen Gläubiger und dem Grundstückseigentümer geschlossenen schuldrechtlichen Vertrags (Sicherungsvertrag) der Sicherung einer bestimmten Geldforderung. Für die Grundschuld gelten die Vorschriften der Hypothek entsprechend, § 1192 Abs. 1 BGB, wenn dort nicht gerade die Akzessorietät vorausgesetzt wird.

b) Beteiligte und Entstehung

Da die Grundschuld nicht akzessorisch ist, ist der Bestand der zu sichernden Forderung keine Entstehungsvoraussetzung. Gemäß § 873 Abs. 1 BGB ist die Einigung zwischen dem Eigentümer und dem Grundschuldgläubiger über die Bestellung einer Grundschuld erforderlich. Die Grundschuld ist im Grundbuch einzutragen, § 873 Abs. 1 BGB. Nach den §§ 1116, 1117 BGB ist für die Entstehung der Grundschuld zudem entweder die Übergabe des Grundschuldbriefes oder aber der Ausschluss der Brieferteilung erforderlich. Fehlt es an der Verfügungsbefugnis des Grundstücksinhabers, kommt ein gutgläubiger Erwerb nach § 892 BGB in Betracht.

c) Sicherungsgrundschuld

Die **Sicherungsgrundschuld** ist die häufigste Erscheinungsform von Grundschulden. Es handelt sich dabei um eine Grundschuld, die zur Sicherung eines Anspruchs verschafft worden ist, § 1192 Abs. 1 a BGB. Ihre Besonderheit besteht darin, dass die nicht akzessorische Grundschuld der Sicherung einer Forderung dient. Zu diesem Zweck wird zwischen dem Gläubiger der zu sichernden Forderung und dem Eigentümer des zu belastenden Grundstücks eine schuldrechtliche Sicherungsabrede getroffen, die den Rechtsgrund für die Bestellung der Grundschuld bildet und zugleich den Sicherungszweck realisiert. Ferner werden die zu sichernde Forderung und die sonstigen Modalitäten (Verwertung etc.) festlegt. Die Grundschuld wird aber nicht als „Sicherungsgrundschuld" im Grundbuch eingetragen (BGH NJW 1986, 53, 54). Bei der Bestellung einer Grundschuld im Zusammenhang mit einem Darlehensvertrag kann i.d.R. von einem konkludent geschlossenen Sicherungsvertrag ausgegangen werden (BGH NJW-RR 1991, 305).

Beispiel: Darlehensnehmer A gewährt der darlehensgebenden Bank B eine Sicherungsgrundschuld und unterwirft sich zugleich der sofortigen Zwangsvollstreckung (§ 794 Abs. 1 Nr. 5 ZPO). Als A nach Rückzahlung des Darlehens Freigabe der Sicherungsgrundschuld von B verlangt, weist diese auf die Abtretung der Darlehensforderung und der Sicherungsgrundschuld an die C hin. Einige Tage später verlangt die C Befriedigung aus dem Grundstück, die Kündigungsfrist des § 1193 Abs. 1 BGB ist in der Vereinbarung des A mit B abbedungen. C beruft sich darauf, dass sie nicht wusste, dass die Grundschuld zur Sicherung eines Anspruchs verschafft worden war, weil ein entsprechender Eintrag im Grundbuch fehlt.

C kann nicht Befriedigung aus dem Grundstück verlangen. Einerseits ist die Abbedingung der Kündigungsfrist unwirksam, § 1193 Abs. 2 Satz 2 BGB. Aber auch bei Einhaltung der Kündigungsfrist könnte A der C die Rückzahlung des Darlehens als Einrede aus der Sicherungsabrede mit B entgegenhalten. § 1192 Abs. 1 a BGB stellt die Akzessorietät zwischen Grundschuld und Forderung insofern her, als ein gutgläubiger einredefreier Erwerb der C ausscheidet. Ist A Verbraucher sind außerdem Ansprüche denkbar, wenn B oder C eine Informationspflicht verletzt haben (dazu s. S. 156).

IV. Verwertung von Grundpfandrechten

Die Grundpfandrechte gewähren dem Grundpfandgläubiger gegen den Eigentümer einen Anspruch auf **Duldung der Zwangsvollstreckung** in das Grundstück nach den §§ 1147, 1192 Abs. 1 BGB. Der Gläubiger kann dazu die Zwangsversteigerung oder die Zwangsverwaltung beantragen, §§ 864 ff. ZPO. Der Grundstückseigentümer haftet mit seinem Grundstück dabei nicht nur für die Hauptforderung, sondern auch für die Zinsen und die Kosten der Beitreibung. Sofern er sich nicht nach § 794 Abs. 1 Nr. 5 ZPO der sofortigen Zwangsvollstreckung unterworfen hat, ist dieser Anspruch gerichtlich geltend zu machen. Damit der Duldungsanspruch nach § 1147 BGB vorliegt, muss das Grundpfandrecht wirksam zugunsten des Gläubigers bestehen und fällig sein.

Die Grundpfandrechte erfassen nicht nur das belastete Grundstück selbst und dessen wesentliche Bestandteile, sondern auch weitere Gegenstände. Dieser sog. **Haftungsverband** besteht nach § 1120 BGB aus beweglichen Sachen, wie vom Grundstück getrennte Erzeugnisse und sonstige Bestandteile des Grundstücks, sofern sie nach der Trennung noch im Eigentum des Grundstückseigentümers stehen. Ferner wird das im Eigentum des Grundstückseigentümers stehende Zubehör erfasst. Allerdings ist die Möglichkeit der Enthaftung nach §§ 1121, 1122 BGB zu beachten. Der Haftungsverband erstreckt sich schließlich sogar auf Forderungen auf Miet- oder Pachtzins, wenn das Grundstück zum Zeitpunkt der Verwertung vermietet oder verpachtet ist, § 1123 Abs. 1 BGB.

Kurzrepetitorium

Mobiliar- und Immobiliarsicherheiten:

- Grundlage und Rechtsgrund: schuldrechtlicher Sicherungsvertrag zwischen Gläubiger und Sicherungsgeber.
- Entstehen der Sicherheit jedoch erst durch dinglichen Vertrag.
- Eigentumsvorbehalt: Verkäufer sichert Eigentum dadurch, dass er das Eigentum unter der aufschiebenden Bedingung vollständiger Kaufpreiszahlung überträgt, §§ 929 Satz 1, 158 Abs. 1 BGB.
- Sicherungsübereignung: Übertragung des Eigentums auf Sicherungsnehmer gemäß §§ 929 Satz 1, 930 BGB; Verbleib jedoch im unmittelbarem Besitz des Sicherungsgebers.
- In der Praxis Verdrängung des Pfandrechts i.S.d. §§ 1204 ff. BGB durch die praktikablere Sicherungsübereignung.
- Sicherungszession: Übertragung einer Forderung durch Abtretung, §§ 398 ff. BGB.
- Hypothek: akzessorische Immobiliarsicherheit (Bestehen der zu sichernden Forderung unbedingte Voraussetzung).
- Grundschuld: nicht akzessorisch; Verknüpfung von Forderung und Sicherung durch schuldrechtlichen Sicherungsvertrag.
- Bei Immobiliarsicherheiten zur Bestellung Einigung und Eintragung ins Grundbuch erforderlich, § 873 BGB.

Kapitel G. Handels- und Gesellschaftsrecht

§ 31 Das Handelsrecht

I. Einführung und Kaufmannsbegriff

1. Begriff und Wesen des Handelsrechts

Neben dem BGB zählt das Handelsgesetzbuch (HGB) zu den wichtigsten Gesetzen für das Wirtschaftsleben in Deutschland. Dabei baut das Handelsrecht, auch als **Sonderprivatrecht der Kaufleute** bezeichnet, auf dem allgemeinen Zivilrecht auf, setzt es voraus und bestimmt lediglich für einen bestimmten Adressatenkreis ergänzende bzw. ändernde Vorschriften. Das Handelsrecht ist ein Teilgebiet des Privatrechts, obwohl es einige öffentlich-rechtliche Vorschriften enthält, wie etwa die Buchführungspflicht (§ 238 HGB i.V.m. § 283 Abs. 1 Nr. 5 StGB) oder die Pflicht, seine Firma zur Eintragung in das von den AGen geführten Handelsregister anzumelden (§§ 14, 29 HGB). Im Verhältnis zum BGB stellt sich das HGB als Sonderrecht dar, vgl. Art. 2 Abs. 1 EGHGB, mit der Folge, dass eine Vorschrift des HGB als lex specialis (Sondernorm) der entsprechenden des BGB vorgeht. Die handelsrechtlichen Vorschriften sind primär im HGB zu finden. Aber auch Handelsbräuche spielen im Handelsrecht eine nicht zu unterschätzende Rolle, weil sie gemäß § 346 HGB für Kaufleute kraft Gesetzes gelten. Sie vermeiden als vorgegebene Handlungsformen ein zeit- und kostenaufwändiges Verhandeln und vereinheitlichen zugleich den kaufmännischen Geschäftsverkehr. Daneben enthält das HGB Vorschriften für eine Reihe standardisierter Rechtsgeschäfte des Kaufmanns, wie etwa das Kommissions- (§§ 383 ff. HGB), das Fracht- (§§ 407 ff. HGB), das Speditions- (§§ 453 ff. HGB) oder das Lagergeschäft (§§ 467 ff. HGB).

Die Kaufmannseigenschaft stellt den zentralen Bezugspunkt der handelsrechtlichen Vorschriften dar, da Normadressaten des HGB lediglich die in den §§ 1 ff. HGB definierten Kaufleute sind. Anders als etwa im UWG und im GWB, aber auch im Verbraucherschutzrecht des BGB, wird nicht auf den Unternehmer abgestellt.

Das HGB ist in besonderer Weise von **ökonomischen Erwägungen** geprägt. Die handelsrechtlichen Normen dienen der Erleichterung und Beschleunigung des Handelsverkehrs und lassen aufgrund der Geschäftsgewandtheit der Kaufleute dabei den Schutz des einzelnen Teilnehmers zurücktreten. Dieser Grundsatz lässt sich an zahlreichen Vorschriften des HGB deutlich machen. Hierzu zählen etwa die verkürzte Frist bei der Androhung des Verkaufs des Pfandes (§ 368 HGB, § 1234 BGB) oder die Reduktion von Gegenrechten gegen einen bestehenden Anspruch (Ausschluss der Einrede der Vorausklage § 349 HGB, § 771 BGB). Der Beschleunigung des Rechtsverkehrs unter Kaufleuten dienen zudem gesetzliche Vermutungen und Fiktionen. Bei ihnen schließt der Gesetzgeber auf das Vorliegen von Tatsachen, die von rechtlicher Bedeutung sind. Eine Vermutung kann allerdings im Prozess widerlegt werden.

Beispiel: Die Inhaberin der Firma „Claudia Mayer Exklusive Damenmoden“ kauft im Supermarkt um die Ecke sechs Flaschen Sekt. Handelt es sich bei dem Sektkauf um ein Handelsgeschäft? Nach § 344 HGB wird vermutet, dass ein Handelsgeschäft immer vorliegt, wenn ein Kaufmann im Geschäftsverkehr tätig wird. Es müssen also nur zwei Voraussetzungen untersucht werden: das Tätigwerden und die Kaufmannseigenschaft. Die Frage, ob Frau Mayer den Sekt für ihre private Geburtstagsfeier nächste Woche gekauft hat, muss hingegen nicht beantwortet werden, da § 344 HGB unterstellt, dass bei Vorliegen der genannten Voraussetzungen von einem Handelgeschäft auszugehen ist.

2. Der Kaufmannsbegriff

Wie schon deutlich wurde, ist die Kaufmannseigenschaft die zentrale Voraussetzung für die Anwendung des HGB. Grds. reicht es für die Anwendung des HGB aus, dass lediglich eine am Rechtsgeschäft beteiligte Partei Kaufmannseigenschaft besitzt. Man spricht dann von einem einseitigen Handelsgeschäft (§ 345 HGB). Es kommt aber auch vor, dass das Gesetz das Vorliegen der Kaufmannseigenschaft für beide Seiten verlangt, sog. beidseitiges Handelsgeschäft (vgl. §§ 353, 369, 377 HGB). Der Kaufmannsbegriff ist im ersten Abschnitt des HGB, in den §§ 1 bis 7 HGB, normiert. Dabei wird wie folgt differenziert:

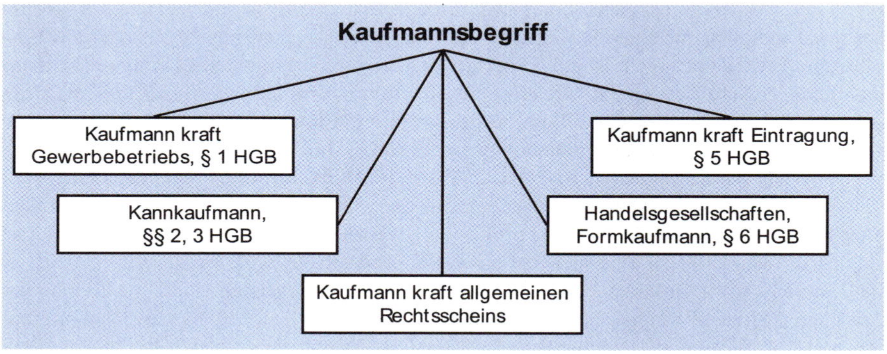

Schaubild 49

a) Kaufmannseigenschaft kraft Gewerbebetriebs, § 1 HGB

Kaufmann ist, wer ein Handelsgewerbe betreibt, vgl. § 1 Abs. 1 HGB. Es kommt bei dieser Kaufmannseigenschaft also allein auf die Tätigkeit an.

- **Gewerbe**. Der Gewerbebegriff wird im HGB nicht erklärt. Gewerbe lässt sich definieren als die auf Dauer angelegte (geplante), selbstständige, aber nicht freiberufliche Tätigkeit, die auf Gewinnerzielung ausgerichtet und rechtlich nicht verboten ist. Keine Gewerbetreibenden sind Freiberufler (Architekten, Ärzte, Steuerberater, Wirtschaftsprüfer, Rechtsanwälte etc.). Ein Arbeitnehmer ist nicht Kaufmann, da er kein unternehmerisches Risiko trägt und daher nicht selbstständig tätig wird. Typische kaufmännische Gewerbe betreiben: der Handelsvertreter (§§ 84 ff. HGB), der Handelsmakler (§§ 93 ff. BGB), der Kommissionär (§§ 383 ff. HGB), der Frachtführer (§§ 425 ff. HGB), der Spediteur (§§ 453 ff. HGB) oder der Lagerhalter (§§ 467 ff. HGB).
- **Handelsgewerbe**. Ein Handelsgewerbe liegt vor, wenn das gewerbliche Unternehmen gemäß § 1 Abs. 2 HGB einen kaufmännisch eingerichteten Geschäftsbetrieb erfordert, wofür wegen des Wortlautes eine Vermutung spricht. Die Beurteilung hängt dabei von

einer Gesamtwürdigung der betrieblichen Verhältnisse ab (z.B. Art der Tätigkeit, Zahl der Beschäftigten, Höhe von Umsatz, Anlage- und Betriebskapital oder räumliche Ausdehnung). Es kommt darauf an, dass der Gewerbetreibende einen hinreichenden Grad an Professionalität besitzt, der es rechtfertigt, ihn dem strengen Handelsrecht zu unterwerfen (OLG Dresden NJW-RR 2002, 33). Ist diese Voraussetzung nicht gegeben, gelten Betriebe nach den §§ 2, 3 HGB nur dann als Handelsgewerbe, wenn sie im Handelsregister eingetragen sind.

- Nur deklaratorische **Eintragung**. Sind die Voraussetzungen des § 1 Abs. 1 HGB erfüllt, liegt die Kaufmannseigenschaft automatisch vor; der Kaufmann ist zwar gemäß § 29 HGB verpflichtet, seine Firma zur Eintragung ins Handelsregister anzumelden, aber seine Eigenschaft als Kaufmann ist davon nicht abhängig.

b) Kannkaufmann, §§ 2, 3 HGB

Ansatzpunkt zum richtigen Verständnis des § 2 HGB ist wiederum § 1 HGB: Erfüllen Kleingewerbetreibende (z.B. kleine Reparaturwerkstätten oder der allein arbeitende Friseur) die Voraussetzungen des § 1 Abs. 2 HGB nicht, können sie dennoch nach § 2 HGB die Kaufmannseigenschaft erwerben. Somit wird dieser Gruppe die Möglichkeit eröffnet, sich vollumfänglich dem Handelsrecht zu unterstellen. Dafür muss der Kleingewerbetreibende einen Antrag auf Eintragung in das Handelsregister gestellt haben (§§ 2, 29 HGB), womit er sein aus § 2 Satz 2 HGB folgendes **Wahlrecht** ausgeübt hat. Die darauf folgende Eintragung ist in diesem Fall rechtsbegründend (konstitutiv); erst ab diesem Zeitpunkt gilt das Unternehmen als Handelsgewerbe und der Unternehmer als Kaufmann. Der Kleingewerbetreibende ist keineswegs verpflichtet, sondern nur berechtigt, seine Eintragung im Handelsregister herbeizuführen. Er kann also Kaufmann werden, muss es aber nicht.

Nach § 3 HGB können **Land- und Forstwirte** bezüglich ihrer Haupt- und Nebenbetriebe die Kaufmannseigenschaft ebenfalls durch Eintragung einer Firma herbeiführen, wenn der Betrieb kaufmännische Einrichtungen erfordert. Auch hier hat die Eintragung konstitutive Wirkung. Ein landwirtschaftliches Unternehmen hat die Gewinnung pflanzlicher oder tierischer Rohstoffe durch Landbau und ihre Verwertung zum Gegenstand. Ein forstwirtschaftliches Unternehmen ist dadurch gekennzeichnet, dass es auf die Gewinnung von Waldprodukten (in der Regel Holz) durch planmäßige Auf- und Abforstung und ihre Verwertung gerichtet ist.

c) Handelsgesellschaften/Formkaufmann, § 6 HGB

Auf Handelsgesellschaften ist gemäß § 6 Abs. 1 HGB Kaufmannsrecht anzuwenden. Da OHG und KG nach ihrer gesetzlichen Definition den Betrieb eines Handelsgewerbes voraussetzen, §§ 105 Abs. 1, 161 HGB, ist für sie die Regelung des § 6 HGB allein schon deshalb sachlich begründet. Ist der Zweck der Personenhandelsgesellschaft nicht auf den Betrieb eines Handelsgewerbes gerichtet, liegt nur eine GbR vor. § 105 Abs. 2 HGB eröffnet aber für kleingewerbliche und vermögensverwaltende Gesellschaften die Rechtsform der OHG/KG, die nach § 1 Abs. 2 HGB kein Handelsgewerbe betreiben. Die Kapitalgesellschaften (AG, KGaA, GmbH, eG) unterstehen den für Kaufleute geltenden Rechtsvorschriften, da sie allein ihrer Rechtsform wegen – unabhängig von der Art des von ihnen betriebenen Unternehmens – als Handelsgesellschaften bzw. Kaufleute gelten, §§ 3 Abs. 1, 278 Abs. 3 AktG; 13 Abs. 3 GmbHG; 17 Abs. 2 GenG. Sie sind als sog. Formkaufleute kraft Gesetzes Kaufleute, § 6 Abs. 2 HGB. Bitte beachten Sie: Die Vorstandsmitglieder einer AG oder deren Aktionäre, die Geschäftsführer einer GmbH oder deren Gesellschafter sind keine Formkaufleute.

d) Kaufmann kraft Eintragung, § 5 HGB

Ist eine Firma in das Handelsregister eingetragen, kann der Betroffene gegenüber einem Dritten nicht geltend machen, dass das unter der Firma betriebene Gewerbe kein Handelsgewerbe sei, § 5 HGB. Ein eingetragener Gewerbetreibender muss sich also so behandeln lassen, als sei er Kaufmann. Diese Regelung zugunsten des Rechtsscheins und zu Lasten der Rechtswirklichkeit soll klare Verhältnisse schaffen. Weil die Anwendung des § 5 HGB aber voraussetzt, dass eine Firma eingetragen ist und ein Gewerbe betrieben wird, ist die Norm unanwendbar, wenn eine oder beide dieser Bedingungen nicht vorliegen.

e) Kaufmann kraft allgemeinen Rechtsscheins

Wird kein Gewerbe betrieben und/oder erfolgt keine Eintragung, kann jemand schließlich auch als Kaufmann kraft allgemeiner Rechtsscheinsgrundsätze gelten. Wird in anderer Weise der Eindruck erweckt, Kaufmann zu sein (z.B. durch Briefkopfgestaltung, Werbung etc.), gilt gewohnheitsrechtlich der Grundsatz der Erklärungstreue: Derjenige, der einen Rechtsschein hervorgerufen hat, kann sich gegenüber einem gutgläubigen Dritten nicht darauf berufen, kein Kaufmann zu sein („der Rechtsschein wirkt nur für und nicht gegen den gutgläubigen Dritten“). Anders als § 5 HGB gilt dieser Grundsatz nur zum Schutz gutgläubiger Dritter (**Vertrauensschutz**). Gutgläubig ist derjenige, der die Wahrheit nicht kennt.

II. Das Handelsregister

1. Begriff und Bedeutung

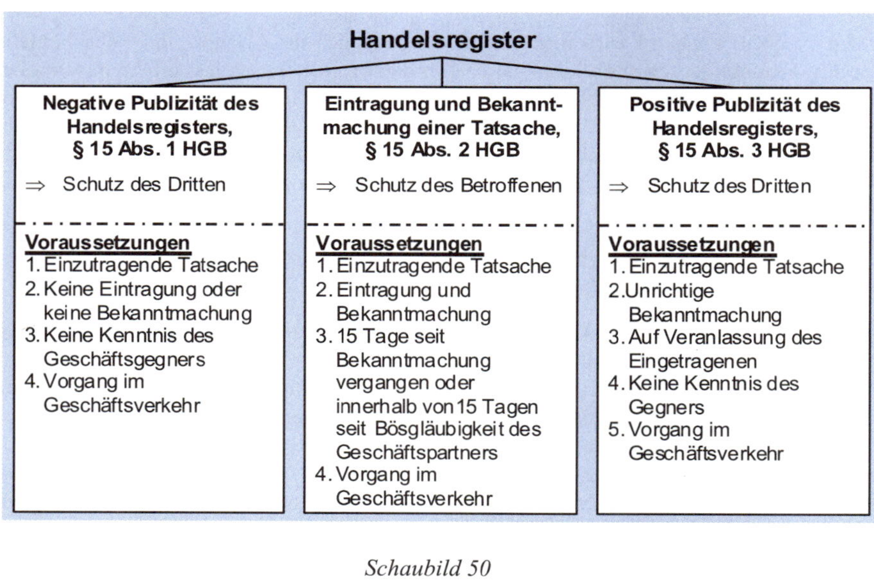

Schaubild 50

Das Handelsregister ist ein **öffentliches Verzeichnis** bestimmter Tatsachen, die im Handelsverkehr rechtserheblich sind. Es wird bei den Amtsgerichten geführt. Jedermann hat das Recht, das Register einzusehen und Abschriften daraus zu erhalten. In das Handelsregister sollen nur Tatsachen aufgenommen werden, die eintragungsfähig sind; hierzu zählen Tatsachen, bei denen das Gesetz die Eintragung vorschreibt (eintragungspflichtige Tatsachen, z.B. §§ 29, 31, 32, 106, 162 HGB; § 39 AktG; § 10 GmbHG) und solche, deren Eintragung zwar erlaubt, aber nicht von Gesetzes wegen geboten ist (eintragungsfähige Tatsachen, z.B. §§ 2, 3, 25 Abs. 2 HGB).

Das Register dient primär der **Rechtssicherheit und Rechtsklarheit** und damit der Leichtigkeit des Geschäftsverkehrs. Die Dokumentation der bedeutendsten Rechtsverhältnisse der Kaufleute schützt vor den Gefahren unerkennbarer Rechtslagen (z.B. Haftungs- und Vertretungsfragen) und erspart dem Kaufmann die Mitteilung einer entsprechenden Information an die interessierte Öffentlichkeit. Indem das Registergericht die Voraussetzungen der Eintragung vor der Eintragung nochmals überprüft, schützt das Handelsregister auch die Allgemeinheit vor unrichtigen Eintragungen. Manche Eintragungen wirken konstitutiv, andere lediglich deklaratorisch.

An jede Eintragung im Handelsregister knüpft sich eine doppelte Vermutung: Zum einen wird vermutet, dass die Eintragung zulässig ist, da das Registergericht die formellen Voraussetzungen der Anmeldung vor der Eintragung geprüft hat. Zum anderen besteht die Vermutung, dass die Eintragung auch inhaltlich richtig ist, denn das Registergericht ist bei Zweifeln an der Richtigkeit berechtigt und verpflichtet, den wahren Sachverhalt zu ermitteln (vgl. auch § 9 Abs. 3 HGB).

2. Publizität des Handelsregisters

a) § 15 Abs. 1 HGB

Solange im Handelsregister eine einzutragende Tatsache nicht eingetragen und bekannt gemacht worden ist, bestimmt § 15 Abs. 1 HGB, dass diese Tatsache einem Dritten nicht entgegengehalten werden kann. Durch diese Norm wird also das Vertrauen des Dritten in das Schweigen des Handelsregisters geschützt, sog. **negative Publizität**. Bei negativer Publizität wird der Glaube daran geschützt, dass eine nicht im Register eingetragene Tatsache auch nicht besteht. § 15 Abs. 1 HGB hat folgende Voraussetzungen:

- Es muss sich um eine einzutragende Tatsache handeln. Hier sind also nur die eintragungspflichtigen Tatsachen von Bedeutung.
- Diese Tatsache darf nicht eingetragen und bekannt gemacht worden sein. Wenn die Tatsache eingetragen worden ist, bleibt § 15 Abs. 1 HGB anwendbar, wenn lediglich keine Bekanntmachung stattgefunden hat.
- Gutgläubigkeit des Dritten bei Vornahme der Rechtshandlung.
- Hinsichtlich der Gutgläubigkeit schadet nur positive Kenntnis der einzutragenden Tatsache. Dritter ist jeder Außenstehende, jeder nicht an der einzutragenden Tatsache Beteiligte. Weiter muss die Gutgläubigkeit hinsichtlich des Nichtbestehens der Tatsache für die Rechtshandlung kausal gewesen sein.

Liegen die Voraussetzungen des § 15 Abs. 1 HGB vor, kann die betroffene Tatsache dem Dritten nicht entgegengesetzt werden. Die Norm wirkt also zugunsten des Dritten und zuungunsten der Person, in deren Angelegenheiten die Tatsache einzutragen war.

b) § 15 Abs. 2 HGB

Wenn eine eintragungsfähige Tatsache **eingetragen und bekannt gemacht** wurde, kommt § 15 Abs. 2 Satz 1 HGB zur Anwendung, sofern es sich um der Wahrheit entsprechende Tatsachen handelt. Die Person, in deren Angelegenheit die Eintragung der Tatsache erfolgte, kann sich auf diese berufen, selbst wenn der Dritte die Tatsache nicht kannte; § 15

Abs. 2 HGB wirkt also zuungunsten des Dritten. Eine Ausnahme hiervon statuiert § 15 Abs. 2 Satz 2 HGB für Handlungen, die innerhalb von 15 Tagen nach der Bekanntmachung erfolgen.

c) § 15 Abs. 3 HGB

§ 15 Abs. 3 HGB soll den Schutz des § 15 Abs. 1 HGB erweitern. Diese Vorschrift ist anwendbar, wenn eine einzutragende Tatsache unrichtig bekannt gemacht worden ist. Anders als bei Abs. 1 und 2 handelt es sich also um einen Fall der **positiven Publizität**. Bei der positiven Publizität darf man sich darauf verlassen, dass eine Tatsache, die im Handelsregister steht und veröffentlicht wurde, tatsächlich existiert. Der Anwendungsbereich dieser Norm ist jedoch insoweit einzuschränken, als der durch die Eintragung im Handelsregister erzeugte Rechtsschein dem Betroffenen zuzurechnen sein muss. Eine Zurechnung findet statt, wenn der Betroffene die Eintragung veranlasst oder es schuldhaft unterlassen hat, den Rechtsschein zu zerstören. Hinsichtlich der Gutgläubigkeit des Dritten gelten die Ausführungen zu § 15 Abs. 1 HGB. In ihrem Anwendungsbereich wirkt § 15 Abs. 3 HGB zuungunsten desjenigen, in dessen Angelegenheiten die Tatsache einzutragen war.

III. Die Handelsfirma

1. Begriff

Die Firma des Kaufmanns ist der **Name**, unter dem er sein Unternehmen betreibt, § 17 Abs. 1 HGB. „Firma" steht also, entgegen des normalen Sprachgebrauchs („Wir treffen uns morgen in der Firma"), nicht für das Unternehmen oder den Geschäftsbetrieb, sondern nur für dessen Namen. Sie ist ein Mittel, um den Geschäftsbetrieb zu kennzeichnen und einen Hinweis auf die Identität des Unternehmens zu geben. Der Kaufmann kann daher im Rechtsverkehr zwei Namen tragen: seinen persönlichen als Privatperson und die Firma seines Betriebes. Nur Kaufleute dürfen eine Firma führen. Das unberechtigte Führen einer Firma macht den Nichtkaufmann zum Kaufmann kraft allgemeiner Rechtsscheinsgrundsätze.

2. Grundsätze

Für die Firma stellt das Gesetz folgende **Grundsätze** auf: Nach §§ 29, 31 HGB ist jeder Kaufmann berechtigt und verpflichtet, eine Firma zu führen und sie zur Eintragung in das Handelsregister anzumelden (Firmenöffentlichkeit). Der Kaufmann darf für ein Unternehmen nur eine Firma führen (Firmeneinheit). Die Firma des Kaufmanns ist nach § 22 HGB übertragbar. Die Firma selbst kann der Kaufmann relativ frei gestalten, muss aber gemäß § 18 Abs. 1 HGB eine Firma wählen, die zur Kennzeichnung des Kaufmanns geeignet ist und Unterscheidungskraft besitzt. Irreführende Angaben sind nach § 18 Abs. 2 HGB verboten (Firmenwahrheit und -klarheit). Nach § 21 HGB kann eine Firma auch bei Namensänderung fortgeführt werden (Firmenbeständigkeit). Nach § 19 Abs. 1 HGB muss der Firma zwingend ein den aktuellen Verhältnissen entsprechender Rechtsformzusatz beigefügt werden. Um eine Verwechslungsgefahr zu vermeiden, muss sich jede neue Firma am Ort von bereits bestehenden Firmen deutlich unterscheiden, § 30 HGB (Firmenunterscheidbarkeit). Der Firmeninhaber kann jeden vom Gebrauch seiner Firma ausschließen (§ 37 Abs. 2 HGB).

Beispiel: Längere Buchstabenkombination wie A.A.A.A.A.A. GmbH lassen sich nicht hinreichend unterscheiden und eignen sich deshalb nicht zur Individualisierung eines Kaufmanns. Sie verstoßen gegen § 18 HGB (OLG Frankfurt NJW 2002, 2400).

§ 37 a HGB verpflichtet dem Kaufmann, bestimmte Mindestangaben in seinen Geschäftsbrief aufzunehmen. Dazu zählen: seine Firma, bei Einzelkaufleuten eine die Kaufmannseigenschaft ausdrückende Bezeichnung (e.K., e. Kfm., e. Kfr. etc.), den Ort der Handelsniederlassung, das Registergericht und die Nummer, unter der die Firma in das Handelsregister eingetragen ist. Nicht erforderlich ist die Angabe, wer Inhaber der Firma ist.

IV. Kaufmännische Vollmachten und kaufmännisches Personal

1. Grundlagen

Grds. gelten auch für die Kaufleute die Vertretungsregeln der §§ 164 ff. BGB. Im Rahmen des BGB kann der Vollmachtgeber den Umfang der Bevollmächtigung nach seinem Willen bestimmen. Daraus ergibt sich für den Dritten, gegenüber dem der Bevollmächtigte auftritt, in vielen Fällen eine beträchtliche Unsicherheit hinsichtlich des Vollmachtumfangs.

Im Handelsverkehr ist eine solche Unsicherheit jedoch nicht akzeptabel; hier muss es dem Dritten möglich sein, die Grenzen der Vollmacht zuverlässig zu beurteilen und sich auf diese verlassen zu können. Deshalb werden die Vertretungsregeln der §§ 164 ff. BGB durch die handelsrechtlichen Vorschriften teils verändert und ergänzt. Das HGB hat den Umfang der kaufmännischen Vollmachten standardisiert und ihn gegen Beschränkungen durch den Vollmachtgeber abgesichert. Die bedeutsamsten Arten der kaufmännischen Vollmachten sind dabei die Prokura und die Handlungsvollmacht.

2. Arten von kaufmännischen Vollmachten

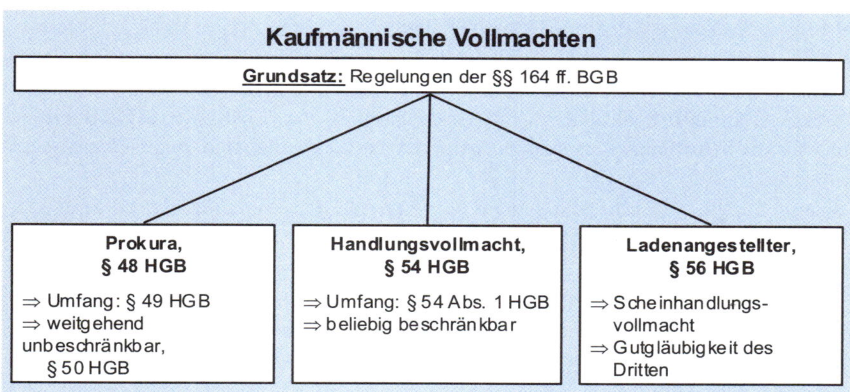

Schaubild 51

a) Prokura, § 48 HGB

Die **Prokura** ist die wichtigste handelsrechtliche Form der Stellvertretung. Ihrer Rechtsnatur nach ist sie Vollmacht i.S.v. § 166 Abs. 2 BGB, deren Umfang jedoch gesetzlich fixiert und deren Bestand durch Handelsregistereintragung i.V.m. § 15 HGB gesichert wird. Zu beachten ist, dass die Prokura als Vollmacht das Außenverhältnis betrifft, das streng von dem zugrunde liegenden Grundverhältnis (z.B. Arbeitsvertrag) zu trennen ist.

Nach § 48 Abs. 1 HGB kann die Prokura nur vom Inhaber des Handelsgeschäfts durch empfangsbedürftige, ausdrückliche Willenserklärung persönlich oder von dessen gesetzlichem Vertreter erteilt werden. Keine Wirksamkeitsvoraussetzung ist die Eintragung der Prokura im Handelsregister; diese hat rein deklaratorischen Charakter. Anders als der Umfang der Vollmacht nach dem BGB ist der **Umfang der Prokura** durch § 49 HGB gesetzlich fixiert und kann Dritten gegenüber nicht eingeschränkt werden, § 50 HGB. Danach ermächtigt die Prokura zu allen Geschäften, die der Betrieb irgendeines (!) Handelsgewerbes mit sich bringt (keine Beschränkung auf Branchenbezogenheit). Bitte beachten Sie den zentralen Unterschied zur Vertretungsmacht im BGB: Im Recht des BGB trägt der Dritte das Risiko, ob ein Vertreter innerhalb der ihm zustehenden Vertretungsmacht handelt oder sie überschreitet. Die damit verbundene Unsicherheit soll im Handelsverkehr dadurch vermieden werden, dass der Umfang der Prokura gesetzlich fixiert ist.

Trotz ihrer Weite kennt auch die Prokura **Schranken**: Die gesetzlichen Grenzen der Prokura bestehen zum einen darin, dass sie nur dann zur Belastung und Veräußerung von Grundstücken ermächtigt, wenn der Prokurist hierzu besonders bevollmächtigt ist, § 49 Abs. 2 HGB. Zum anderen sind die sog. Prinzipal- und Grundlagengeschäfte und solche Geschäfte, die außerhalb des Geschäftsbetriebs liegen, nicht durch die Prokura gedeckt (z.B. Firmenänderung; Stellung eines Insolvenzantrags). Überschreitet der Prokurist die ihm im Innenverhältnis gesetzten Grenzen und erkennt der Dritte dies, liegt ein Missbrauch der Vertretungsmacht vor, der ausnahmsweise eine Berufung auf die Unbeschränkbarkeit der Prokura ausschließt. Im Übrigen ist im Interesse des Rechtsverkehrs eine Beschränkung des Umfangs der Prokura Dritten gegenüber unwirksam (§ 50 Abs. 1 HGB). Beachten Sie in diesem Zusammenhang bitte genau den Unterschied zwischen Innen- und Außenverhältnis: Das Innenverhältnis regelt das rechtliche Dürfen, während es beim Außenverhältnis um das rechtliche Können geht. Im Innenverhältnis zwischen Kaufmann und Prokuristen sind daher trotz § 50 Abs. 1 HGB Beschränkungen möglich.

Neben der Einzelprokura existieren die Filial- und die Gesamtprokura. Erstere liegt nach § 50 Abs. 3 HGB vor, wenn die Prokura auf den Betrieb einer Niederlassung beschränkt (etwa eine bestimmte Bankfiliale) wird. Gesamtprokura nach § 48 Abs. 2 HGB hat zur Folge, dass die betroffenen Personen nur gemeinschaftlich befugt sind, den Geschäftsherrn zu vertreten.

Die Prokura erlischt durch Widerruf, § 52 Abs. 1 HGB, mit der Beendigung des Grundverhältnisses, § 168 Satz 1 BGB, beim Tod des Prokuristen, arg. ex § 52 Abs. 3 HGB, und bei Eröffnung des Insolvenzverfahrens über das Vermögen des Kaufmanns gemäß § 117 InsO. Folge des Erlöschens ist, dass der Prokurist als Vertreter ohne Vertretungsmacht haftet, § 179 BGB. Da das Erlöschen ins Handelsregister einzutragen ist, § 53 Abs. 3 HGB, wird ein Dritter bei seinem Unterbleiben über § 15 Abs. 1 HGB geschützt (s. S. 229 f.).

b) Handlungsvollmacht, § 54 HGB

Der Kaufmann ist nicht gezwungen, sich auf die weitgehend unbeschränkbare Prokura einzulassen. Die **Handlungsvollmacht** ermöglicht es ihm, Handlungsbevollmächtigte zu ernennen, deren Vertretungsmacht den Bedürfnissen seines Handelsbetriebs individuell angepasst werden kann. Zum Schutz des Rechtsverkehrs ist aber auch hier ein gesetzlicher Mindestumfang festgelegt.

Die Handlungsvollmacht wird durch formfreie, empfangsbedürftige Willenserklärung erteilt. Sie muss nicht zwingend vom Inhaber des Handelsgeschäfts erteilt werden. Der Umfang bestimmt sich nach § 54 Abs. 1 HGB, kann jedoch vom Vollmachtgeber beliebig beschränkt werden, § 54 Abs. 3 HGB. Anders als die Prokura ist die Handlungsvollmacht kraft Gesetzes auf Geschäfte und Rechtshandlungen beschränkt, die der Betrieb eines derartigen Gewerbes gewöhnlich mit sich bringt (kein Verkauf eines Telefons durch den Handlungsbevollmächtigen eines Gebrauchtwagenhändlers). Gleichzeitig schützt § 54 Abs. 3 HGB aber auch den Dritten, weil dieser Beschränkungen nur dann gegen sich gelten lassen muss, wenn diese ihm bekannt waren oder bekannt hätten sein müssen. Zu den in § 54 Abs. 2 HGB aufgeführten Geschäften bedarf der Handlungsbevollmächtigte einer besonderen Befugnis. Bei der Handlungsvollmacht werden die Generalhandlungsvollmacht, die Artvollmacht und die Spezialvollmacht unterschieden.

Für die Handlungsvollmacht gelten die Erlöschensgründe des BGB (§§ 168, 170 bis 173). So endet die Handlungsvollmacht, sobald der Arbeitsvertrag nicht mehr besteht (§ 168 Satz 1 BGB). Folge des Erlöschens ist, dass dem Handlungsbevollmächtigten die Vertretungsmacht fehlt und er nach § 179 BGB als Vertreter ohne Vertretungsmacht haftet.

c) Ladenangestellter, § 56 HGB

Diese Norm begründet eine Scheinhandlungsvollmacht für die **Angestellten** des Geschäftsherrn, die in seinem Laden oder offenen, dem Publikum zugänglichen Warenlager tätig sind, ohne überhaupt bevollmächtigt zu sein. Auf diese Weise wird der Besucher des Ladens von Nachforschungspflichten über die Bevollmächtigung befreit. Anderenfalls gilt § 54 HGB, der deshalb zuerst zu prüfen ist. Für § 56 HGB müssen folgende Voraussetzungen erfüllt sein:

Angestellt i.S.d. § 56 HGB ist jede Person, die mit Wissen und Wollen des Geschäftsinhabers im Laden bzw. Lager tätig ist. Hierfür ist kein wirksames Arbeitsverhältnis erforderlich, sodass auch Freunde oder Familienangehörige als angestellt i.S.v. § 56 HGB gelten können. In den Anwendungsbereich fallen Läden oder Warenlager, die dem Publikum offen stehen und in denen der Inhaber seine Geschäfte betreibt. Eine Vertretungsmacht für die Vornahme von Ankäufen ergibt sich nicht aus § 56 HGB, da nur Verkäufe oder Empfangnahmen von der Vorschrift erfasst sind. Damit die Vorschrift anwendbar ist, müssen diese aber im Laden oder Warenlager getätigt oder zumindest angebahnt worden sein. Branchenfremde Geschäfte fallen nicht unter § 56 HGB.

Falls der Dritte die fehlende Vertretungsmacht kennt oder fahrlässig nicht kennt, ist er nicht schutzwürdig und § 56 HGB nicht anwendbar, vgl. § 54 Abs. 3 HGB. Denn die Scheinvollmacht kann nicht weiter reichen als die wirklich erteilte Vollmacht des § 54 HGB.

Folge des § 56 HGB ist, dass die Hilfsperson Scheinhandlungsvollmacht hat, deren Wirkungen aber nicht weiter gehen als die durch Rechtsgeschäft begründete Handlungsvollmacht; infolgedessen sind auch hier die Beschränkungen des § 54 Abs. 2 HGB zu beachten.

Beispiel: L ist im Elektrogeschäft des E angestellt. Verkauft L die Elektrogeräte an seinen guten Freund F mit einem 50%igen Sonderrabatt, sind solche Geschäfte nicht mehr von § 56 HGB erfasst. L hat für F erkennbar seine Vertretungsmacht überschritten.

V. Das Handelsgeschäft

1. Begriff und Bedeutung

Handelsgeschäfte sind gemäß § 343 HGB alle Geschäfte eines Kaufmanns, die zum **Betrieb seines Handelsgewerbes** gehören. Dabei sind die Vermutung des § 344 HGB und die Vorgaben des § 345 HGB zu beachten.

Beispiele: Ein Handelsgeschäft liegt vor, wenn der Kaufmann einen Werkleiter einstellt oder einen Kredit zum Erwerb einer neuen Maschine aufnimmt. Kein Handelsgeschäft liegt vor, wenn der Kaufmann seine Freundin zu einem Abendessen einlädt oder diese anschließend heiratet.

Zumeist reicht es für die Anwendbarkeit der HGB-Vorschriften aus, dass nur einer von zwei Vertragspartnern Kaufmann ist und das Geschäft für ihn ein Handelsgeschäft darstellt, § 345 HGB (Hausfrau kauft im Supermarkt ein). Manche Vorschriften setzen aber ausdrücklich voraus, dass beide Seiten Kaufleute sein müssen; man spricht vom beiderseitigen Handelsgeschäft (vgl. §§ 346, 352, 354 a, 377 HGB). Es muss daher genau geprüft werden, ob im konkreten Einzelfall die Anforderungen an das Handelsgeschäft erfüllt sind.

2. Zustandekommen von Handelsgeschäften

Das Handelsgeschäft kommt durch Angebot und Annahme gemäß den §§ 145 ff. BGB zustande. Anders als im BGB kann aber unter den Voraussetzungen des § 362 Abs. 1 HGB das Schweigen des Kaufmanns als Annahme eines Antrags gelten. § 362 HGB ist eine Fiktion, da unterstellt wird, dass das Schweigen des Kaufmanns die Annahme des Angebots ist. Der Geschäftspartner muss daher nicht nachfragen, ob der Kaufmann das Angebot annimmt.

Die Formvorschriften der §§ 766 Satz 1, 780 Satz 1 u. 781 Satz 1 BGB finden bei einem Handelsgeschäft für den Kaufmann keine Anwendung, § 350 HGB.

3. Durchführung von Handelsgeschäften

Bei der Durchführung von Handelsgeschäften ist zunächst die sich an der Idealfigur des „**ordentlichen Kaufmanns**“ orientierende Sorgfaltspflicht zu beachten, § 347 Abs. 1 HGB. § 347 Abs. 1 HGB konkretisiert damit § 276 Abs. 2 BGB, sodass der Kaufmann bei Handelsgeschäften nicht für die Sorgfalt irgendeines, sondern für die eines ordentlichen Kaufmanns einzustehen hat.

Dem Kaufmann steht bei Bürgschaften, deren Übernahme für ihn ein Handelsgeschäft darstellt, keine Einrede der Vorausklage zu, §§ 343, 344, 349 HGB. § 352 HGB setzt den gesetzlichen Zinssatz bei beiderseitigen Handelsgeschäften auf 5% fest. Außerdem kann der Schuldner eines beiderseitigen Handelsgeschäfts einen höheren Bankzins schulden, sofern der Gläubiger beweist, dass er diesen infolge der Säumnis als Kreditzins tatsächlich aufwandte oder als Anlagezins verlor.

Die Leistungszeit bestimmt sich im BGB nach § 271 BGB. Im HGB ist dieser Grundsatz dahingehend konkretisiert, dass bei Handelsgeschäften die Leistung „nur während der gewöhnlichen Geschäftszeiten“ zu erfolgen hat (z.B. Öffnungszeiten; Schalterstunden), § 358 HGB.

Zum erweiterten Gutglaubensschutz nach § 366 HGB s. S. 207.

4. Besonderheiten beim Handelskauf

a) Überblick über die Sondervorschriften

Der **Handelskauf** kennt mit den §§ 373 bis 382 HGB Sondervorschriften, die gegenüber dem BGB-Kauf bedeutsame Änderungen enthalten. So kann der Verkäufer die Ware nach vorheriger Androhung auf Kosten des Käufers für seine Rechnung versteigern lassen, wenn der Käufer die Ware nicht rechtzeitig annimmt (§ 373 Abs. 2 HGB). Für diesen Fall darf der Verkäufer den Kaufgegenstand auf Kosten des Käufers in jedem öffentlichen Lagerhaus hinterlegen (§ 373 Abs. 1 HGB) oder die Sache sogar auf Kosten des Käufers verkaufen lassen (sog. Selbsthilfeverkauf, § 373 Abs. 2 u. 3 HGB). Dem Käufer steht unter den Voraussetzungen des § 376 HGB ein erleichtertes Rücktrittsrecht beim sog. Fixhandelskauf zu.

b) Die Untersuchungs- und Rügeobliegenheit

aa) Bedeutung und Rechtsfolgen

Die wichtigsten Besonderheiten des Handelskaufs stellen die Regeln über die Mängelhaftung dar. § 377 HGB koppelt den **Erhalt des Mangelanspruchs an eine Rügeobliegenheit**. Danach muss der Käufer die empfangene Ware untersuchen und den Mangel anzeigen, um seine Mängelrechte zu erhalten. Nur wenn er ordnungsgemäß und fristgerecht rügt, erhält er sich seine aus dem BGB ergebenden Rechte. Neue Rechte entstehen ihm dadurch nicht. Erfüllt er seine Rügeobliegenheit nicht oder zu spät, tritt ein Rechtsverlust bezüglich des Mangels ein. Der Mangel gilt als genehmigt, also als gebilligt. Nur nicht erkannte, oder nicht erkennbare Mängel bleiben davon unberührt (OLG Köln NJW 1996, 1683).

Die Rügeobliegenheit des § 377 HGB dient vor allem dem allgemeinen Interesse des Handelsverkehrs an einer raschen und endgültigen Abwicklung des Rechtsgeschäfts. Zugleich soll der Verkäufer geschützt werden. Beim Handelskauf handelt es sich regelmäßig um einen Fall des Warenumschlags. Der Kaufmann erwirbt die Ware, um sie rasch weiterzuverkaufen. Zeigt sich ein Mangel erst später beim Endverbraucher bestehen oft erhebliche Beweisschwierigkeiten. Durch die rasche Rüge wird der Verkäufer in die Lage versetzt, die notwendigen Maßnahmen zur Beweissicherung und ggf. zur Schadensabwendung zu treffen (BGH NJW 2000, 1416). Es geht also um eine sachgerechte Risikoverteilung zwischen Käufer und Verkäufer, die aufgrund der Besonderheiten des Handelskaufs anders ausfallen muss als beim BGB-Kauf.

bb) Voraussetzungen

§ 377 HGB setzt voraus, dass es sich beim Kauf für **beide Parteien um ein Handelsgeschäft** handelt (§§ 377 Abs. 1, 343, 344 HGB) und die Ware dem Käufer abgeliefert wurde. Neben dem Kaufvertrag wird nach § 381 Abs. 2 HGB auch der Vertrag über noch herzustellende oder zu erzeugende Sachen erfasst.

Diese Ware muss einen **Mangel** aufweisen. Damit wird auf den (Sach-)Mangelbegriff beim BGB-Kauf (§ 434 BGB) Bezug genommen. Neben dem Qualitätsmangel werden damit auch der Quantitätsmangel (Zu-wenig-Lieferung, § 434 Abs. 3 BGB) und die Lieferung eines aliuds (Anderslieferung, § 434 Abs. 3 BGB) erfasst. Die Ware ist abgeliefert, wenn der Käufer die Verfügungsmöglichkeit über sie erhält.

Ist eine mangelhafte Sache geliefert worden, muss der Käufer die Ware unverzüglich (= ohne schuldhaftes Zögern, § 121 Abs. 1 Satz 1 BGB) untersuchen und den Mangel formlos dem Verkäufer anzeigen. Tut er dies, stehen ihm die Mängelansprüche nach BGB zu. Erfolgt die Rüge nicht ordnungsgemäß, gilt die Ware als genehmigt und der Käufer muss sie als vertragsgemäß geliefert ansehen. In bestimmten Fällen entfällt die Rügelast gemäß § 377 Abs. 5 HGB, weil dort der Verkäufer nicht schutzwürdig ist.

Um einen Mangel feststellen zu können, muss der Käufer die eingegangene Ware prüfen. Sowohl die Anforderungen an die **Untersuchungsfrist** als auch diejenige an die **Untersuchungsmethoden** lassen sich nicht allgemeinverbindlich festlegen. Sie hängen von der gelieferten Ware und der Art des Mangels ebenso ab wie von eventuell bestehenden Handelsbräuchen und den mit der Untersuchung verbundenen zeitlichen und finanziellen Belastungen. Tritt ein Mangel schon bei der Ablieferung offen zu Tage, ist unverzüglich zu rügen. Im Übrigen kommt es für die Art und den Umfang der Untersuchung nicht auf die subjektiven Fähigkeiten und Kenntnisse des Käufers an, sondern auf die objektive Sachlage.

Beispiele: Bei der Lieferung von Wein oder Konserven genügen Stichproben, deren Anzahl im Verhältnis zum Umfang der Lieferung ein ordentlicher Kaufmann als vernünftig ansehen würde (bei Pilzen in Konservendosen reicht eine Stichprobenmenge von sechs Dosen bei insgesamt 2.400 gelieferten Konserven, BGH BB 1977, 1019). Die Untersuchung muss generell geeignet sein, einen Fehler der Ware zuverlässig aufzuspüren. So sind Flaschenkorken auf ihre Eignung durch Zerschneiden zu untersuchen (BGH WM 1987, 1299). Bei der Untersuchung von Lebensmitteln hingegen reicht eine Geruchs- und Geschmacksprobe; eine Untersuchung durch einen Sachverständigen oder gar ein Lebensmittellabor ist nicht notwendig (BGH NJW 1991, 2633). Bei Teillieferungen ist jede Teillieferung zu untersuchen (BGHZ 101, 339).

Liegt kein Mangel vor, der von Anfang an erkennbar war, erlischt die Rügelast, wenn der Mangel später vom Käufer entdeckt wird oder aufgrund eines Verdachts bei einer späteren Untersuchung zu Tage tritt, § 377 Abs. 3 HGB.

Zeigt sich bei der Untersuchung ein Mangel, muss der Käufer den Mangel **rügen**, also den Verkäufer davon unverzüglich in Kenntnis setzen. Damit wird die Beschleunigungstendenz des § 377 HGB deutlich. Der Mangel muss nicht in allen Einzelheiten, aber doch so genau bezeichnet werden, dass der Verkäufer erkennen kann, um was es sich handelt. Schon eine geringfügig vermeidbare Nachlässigkeit des Käufers, die die Rüge hinauszögert, führt zur Anwendung des § 377 Abs. 2 HGB und damit zum Ausschluss der Käuferrechte (BGHZ 93, 338). Eine persönliche Verhinderung des Käufers wird nur berücksichtigt, wenn sie auf eine plötzlich eintretende Ursache (Unfall, Krankheit) zurückzuführen ist. Für die schriftliche Rüge bestimmt § 377 Abs. 4 HGB, dass der Verkäufer die Gefahr der Verzögerung bei der Übermittlung der Anzeige trägt. Der Käufer muss die Mangelanzeige nur rechtzeitig und ordnungsgemäß versandt haben. Aber aufgepasst: Diese Regel gilt nur, wenn die Anzeigen dem Verkäufer tatsächlich zugeht. Die Beweislast dafür trägt der Käufer (BGHZ 101, 54 f.). Der Käufer muss daher, um sich auf Abs. 4 berufen zu können, die Übermittlung der Rüge überwachen und bei Verlust eine neue Rüge abschicken.

Kurzrepetitorium

Handelsrecht:

- Sonderprivatrecht für Kaufleute i.S.d. §§ 1 ff. HGB.
- Kaufmann: wer ein Handelsgewerbe betreibt.
- Gewerbe: jede auf Dauer angelegte, selbstständige, auf Gewinnerzielung gerichtete und rechtlich nicht verbotene Tätigkeit.
- Handelsgewerbe, wenn ein in kaufmännischer Weise eingerichteter Geschäftsbetrieb erforderlich ist, § 1 Abs. 2 HGB, was anhand einer Gesamtwürdigung der betrieblichen Verhältnisse zu beurteilen ist.
- Darüber hinaus Kaufmannseigenschaft auch durch Eintragung in das Handelsregister, §§ 2, 3 HGB.
- Anwendung des Handelsrechts auf Handelsgesellschaften, § 6 Abs. 1 HGB, sowie auf Kapitalgesellschaften als Formkaufleute, § 6 Abs. 2 HGB.
- Handelsregister: Rechtssicherheit im Geschäftsverkehr, Publizität, § 15 HGB.
- Firmenrecht in §§ 17 ff. HGB.
- Firma: Name, unter dem Kaufmann sein Unternehmen betreibt, § 19 HGB.
- Besondere kaufmännische Vollmachten: Prokura, §§ 48 ff. HGB und Handlungsvollmacht mit Unterfall Ladenangestellter, § 56 HGB.
- Abweichung von allgemeinen zivilrechtlichen Regelungen bei Handelsgeschäften i.S.d. § 343 HGB.
- Handelskauf: besondere Untersuchungs- und Rügeobliegenheit des Käufers, § 377 HGB.

§ 32 Das Gesellschaftsrecht

I. Einführung

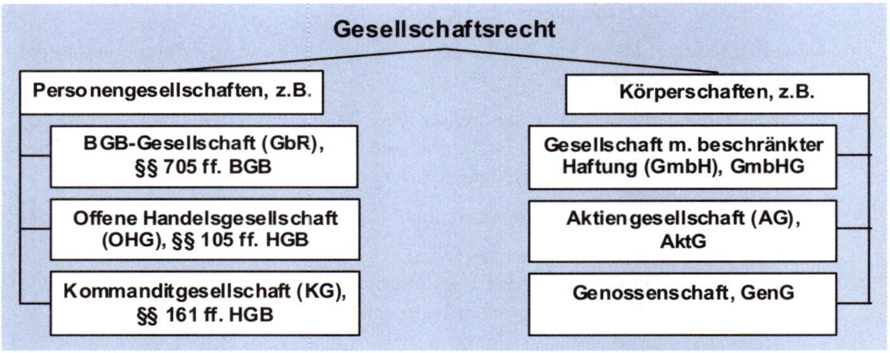

Schaubild 52

Der Einzelne kann nicht nur als Einzelunternehmer bzw. als Einzelkaufmann unternehmerisch tätig sein, sondern auch – ggf. mit anderen Personen – eine Gesellschaft gründen. Das Gesellschaftsrecht erfasst privatrechtliche Organisationen, die durch Rechtsgeschäft mit einem bestimmten Zweck gegründet werden. Die Rechtsordnung hält einige Gesellschaftsformen bereit, die an unterschiedliche Voraussetzungen gebunden sind. Im Gesellschaftsrecht herrschen die Prinzipien des **Numerus clausus** und des **Typenzwangs**. Dies bedeutet, dass die Zahl der zur Verfügung stehenden Gesellschaften vom Gesetzgeber abschließend geregelt worden ist und durch die Parteien nicht erweitert werden kann. Darüber hinaus dürfen die zur Verfügung stehenden Gesellschaftsarten nicht miteinander vermischt werden. Die GmbH & Co. KG stellt diesbezüglich keine Ausnahme dar. Es handelt sich hierbei um eine KG, deren Komplementär eine GmbH ist.

Die bestehenden Gesellschaftsarten werden in Personengesellschaften und Körperschaften unterteilt. Zu den Personengesellschaften zählen die BGB-Gesellschaft (auch GbR genannt), §§ 705 ff. BGB, und die Personenhandelsgesellschaften des HGB, wie etwa die OHG, §§ 105 ff. HGB, und die KG, §§ 161 ff. HGB. Daneben ist die Partnerschaftsgesellschaft nach dem PartGG zu erwähnen. Diese Gesellschaften werden **Personengesellschaften** genannt, da bei ihnen nach der Idee des Gesetzes die Person des Gesellschafters für seine Rechte und Pflichten maßgebend ist.

Den Personengesellschaften sind die **Körperschaften** gegenüberzustellen. Dazu zählen der Verein bürgerlichen Rechts, die GmbH, die AG, die KGaA, die Genossenschaft und der VVaG. Die **Unternehmergesellschaft (UG)** ist keine eigene Gesellschaftsform. Es handelt sich um eine GmbH, für die in bestimmten Bereichen besondere Vorschriften gelten. Anders als bei den Personengesellschaften ist bei den Körperschaften nicht die Person des Gesellschafters für seine Rechte und Pflichten maßgebend.

Nahezu alle Körperschaften sind rechtsfähig. Den Personengesellschaften hingegen hat das Gesetz zumeist nicht volle Rechtssubjektivität verliehen. Sie werden eher als Gesamtheit ihrer Gesellschafter verstanden. So spricht § 718 BGB nicht vom Vermögen der Gesellschaft, sondern vom gemeinschaftlichen Vermögen der Gesellschafter. Die BGB-Gesellschaft ist teilrechtsfähig (BGHZ 136, 254, 257). Auch die Personenhandelsgesellschaften, also die OHG und die KG, werden weitgehend als selbstständige Rechtsobjekte behandelt, ohne es tatsächlich zu sein. Nach § 124 Abs. 1 HGB können sie selbst Rechte und Pflichten haben sowie klagen und verklagt werden. Die Körperschaften erlangen zumeist erst mit der Eintragung in ein Register Rechtsfähigkeit (§§ 21, 22 BGB; § 41 Abs. 1 Satz 1 AktG; § 11 Abs. 1 GmbHG; § 13 GenG) und werden dann juristische Personen genannt (s. S. 18).

II. Die BGB-Gesellschaft

1. Bedeutung, Erscheinungsformen und Rechtsnatur

Die **Gesellschaft bürgerlichen Rechts** (GbR), oder auch BGB-Gesellschaft genannt, hat sich in verschiedenen Bereichen, so bspw. in Form von Anwaltssozietäten, Arbeitsgemeinschaften von selbstständigen Bauunternehmern zur Durchführung eines gemeinsamen Auftrags, Bauherrengemeinschaften und Gelegenheitskonsortien oder ärztlichen Gemeinschaftspraxen etabliert. Auch sog. „geschlossene Immobilienfonds" sind BGB-Gesellschaften.

Zur Rechtsnatur der GbR wurden lange Zeit unterschiedliche Auffassungen vertreten. Der BGH hat sich der sog. Lehre von der Teilrechtsfähigkeit angeschlossen. Danach wird die GbR in weiten Teilen der OHG gleichgestellt, soweit sie als Außengesellschaft durch Teilnahme im Rechtsverkehr eigene Rechte und Pflichten begründet (BGHZ 146, 341). Die GbR ist demnach keine juristische Person, kann jedoch Rechtsfähigkeit erlangen, wenn sie als Außengesellschaft auftritt und gemeinsames Vermögen bildet. Die GbR kann einen eigenen Namen haben, unter dem sie als Eigentümerin eines Grundstücks ins Grundbuch eingetragen werden kann, § 47 GBO. Allerdings ist der Name der GbR keine Firma im handelsrechtlichen Sinne, vgl. auch § 19 HGB.

2. Gründungsvoraussetzungen

a) Gesellschaftsvertrag

§ 705 BGB stellt die Mindestvoraussetzungen auf, die für die Bildung einer BGB-Gesellschaft notwendig sind. Danach liegt eine GbR vor, wenn sich mehrere Personen gegenseitig und rechtsgeschäftlich verpflichten, einen gemeinsamen Zweck in der vereinbarten Weise zu fördern, insbesondere die festgelegten Beiträge zu leisten. Der **Gesellschaftsvertrag** der GbR bedarf keiner Form, er kann sogar durch konkludente Willenserklärungen geschlossen werden. Dies gilt jedoch nicht, wenn er ein Leistungsversprechen eines Gesellschafters enthält, das seinerseits formbedürftig ist.

Beispiel: Durch den Gesellschaftsvertrag wird ein Gesellschafter verpflichtet, ein Grundstück in das Gesellschaftsvermögen einzubringen.

Änderungen des Gesellschaftsvertrages unterliegen denselben Regeln wie der ursprüngliche Abschluss. Dies betrifft sowohl die Formfreiheit als auch die regelmäßig erforderliche Einstimmigkeit. Allerdings kann der Gesellschaftsvertrag Abweichendes vorsehen, wie etwa Mehrheitsbeschlüsse.

b) Der gemeinsame Zweck

Eine zentrale Stellung nimmt der **gemeinsame Zweck** ein, der die Gesellschaften von den Gemeinschaften, vgl. §§ 741 ff. BGB, unterscheidet, die sich auf das bloße Halten oder Haben von Sachen beschränken (vgl. hierzu BGH NJW 1951, 308). Er ist das für jede GbR konstitutive Kriterium und grenzt den Gesellschafts- vom reinen Austauschvertrag ab. Der Austauschvertrag geht von einem Interessengegensatz der Parteien aus; bei dem Gesellschaftsvertrag geht es um die Wahrung gemeinsamer Interessen. Kennzeichnend ist also der vertragliche Zusammenschluss zu einer gemeinschaftlichen Zweckverfolgung. Allerdings kann nicht jeder Zweck in der Rechtsform der GbR verfolgt werden. Besteht dieser Zweck im Betrieb eines Handelsgewerbes, kommen nur OHG und KG und nicht die GbR in Betracht, vgl. § 105 Abs. 1 HGB.

Der gemeinsame Zweck muss von den Gesellschaftern **gefördert werden**. Die Förderung kann etwa durch Geldzahlungen, Dienstleistungen oder die Überlassung eines Grundstücks erfolgen. Vielfach ist die Art und Weise der Förderung im Gesellschaftsvertrag ausdrücklich niedergelegt. Daneben besteht die allgemeine Pflicht, die Belange der Gesellschaft zu unterstützen, zumindest aber ihnen nicht zuwiderzuhandeln. Diese allgemeine Förderpflicht wird durch die **Treuepflicht** ergänzt.

c) Die fehlerhafte Gesellschaft

Weist der Gesellschaftsvertrag Mängel auf (z.B. Nichtigkeit oder Anfechtbarkeit), kann wegen der Schutzbedürftigkeit gesellschaftsfremder Dritter, aber auch der Gesellschafter, nicht ohne weiteres auf das allgemeine zivilrechtliche Instrumentarium zurückgegriffen werden, da dessen ex tunc-Wirkung den Interessen der Beteiligten nicht gerecht wird. Aus diesen Gründen wurde das Rechtsinstitut der **fehlerhaften Gesellschaft** entwickelt. Die Voraussetzungen der fehlerhaften Gesellschaft lauten:

- Es muss ein (fehlerhafter) Gesellschaftsvertrag vorliegen.
- Die Gesellschaft muss in Vollzug gesetzt, es muss also zumindest Gesamthandsvermögen gebildet worden sein.
- Die Beschränkung der Nichtigkeitsfolgen ex nunc darf nicht gegen schwerwiegende Interessen der Allgemeinheit bzw. einzelner schutzwürdiger Personen, wie etwa Minderjähriger, verstoßen.

Liegen diese Voraussetzungen vor, wird die Gesellschaft für die Vergangenheit als wirksam behandelt. Auch im Innenverhältnis haben die für das Gesellschaftsverhältnis maßgebenden Regeln Geltung. Dies gilt jedoch für solche gesellschaftsvertraglichen Vereinbarungen nicht, die selbst fehlerbehaftet sind. Diese Lücken sind durch eine ergänzende Vertragsauslegung bzw. die dispositiven gesetzlichen Vorschriften zu schließen. Für die Zukunft ist die Gesellschaft vernichtbar.

Die Grundsätze der fehlerhaften Gesellschaft sind auch auf den Fall des unwirksamen Ausscheidens aus der Gesellschaft anzuwenden. Sie führen zur Beendigung der Mitgliedschaft, obwohl das Ausscheiden nach materiellem Recht nicht wirksam geworden ist.

3. Das Innenverhältnis der GbR

a) Geschäftsführung

Die gesetzlichen Regelungen zum Recht der GbR sind geprägt vom tätigen Zusammenwirken der Gesellschafter. Die Gesellschafter können das Innenverhältnis ihrer Gesellschaft selbst gestalten. Dies gilt jedoch nur im Rahmen des geltenden Rechts. Nach § 709 BGB steht die **Geschäftsführung** den Gesellschaftern gemeinsam zu (Gesamtgeschäftsführung); Entscheidungen werden also einstimmig getroffen. Damit erweist sich diese Gesellschaftsform häufig als wenig geeignet, um im unternehmerischen Tagesgeschäft zu bestehen. Man muss deshalb vielfach abweichende Vereinbarungen im Gesellschaftsvertrag treffen (z.B. Mehrheitsprinzip oder gar Alleingeschäftsführungsbefugnis). So kann die Geschäftsführung auch mehreren Gesellschaftern gemeinschaftlich erteilt werden, § 710 BGB.

Zur **Grenze der Geschäftsführungsbefugnis** existieren bei der GbR keine gesetzlichen Regelungen. Dem liegt der Gedanke zugrunde, dass bei gemeinschaftlicher Geschäftsführung i.S.v. § 709 Abs. 1 BGB ohnehin sämtliche Gesellschafter an der Geschäftsführung beteiligt sind, weshalb sich ein Schutz anderer Gesellschafter erübrigt. Wird im Gesellschaftsvertrag eine hiervon abweichende Regelung getroffen, ist es in der Praxis zumeist üblich, die Geschäftsführung bezüglich ungewöhnlicher Geschäfte an einen Gesellschafterbeschluss zu binden. Allerdings sind in den gesetzlichen Vorschriften zur GbR Gesellschafterbeschlüsse nicht vorgesehen. Der Grund liegt wiederum darin, dass von einer Geschäftsführung durch sämtliche Gesellschafter ausgegangen wird. § 716 BGB sieht nur vor, dass den Gesellschaftern ein Informationsrecht zusteht. Über den Wortlaut hinaus wird den Gesellschaftern aber auch ein Auskunftsrecht zuerkannt (BGH MDR 1984, 27). Die im Gesellschaftsvertrag verliehene Befugnis eines Gesellschafters zur Führung der Geschäfte kann ihm nur bei Vorliegen eines wichtigen Grundes entzogen werden (§ 712 Abs. 1 BGB).

Nicht zur Geschäftsführung gehören Handlungen, die die **Grundlagen der Gesellschaft** selbst betreffen oder die die Beziehungen der Gesellschafter zueinander regeln, wie etwa Änderungen des Gesellschaftsvertrages, die Erhöhung oder Herabsetzung der Beiträge oder die Aufnahme neuer Gesellschafter. Solche Entscheidungen bedürfen in der Regel der Zustimmung aller Gesellschafter.

b) Förderungspflicht

Die Gesellschafter haben den Gesellschaftszweck in erster Linie durch **Beiträge** materieller oder immaterieller Art zu fördern, § 706 BGB (Arbeitskraft, Geldzahlung, Einbringen von Sachen, zur Verfügung stellen von Know-how). Zu Nachschüssen sind sie nicht verpflichtet, § 707 BGB, es sein denn, dass im Gesellschaftsvertrag eine Nachschusspflicht vorgesehen ist. Das Gesellschaftsvermögen besteht aus den Beiträgen und dem Erwirtschafteten, § 718 BGB, und unterliegt der gesamthänderischen Bindung, § 719 BGB. § 721 Abs. 2 BGB bestimmt für die GbR, dass im Zweifel bei Gesellschaften von längerer Dauer ein jährlicher Gewinnanspruch des Gesellschafters besteht. Die Gewinn- oder Verlustanteile richten sich nach § 722 Abs. 1 BGB im Zweifel nach Köpfen. Aufwendungen des Gesellschafters für die Gesellschaft hat diese im Recht der GbR gemäß §§ 670, 713 BGB zu ersetzen.

c) Treuepflicht

Die Personengesellschaft ist durch eine starke **persönliche Bindung** der Beteiligten gekennzeichnet. Dadurch unterscheidet sich diese Gesellschaftsform von der AG, aber auch von einem Austauschvertrag. Das Verhältnis der Gesellschafter zueinander wird vom Grundsatz gegenseitiger Treue beherrscht. Diese Treuepflicht geht über die allgemeinen Anforderungen des § 242 BGB hinaus und umfasst sowohl die Pflicht, die Interessen der Gesellschaft wahrzunehmen, als auch die Pflicht, alles zu unterlassen, was diese Interessen schädigt. So kommt den durch den Gesellschaftsvertrag definierten Interessen Vorrang vor den eigenen Interessen des jeweiligen Gesellschafters zu. Die Treuepflicht findet ihre Grenzen in der Wahrnehmung der berechtigten Interessen des einzelnen Gesellschafters.

d) Sorgfaltsmaßstab

Erfüllt der Gesellschafter seine Pflichten aus dem Gesellschaftsvertrag, hat er nur für die Sorgfalt einzustehen, die er in eigenen Angelegenheiten anzuwenden pflegt, §§ 708, 277 BGB. Die Haftung für grobe Fahrlässigkeit wird durch § 708 BGB nicht ausgeschlossen. Die Vorschrift gilt für alle Pflichten aus dem Gesellschaftsvertrag. Sie bestimmt nur den **Sorgfaltsmaßstab** und ist keine Anspruchsgrundlage.

4. Das Außenverhältnis der GbR

Um für die GbR rechtsgeschäftlich handeln zu können, muss ein Gesellschafter mit der entsprechenden **Vertretungsmacht** ausgestattet werden. Die Geschäftsführungsbefugnis ist insoweit nicht ausreichend, da sie nur die Frage beantwortet, ob der Geschäftsführer im Sinne einer internen Zuständigkeit und Verantwortlichkeit für die Gesellschaft handeln darf. Bei der Vertretung geht es um die Frage, ob eine Maßnahme Wirksamkeit nach außen im Verhältnis zu Dritten erlangt. Für die GbR ordnet § 714 BGB einen Gleichlauf der Vertretungsmacht mit der Geschäftsführungsbefugnis an. Demnach sind alle Gesellschafter gemeinschaftlich vertretungsbefugt, §§ 714, 709 BGB. Da diese Lösung häufig recht schwerfällig ist, kann gesellschaftsvertraglich davon abgewichen und bspw. Einzelvertretungsmacht vereinbart werden. Bei der Vertretung gelten auch die zu § 164 Abs. 1 Satz 2 BGB genannten Grundsätze über das sog. unternehmensbezogene Geschäft (s. S. 50 f.).

Da sich bei der GbR der Umfang der Vertretungsmacht nach den getroffenen Vereinbarungen richtet, kann sie im Gegensatz zur OHG sehr stark eingeschränkt werden. Im Recht der Personengesellschaften gilt zur Erhaltung der Einheit von Herrschaft und Haftung das Prinzip der **Selbstorganschaft**. Es muss danach den Gesellschaftern stets möglich sein, unabhängig von einem Gesellschaftsvertreter für die Gesellschaft zu handeln. So ist es bspw. unzulässig, die GbR durch einen Angestellten vertreten zu lassen und alle Gesellschafter von der Vertretung auszuschließen.

Die Vertretung der GbR bezieht sich auf die Gesellschaft als solche; die GbR ist insoweit rechtsfähig. Durch Handeln im Rahmen der Vertretungsmacht wird daher die GbR selbst berechtigt und verpflichtet. Rechte werden entsprechend § 718 Abs. 1 BGB dem Gesellschaftsvermögen und damit der Gesellschaft als Trägerin zugerechnet.

5. Die Haftung in der GbR

Das Gesellschaftsvermögen der GbR ist Sondervermögen und den Gesellschaftern **zur gesamten Hand** zugeordnet, § 718 BGB. Wurden wirksam Verbindlichkeiten der Gesellschaft begründet, steht dem Gläubiger der Zugriff auf das Gesellschaftsvermögen zu. Das Haftungsverhältnis zwischen der GbR und ihren Gesellschaftern folgt dabei der in der OHG anzutreffenden (§ 128 HGB) sog. Akzessorietätslösung (BGHZ 146, 341). Danach wird primär die Gesellschaft aus den sie betreffenden Schuldverhältnissen berechtigt und verpflichtet. Die Gesellschafter trifft eine akzessorische Haftung analog § 128 HGB.

Der Gesellschaftsgläubiger kann **jeden einzelnen Gesellschafter** für eine von der Gesellschaft geschuldete Leistung persönlich, unbeschränkt, unmittelbar, primär und auf die gesamte Leistung in Anspruch nehmen. Sie haften als Gesamtschuldner, § 427 BGB. Auf diese Weise wird dem allgemeinen Grundsatz Rechnung getragen, dass jeder, der Geschäfte betreibt, für die daraus entstehenden Schulden persönlich und unbeschränkt haftet, unabhängig davon, ob er allein oder in Gemeinschaft mit anderen tätig wird. Die Gesellschafter sind berechtigt, sich gegenüber den Gesellschaftsgläubigern auf die in § 129 Abs. 1 bis 3 HGB genannten Einwendungen und Einreden zu berufen. Die Haftung des Gesellschafters bezieht sich auf alle Verbindlichkeiten, rechtsgeschäftliche wie gesetzliche.

Die GbR muss sich ein zu Schadensersatz verpflichtendes Handeln ihrer geschäftsführenden Gesellschafter analog § 31 BGB **zurechnen lassen** (BGHZ 154, 88). Umgekehrt müssen die Gesellschafter einer GbR auch für die gesetzlich begründeten Verbindlichkeiten ihrer Gesellschaft persönlich und als Gesamtschuldner einstehen, § 128 HGB analog (BGHZ 172, 169). Der in eine GbR **neu eintretende Gesellschafter** hat für vor seinem Eintritt begründete Verbindlichkeiten der Gesellschaft analog § 130 HGB auch persönlich und als Gesamtschuldner mit den Altgesellschaftern einzustehen. Dies ist die konsequente Folge der Akzessorietätstheorie (BGHZ 154, 370).

Wie gezeigt entstehen aus dem Gesellschaftsvertrag auch Pflichten der Gesellschafter untereinander, wie etwa die Treuepflicht. So dürfen bspw. die Rechte und Rechtsgüter der Mitgesellschafter bei der Durchführung von Gesellschaftsaufgaben nicht widerrechtlich verletzt werden. Aber auch der Gesellschaft können Ansprüche gegen ihre Gesellschafter, etwa aus § 280 BGB, zustehen. In diesem Zusammenhang ist § 708 BGB zu beachten, der besagt, dass ein Gesellschafter bei der Erfüllung der ihm obliegenden Verpflichtungen nur für die Einhaltung der eigenüblichen Sorgfalt (§ 277 BGB) einzustehen hat. Dies gilt für die den Mitgesellschaftern und der Gesellschaft gegenüber geschuldete Sorgfalt.

6. Die Beendigung der GbR

Jeder Gesellschaftsvertrag begründet als **Dauerschuldverhältnis** eine Organisation. In der GbR bestehen zudem regelmäßig gesamthänderisch gebundenes Gesellschaftsvermögen und Gesellschaftsschulden. Die Beendigung der GbR verlangt daher eine umfassende Auseinandersetzung, §§ 730 ff. BGB. Den Beginn dieses Prozesses bezeichnet man als Auflösung der Gesellschaft, das Ende als Beendigung oder Vollbeendigung. Sie tritt nur ein, wenn kein gemeinsames Vermögen mehr vorhanden ist und alle sonstigen gemeinsamen Rechtsbeziehungen zwischen den Gesellschaftern beseitigt sind.

Die Auflösung führt keine grds. Änderung der Rechtsnatur der GbR herbei, sie ändert aber den **Gesellschaftszweck**. Anstelle des bislang verfolgten Zweckes tritt der Zweck der Abwicklung. Die Gesellschaft wird zu einer Abwicklungsgesellschaft. Auflösung bedeutet also Umwandlung in eine Abwicklungsgesellschaft.

Das Gesetz zählt in den §§ 723 bis 728 BGB einige wichtige **Auflösungsgründe** auf, ohne jedoch abschließend zu sein. Im Gesellschaftsvertrag können daher andere Gründe niedergelegt sein. Praktisch spielt vor allem die Möglichkeit eine Rolle, § 727 Abs. 1 BGB zu modifizieren. Danach wird die Gesellschaft durch den Tod eines Gesellschafters aufgelöst. Vielfach wünschen sich die Gesellschafter aber eine Fortsetzung unter den übrigen Gesellschaftern (Fortsetzungsklausel) oder streben die Fortsetzung mit dem oder den Erben an (Nachfolgeklausel).

Der praktisch wichtigste Auflösungsgrund ist die **Kündigung**. Die ordentliche Kündigung durch einen Gesellschafter ist unzulässig, wenn die Gesellschaft auf bestimmte Zeit eingegangen ist. Im Übrigen ist sie jederzeit formlos möglich, § 723 Abs. 1 BGB. Abweichendes kann gesellschaftsvertraglich vereinbart werden. Ein Ausschluss oder eine Beschränkung des Rechts auf außerordentliche Kündigung ist nicht möglich, § 723 Abs. 1 BGB.

III. Die OHG

1. Bedeutung, Erscheinungsformen und Rechtsnatur

Ist der vereinbarte Zweck einer Gesellschaft auf den Betrieb eines Handelsgewerbes unter gemeinschaftlicher Firma gerichtet, finden die Vorschriften über die OHG bzw. KG Anwendung. Anders als die GbR werden diese Gesellschaften in das Handelsregister eingetragen. Die OHG ist also eine Sonderform der BGB-Gesellschaft, deren gemeinsamer Zweck im **Betrieb eines Handelsgewerbes** besteht, § 105 Abs. 1 HGB. Hierbei kann es sich auch um ein Kleingewerbe handeln, §§ 2, 105 Abs. 2 HGB. Für die OHG gelten zunächst die §§ 105 ff. HGB. Wenn dort keine Sondervorschriften vorhanden sind, ist auf die §§ 705 ff. BGB als Auffangvorschriften zurückzugreifen, vgl. § 105 Abs. 3 HGB. Anders als die GbR ist die **OHG** per Gesetz auf ein flexibles Handeln für die Gesellschaft ausgerichtet. Bei ihr steht das gleichberechtigte Wirken der Gesellschafter, die alle persönlich und unbeschränkt haften, im Vordergrund. Hierdurch wird auf der einen Seite die echte Mitunternehmerschaft aller Gesellschafter verwirklicht, auf der anderen Seite durch ihre unbeschränkte Haftung eine günstige Kreditgrundlage geschaffen. Als „professionelle Form der GbR" bietet auch die OHG Gesellschaftsgläubigern den Zugriff auf das Vermögen der Gesellschafter, § 128 HGB.

Die OHG muss eine gemeinschaftliche **Firma** führen, also nach außen als Einheit auftreten. Die firmenrechtlichen Vorgaben richten sich nach den §§ 17 ff. HGB. Die OHG ist Gesamthandsgemeinschaft und rechtsfähig, § 124 HGB, ohne jedoch juristische Person zu sein. Die OHG ist immer Kaufmann, § 6 Abs. 1 HGB, selbst wenn sie nur ein Kleingewerbe betreibt oder ausschließlich vermögensbetreuend tätig ist. § 105 HGB ist zwingend. Daher liegt stets eine OHG vor, wenn dessen Tatbestandsmerkmale erfüllt sind, ohne dass ein auf die Wahl der Rechtsform gerichteter Wille der Gesellschafter erforderlich wäre.

2. Gründungsvoraussetzungen

Zur Gründung einer OHG sind mindestens zwei Gesellschafter erforderlich. Gesellschafter können sein: natürliche Personen, juristische Personen und OHG sowie KG.

Für die Errichtung einer OHG sind **drei Vorgänge** von Bedeutung:

- der Abschluss des Gesellschaftsvertrages,
- die Eintragung in das Handelsregister und
- der Beginn der Geschäfte.

Ohne den Gesellschaftsvertrag (§ 109 HGB) kommt keine OHG zustande. Weist der Gesellschaftsvertrag Mängel auf, gelten die Grundsätze über die fehlerhafte Gesellschaft. § 123 HGB regelt das Wirksamwerden der OHG nach außen. Danach entsteht die OHG im Außenverhältnis spätestens mit der Eintragung im Handelsregister. Betreibt die OHG ein Handelsgewerbe i.S.v. § 1 HGB, liegt eine ausreichende Kundgabe nach außen auch in der Aufnahme der Geschäfte im Namen der Gesellschaft. Eine Vereinbarung, nach der die OHG erst später beginnen soll, ist Dritten gegenüber nach § 123 Abs. 3 HGB unwirksam und hat nur für das Innenverhältnis Bedeutung. Die Eintragung der OHG in das Handelsregister ist zwingend, vgl. § 106 HGB. Betreibt die OHG ein Handelsgewerbe, kommt der Eintragung nur deklaratorische Bedeutung zu; in den übrigen Fällen wirkt sie konstitutiv.

3. Das Innenverhältnis der OHG

Wie bei anderen Personengesellschaften gilt auch für die OHG das Prinzip der Selbstorganschaft. Anders als bei der GbR sind aber in der OHG alle Gesellschafter allein zur Führung der Geschäfte berechtigt und verpflichtet, sog. **Einzelgeschäftsführungsbefugnis**, § 115 Abs. 1 HGB. Die Befugnis erstreckt sich auf alle Handlungen, die der gewöhnliche Betrieb eines Handelsgewerbes der Gesellschaft mit sich bringt. Im Gegensatz zur GbR kann jeder Gesellschafter einer OHG also unabhängig von den übrigen Gesellschaftern für die Gesellschaft tätig werden. Die gerade geschilderte Einzelgeschäftsführung gilt nur für gewöhnliche Geschäfte. Für **ungewöhnliche Geschäfte** ist ein Beschluss aller Gesellschafter notwendig, § 116 Abs. 2 HGB. Die Frage, was noch zum gewöhnlichen Betrieb eines Handelsgewerbes gehört, lässt sich nicht einheitlich beantworten. Man wird in erster Linie auf das Geschäftsvolumen, die Bedeutung für die Gesellschaft, das Geschäftsrisiko und das übliche Verhalten innerhalb der spezifischen Gesellschaft abstellen müssen. „Ungewöhnlich" meint Geschäfte, die dem bisherigen Zweck der OHG fremd sind oder die den Rahmen des normalen bisherigen Geschäftsbetriebs überschreiten.

Beispiele für ungewöhnliche Geschäfte:

- Errichtung einer Zweigniederlassung.

- Bau eines neuen Betriebsgebäudes.

- Aufnahme hoher Kredite.

Die Regelung des § 115 Abs. 1 HGB ist dispositiv (§ 109 HGB); der Gesellschaftsvertrag kann also eine anderweitige Regelung vorsehen. Die Notgeschäftsführung zur Erhaltung von Gegenständen des Gesellschaftsvermögens analog § 744 Abs. 2 BGB steht aber selbst den Gesellschaftern zu, die von der Geschäftsführung ausgeschlossen sind. Die Mitgesellschafter besitzen bei gewöhnlichen Geschäften ein Widerspruchsrecht.

Die Erteilung einer Prokura bedarf der Zustimmung aller geschäftsführenden Gesellschafter. Zu deren Widerruf ist jeder geschäftsführende Gesellschafter allein befugt, § 116 Abs. 3 HGB. Die Vorschrift betrifft nur das Innenverhältnis zwischen den Gesellschaftern. Für Erteilung und Widerruf der Prokura gegenüber dem Prokuristen gilt § 126 HGB.

§ 118 Abs. 1 HGB normiert in der OHG ein **Informationsrecht**. Wie auch bei der GbR bedarf diese Vorschrift einer erweiterten Lesart, das heißt, auch dem OHG-Gesellschafter steht ein Auskunftsrecht zu. Die Grenze der Dispositivität des Informationsrechtes des persönlich haftenden Gesellschafters legt § 118 Abs. 2 HGB fest.

Gesellschafterbeschlüsse sind einstimmig zu fassen, § 119 Abs. 1 HGB. Formerfordernisse bestehen nicht. Der Gesellschaftsvertrag kann Mehrheitsbeschlüsse vorsehen.

4. Das Außenverhältnis der OHG

Anders als das Innenverhältnis ist das **Außenverhältnis** der OHG in den §§ 123 bis 130 b HGB überwiegend zwingend ausgestaltet. Nach § 124 Abs. 1 HGB kann die OHG unter ihrer **Firma** handeln, Rechte erwerben und Verpflichtungen eingehen. Die OHG ist zudem deliktsfähig. Die OHG ist parteifähig, kann also selbst klagen und verklagt werden.

Hinsichtlich der **Stellvertretung** trifft § 125 Abs. 1 HGB für die OHG eine gegenüber der GbR wesentlich flexiblere Regelung. Danach ist mangels anderweitiger gesellschaftsvertraglicher Vereinbarungen jeder Gesellschafter zur Vertretung befugt. Davon abweichende Vereinbarungen bedürfen der Eintragung in das Handelsregister, § 125 Abs. 4 HGB. Die Grenze für eine beliebige Ausgestaltung der Vertretungsmacht wird wiederum dem Grundsatz der Selbstorganschaft entnommen. Danach ist es nur zulässig, einzelne Gesellschafter, nicht aber alle persönlich haftenden Gesellschafter von der Vertretung nach §§ 125 ff. HGB auszuschließen, vgl. § 125 Abs. 1 HGB. Ebenso unzulässig ist es, die Vertretung an die zwingende Zustimmung des Prokuristen zu binden. Die gewählte Vertreterregelung ist zur Eintragung in das Handelsregister anzumelden, § 106 Abs. 2 HGB. Die Eintragung stellt keine Wirksamkeitsvoraussetzung dar, ist aber im Hinblick auf § 15 HGB von Bedeutung (s. S. 229 ff.).

Der **Umfang der Vertretungsmacht** bestimmt sich nach § 126 HGB. Sie erstreckt sich auf alle gerichtlichen und außergerichtlichen Geschäfte und Rechtshandlungen, einschließlich der Veräußerung und der Belastung von Grundstücken. Auch die Erteilung und der Widerruf von Prokura werden erfasst. Eine Beschränkung des Umfangs der Vertretungsmacht ist Dritten gegenüber unwirksam, § 126 Abs. 2 HGB. Die Vertretungsmacht kann einem Gesellschafter unter denselben Voraussetzungen wie die Geschäftsführungsbefugnis entzogen werden, § 127 HGB.

5. Die Haftung in der OHG

Gesellschaftsschulden sind alle Verbindlichkeiten, für die das Gesellschaftsvermögen haftet. Bei der OHG ist zwischen der Haftung der Gesellschaft und der Haftung der Gesellschafter gegenüber Gesellschaftsgläubigern zu unterscheiden. Da die OHG rechtsfähig ist, ist das Gesellschaftsvermögen das Vermögen der OHG. Aus diesem Vermögen sind die Schulden der OHG zu begleichen. Für vertraglich begründete Schulden haftet bei ordnungsgemäßer Vertretung also die OHG. Schäden, die einer ihrer Gesellschafter in Ausführung der ihm zustehenden Befugnis verursacht, muss sich die Gesellschaft nach § 31 BGB zurechnen lassen.

Die Gesellschafter der OHG haften nach § 128 HGB. Danach besteht eine **akzessorische Haftung**, d.h. die Gesellschafterhaftung teilt das Schicksal der Verbindlichkeit der OHG. Die Gesellschafter haften:

- unmittelbar gegenüber dem Gläubiger,
- primär, und nicht etwa subsidiär gegenüber der Haftung der OHG,
- aufs Ganze,
- unbeschränkt und
- unbeschränkbar.

Diese Haftung bezieht sich auf sämtliche Gesellschaftsschulden, unabhängig von ihrem Rechtsgrund. Kann die Leistung ihrem Gegenstand nach nur von der OHG erbracht werden, so haften die Gesellschafter (lediglich) auf Geldersatz. § 129 HGB stellt dem in Anspruch genommenen Gesellschafter verschiedene Einwendungen zur Verfügung. Bei § 129 Abs. 3 HGB ist auf ein Redaktionsversehen hinzuweisen. Richtig muss es heißen, dass eine Erfüllungsverweigerung des Gesellschafters zulässig ist, solange die Gesellschaft mit einer fälligen Forderung gegenüber dem Gläubiger die Aufrechnung erklären könnte.

6. Gesellschafterwechsel

Anders als bei der GbR führt der **Tod eines Gesellschafters** der OHG nicht zu deren Auflösung, § 131 Abs. 3 Nr. 1 HGB. Ist nichts weiter vereinbart, steht den Erben ein Abfindungsanspruch zu, der zum Nachlass gehört. Entsprechendes findet sich in § 131 Abs. 3 Nr. 2-6 HGB für die Fälle der Kündigung, der Insolvenz etc. Auch dort kann gesellschaftsvertraglich der Fortbestand der Gesellschaft vereinbart werden. Die Aufzählung der Gründe in den genannten Vorschriften ist lediglich beispielhaft. Mit seinem Ausscheiden verliert der Gesellschafter die Mitberechtigung am Gesamthandsvermögen und sein Anteil wächst den übrigen Gesellschaftern an, §§ 738 BGB, 105 Abs. 2 HGB. Der ausgeschiedene Gesellschafter hat Anspruch auf eine Abfindung.

Das **Ausscheiden** eines Gesellschafters der OHG ist nur möglich, wenn mindestens zwei weitere Gesellschafter übrig bleiben, da es eine Einpersonen-OHG nicht gibt. In einer solchen Konstellation hat das Ausscheiden eines Gesellschafters das Erlöschen der Gesellschaft zur Folge, wenn nicht gleichzeitig ein neuer Gesellschafter eintritt. Das Vermögen der Gesellschaft geht auf den verbleibenden Gesellschafter über.

Ist **die Fortsetzung der OHG mit den Erben** des verstorbenen Gesellschafters vorgesehen, bedarf es einer Nachfolgeklausel im Gesellschaftsvertrag. Soll die OHG beim Tod eines Gesellschafters von den übrigen Gesellschaftern fortgesetzt werden und dem oder den Erben nur ein Recht zum Eintritt in die Gesellschaft eingeräumt werden, spricht man von einer Eintrittsklausel.

Die **Aufnahme eines Gesellschafters** in eine bestehende Gesellschaft erfolgt durch einen Aufnahmevertrag, der als Gesellschaftsvertrag mit sämtlichen Gesellschaftern geschlossen wird. Die Übertragung der Mitgliedschaft in einer Gesellschaft erfolgt durch Verfügungsgeschäft, wodurch der Erwerber in die Rechtsposition seines Vorgängers einrückt. Hierfür ist die Zustimmung sämtlicher Gesellschafter erforderlich, falls gesellschaftsvertraglich nichts anderes bestimmt ist.

Der Eintritt und das Ausscheiden eines Gesellschafters in eine OHG sind durch sämtliche Gesellschafter zur Eintragung in das Handelsregister anzumelden, §§ 107, 108 Abs. 1, 143 Abs. 2 HGB. Die Eintragung ist deklaratorisch.

Die Haftung des **eintretenden Gesellschafters** für Verbindlichkeiten, die vor seinem Eintritt begründet wurden, regelt § 130 HGB. Danach haftet der neu eintretende Gesellschafter für die vor seinem Beitritt begründeten Verbindlichkeiten der Gesellschaft wie die anderen Gesellschafter. Eine anders lautende Vereinbarung ist Dritten gegenüber unwirksam (§ 130 Abs. 2 HGB). Der Eintritt des neuen Gesellschafters ist im Handelsregister einzutragen (§ 107 HGB). Das **Ausscheiden eines Gesellschafters** aus der OHG hat nicht zur Folge, dass dessen Haftung für die Gesellschaftsschulden entfallen würde. Allerdings enthält § 160 HGB eine umfassende Enthaftungsregel. Das Ausscheiden des Gesellschafters muss im Handelsregister eingetragen werden (§ 143 Abs. 2 HGB).

7. Die Beendigung der OHG

Als Auflösung der Gesellschaft bezeichnet man den Zeitpunkt des Beginns der Beendigung der Gesellschaft. Das Gesetz sieht verschiedene **Auflösungsgründe** vor, die gesellschaftsvertraglich erweitert, eingeschränkt und modifiziert werden können, vgl. §§ 723 ff. BGB, 131 HGB. Mit der Auflösung ändert sich der Zweck der Gesellschaft. Sie ist nunmehr eine sog. Abwicklungsgesellschaft, deren Zweck in der Liquidation besteht. Diese Zweckänderung kann durch Beschluss aller Gesellschafter wieder geändert werden. Als Besonderheit ist zu erwähnen, dass bei den Personenhandelsgesellschaften (OHG und KG) die Auflösung zur Registereintragung anzumelden ist, § 143 HGB. Unterbleibt eine solche deklaratorische Eintragung, findet zum Schutz des Rechtsverkehrs § 15 HGB Anwendung (s. S. 229 f.).

Die Auseinandersetzung, §§ 730 ff. BGB, 145 ff. HGB, hat die Befriedigung der Gläubiger, die Einziehung von Forderungen usw. zum Inhalt. Anschließend wird das verbleibende Gesellschaftsvermögen unter den Gesellschaftern verteilt, §§ 734 BGB, 155 HGB. Danach ist die Gesellschaft beendigt. Bei der OHG und der KG bedarf es jedoch noch der Anmeldung der Beendigung zum Handelsregister, § 157 Abs. 1 HGB. Unterbleibt die Eintragung, findet wiederum § 15 HGB Anwendung.

IV. Die KG

1. Bedeutung und Rechtsnatur

Eine Gesellschaft, deren Zweck auf den Betrieb eines Handelsgewerbes unter gemeinsamer Firma gerichtet ist, ist nach § 161 Abs. 1 HGB dann eine **KG**, wenn bei mindestens einem Gesellschafter die Haftung auf eine bestimmte Vermögenseinlage beschränkt ist (**Kommanditist**), während bei mindestens einem Gesellschafter eine Beschränkung der Haftung nicht stattfindet (**Komplementär**). Die KG ist also eine Sonderform der OHG. Während der Komplementär unbeschränkt persönlich haftet, ist die Haftung des Kommanditisten gemäß § 171 Abs. 1 HGB nur insoweit unmittelbar persönlich, wie er seine gesellschaftsvertraglich bestimmte Einlage nicht geleistet hat. Das Gleiche gilt, soweit ihm unter den Voraussetzungen des § 172 Abs. 4 HGB die geleistete Einlage zurückgewährt wurde. Mit diesem Haftungsprivileg des Kommanditisten ist der Ausschluss von der organschaftlichen Vertretung der Gesellschaft gemäß § 170 HGB verbunden. Anders als bei der OHG haften in der KG nicht sämtliche Gesellschafter unbeschränkt persönlich.

In jeder KG müssen mindestens ein Komplementär und ein Kommanditist vorhanden sein; eine nur aus Komplementären bestehende KG ist nicht möglich. Die KG ist - wie auch die Kommanditisten – Kaufmann.

2. Gründungsvoraussetzungen

Im Gesellschaftsvertrag müssen **die beschränkte Haftung** eines jeden Kommanditisten und die Höhe seiner Haftung vereinbart sein. Dies geschieht durch Festsetzung eines bestimmten Geldbetrages als Haftsumme oder Hafteinlage. Die KG muss in das Handelsregister eingetragen werden, § 162 Abs. 1 i.V.m. § 105 HGB.

3. Das Innenverhältnis der KG

Die **Geschäftsführung** in einer KG steht nach § 164 HGB nur den Komplementären zu. Da der Kommanditist sich nur mit seinem Kapital und nicht mit seiner Arbeitskraft beteiligt, ist er von der Geschäftsführung ausgeschlossen. Ihm steht allerdings nach ganz h.M. bei außergewöhnlichen Geschäften ein Zustimmungsrecht zu.

Anders als für Komplementäre (§ 112 HGB) besteht für Kommanditisten **kein Wettbewerbsverbot**. Der Kommanditist in der KG hat nach § 166 HGB nur ein eingeschränktes Informationsrecht. Dessen Abs. 1 bedarf einer Ergänzung, da die Einsicht in Bücher der Gesellschaft ohne einen entsprechenden Auskunftsanspruch ein wenig effektives Mittel zur Kontrolle der Gesellschaft ist. Darüber hinaus wird dem Kommanditisten ein außerordentliches Informationsrecht unter den Voraussetzungen des § 166 Abs. 3 HGB eingeräumt.

4. Das Außenverhältnis der KG

Der Kommanditist in der KG ist nach § 170 HGB zwingend von der organschaftlichen Vertretungsmacht ausgeschlossen. Es ist jedoch möglich, ihm Vollmacht zu erteilen bzw. ihn zum Prokuristen zu bestellen.

5. Die Haftung des Kommanditisten

Für die Schulden der KG haftet die KG mit ihrem Gesellschaftsvermögen. Daneben haftet der Komplementär für die Gesellschaftsschulden wie die Gesellschafter einer OHG (§ 161 Abs. 1, 2 HGB). Bei der **Haftung des Kommanditisten** sind jedoch Besonderheiten zu beachten. Zwar haftet er den Gläubigern der Gesellschaft ebenso wie der Komplementär unmittelbar und nicht subsidiär. Seine Haftung ist aber beschränkbar. Sie kann auf die Höhe der im Handelsregister eingetragenen Einlage begrenzt werden (§ 171 Abs. 1 HGB, sog. Haftungseinlage). Hat der Gesellschafter seine Haftungseinlage erbracht, ist er gegenüber Gläubigern der Gesellschaft von der Haftung frei. Die Rückgewähr der von ihm geleisteten Einlage lässt die Haftung gegenüber Gläubigern wieder aufleben, § 172 Abs. 4 Satz 1 HGB. Gleiches gilt, soweit der Kommanditist Gewinnanteile entnimmt, obwohl sein Kapitalanteil unter dem Betrag der Haftungseinlage liegt oder wegen der Gewinnentnahme unter diesen Betrag herabgemindert wird. Begründet die Kommanditgesellschaft Verbindlichkeiten vor Eintragung in das Handelsregister, haftet der Kommanditist für diese Verbindlichkeiten unbeschränkt, wenn der Gläubiger die Kommanditisteneigenschaft nicht kannte, § 176 Abs. 1 HGB. Gleiches gilt beim Eintritt eines Kommanditisten in eine bestehende KG für diejenigen Verbindlichkeiten, die die Gesellschaft zwischen seinem Eintritt und der Eintragung in das Handelsregister begründet, § 176 Abs. 2 HGB. Aus diesem Grund erfolgt in der Praxis der Eintritt des Kommanditisten in eine bestehende KG aufschiebend bedingt durch die Eintragung.

6. Besondere Erscheinungsformen der KG

Die **GmbH & Co. KG**, deren Firmierung auf § 19 Abs. 2 HGB beruht, ist im Wesentlichen ein Produkt vergangener Steuergesetzgebung. Mit dieser Typenvermischung wurde auf den Umstand reagiert, dass das Körperschaftsteuergesetz und das Einkommensteuergesetz bei der Besteuerung von Kapitalgesellschaften sowie Anteilseignern derselben keine Anrechnung der bereits von der Kapitalgesellschaft geleisteten Steuern vorsah. Die GmbH & Co. KG hat ferner den Vorteil, dass eine persönliche Haftung der Gesellschafter der KG wie auch der Gesellschafter des Komplementärs ausscheidet. Es ist häufig der einzige Zweck der Komplementär-GmbH, Komplementär zu sein. Als Komplementär kommt auch die UG als besondere Erscheinungsform der GmbH in Frage.

Die sog. **Publikums-KG** zeichnet sich dadurch aus, dass sie aus einer Vielzahl von Kommanditisten und einem bzw. wenigen Komplementären (zumeist Kapitalgesellschaften) besteht. Diese Art der Kapitalsammlung ist maßgeblich dem Umstand zu verdanken, dass Anleger anders als beim Erwerb von Anteilen von Kapitalgesellschaften in den Genuss von Sonderabschreibungen kamen und kommen, da diese häufig an einer Mitunternehmerschaft im Sinne des § 15 Abs. 1 EStG anknüpfen. Im Innenverhältnis einer solchen Kommanditgesellschaft wird regelmäßig die Gesetzeslage dahin geändert, dass Treuhänder die Mitverwaltungsrechte der nur anlageinteressierten Kommanditisten übernehmen. Problematisch ist dabei, dass das Recht der Kommanditgesellschaft in keiner Weise auf den Schutz derartiger Anleger eingerichtet ist.

V. Die Partnerschaftsgesellschaft

1. Bedeutung und Rechtsnatur

Die Partnerschaftsgesellschaft ist eine Gesellschaft, in der sich **Angehörige freier Berufe** zur Ausübung ihrer beruflichen Tätigkeit zusammenschließen können, § 1 Abs. 1 Satz 1 PartGG. Die in Betracht kommenden freien Berufe sind in § 1 Abs. 2 PartGG legal definiert. Zu ihnen zählen u.a. Ärzte, Dolmetscher, Künstler, Rechtsanwälte, Steuerberater oder Wissenschaftler. Die Partnerschaft übt nach § 1 Abs. 1 Satz 2 PartGG kein Handelsgewerbe aus. Die Gründung einer Partnerschaft ist somit ausgeschlossen, wenn ein Handelsgewerbe betrieben wird. Partner einer Partnerschaft können nur natürliche Personen sein, § 1 Abs. 1 Satz 3 PartGG. Nicht alle Partner müssen denselben freien Beruf ausüben. Allerdings kann eine interprofessionelle Zusammenarbeit durch das jeweilige Berufs- und Standesrecht untersagt sein, § 1 Abs. 3 PartGG. Die Partnerschaft ist rechtsfähig, § 7 Abs. 2 PartGG, § 124 HGB.

2. Gründungsvoraussetzungen

Der Gesellschaftsvertrag bedarf der Schriftform und muss bestimmte Mindestangaben enthalten, § 3 PartGG. Der Name der Partnerschaft muss den Zusatz „und Partner“ oder „Partnerschaft“ enthalten, § 2 Abs. 1 Satz 1 PartGG. Diese Bezeichnung ist der Partnerschaft vorbehalten und darf als Zusatz nicht bei anderen Gesellschaften verwendet werden.

Der Name einer Partnerschaftsgesellschaft kann neben dem Namen von Partnern auch eine Phantasiebezeichnung enthalten. Die Partnerschaft ist in das Partnerschaftsregister einzutragen, § 5 PartGG. Mit dieser Eintragung wird sie im Verhältnis zu Dritten wirksam, § 7 Abs. 1 PartGG. Vor der Eintragung besteht regelmäßig eine GbR. Nach § 1 Abs. 4 PartGG gilt für die Partnerschaft das Recht der GbR, soweit das PartGG nicht etwas anderes bestimmt. Man muss dabei beachten, dass viele Bestimmungen des PartGG nicht auf das Recht der GbR, sondern auf dasjenige der OHG verweisen (vgl. etwa §§ 4 Abs. 1, 6 Abs. 3 oder 8 Abs. 1 PartGG).

3. Das Innen- und Außenverhältnis der Partnerschaft

Die für die OHG geltenden Bestimmungen über die Geschäftsführung und die Vertretung gelten nach §§ 6 Abs. 3, 7 Abs. 3 PartGG auch für die Partnerschaft. Da die Partnerschaft selbst rechtsfähig ist, wird im Zweifel die Partnerschaft selbst durch jeden Partner vertreten, § 7 Abs. 3 PartGG, § 125 HGB. Nach § 6 PartGG ist allerdings ein völliger Ausschluss eines Partners von der Geschäftsführungsbefugnis nicht möglich.

4. Die Haftung in der Partnerschaft

Die Partnerschaft ist **rechtsfähig und Gesamthandsgemeinschaft**. Nach § 8 Abs. 1 PartGG haften die Partner im Grundsatz wie die Gesellschafter einer OHG. Für berufliche Fehler haften jedoch nach § 8 Abs. 2 PartGG neben der Partnerschaft nur diejenigen Partner, die mit der Bearbeitung des Auftrags befasst waren (Handelndenhaftung).

VI. Die GmbH

1. Bedeutung und Rechtsnatur der GmbH

Diejenige Kapitalgesellschaft mit der vergleichsweise einfachsten Struktur ist die GmbH. Die wichtigsten Regeln zu dieser Gesellschaft finden sich im GmbHG. Danach ist die GmbH **juristische Person** und stets Handelsgesellschaft, § 13 Abs. 1 u. 3 GmbHG. Nach § 6 HGB ist sie damit Formkaufmann. Die GmbH erwirbt Rechtsfähigkeit mit der Eintragung in das Handelsregister (§ 11 Abs. 1 GmbH). Sie hat ein in **Geschäftsanteile** zerlegtes Stammkapital (§ 5 GmbHG). Die Geschäftsanteile sind vererblich und ohne Mitwirkung der übrigen Gesellschafter veräußerlich, § 15 GmbHG. § 16 Abs. 3 GmbHG lässt den Erwerb vom Nichtberechtigten zu.

Für die Schulden der GmbH haftet nur das Gesellschaftsvermögen, § 13 Abs. 2 GmbHG (daher auch der Begriff Gesellschaft mit beschränkter Haftung). Diese Haftungsbeschränkung macht sie zu einer beliebten Rechtsform, auch wenn ein Mindestnennkapital von 25.000,- € erforderlich ist, § 5 Abs. 1 GmbHG.

Das **Stammkapital** der GmbH muss in der Satzung festgelegt werden, § 3 Abs. 1 Nr. 3 GmbHG, und hat mindestens 25.000,- € zu betragen. Es dient dem Gläubigerschutz in Form eine Art Garantiesumme dergestalt, dass keine Zahlungen an die Gesellschafter erfolgen dürfen, solange nicht das Gesellschaftsvermögen den Betrag des Stammkapitals übersteigt, § 30 Abs. 1 GmbHG. Die Höhe des Stammkapitals ergibt sich aus der Summe der Nennbeträge der Geschäftsanteile der Gesellschafter. Ein Gesellschafter kann mehrere Geschäftsanteile übernehmen. Ihr Nennbetrag kann verschieden hoch sein, muss aber auf mindestens 1,- € lauten, § 5 Abs. 2 u. 3 GmbHG.

2. Die Entstehungsphasen der GmbH

Zur **Gründung** muss der Gesellschaftsvertrag mit bestimmtem Mindestinhalt, vgl. §§ 2 u. 3 GmbHG, festgestellt werden. § 3 GmbHG bestimmt den notwendigen Mindestinhalt des Gesellschaftsvertrags. Von besonderem Interesse ist dabei § 3 Abs. 1 Nr. 2 GmbHG, der die Bezeichnung des Unternehmensgegenstands der GmbH im Gesellschaftsvertrag vorsieht. Anders als im Recht der Personen(handels)gesellschaften bedarf der GmbH-Vertrag der notariellen Form, § 2 Abs. 1 GmbHG. Ferner lässt § 1 GmbHG ausdrücklich die Gründung einer GmbH mit nur einem Gesellschafter zu (Ein-Mann-GmbH).

Die Gesellschafter müssen das in der Satzung festgelegte Stammkapital in Höhe von mindestens 25.000,- € aufbringen. Das Gesetz gestattet sowohl Geld- als auch Sacheinlagen. Vor Eintragung der GmbH müssen Sacheinlagen vollständig und Bareinlagen zumindest zu 25 % aufgebracht sein. Mindestens 12.500,- € müssen zur Verfügung gestellt worden sein, § 7 Abs. 2 Satz 2 GmbHG.

Die Gründung der GmbH kann in **drei Phasen** eingeteilt werden:

- Die erste ist jene bis zum Abschluss des Gesellschaftsvertrags, wenn eine Verpflichtung zur Gründung einer GmbH eingegangen wird. In dieser Phase spricht man von der sog. **Vorgründungsgesellschaft**. Sie liegt vor, wenn eine Verpflichtung zur Gründung einer GmbH unter Festlegung der wesentlichen Vertragsbestandteile eingegangen wurde. Die Vorgründungsgesellschaft ist eine GbR oder, falls die Voraussetzungen des § 1 HGB vorliegen und die Geschäftstätigkeit aufgenommen wurde, eine OHG. Sie existiert bis zum Abschluss des Gesellschaftsvertrags und endigt zu diesem Zeitpunkt wegen Zweckerfüllung, § 726 BGB.
- Ab Abschluss des Gesellschaftsvertrags bis zur Eintragung der GmbH handelt es sich bei der Gesellschaft um eine sog. Vorgesellschaft oder **Vor-GmbH**. Zwischen der Vorgründungsgesellschaft und der Vor-GmbH besteht keine Kontinuität. Verbindlichkeiten wie Rechte der Vorgründungsgesellschaft gehen nur auf die Vor-GmbH über, wenn sie durch Rechtsgeschäft übertragen werden. Die Vor-GmbH, die ab Abschluss des Gesellschaftsvertrags bis zur Eintragung der GmbH im Handelsregister existiert, ist keine juristische Person. Vielmehr handelt es sich um eine Organisationsform eigener Art.
- Die **GmbH** existiert schließlich ab Eintragung im Handelsregister. Zu diesem Zeitpunkt gehen die Rechte und Verbindlichkeiten der Vor-GmbH auf sie über.

3. Formen der Stammeinlage

Im Gesellschaftsvertrag werden die Zahl und die Nennbeträge der Geschäftsanteile genannt, die jeder Gesellschafter übernimmt (§ 3 Abs. 1 Nr. 4 GmbHG). Jeder Gesellschafter muss eine Einlage in Höhe der Summe der Nennbeträge der übernommenen Geschäftsanteile leisten. Diese Einlage wird als Stammeinlage bezeichnet. So soll sichergestellt werden, dass das Stammkapital auch als Vermögen der Gesellschaft zur Verfügung steht. Für die Eintragung muss nach § 7 Abs. 2 Satz 1 GmbHG auf jeden Geschäftsanteil lediglich ein Viertel geleistet sein.

Die Geschäftsanteile werden in Geld bestimmt; zusammen müssen sie mindestens 25.000,- € betragen, § 5 Abs. 1 u. 3 GmbHG. Wird nach dem Gesellschaftsvertrag ein Gesellschafter verpflichtet, seine Einlage nicht in bar (sog. Bareinlage), sondern in Form eines anderen Vermögensgegenstands zu erbringen (sog. Sacheinlage), so ordnet § 5 Abs. 4 GmbHG an, dass der entsprechende Vermögensgegenstand und der dazu gehörende Geldbetrag im Gesellschaftsvertrag festgesetzt werden. Während die Bareinlage im Rahmen der Sicherung der Kapitalaufbringung vergleichsweise wenig Schwierigkeiten bereitet, steht die Sacheinlage im Brennpunkt des Interesses. Bei ihr besteht die Gefahr, dass der ihr im Gesellschaftsvertrag zugeschriebene Wert nicht dem Betrag der übernommenen Stammeinlage entspricht. Ergibt die Prüfung des Registergerichts, dass die Sacheinlage wesentlich überbewertet ist, erfolgt keine Eintragung, § 9 c GmbHG.

Beispiel: Gesellschafter G bringt einen gebrauchten Lieferwagen als Sacheinlage ein. Im Gesellschaftsvertrag wird dafür ein Geldbetrag v. 20.000,- € angesetzt, obwohl der Lieferwagen objektiv nur 10.000,- € wert ist.

Das Verfahren zur Einbringung von Sacheinlagen ist relativ kompliziert. Nun lässt sich ein der Einbringung von Sacheinlagen gleichwertiger Zustand auch dadurch erreichen, dass man zwar eine Bareinlage vereinbart, das eingelegte Geld aber zugunsten des Einlegers verwendet, der stattdessen der GmbH einen Vermögensgegenstand zuführt (verdeckte Sacheinlage). Die Einbringung der Sacheinlage wird daher gegen Umgehungen abgesichert, § 19 Abs. 4 GmbHG. Hin- und Herzahlungen befreien den Gesellschafter nicht von seiner Einlageschuld.

Beispiel: Gesellschafter G erbringt eine Bareinlage i.H.v. 20.000,- €. Der Geschäftsführer der GmbH erwirbt von ihm daraufhin einen Lieferwagen (objektiver Wert 10.000,- €) für 20.000,- €.

Forderungen des Gesellschafters gegen die Gesellschaft können nur unter besonderen Bedingungen mit dem Einlageanspruch der Gesellschaft verrechnet werden, § 19 Abs. 2 GmbHG.

Beispiel: Gesellschafter G veräußert seinen Lieferwagen (objektiver Wert 10.000,- €) an die Gesellschaft. Die Kaufpreisforderung aus disem Verkauf i.H.v. 20.000,- € wird mit der Einlageforderung der Gesellschaft verrechnet.

4. Die Organe der Gesellschaft

Als Organe einer GmbH sind die Gesellschafterversammlung, §§ 45 ff. GmbHG, und der Geschäftsführer, §§ 35 ff. GmbHG, zwingend vorgeschrieben. Fakultativ kann ein Aufsichtsrat oder Beirat eingerichtet werden, § 52 GmbHG.

Im Gegensatz zu den Personengesellschaften ist nach § 6 Abs. 3 GmbHG die Fremdorganschaft in der GmbH zulässig. Der **Geschäftsführer** ist der Gesellschaft in zweifacher Weise verbunden: zunächst wird er zum organschaftlichen Vertreter bestellt (vgl. §§ 6 Abs. 3, 46 Nr. 5 GmbHG), des Weiteren wird mit ihm ein Anstellungsvertrag i.S.v. § 611 BGB geschlossen. Der Geschäftsführer vertritt die Gesellschaft nach außen, § 35 Abs. 1 GmbHG. Die Vertretungsmacht des Geschäftsführers ist Dritten gegenüber nicht beschränkbar, § 37 Abs. 2 GmbHG, das heißt, auch bei einem Verstoß gegen die interne Bindung, § 37 Abs. 1 GmbHG, handelt der Geschäftsführer nach außen mit Vertretungsmacht. Allerdings kommen bei einer Überschreitung der internen Bindung die Regeln über den Missbrauch der Vertretungsmacht in Betracht, so etwa bei Rechtsgeschäften der Gesellschaft mit anderen Geschäftsführern oder Gesellschaftern. Im Innenverhältnis ist die Befugnis des Geschäftsführers beschränkbar, § 37 Abs. 1 GmbHG. Verstößt der Geschäftsführer gegen ihm auferlegte interne Schranken, so setzt er sich Schadensersatzansprüchen der Gesellschaft nach § 43 Abs. 2 GmbHG aus.

Die **Gesellschafterversammlung** ist das Hauptorgan der Gesellschaft. Sie kann durch Satzung oder Gesellschafterbeschluss die interne Zuständigkeit des Geschäftsführers begrenzen. § 46 GmbHG enthält einen Aufgabenkatalog der Gesellschafterversammlung. Durch die Satzung kann dieser modifiziert werden, § 45 GmbHG. Die Gesellschafterversammlung entscheidet durch Beschluss, wobei mangels anderer Vereinbarung die Mehrheit der abgegebenen Stimmen genügt, § 47 Abs. 1 GmbHG. Soll die Satzung geändert werden, ist jedoch zumindest eine ¾-Mehrheit erforderlich, § 53 Abs. 2 GmbHG, wenn durch die Satzung keine weitergehenden Anforderungen aufgestellt werden.

Der Gesellschaftervertrag kann schließlich einen Aufsichtsrat vorsehen, der dann als Überwachungsorgan ähnlich dem Aufsichtsrat in der AG fungiert, § 52 GmbHG. In der Praxis wird gelegentlich als Beratungsorgan ein fakultativer „Beirat" gebildet.

5. Das Gesellschaftsvermögen

Das Vermögen der Gesellschaft ist ein von den einzelnen Gesellschaftern unabhängiges **Sondervermögen** und nicht gesamthänderisch gebunden. Es ist nur bei Gründung der GmbH mit dem Stammkapital identisch, wenn alle Einlagen geleistet sind. Danach erhöht oder vermindert es sich je nach wirtschaftlicher Entwicklung des Unternehmens. Die §§ 30 ff. GmbHG enthalten jedoch eine Reihe von Kapitalerhaltungsvorschriften, die dafür Sorge tragen sollen, dass der GmbH nicht beliebig Vermögen entzogen wird. So untersagt etwa § 30 GmbHG Auskehrungen an die Gesellschafter, sofern sie das Stammkapital angreifen. In diesem Zusammenhang sind u.a. auch verdeckte Gewinnausschüttungen verboten. Nach § 31 GmbHG müssen verbotene Leistungen der GmbH zurückerstattet werden. Es ist den Gesellschaftern nicht verwehrt, die GmbH mit sehr niedrigem Stammkapital auszustatten und sie im Übrigen durch Darlehen zu finanzieren. Auch in der Krise besteht die Möglichkeit der Gesellschafter diese Darlehen abzuziehen und dadurch der GmbH die Kapitalbasis zu Lasten der Gläubiger entziehen. Deshalb können diese Rückzahlungen vom Insolvenzverwalter der GmbH zurückgefordert werden, wenn die GmbH innerhalb eines Jahres insolvent wird.

6. Die Auflösung der Gesellschaft

Das Gesetz nennt in § 60 GmbHG einige Auflösungsgründe. Dazu zählt ein entsprechender Beschluss der Gesellschafter, der mit einer Dreiviertelmehrheit gefasst werden muss (§ 60 Abs. 1 Nr. 2 GmbHG). Die GmbH wird ferner aufgelöst, wenn über ihr Gesellschaftsvermögen das Insolvenzverfahren eröffnet wird bzw. die Eröffnung mangels Masse abgelehnt wird (§ 60 Abs. 1 Nr. 4 u. 5 GmbHG). Nach § 60 Abs. 1 Nr. 3 GmbHG wird die Gesellschaft durch gerichtliches Urteil aufgelöst. Eine entsprechende Klage kann unter den Voraussetzungen der §§ 61, 62 GmbHG erhoben werden. Mit der Auflösung ändert sich der Zweck der Gesellschaft. Er ist nunmehr auf Abwicklung und Beendigung der Gesellschaft gerichtet.

7. Die Unternehmergesellschaft

Dem Bedürfnis des Rechtsverkehrs (z.B. von Existenzgründern) nach einer Gesellschaftsform, die trotz geringem Eigenkapitaleinsatz die Vorteile einer Haftungsbeschränkung mit sich bringt, trägt der Gesetzgeber durch die Möglichkeit zur Errichtung einer GmbH in Form der **Unternehmergesellschaft (UG)** Rechnung. Die Gründung einer UG ist mit einem Stammkapital von mind. 1,- € möglich, § 5 a Abs. 1 GmbHG. Auf die UG finden die Vorschriften zur GmbH Anwendung. Weil bei der UG von der Gründung an haftendes Kapital praktisch nicht vorhanden sein muss, gewährleistet der Gesetzgeber den Schutz der Vertragspartner durch besondere, zusätzliche Anforderungen:

- Die Firma der UG muss zwingend den Zusatz „Unternehmergesellschaft (haftungsbeschränkt)" oder „UG (haftungsbeschränkt)" enthalten, § 5 a Abs. 1 GmbHG.

- In Abweichung von § 7 Abs. 2 GmbHG ist das Stammkapital vor Anmeldung voll einzuzahlen, § 5 a Abs. 2 Satz 1 GmbHG.
- In Abweichung von § 5 Abs. 4 GmbHG ist die Einbringung von Sacheinlagen ausgeschlossen, § 5 a Abs. 2 Satz 2 GmbHG.
- Es ist eine gesetzliche Rücklage zur Verbesserung der Eigenkapitalausstattung zu bilden, § 5 a Abs. 3 GmbHG.
- Den Geschäftsführer treffen bei drohender Zahlungsunfähigkeit besondere Pflichten, § 5 a Abs. 4 GmbHG.

Wird das Stammkapital der Unternehmergesellschaft – z.B. aus der Rücklage nach § 5 a Abs. 3 GmbHG – erhöht, gelten für sie die Vorschriften für die GmbH ohne Besonderheiten. Allerdings darf die Gesellschaft ihre Firma beibehalten.

VII. Die Aktiengesellschaft

1. Bedeutung, Erscheinungsformen und Rechtsnatur

Das **Wesen der AG** ist in § 1 AktG umschrieben. Die AG wurde vom Gesetzgeber dazu bestimmt, einerseits Anlegern unkomplizierte Kapitalanlagemöglichkeiten zu bieten und andererseits den in der Rechtsform der AG geführten Unternehmen die Eigenkapitalbeschaffung zu erleichtern. Aus diesen Gründen enthält das AktG ein dichtes Regelwerk, das dem Anleger einen effektiven Schutz für das von ihm investierte Kapital bietet. Zugleich ist die Möglichkeit zur Veräußerung der Beteiligung an der AG im Vergleich zur OHG/KG bzw. GmbH wesentlich erleichtert. Die Gesellschaftsanteile (Aktien) können frei gehandelt werden, sodass durch eine Vielzahl von Aktionären eine breite Kapitalbasis gewonnen werden kann. Dieser Handel kann an der Börse stattfinden; die meisten AGen sind jedoch nicht börsennotiert, vgl. die Unterscheidung in § 3 Abs. 2 AktG. Es ist sogar denkbar, dass sich alle Aktien in der Hand eines einzigen Aktionärs befinden (Ein-Personen-AG). Auch für kleinere Unternehmen kann die AG attraktiv sein, um den späteren Zugang zum Kapitalmarkt zu erleichtern und damit die Eigenkapitalbasis zu erhöhen.

Die AG ist nach § 1 Abs. 1 Satz 1 AktG juristische Person. Sie ist von ihrem Mitgliederbestand unabhängig und körperschaftlich organisiert. Ihre Rechtsfähigkeit erwirbt die AG erst mit Eintragung in das Handelsregister (§ 41 AktG). Nach § 3 Abs. 1 AktG ist die AG Handelsgesellschaft, selbst wenn der Gegenstand des Unternehmens nicht zum Betrieb des Handelsgewerbes gehört. Nach § 6 Abs. 1 HGB ist sie damit Formkaufmann. Wie bei der GmbH ist auch bei ihr die Haftung beschränkt, vgl. § 1 Abs. 1 Satz 2 AktG.

2. Grundkapital und Aktie

a) Das Grundkapital

Die AG hat ein in Aktien zerlegtes **Grundkapital** (§ 1 Abs. 2 AktG). Jede AG muss als Kapitalgesellschaft also über ein zahlenmäßig in ihrer Satzung angegebenes Grundkapital verfügen, §§ 1 Abs. 2, 23 Abs. 3 Nr. 3 AktG. Das Grundkapital muss auf einen Mindestnennbetrag von 50.000,- € lauten, § 7 AktG, und wird in Anteile, die Aktien, zerlegt. Das Grundkapital ist also der Mindestbetrag, den die Gründer der AG aufbringen müssen. Der Nennbetrag des Grundkapitals darf als eine Rechengröße nicht mit dem sich ständig ändernden Gesellschaftsvermögen verwechselt werden. Der Grundsatz der Aufbringung und Erhaltung des Grundkapitals ist daher einer der wichtigsten Grundsätze des Aktienrechts.

Er dient vor allem dem Gläubigerschutz, für die der Nennbetrag des Grundkapitals eine Art Garantiesumme darstellt. Dieses Ziel wird u.a. durch folgende Regelungen sichergestellt:

- Das Verbot der Unter-pari-Emission, § 9 AktG;
- das System der Simultangründung, §§ 2, 29 AktG;
- die Mindesteinlage, § 36 a AktG;
- das Verbot der Einlagenrückgewähr, §§ 57, 66 AktG;
- die Beschränkung des Erwerbs eigener Aktien, §§ 71 ff. AktG;
- die Ausschüttungssperre, vgl. § 152 Abs. 1 AktG, §§ 266 Abs. 3, 272 Abs. 1, 283 HGB und
- das Verbot verdeckter Gewinnausschüttungen, § 57 Abs. 3 AktG.

Damit ist das Vermögen der AG in weit stärkerem Maße als in der GmbH gebunden.

b) Die Aktie

Die **Aktie** bezeichnet zunächst einen Bruchteil des Grundkapitals. Nach § 1 Abs. 2 AktG wird das Grundkapital in einzelne Anteile zerlegt, die Aktien genannt werden. Der Mindestnennbetrag einer Aktie beträgt 1,- €; höhere Nennbeträge müssen auf volle € lauten, § 8 Abs. 2 AktG. Daneben versteht man unter Aktie auch die Mitgliedschaft in der AG. Mit ihr sind Vermögensrechte, wie etwa das Dividendenrecht, und Herrschafts- bzw. Verwaltungsrechte, wie etwa das Stimmrecht, verbunden. Schließlich meint Aktie die Urkunde selbst. Die Aktie ist Wertpapier und lautet entweder auf den Namen (Namensaktie) oder den Inhaber (Inhaberaktie).

3. Die Organe der Aktiengesellschaft

Wie gezeigt ist die AG Körperschaft und juristische Person. Um als solche handlungsfähig zu sein, muss sie über Organe verfügen, die den inneren Willen bilden und nach außen rechtsverbindlich auftreten können. Anders als im Recht der GmbH existieren bei der AG zwingend drei Organe: Vorstand, Aufsichtsrat und Hauptversammlung.

Der **Vorstand** ist das geschäftsführende und die Gesellschaft vertretende Organ (§ 76 Abs. 1 AktG). Er wird durch den Aufsichtsrat bestellt, §§ 30 Abs. 4, 84 Abs. 1 AktG. Er kann nach § 76 Abs. 2 AktG aus einer oder mehreren Personen bestehen. Ein Aufsichtsratsmitglied kann nicht gleichzeitig Vorstandsmitglied sein, § 105 Abs. 1 AktG. Der Vorstand führt die Geschäfte der AG und vertritt sie nach außen; die Vertretungsbefugnis kann nicht beschränkt werden. Es ist jedoch möglich, seine Geschäftsführungsbefugnis zu beschränken, § 82 Abs. 2 AktG. Die AG wird durch das Vertreterhandeln ihres Vorstands rechtsgeschäftlich gebunden. Sie haftet über § 278 BGB für Vertragsverhandlungen ihrer Erfüllungsgehilfen und über § 31 BGB für unerlaubte Handlungen ihrer Organe. Für Gesellschaftsverbindlichkeiten haftet nur das Vermögen der AG, die Aktionäre haften nicht, vgl. § 1 Abs. 1 Satz 2 AktG.

Der **Aufsichtsrat** ist ein Überwachungsorgan, § 111 AktG, das heißt, er soll die Gesetz- und Satzungsmäßigkeit des Handelns des Vorstands gewährleisten. Die Überwachung beschränkt sich nicht auf die Rechtmäßigkeit der Geschäftsführung, sondern umfasst auch Zweckmäßigkeit und Wirtschaftlichkeit. Für seine Tätigkeit kann unter den Voraussetzungen des § 113 AktG eine Vergütung festgesetzt werden. Soweit es sich nicht um Arbeitnehmervertreter im Aufsichtsrat handelt, werden dessen Mitglieder von der Hauptversammlung gewählt, § 101 AktG. Um eine effektive Kontrolle des Vorstands zu gewährleisten, setzt § 100 Abs. 2 AktG persönliche Voraussetzungen fest, die die Unabhängigkeit des Aufsichtsrats gegenüber dem Vorstand sichern sollen.

Die **Hauptversammlung** ist das Organ der Aktionäre. In ihr findet die Willensbildung der Anteilseigner statt. Die Einberufung der Hauptversammlung wie auch deren Ablauf ist in den §§ 121 ff. AktG geregelt, wobei vor allem die Interessen der Aktionäre gesichert werden sollen. Die Aufgaben der Hauptversammlung werden in § 119 Abs. 1 AktG genannt. Die Hauptversammlung bestellt die Mitglieder des Aufsichtsrates und ist zugleich von der Geschäftsführung ausgeschlossen. Anders als bei der GmbH ist mit der Finanzierung der juristischen Person nur ein geringes Maß an Herrschaft verbunden. Durch die Satzung können die Entscheidungsbefugnisse der Hauptversammlung modifiziert werden, § 119 Abs. 1 Satz 1 AktG. Allerdings ist diese Vorschrift im Zusammenhang mit § 23 Abs. 5 AktG zu sehen, der jedenfalls solche statuarischen Abweichungen nicht zulässt, die die gesetzlichen Zuständigkeiten zwischen Vorstand, Aufsichtsrat und Hauptversammlung ändern würden. Von großer Bedeutung ist darüber hinaus § 135 AktG, der das sog. Depotstimmrecht regelt. Dadurch ist eine konzentrierte Ausübung der Stimmrechte verschiedener Aktionäre durch Kreditinstitute möglich. Hierbei hat das Kreditinstitut die Interessen der Aktionäre wahrzunehmen, vgl. insbesondere § 135 Abs. 2 u. Abs. 3 AktG.

4. Gründungsvoraussetzungen

Das AktG unterscheidet zwischen der einfachen und der qualifizierten Gründung. Von letzterer spricht man, wenn bestimmte zulässige u.U. aber gefährliche Abreden getroffen werden, von denen die Einbringung von Sachwerten (**Sachgründung**, § 27 Abs. 1 AktG) die Bekannteste ist. Unter einer Sachgründung versteht man eine Gründung, die Sacheinlagen zulässt oder Sachübernahmen vorsieht. Sacheinlagen sind dabei alle Einlagen, die nicht in barem Geld bestehen, also etwa ein Grundstück oder ein Patent. Vereinbaren die Gründer, dass die AG Vermögenswerte von einem von ihnen oder einem Dritten gegen eine nicht in Aktien bestehende Vergütung erwerben soll, spricht man von Sachübernahme.

Die **einfache Gründung** setzt den Abschluss eines Gesellschaftsvertrags (Satzung, § 2 AktG) und dessen notarielle Beurkundung (§ 23 Abs. 1 AktG) voraus. Der oder die Gründer müssen die Aktien übernehmen, sodass alle Aktien gezeichnet sind, §§ 2, 29 AktG. Die Satzung muss einen bestimmten Mindestinhalt haben, vgl. § 23 Abs. 3 u. 4 AktG. Zwingende Gründungsvoraussetzung ist die Übernahme aller Aktien durch die Gründer, um das Grundkapital aufzubringen. Damit ist die Gesellschaft errichtet, § 29 AktG. Eigene Rechtspersönlichkeit erlangt die AG mit Eintragung in das Handelsregister, §§ 39, 41 Abs. 1 Satz 1 AktG. Es sind die Organe zu bestellen, § 30 AktG. Vor der Anmeldung zum Handelsregister ist auf jede Aktie der eingeforderte Betrag einzuzahlen. Dabei ist mindestens ein Viertel des geringsten Ausgabebetrags einzuzahlen, §§ 36 Abs. 2, 36 a Abs. 1 AktG.

Das Aktienrecht will sicherstellen, dass das Kapital real aufgebracht wird. Der Wert der **Sacheinlagen** muss daher den Wert des Ausgabebetrages der Aktien erreichen. Wird die Sacheinlage nicht in die Satzung aufgenommen, kann die AG sie nicht mit befreiender Wirkung entgegennehmen. Der Aktionär muss die Einlage in Geld leisten, § 27 Abs. 3 Satz 3 AktG. Fälle, in denen zwar formal eine Geldeinlage vorgesehen ist, diese aber mit einem Verkehrsgeschäft verbunden wird, das in seinem wirtschaftlichen Ergebnis auf eine Sacheinlage hinausläuft bezeichnet man als **verdeckte Sacheinlagen**, § 27 Abs. 3 Satz 1 AktG.

Beispiele:

- A betreibt einen Computergroßhandel. Seine Bareinlage in der neuen AG wird zur Finanzierung der Lieferung von EDV-Geräten durch seine Firma an die AG verwendet.

- Im Rahmen einer Kapitalerhöhung wird vereinbart, dass B seine Einlage mit bereits bestehenden Forderungen aus früheren Leistungen an die AG verrechnen darf.

Obwohl derartige Vereinbarungen unzulässig sind, werden die zugrundeliegenden Verträge über die Sacheinlage und die Rechtshandlungen zu ihrer Ausführung nicht unwirksam, und müssen deshalb nicht rückabgewickelt werden. Sie werden auf die fortbestehende Geldeinlagepflicht des Aktionärs angerechnet, wobei der Aktionär darlegen und beweisen muss, welchen Wert die eingebrachten Sachgegenstände haben.

5. Die Verantwortlichkeiten von Vorstand, Aufsichtsrat und Hauptversammlung

a) Der Vorstand

Der Vorstand der AG verfügt über eine zwingend festgeschriebene, sehr weitgehende **Vertretungsmacht**, die nicht beschränkbar ist, § 82 Abs. 1 AktG. Besteht der Vorstand aus mehreren Personen, gilt Gesamtvertretung, die allerdings durch eine andere Regelung in der Satzung ersetzt werden kann, § 78 Abs. 3 AktG. Der Vorstand ist im Innenverhältnis verpflichtet, mögliche Beschränkungen einzuhalten, die ihm durch Beschluss der Hauptversammlung oder durch die Geschäftsordnung des Vorstandes auferlegt sind, § 82 Abs. 2 AktG. Davon ist lediglich die Geschäftsführungsbefugnis und nicht das Außenverhältnis zu Dritten betroffen.

Naturgemäß steht der Vorstand im Zentrum möglicher **Haftungsfragen**, da er das geschäftsführende und vertretende Organ ist. Gemäß § 93 Abs. 1 Satz 1 AktG hat er wie ein sorgfältiger und gewissenhafter Geschäftsleiter zu agieren (Haftungsmaßstab). Um die unternehmerische Freiheit des Vorstands zu sichern werden ordnungsgemäß getroffene unternehmerische Entscheidungen des Vorstands aus der Haftung ausgenommen („business judgement rule"), § 93 Abs. 1 Satz 2 AktG. Hat er eine ihm durch das Gesetz oder die Satzung zugewiesene Pflicht verletzt und entsteht hieraus eine Haftung gegenüber der AG, so kann diese auf Ersatzansprüche nur unter den Voraussetzungen des § 93 Abs. 4 Satz 3 AktG verzichten. Aus der Formulierung des § 93 Abs. 2 AktG ergibt sich eine Umkehr der Beweislast: Jedes Vorstandsmitglied haftet für seine Pflichtverletzung, durch die der AG ein Schaden entstanden ist, wenn er nicht nachweist, dass er mit der Sorgfalt eines ordentlichen und gewissenhaften Geschäftsleiters gehandelt hat. Bedeutsam ist zudem der Katalog des § 93 Abs. 3 AktG, der neun besonders wichtige Einzelfälle aufzählt, in denen eine Schädigung der AG vermutet wird. Liegt ein dort aufgeführter Fall vor, muss das Vorstandsmitglied beweisen, dass es nicht zu einer Schädigung der AG gekommen ist.

b) Der Aufsichtsrat

Der Aufsichtsrat besteht aus **mindestens drei Mitgliedern**. Die Satzung kann mehr Mitglieder vorsehen; ihre Zahl muss aber stets durch drei teilbar sein und sich an den Höchstgrenzen des § 95 AktG orientieren. Alle Aufsichtsratsmitglieder werden für höchstens vier Jahre bestellt, § 102 Abs. 1 AktG. Jedes Aufsichtsratsmitglied kann auf Antrag durch gerichtliche Entscheidung abberufen werden, wenn in seiner Person ein wichtiger Grund vorliegt, § 103 Abs. 3 u. 4 AktG.

Der Aufsichtsrat hat **zwei Hauptaufgaben** zu erfüllen, die Bestellung und die Abberufung des Vorstandes sowie dessen laufende Überwachung. Letztere Aufgabe ist in § 111 AktG nur unvollkommen beschrieben. Die Überwachung beschränkt sich nicht auf eine nachträgliche Kontrolle, sondern umfasst mit der Beratung und der Mitwirkung eine wesentliche Begleitung der Geschäftspolitik der AG. Dazu stehen dem Aufsichtsrat Informationsrechte zu. Der Vorstand ist zur umfassenden Berichterstattung an den Aufsichtsrat verpflichtet, § 90 AktG.

Die Mitglieder des Aufsichtsrates haben ihre **Aufgaben persönlich** zu erfüllen und können sie nicht auf Dritte übertragen, § 111 Abs. 5 AktG. In § 116 AktG ist vorgesehen, dass der Aufsichtsrat bei der Wahrnehmung der ihm übertragenen Aufgaben dieselbe Sorgfalt walten zu lassen hat, wie sie von einem Vorstandsmitglied verlangt wird. Von jedem Aufsichtsratsmitglied sind Mindestkenntnisse zu verlangen, die notwendig sind, um die normalerweise anfallenden Geschäftsvorgänge auch ohne fremde Hilfe verstehen und sachgerecht beurteilen zu können (BGHZ 85, 293, 295 f.). Zugleich trifft die Aufsichtsratsmitglieder die Verschwiegenheitspflicht nach §§ 116, 93 Abs. 1 Satz 3 AktG.

c) Die Hauptversammlung

Die Hauptversammlung dient dazu, die verschiedenen **Aktionärsinteressen** zur verbandsrechtlichen Willensbildung zusammenzuführen. Zu ihren Aufgaben gehören ferner die Wahl und Abberufung der Aktionärsvertreter im Aufsichtsrat, § 119 Abs. 1 Nr. 1 AktG, die Wahl von Abschlussprüfern, § 119 Abs. 1 Nr. 4 AktG i.V.m. § 318 Abs. 1 HGB, und die Verwendung des Bilanzgewinns, §§ 119 Abs. 1 Nr. 2, 174 AktG. Wichtige praktische Bedeutung kommt der Entlastung von Vorstand und Aufsichtsrat zu, § 120 AktG. Für Fragen der Geschäftsführung ist die Hauptversammlung nur zuständig, wenn der Vorstand es verlangt, § 119 Abs. 2 AktG. In einem solchen Fall ist er dann auch an die Entscheidung der Hauptversammlung gebunden, § 83 Abs. 2 AktG.

VIII. Die KGaA

1. Bedeutung

Die **KGaA** ist eine Gesellschaft mit eigener Rechtspersönlichkeit, bei der mindestens ein Gesellschafter den Gesellschaftsgläubigern unbeschränkt haftet und die übrigen an dem in Aktien zerlegten Grundkapital beteiligt sind, ohne persönlich für die Verbindlichkeiten der Gesellschaft zu haften, § 278 AktG. Praktische Bedeutung hat die KGaA insbesondere als Rechtsform von Privatbanken. Die KGaA ist juristische Person und Kapitalgesellschaft. Sie ist stets Kaufmann.

Bei der KGaA handelt es sich um eine **Mischform zwischen AG und KG,** bei der mindestens ein Gesellschafter den Gläubigern unbeschränkt persönlich haftet und deshalb mit dem Komplementär der KG vergleichbar ist. Die übrigen Mitglieder, die Kommanditaktionäre, ähneln den Aktionären einer AG. Die Mischform der KGaA führt zu einer Mischung der gesetzlichen Regelungen: Die Normen zur KG finden nur insoweit Anwendung, wie die §§ 278 bis 290 AktG keine speziellen Sondervorschriften enthalten.

2. Die Stellung der Gesellschafter

Der **Kommanditaktionär** entspricht hinsichtlich seiner Stellung weitgehend dem Aktionär einer AG. Anders als der Kommanditist der KG ist der Kommanditaktionär lediglich der Gesellschaft gegenüber zur Einlage verpflichtet.

Der **persönlich haftende Gesellschafter** der KGaA ist hinsichtlich seiner Haftung, der Geschäftsführung und der Vertretung mit dem Komplementär der KG vergleichbar. Er hat zugleich die Stellung eines Organs der juristischen Person inne.

Kurzrepetitorium

Gesellschaftsrecht:

- Unterscheidung zwischen Personengesellschaften (teilrechtsfähig) und Körperschaften (regelmäßig als juristische Personen rechtsfähig).
- GbR: vertraglicher Zusammenschluss mehrerer zur Verfolgung eines gemeinsamen Zwecks (Grundtypus der Personengesellschaft).
- Bei mangelhaftem Gesellschaftsvertrag nach Invollzugsetzung der Gesellschaft Anwendbarkeit der Grundsätze der fehlerhaften Gesellschaft (Wirksamkeit für die Vergangenheit).
- Grundsatz der Gesamtgeschäftsführung (Innenverhältnis) und Gesamtvertretung (Außenverhältnis) bei zwingender Selbstorganschaft.
- Zwingende Selbstorganschaft.
- Personenhandelsgesellschaften setzen zwingend eine Eintragung in das Handelsregister voraus.
- Grundsatz der Einzelgeschäftsführung und Einzelvertretung bei zwingender Selbstorganschaft.
- OHG (§§ 105 ff. HGB): unbeschränkt persönliche Haftung der Gesellschafter.
- KG (§§ 161 ff. HGB): Haftung bei mindestens einer Person beschränkt (Kommanditist), bei mindestens einer Person unbeschränkt (Komplementär).
- GmbH & Co. KG: GmbH Komplementär (unbeschränkt haftender Gesellschafter).
- Partnerschaft nach dem PartGG ist die Personengesellschaft der freien Berufe.
- GmbH und AG erfordern Aufbringung und Erhaltung bestimmten Kapitals (Stammkapital bzw. Grundkapital) bei möglicher Fremdorganschaft.
- UG als Sonderform der GmbH kann mit 1,- € Stammkapital gegründet werden, dafür gelten Sondervorschriften des § 5 a GmbHG.
- Drei Phasen bei Gründung einer GmbH: bis Abschluss des Gesellschaftsvertrages Vorgründungsgesellschaft (regelmäßig in der Form einer GbR), ab Abschluss des Vertrages Vor-GmbH, ab Eintragung Entstehung der GmbH als juristische Person.
- Vertretung der GmbH durch Geschäftsführer, § 35 GmbHG.
- Einflussnahme durch Gesellschafterversammlung, vgl. § 37 Abs. 1 GmbHG.
- AG: große Zahl von Gesellschaftern (Aktionäre).
- Nur geringer Einfluss der Aktionäre auf Geschicke der Gesellschaft.
- Vertretung der AG durch Vorstand; Überwachung durch Aufsichtsrat.
- Hauptversammlung: Wahl des Aufsichtsrats.

Stichwortverzeichnis

T

U

V

W

Z